La lecture

De la théorie à la pratique

2e édition

Jocelyne Giasson

La lecture

De la théorie à la pratique

2e édition

gaëtan morin
éditeur

Catalogage avant publication de la Bibliothèque nationale du Canada

Giasson, Jocelyne

La lecture : de la théorie à la pratique

2e éd.

Comprend des réf. bibliogr. et un index.

ISBN 2-89105-850-X

1. Lecture (Enseignement primaire) – Approche fondée sur l'expérience linguistique.   2. Lecture (Enseignement primaire).   3. Lecture – Matériel didactique.   4. Lecture – Compréhension.   5. Jeux de lecture.   6. Lecture, Goût de la.   I. Titre.

LB1525.34.G52   2003   372.41'6   C2003-941754-9

Tableau de la couverture : *On a envie* (**détail**)
Œuvre de **Lise Lacaille**

Lise Lacaille est née en 1958 à Saint-Hubert, près de Montréal. Le besoin de s'exprimer par le dessin et la peinture s'est manifesté chez elle dès la petite enfance. À l'âge de quinze ans, elle peint ses premières toiles. En 1973, elle s'initie à la peinture en s'inscrivant au programme d'arts plastiques de l'Université du Québec à Montréal. Après une année d'études, c'est en autodidacte qu'elle poursuit sa démarche artistique. Ce n'est cependant qu'en 1981, après avoir côtoyé différents artistes et avoir été en contact avec plusieurs professeurs, qu'elle décide d'orienter définitivement sa carrière vers la peinture. Lise Lacaille enseigne aussi la peinture en atelier.

On trouve les œuvres de Lise Lacaille chez Multi Art ltée, à Saint-Lambert.

Révision linguistique : Jocelyne Dorion

Consultez notre site,
www.groupemorin.com
Vous y trouverez du matériel complémentaire pour plusieurs de nos ouvrages.

Gaëtan Morin Éditeur ltée
171, boul. de Mortagne, Boucherville (Québec), Canada   J4B 6G4
Tél. : (450) 449-2369

Nous reconnaissons l'aide financière du gouvernement du Canada par l'entremise du Programme d'aide au développement de l'industrie de l'édition (PADIÉ) pour nos activités d'édition.

Gouvernement du Québec – Programme de crédit d'impôt pour l'édition de livres – Gestion SODEC.

L'éditeur a fait tout ce qui était en son pouvoir pour retrouver les copyrights. On peut lui signaler tout renseignement menant à la correction d'erreurs ou d'omissions.

TABLE DES MATIÈRES

PARTIE 2. L'ORGANISATION DE L'ENSEIGNEMENT DE LA LECTURE

PARTIE 3. L'ÉVOLUTION DU LECTEUR

PARTIE 4. LES INTERVENTIONS PÉDAGOGIQUES

INTRODUCTION

Cet ouvrage s'adresse à ceux et celles qui se destinent à l'enseignement primaire de même qu'à ceux et celles qui s'y consacrent déjà. Tout au long du livre, nous examinerons de façon concrète comment il est possible d'aider les élèves à devenir des lecteurs compétents et de leur donner le goût de la lecture. Les propositions que contient cet ouvrage sont fondées sur les récents modèles élaborés dans le domaine de la lecture ainsi que sur les recherches de validation réalisées auprès d'élèves du primaire.

Le livre se divise en quatre parties. Dans la première partie, constituée du chapitre 1 et intitulée «Les fondements théoriques», nous nous intéressons aux différentes facettes de l'acte de lire, au débat concernant l'enseignement de la lecture et aux composantes d'une approche équilibrée en lecture.

Dans la partie 2, nous nous penchons sur l'organisation de l'enseignement de la lecture en classe. Trois chapitres composent cette partie (chapitres 2, 3 et 4), dans lesquels nous traitons de thèmes comme le climat favorable à la lecture (l'environnement physique, le choix des activités, etc.), les types de regroupement des élèves, les types d'enseignement (lecture guidée, apprentissage coopératif, tutorat, etc.) ainsi que la diversité des textes à offrir aux élèves.

La partie 3 est consacrée à l'évolution du lecteur de la maternelle jusqu'à la fin du primaire ; elle comprend cinq chapitres portant chacun sur un groupe d'âge :

☐ l'enfant d'âge préscolaire, soit l'enfant de cinq ans (classe de maternelle) qui n'est pas encore entré dans un système officiel d'apprentissage de la lecture, mais qui commence à formuler ses propres hypothèses sur l'écrit ;

☐ le lecteur débutant, c'est-à-dire l'enfant de six ans qui amorce l'apprentissage formel de la lecture en première année ;

☐ le lecteur en transition, soit l'enfant de sept ans qui peut lire un texte de façon autonome et qui acquiert de plus en plus d'aisance en lecture ;

☐ l'apprenti stratège, soit l'enfant de huit et neuf ans, qui prend de plus en plus conscience de l'importance des stratégies de compréhension et commence à les utiliser de façon autonome ;

☐ le lecteur confirmé, soit l'enfant de 10 et 11 ans, qui perfectionne ses premières stratégies de compréhension et en acquiert de plus raffinées.

La partie 4, enfin, qui se découpe en trois chapitres, regroupe des interventions pédagogiques à réaliser avec des textes littéraires et des textes informatifs (chapitres 10 et 11) ; ces interventions s'adressent à tous les niveaux du primaire. Le dernier chapitre porte sur l'évaluation en lecture ; nous y abordons différentes facettes de l'évaluation et proposons des grilles et des questionnaires.

Cette deuxième édition de *La lecture. De la théorie à la pratique* comporte des modifications et des ajouts. Les principaux ajouts sont les suivants :

☐ au premier chapitre : le débat actuel en lecture et l'approche équilibrée ;

☐ au chapitre 2 : la culture en classe et la collaboration avec les parents ;

☐ au chapitre 3 : des formules pédagogiques qui visent l'intégration des matières et l'implication de l'élève : le projet, la recherche personnelle, l'enseignement thématique ;

☐ au chapitre 4 : la presse écrite et les textes sur supports électroniques et virtuels ;

☐ au chapitre 5 : des interventions pendant la lecture de livres aux enfants ;

☐ au chapitre 6 : des notions sur la langue écrite (graphèmes, syllabes) et des précisions sur la découverte de la nature alphabétique de l'écrit ;

☐ au chapitre 7 : des échelles pour situer les élèves sur le plan de la fluidité en lecture ;

☐ au chapitre 9 : les inférences et la lecture de graphiques ;

☐ au chapitre 10 : l'appréciation des textes littéraires ;

☐ au chapitre 11 : l'enseignement du vocabulaire ;

☐ au chapitre 12 : l'observation et la tâche intégratrice.

Les principales modifications touchent les chapitres 10 et 11, qui traitent respectivement des activités portant sur les textes littéraires et des activités portant sur les textes informatifs. Ce découpage permet de faire ressortir plus clairement ce qui distingue les principes qui régissent la pédagogie du texte littéraire et ceux qui régissent la pédagogie du texte documentaire.

LES FONDEMENTS THÉORIQUES

CHAPITRE 1

LES MODÈLES DE LECTURE

INTRODUCTION

*d*ans notre société, la lecture est une activité qui fait pour ainsi dire partie de la personne. De nos jours, il est difficile d'obtenir une reconnaissance sociale complète si l'on ne possède pas une connaissance au moins fonctionnelle de la langue écrite. Contrairement aux talents particuliers, la lecture est nécessaire non pour être meilleur que les autres, mais pour « être », tout simplement. C'est pourquoi la lecture a toujours été, et sera encore longtemps, une préoccupation majeure pour les enseignants.

Dans la première partie de ce chapitre, vous serez graduellement amené à découvrir les multiples facettes de la lecture et à préciser votre propre conception de cette activité. Dans la deuxième partie, vous aurez à vous pencher sur les différents modèles d'apprentissage, ce qui vous permettra de situer votre propre position dans l'ensemble des modèles. Enfin, la dernière partie fait le point sur le débat actuel concernant l'enseignement de la lecture, puis présente les grandes étapes de l'évolution du lecteur, du préscolaire à la fin du primaire.

QU'EST-CE QUE LIRE ?

La lecture a longtemps été perçue uniquement comme un processus visuel par lequel un lecteur déchiffre des mots présentés sous une forme écrite. La façon de concevoir la lecture est en fait restée la même pendant des siècles ; il est vrai qu'au fil des ans des précurseurs ont proposé des conceptions plus novatrices, mais ce n'est qu'au début des années 1980 que se sont répandues de nouvelles conceptions de la lecture, conceptions fondamentalement différentes des points de vue classiques. Dans ces nouvelles perspectives, la lecture est perçue comme un processus plus cognitif que visuel, comme un processus actif et interactif, comme un processus de construction de sens et de communication.

LA LECTURE EST UN PROCESSUS ACTIF

La lecture n'est pas un processus linéaire et statique ; elle est au contraire un processus dynamique. Traditionnellement, on considérait que *lire* était un processus passif et *écrire,* un processus actif. On sait maintenant que la lecture est éminemment active. Le lecteur n'emmagasine pas passivement les mots les uns après les autres ; il traite le texte, c'est-à-dire qu'il fait constamment des hypothèses et essaie de les vérifier en cours de lecture.

Vous adhérez probablement à cette idée que la lecture est un processus actif, mais vous êtes-vous déjà demandé comment vous procédez pour lire ? En tant qu'adultes, il nous est difficile de prendre conscience de ce qui se passe dans la lecture, car nous avons automatisé les processus en jeu. Une façon de mettre ceux-ci en évidence consiste à présenter au lecteur des textes qui ont été « trafiqués », c'est-à-dire des textes qui sont écrits ou disposés d'une manière qui bouscule les habitudes. C'est ce genre de textes que nous utiliserons ici, en nous servant d'extraits d'*Alice au pays des merveilles*. Dans cette partie du chapitre, lisez les textes proposés et faites les exercices en prêtant attention aux indices auxquels vous vous référez pour découvrir le sens du texte ainsi qu'à la façon dont vous percevez les mots. Vous pouvez, si c'est nécessaire, regarder la solution fournie à la fin du chapitre, mais essayez d'abord de donner vos propres réponses : il s'agit non pas de trouver les réponses exactes, mais d'observer les processus à l'œuvre dans la lecture.

exercice **a**

Pour commencer cette série d'exercices sur la lecture, essayez de lire la phrase suivante :

Il étxxt xxx foxx xxx petixx fixxx xxx s'appxxxxt Axxxe.

Voir la solution à la page 38.

La phrase ci-dessus contient plus de lettres cachées que de lettres révélées, mais vous avez quand même réussi à la lire. Comment est-ce possible ? C'est que, outre les lettres, vous avez exploité divers indices, lesquels proviennent de vos connaissances générales et de vos connaissances sur la langue. Ainsi, vous connaissez les mots fonctionnels les plus fréquents en français, vous savez qu'un mot commençant par une majuscule au milieu d'une phrase est un nom propre, vous êtes familiarisé avec des expressions courantes. Pour lire cette phrase, vous avez fait appel à une combinaison d'indices que l'on pourrait regrouper dans trois catégories : des indices syntaxiques, des indices sémantiques et des indices graphiques. Nous analyserons ces trois types d'indices dans les prochains paragraphes, en commençant par les indices syntaxiques. Mais avant, nous vous proposons un autre petit exercice.

exercice **b**

Lisez cet extrait de poème et répondez aux questions en conservant le vocabulaire tel qu'il apparaît dans le texte.

BREDOULECHEUX
Le jeune homme, ayant ceint sa vorpaline épée,

> Longtemps, longtemps cherchait le monstre manxiquais,
> Puis, arrivé près de l'arbre Tépé,
> Pour réfléchir un instant s'arrêtait.
> Or, tandis qu'il lourmait de suffèches pensées,
> Le Bredoulochs, l'œil flamboyant
> Ruginiflant par le bois touffeté,
> Arrivait en barigoulant !
>
> Que cherchait le jeune homme ? _____
> Que faisait le jeune homme quand le monstre est arrivé ? _____

Voir la solution à la page 38.

Comme Alice, vous n'avez probablement pas compris tout le sens de ce poème, mais vous avez sans doute répondu aux questions sans difficulté. Comment y êtes-vous parvenu ? Tout simplement en vous servant de vos connaissances sur la syntaxe et la grammaire, notamment l'ordre des mots dans la phrase, les signes de ponctuation, les terminaisons des verbes, les mots fonctionnels. Ce sont les connaissances que le lecteur possède sur la syntaxe qui lui permettront, par exemple, de faire la distinction entre « un grand homme » et « un homme grand ». C'est aussi grâce à ses connaissances en grammaire qu'il pourra deviner qu'un nom ou un adjectif masculin suivra un article masculin, prévoir un verbe à la première personne après « je ». Ainsi, parce qu'elle réduit l'éventail des hypothèses possibles relativement aux mots qui s'en viennent dans le texte, la syntaxe facilite beaucoup la lecture.

Cependant, comme vous avez pu le constater, si les connaissances syntaxiques sont indispensables, elles ne sont pas suffisantes pour permettre de comprendre le sens d'un texte ; il faut y ajouter les indices sémantiques. En effet, les connaissances qu'a le lecteur sur le sens des mots font en sorte qu'une phrase comme « La parole est d'argent mais le silence est d'or » lui paraît signifiante, mais non la phrase « Le silence vertébral indispose la voile licite », qui, elle, n'a pas de sens, est asémantique. L'activité qui suit met l'accent sur le rôle des indices sémantiques.

Tout en lisant le texte suivant, demandez-vous comment vous procédez pour combler les espaces blancs.

Assise à côté de sa sœur sur _____ talus, Alice commençait à _____ fatiguée de n'_____ rien à faire. Une fois ou deux, elle _____ jeté un coup d'_____ sur le livre que _____ sa sœur ; mais il n'y _____ dans ce _____ ni images ni dialogues : « Et, pensait Alice, à quoi _____ bien servir un livre sans _____ ni dialogues ? »

Voir la solution à la page 38.

Vous avez sans doute deviné facilement la plupart des 10 mots manquants dans le texte que vous venez de lire. La syntaxe seule n'aurait pu vous guider ici ; vous vous êtes également référé au sens de la phrase pour parvenir à faire des hypothèses sur les mots absents.

Si les indices syntaxiques et sémantiques sont indispensables à la compréhension d'un texte, ils ne seraient d'aucun secours sans la présence des indices graphiques, c'est-à-dire les lettres qui composent les mots. Comment le lecteur perçoit-il les lettres et les mots ? On sait que le lecteur adulte ne décode plus la très grande majorité des mots qu'il rencontre, il les perçoit plutôt globalement et instantanément, ce qui n'était pas le cas au moment de ses premiers apprentissages. Parce que vous êtes habile en lecture, vous ne vous rendez plus compte à quel point votre perception est instantanée. L'exercice suivant veut mettre à l'épreuve vos mécanismes de perception globale.

Comment réagissez-vous devant la phrase suivante :
Avezvousjamaisvuunlapinpossédantunemontreetungoussetoùmettrecettemontre ?

Voir la solution à la page 38.

Vous avez trouvé cette phrase plutôt difficile à lire ? C'est normal. Mais avez-vous remarqué que les deux mots les plus faciles à identifier sont le premier et le dernier mot ? Ce sont en fait les mots qui sont les mieux délimités. La perception des mots, qui est automatisée chez le lecteur adulte, est devenue telle dans des conditions où les mots sont séparés les uns des autres par des espaces. Si cette condition disparaît, la lecture globale ne se fait plus aussi aisément.

Pour continuer à préciser vos idées sur la façon dont vous reconnaissez les mots au cours de la lecture, essayez de lire les deux paragraphes suivants en vous demandant lequel est le plus facile à lire et pourquoi.

Elle gra_dit, gra_dit, gra_dit. El_e dev_nt pl_s gr_nde qu'el_e n'ét_it aupar_vant ! Pl_s gr_nde q_e ne l'e_t auc_n enf_nt ! Pl_s gr_nde q_e ne l'e_t auc_ne gr_nde pers_nne ! Pl_s gr_nde, pl_s gr_nde, touj_urs pl_s gra_de !

Voir la solution à la page 38.

_t _'_st _lors _u'_l _e _roduisit _ne _hose _ _ire _rai _rès _trange. _lice
_amassa _'_ventail _t _e _it _ _'_venter _vec _elui-_i ; _t, _oyez-_ous,
_lle _edevint _oute _etite ; _n _'_space _'_ne _inute, _lle _'_tait _lus _uère
_ue _e _a _aille _'_ne _ouris.

Voir la solution à la page 38.

Vous avez probablement trouvé le premier paragraphe plus facile à lire que le deuxième ; pourtant, dans les deux paragraphes, une seule lettre par mot a été enlevée. C'est évidemment la place de celle-ci dans le mot qui fait toute la différence. Dans le premier paragraphe, on a enlevé une lettre au milieu du mot, alors que, dans le second, on a enlevé la lettre au début du mot. Habituellement, le lecteur adulte retire plus d'information des lettres situées au début du mot que des autres lettres, et c'est pourquoi le premier paragraphe est plus facile à lire.

Pour résumer sur la question de la lecture en tant que processus actif, nous dirons que sont à l'œuvre, chez le lecteur, des mécanismes de prédiction, de confirmation et d'intégration des indices graphiques, syntaxiques et sémantiques.

LA LECTURE EST UN PROCESSUS DE LANGAGE

La lecture est un processus de langage au même titre que la parole. Comme vous avez pu le constater dans la partie précédente, l'usager d'une langue orale possède déjà une bonne base pour comprendre la forme écrite de cette langue. En effet, les mots employés à l'oral sont les mêmes que ceux qui sont codés à l'écrit ; les règles qui permettent de créer des phrases et de leur donner du sens sont utilisées tant par la langue orale que par la langue écrite.

Cependant, si la langue orale et la langue écrite ont plusieurs points en commun, elles ne se superposent pas complètement. La première différence évidente entre l'oral et l'écrit réside dans le mode de réception. À l'oral, le mode est auditif, alors qu'il est visuel à l'écrit. L'oral recourt à l'intonation, aux pauses et aux gestes, tandis que l'écrit tire parti, entre autres choses, de la mise en pages, du soulignement et des retours en arrière.

Une deuxième différence apparaît sur le plan de la structure. À l'oral, les phrases ne sont pas toujours complètes ; le langage s'avère moins formel. À l'écrit, les phrases sont habituellement plus structurées, plus complexes. En outre, certaines formulations sont plus caractéristiques de l'écrit ;

mentionnons, à titre d'exemple, l'emploi du passé simple, de mots de liaison tels que «néanmoins», de certaines formules comme «il importe de», «il était une fois».

Enfin, d'autres différences entre l'oral et l'écrit proviennent du contexte. Le tableau 1.1 énumère quelques-unes de ces différences selon qu'il s'agit d'une conversation entre deux personnes ou d'un texte non illustré.

tableau 1.1 Différences entre langage oral et langage écrit

Conversation	Texte écrit
• À l'oral, les interlocuteurs interagissent entre eux et posent au besoin des questions en vue d'obtenir des clarifications.	• À l'écrit, le lecteur ne peut demander des éclaircissements à l'auteur.
• Les interlocuteurs s'adaptent l'un à l'autre; par exemple, un adulte choisit son vocabulaire en fonction du niveau de l'enfant auquel il s'adresse.	• Le texte est écrit pour un auditoire général et ne tient pas compte des connaissances ou des intérêts particuliers de chaque lecteur.
• Les interlocuteurs se situent dans le même espace et le même temps; lorsqu'ils utilisent des termes comme «ici» et «demain», ils possèdent les mêmes référents.	• Le lecteur doit interpréter des termes comme «ici» et «demain» en fonction de la situation d'écriture.
• Les interlocuteurs parlent habituellement d'objets qui sont présents.	• Le lecteur doit imaginer les personnages et les objets dont il est question dans le texte.

Comme vous pouvez le constater à la lecture du tableau 1.1, c'est le contexte qui engendre les différences entre la conversation et la lecture. La conversation se situe dans un contexte qui est concret pour les interlocuteurs, c'est pourquoi on dira que le langage oral est contextualisé; à l'inverse, on dira que le langage écrit est décontextualisé. Il existe toutefois une gradation dans cette contextualisation, autant dans les situations de langage oral que dans les situations de langage écrit. Par exemple, une conversation téléphonique sera plus décontextualisée qu'une conversation entre deux personnes qui se trouvent ensemble, car, au téléphone, les interlocuteurs ne partagent pas le même environnement physique; ils ne peuvent pas, par exemple, montrer un objet du doigt, ils doivent le désigner par son nom. Dans le même sens, la lettre d'un ami sera plus contextualisée qu'un texte philosophique, car l'auteur de la lettre tiendra compte des connaissances de son ami. «Il apparaît [donc] essentiel de distinguer des registres de langue induits par une situation de communication où prévaut la *connivence* et ceux qui par contre sont appelés par une situation de *distance*. En d'autres termes, il est des situations où l'on communique à des gens qu'on connaît bien des choses qu'ils connaissent bien, et d'autres situations où l'on propose à des individus que l'on connaît fort peu des informations qu'ils sont censés ignorer. » (Bentolila, Chevalier et Falcoz-Vigne, 1991, p. 187.)

L'apprenti lecteur, qui passe du langage oral au langage écrit, aura donc à se familiariser avec le caractère décontextualisé de la lecture. Les enfants qui ont des expériences de langage oral plus décontextualisé (où l'on parle d'un événement passé ou futur, d'un objet absent, etc.) ou à qui l'on fait souvent la lecture seront déjà plus sensibilisés aux différences entre l'oral et l'écrit.

LA LECTURE EST UN PROCESSUS HOLISTIQUE

La lecture ne repose pas sur un ensemble de sous-habiletés qu'on peut enseigner les unes après les autres de façon hiérarchique. Le langage, qu'il soit oral ou écrit, ne peut se découper en petites unités, comme on le fait, par exemple, dans le cas de tâches motrices. La plupart des habiletés en lecture ne peuvent s'enseigner et s'évaluer isolément, car elles sont interdépendantes. Par exemple, comprendre l'idée principale d'un texte peut dépendre de la capacité à faire des inférences, de la compréhension des relations de cause à effet et de la quantité des connaissances antérieures du lecteur. Ce n'est pas parce qu'il est possible d'identifier des habiletés exploitées par les lecteurs compétents qu'on peut inférer que ces habiletés interviennent de façon isolée en lecture.

Tout le monde sera d'accord pour dire qu'un enfant qui a appris séparément à tenir le guidon d'une bicyclette, à appliquer les freins et à pédaler ne sait pas nécessairement rouler à bicyclette. C'est l'interaction de toutes ces habiletés qui constitue la capacité à conduire une bicyclette. Il en va de même de la lecture. Il y a souvent eu confusion entre la fin et les moyens dans l'enseignement de la lecture, c'est-à-dire qu'on a eu tendance à attirer l'attention des élèves sur les composantes de la lecture au détriment de leur utilisation. Les cahiers d'exercices ont longtemps proposé – et proposent encore souvent – des activités portant sur des habiletés isolées.

LA LECTURE EST UN PROCESSUS DE CONSTRUCTION DE SENS

Nous avons dit précédemment que le lecteur est actif, qu'il fait des hypothèses sur le sens du texte et les vérifie. Nous irons plus loin en soutenant que le lecteur « construit » le sens du texte. Comme le dit Antonine Maillet,

« le lecteur achève l'œuvre ». Cette affirmation peut sembler aller à l'encontre du sens commun : en effet, on a toujours pensé que c'est l'auteur qui donne le sens au texte et que la tâche du lecteur est de découvrir ce sens.

La conception de la lecture comme processus de construction de sens ressort, entre autres, d'études qui ont montré que la compréhension d'un texte est fortement reliée aux connaissances que le lecteur possède sur le contenu de ce texte. Le même texte sera compris différemment selon les expériences antérieures du lecteur. Une phrase aussi simple que « Le chien a mordu l'homme » peut être interprétée de différentes façons selon la conception que le lecteur a d'un chien, d'un homme, de l'action de mordre. Essayez vous-même d'imaginer la situation que suggère cette phrase. Quel choix avez-vous fait de la race du chien, de sa taille, de sa couleur ? Quel choix avez-vous fait du type d'homme, de son âge, de son attitude, de ses vêtements ? Il est peu probable que votre représentation soit tout à fait identique à celle d'un autre lecteur. Si une phrase aussi simple est interprétée différemment par les lecteurs, que penser alors d'un texte entier ?

Ces constatations peuvent être déconcertantes pour les enseignants. S'il y a tant de possibilités d'interprétation, comment s'assurer que les élèves comprendront vraiment le sens du texte ? Disons tout de suite que construire le sens d'un texte ne veut pas dire attribuer n'importe quel sens au texte. En fait, si un texte est bien écrit, il traduira assez fidèlement l'idée que son auteur avait en tête en l'écrivant. Il existe d'habitude suffisamment de chevauchements ou de relations entre les expériences de l'auteur et celles du lecteur pour qu'il y ait une compréhension et une communication raisonnables. Plus l'écart est grand entre les expériences de l'auteur et celles du lecteur (ou entre le langage de l'auteur et celui du lecteur), plus la représentation de l'auteur et celle du lecteur seront éloignées.

Pour construire le sens du texte, le lecteur doit établir des ponts entre le nouveau (le texte) et le connu (ses connaissances antérieures). La compréhension ne peut se produire s'il n'y a rien à quoi le lecteur puisse rattacher la nouvelle information fournie par le texte. La quantité et la qualité des connaissances qu'un lecteur possède en relation avec le texte à lire influent donc sur la compréhension qu'il aura de celui-ci. Socrate avait sans doute raison d'affirmer que « la lecture ne peut qu'éclairer ce que le lecteur sait déjà » (Manguel, 1998, p. 110).

Plusieurs recherches ont montré que, toutes choses égales d'ailleurs, la quantité de connaissances acquises à l'aide d'un texte est déterminée par la quantité de connaissances que le lecteur possède sur le sujet du texte : les lecteurs qui connaissent *tout* sur le sujet ou ceux qui n'en connaissent *rien* ne retireront pas d'informations du texte ; par contre, les lecteurs qui connaissent *quelque chose* sur le sujet ont des chances d'en apprendre davantage. Pour vérifier cette hypothèse par vous-même, lisez les trois textes suivants, puis écrivez ce que vous avez appris de nouveau à la suite de cette lecture.

exercice

Texte 1

L'ouïe nous informe de ce qui se passe autour de nous. On peut entendre claquer des draps au vent sans les avoir vus. On peut entendre aboyer un chiot qu'on ne voit pas. On peut entendre sonner le téléphone. On peut entendre rire un bébé. L'ouïe est une importante façon d'apprendre ce qui se passe autour de nous.

Coll. « J'aimerais connaître », vol. 1, section B, Montréal, Grolier, 1974, p. 6.

Que vous a appris ce texte ? _____

exercice

Texte 2

Savez-vous que la tendre et délicieuse noix de cajou est la graine d'un fruit que l'on nomme tout simplement « pomme de cajou »? Mais contrairement à nos bonnes vieilles McIntosh, ce n'est pas dans la pomme que se développe le cajou mais à l'extérieur de celle-ci, accolé contre la région inférieure du fruit. Or cette pomme de cajou, dont l'apparence se situe quelque part entre la pomme et la poire, est de cinq à dix fois plus riche en vitamine C qu'une... orange ! Il s'agit à n'en pas douter d'un fruit à part entière. Pourtant, lorsqu'on récolte la noix de cajou, la pomme, elle, est laissée sur place et pourrit en pure perte.

B. Dubuc, « Plantations de cajou au Vietnam », *Interface*, vol. 15, nos 3-4, 1994, p. 78.

Que vous a appris ce texte ? _____

exercice

Texte 3

Le but de la présente recherche est de tenter de développer des inhibiteurs de type décaliniques à faibles poids moléculaires via un design par modélisation. Étant donné qu'il n'existe pas dans la littérature de coordonnées par diffraction de rayons X pour un co-cristal d'une sélectine et du sLex, un modèle analogue s'avère nécessaire. Celui-ci existe et est basé sur une corrélation avec une protéine similaire, la protéine de liaison du mannose chez le rat, et de valeurs provenant d'études RMN du sLex lié à la E-sélectine. Ainsi, l'utilisation d'un tel modèle nous permet de tester et d'optimiser par modélisation moléculaire nos inhibiteurs virtuels. Les meilleurs candidats sont ensuite synthétisés et testés biologiquement contre sLex.

N. Goudreau, D. Gravel et M. Vaillancourt, « Exploration du récepteur des sélectines », communication présentée au 67e Congrès de l'ACFAS, Ottawa, 1999 (extrait du résumé).

Que vous a appris ce texte ? _____

Si l'hypothèse formulée plus haut est exacte, vous n'avez probablement rien appris du texte 1 (parce qu'il contient des informations connues de tous les adultes) ni du texte 3 (à moins que vous ne possédiez des connaissances particulières dans ce domaine) ; en revanche, vous avez probablement retiré quelques informations nouvelles du texte 2, et cela parce que le sujet, même si vous n'en connaissiez pas tous les détails, vous était familier.

LA LECTURE EST UN PROCESSUS TRANSACTIONNEL

Rosenblatt (1991) considère la lecture comme une transaction entre le lecteur et le texte parce que le sens d'un texte ne réside ni dans le lecteur ni dans le texte, mais dans la transaction qui s'établit entre les deux. Au cours de cette transaction, le lecteur peut adopter deux positions (*stance*) : une position utilitaire ou une position esthétique.

Lorsque le lecteur cherche à comprendre l'information contenue dans le texte, à étudier le texte, sa position est utilitaire ; par contre, lorsque le lecteur focalise son attention sur les émotions et les sentiments suscités par les expériences relatées dans le texte, lorsqu'il visualise les scènes, ressent les émotions du personnage et réagit aux événements, sa position est esthétique.

La lecture utilitaire et la lecture esthétique ne sont pas incompatibles ; au lieu de les considérer comme opposées, on les concevra plutôt comme se situant sur une échelle. Le diagramme présenté à la figure 1.1 illustre le fait que les positions utilitaire et esthétique sont présentes dans toutes les situations de lecture, mais dans des proportions variables. Dans la partie gauche du diagramme, on constate que la position utilitaire domine, c'est-à-dire que le lecteur a surtout recours à ce que Rosenblatt appelle les « aspects publics de la signification » (*public aspects of sense*), lesquels se rattachent au sens objectif des mots. Dans la partie droite du graphique, c'est la position esthétique qui est privilégiée et le lecteur recourt davantage aux « aspects privés de la signification », lesquels englobent les attitudes, les sentiments que suscitent les mots.

Pour mettre en application ces notions concernant les types de lecture, lisez les trois textes qui suivent et situez votre position de lecture dans le graphique présenté à la figure 1.1.

figure 1.1 Relation entre la position de lecture utilitaire et la position de lecture esthétique

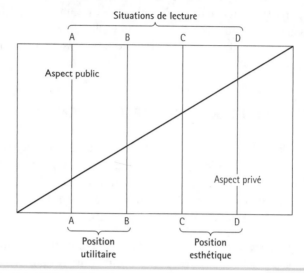

Source : Adapté de L.M. Rosenblatt, «Literature-S.O.S.!», *Language Arts*, n° 68, 1991, p. 446.

exercice

Texte 1

Les îles de Trinité-et-Tobago

Les îles de Trinité-et-Tobago sont associées. Il s'agit d'îles anglaise et espagnole, de régime parlementaire, dont la capitale est Port of Spain. Trinité est la plus importante des deux et est constituée de chaînes de montagnes de faible altitude. Quelque 1 250 000 habitants y résident. Le climat est tropical et pluvieux. Ces îles sont les plus méridionales des Petites Antilles, situées dans l'océan Atlantique à environ 15 km des côtes vénézuéliennes.

Musée de la civilisation, *Masques et mascarades*, Québec, Fides, 1994, p. 155.

Votre lecture a-t-elle été de type utilitaire ou de type esthétique ?

exercice

Texte 2

Le pont Mirabeau (extrait)

Sous le pont Mirabeau coule la Seine

Et nos amours

Faut-il qu'il m'en souvienne

La joie venait toujours après la peine

Vienne la nuit sonne l'heure

Les jours s'en vont, je demeure...

G. Apollinaire, *Alcools*, Paris, Gallimard, 1920.

Votre lecture a-t-elle été de type utilitaire ou de type esthétique ?

Texte 3

Le mercure en Amazonie

L'importante activité des chercheurs d'or du bassin amazonien du Brésil, depuis le début des années 1980, est responsable de l'émission de plusieurs centaines de tonnes de mercure par an dans l'atmosphère et les cours d'eau, d'où la contamination des écosystèmes terrestres et aquatiques sur de grandes étendues. Un million de personnes travaillent dans les *garimpos* et elles rejettent autant de mercure dans l'atmosphère que tous les pays d'Amérique du Nord réunis. [...] Or ces chercheurs d'or non seulement s'intoxiquent eux-mêmes en inhalant directement le mercure, mais ils intoxiquent également les populations éloignées des régions de *garimpos*.

C. Benoît et M. Lucotte, « Enquête sur le mercure », *Interface*, vol. 15, n° 2, 1994, p. 33.

Votre lecture a-t-elle été de type utilitaire ou de type esthétique ?

Pour chacun des trois textes que vous venez de lire, vous avez sans doute adopté une position de lecture différente. Pour le texte qui donne des informations d'ordre géographique sur les îles de Trinité-et-Tobago, votre lecture a probablement été surtout de type utilitaire, c'est-à-dire que vous vous êtes efforcé de comprendre les éléments présentés. Pour le poème d'Apollinaire, votre lecture a fort probablement été de type esthétique. Enfin, en lisant le texte informatif sur la pollution des forêts de l'Amazonie, vous avez peut-être été partagé entre la position utilitaire, qui vous a permis de vous centrer sur les informations transmises, et la position esthétique, qui vous a amené à réagir de façon affective aux informations contenues dans le texte.

Si la lecture utilitaire et la lecture esthétique sont toutes deux acceptables et utiles, il ne faut toutefois pas confondre leurs objectifs respectifs. Il y a souvent confusion, en classe, entre ces deux types de lecture. On observe, en effet, une tendance à suggérer aux élèves une lecture de type utilitaire pour les textes littéraires alors qu'une telle lecture convient mieux aux textes informatifs. Un enseignant qui demande à ses élèves : « Qu'avez-vous appris de nouveau concernant les abeilles dans ce poème ? », est un bel exemple de cette confusion entre position utilitaire et position esthétique (Rosenblatt, 1991). Ainsi, un enseignant qui pose des questions seulement sur le contenu du texte amènera les élèves à adopter une position utilitaire pour tous les types de textes. Il faut, au contraire, conserver aux textes littéraires leur fonction véritable, qui est de susciter une « expérience » chez le lecteur, ce qui exige une lecture de type esthétique.

LA LECTURE EST UN PROCESSUS INTERACTIF

Nous avons dit précédemment que le lecteur construit le sens d'un texte à partir de ses connaissances. Nous pouvons ajouter à cela que l'interaction se fait non seulement entre les connaissances du lecteur et le texte, mais entre le lecteur, le texte et le contexte (Giasson, 1990). La figure 1.2 illustre ces interactions. Il faut noter que la compréhension en lecture variera selon le degré de relation entre ces trois variables. En effet, plus les variables lecteur, texte et contexte seront imbriquées les unes dans les autres, meilleure sera la compréhension.

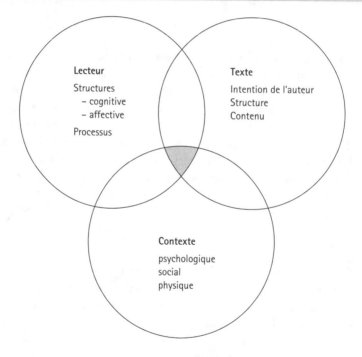

figure 1.2 Modèle interactif de compréhension en lecture

La variable « lecteur »

La variable *lecteur* du modèle de compréhension en lecture présenté à la figure 1.2 regroupe les structures et les processus du sujet. Les structures correspondent à ce que le lecteur est, et les processus, à ce qu'il fait durant la lecture.

Les structures

Les *structures* se subdivisent en structure cognitive et structure affective. La structure cognitive comprend les connaissances que le lecteur possède sur la langue et sur le monde. Les connaissances sur la langue sont de quatre types : phonologiques, syntaxiques, sémantiques et pragmatiques. Les connaissances sur le monde correspondent aux *schémas* qui se sont formés chez le lecteur et qui s'accumulent tout au long de sa vie ; comme nous l'avons vu plus haut, les connaissances du lecteur jouent un rôle crucial dans la compréhension des textes.

Lorsque le lecteur aborde une tâche de lecture, sa structure affective intervient également, laquelle englobe son attitude générale face à la lecture et ses centres d'intérêt. Cette attitude générale entrera en jeu chaque fois que l'individu sera placé devant une tâche dont l'enjeu est la compréhension d'un texte. Quant aux centres d'intérêt spécifiques de chaque individu, ils peuvent se former tout à fait en dehors de la lecture (ce peut être, par exemple, la musique, les animaux ou la photographie), mais ils deviendront un facteur à considérer devant un texte donné qui traitera, lui, d'un thème qui intéresse vivement le lecteur ou qui l'intéresse peu ou pas. La façon dont le lecteur se perçoit comme acteur dans son apprentissage est aussi une variable affective qui influe sur la compréhension : en effet, si le lecteur a tendance à attribuer ses réussites et ses échecs en lecture à des facteurs externes (comme le hasard), il pourra en venir à éprouver un sentiment d'incapacité du fait qu'il croit ne pas avoir la maîtrise de son apprentissage (Curren et Harich, 1993).

Les processus

Les *processus* renvoient aux habiletés mises en jeu durant la lecture. Il est important de mentionner que ces processus ne sont pas séquentiels, mais simultanés. On distingue les microprocessus, les processus d'intégration, les macroprocessus, les processus d'élaboration et les processus métacognitifs (Irwin, 1991).

Les *microprocessus* servent à comprendre l'information contenue dans une phrase : ils regroupent la reconnaissance de mots, la lecture par groupes de mots et la microsélection, c'est-à-dire l'identification de l'information importante de la phrase.

Les *processus d'intégration* rendent possible l'établissement de liens entre les propositions ou les phrases ; les principales manifestations de ces processus sont l'utilisation adéquate des mots de substitution et des mots de liaison ainsi que la formulation d'inférences.

Les *macroprocessus* sont orientés vers la compréhension globale du texte, vers les liens qui permettent de faire du texte un tout cohérent. Ces processus sont à la base, principalement, de la reconnaissance des idées principales du texte, de l'élaboration de résumés et de l'utilisation de la structure du texte.

Les *processus d'élaboration* permettent au lecteur de dépasser le texte, d'aller plus loin que les attentes de l'auteur. On distingue habituellement cinq types de processus d'élaboration, grâce auxquels le lecteur pourra : 1) faire des prédictions ; 2) se former une image mentale ; 3) réagir d'une manière émotive ; 4) intégrer l'information nouvelle à ses connaissances antérieures ; et 5) raisonner sur le texte.

Enfin, les *processus métacognitifs* servent à guider la compréhension ; ce sont eux qui font que le lecteur est en mesure de s'ajuster au texte et à la situation. Reconnaître qu'il y a une perte de compréhension et trouver les stratégies pour y remédier font partie des principales manifestations des processus métacognitifs.

La variable « texte »

La variable *texte* du modèle de compréhension en lecture concerne le matériel à lire et peut être considérée sous trois grands aspects : l'intention de l'auteur, la structure du texte et le contenu. L'intention de l'auteur détermine en fait l'orientation des deux autres éléments. La structure fait référence à la façon dont l'auteur a organisé les idées dans le texte, alors que le contenu renvoie aux concepts, aux connaissances et au vocabulaire que l'auteur a décidé de transmettre.

La variable « contexte »

Le *contexte* comprend des éléments qui ne font pas partie physiquement du texte et qui ne concernent pas les connaissances, les attitudes ou les habiletés du lecteur comme telles, mais qui influent sur la compréhension du texte. Le contexte inclut toutes les conditions présentes lorsque le lecteur entre en contact avec un texte. Parmi ces conditions, on trouve celles que le lecteur se fixe lui-même et celles que le milieu, souvent l'enseignant, impose au lecteur. On distinguera principalement le contexte psychologique, le contexte social et le contexte physique.

Le *contexte psychologique* se caractérise surtout par l'intention de lecture. Nous savons depuis longtemps que les informations que nous retenons d'un texte dépendent de notre intention. Par exemple, nous ne lisons pas la critique d'un film de la même manière avant d'aller voir le film et après avoir vu le film. Avant, nous lisons la critique pour voir si le film peut nous intéresser ; après, nous la lisons pour voir si le critique a eu la même perception que nous du film.

Le *contexte social* comprend les interventions de l'enseignant et des pairs pendant la lecture. Par exemple, si nous lisons un texte à haute voix devant un auditoire, nous n'en aurons pas le même type de compréhension que si nous le lisons silencieusement pour notre propre intérêt.

Quant au *contexte physique*, il englobe les facteurs qui influent non seulement sur la lecture, mais sur tous les apprentissages scolaires. Nous pensons ici au niveau de bruit, à la température ambiante ou à la qualité de la reproduction des textes.

LES MODÈLES D'APPRENTISSAGE

Avant d'aborder la façon d'enseigner la lecture, il vous faut préciser votre conception de l'apprentissage en général. Le fait de réfléchir sur votre propre démarche d'apprentissage vous aidera à enseigner par la suite. Faites un premier pas en ce sens en répondant aux questions suivantes : Quelle est la dernière fois où vous avez vraiment appris quelque chose en profondeur ? Comment l'avez-vous appris ? Comment avez-vous constaté que vous aviez vraiment appris ? En répondant à ces questions, vous avez déjà probablement découvert quelques variables importantes liées à l'apprentissage, comme l'importance de la motivation et le rôle de l'engagement personnel.

Plusieurs théoriciens ont cherché à définir les processus et les principes en cause dans l'apprentissage. Ils ont proposé des modèles qui reflètent un large éventail de conceptions, allant des approches qui accordent peu de place à l'activité de l'apprenant dans le processus d'apprentissage aux approches axées entièrement sur les découvertes personnelles. Nous donnons ici un aperçu des principaux modèles d'apprentissage, soit le modèle de la transmission des connaissances, le modèle du traitement de l'information, le modèle constructiviste et le modèle socioconstructiviste.

LE MODÈLE DE LA TRANSMISSION DES CONNAISSANCES

Selon la conception sur laquelle se fonde le modèle de la transmission des connaissances, la connaissance est considérée comme une entité statique qui se situe quelque part en dehors de l'élève et qui doit entrer dans sa tête. Le rôle de l'enseignant consiste donc à transmettre à l'élève des connaissances que ce dernier emmagasine, ce qui entraîne une fréquence élevée d'exercices répétitifs. Cette approche par mémorisation sans travail personnel de compréhension conduit à l'enregistrement d'informations relativement superficielles et difficilement réinvesties dans l'activité cognitive générale de l'élève. Les principes suivants sont au centre de ce modèle d'apprentissage :

- ☐ l'apprenant doit maîtriser une étape avant de passer à la suivante ;

- ☐ la tâche est facilitée si elle est découpée en petites unités ;

- ☐ l'apprentissage se réalise par associations et par répétitions.

Le modèle de la transmission des connaissances établit une relation directe entre enseignement et apprentissage. On pourrait recourir à l'analogie du chant du coq pour caractériser ce modèle. Le coq chante et le soleil se lève : le coq croit donc que c'est lui qui fait se lever le soleil ; l'enseignant enseigne et les élèves apprennent : l'enseignant croit que seule son action est la cause de l'apprentissage. Ce modèle, qui a teinté l'enseignement de la lecture jusque dans les années 1980, n'a pas complètement disparu des classes et plusieurs enseignants s'y réfèrent encore plus ou moins consciemment.

LE MODÈLE DU TRAITEMENT DE L'INFORMATION

Le modèle du traitement de l'information, qui fait partie de la famille des modèles cognitifs, rend compte de la manière dont l'être humain recueille, emmagasine, modifie et interprète l'information provenant de l'environnement. Deux processus cognitifs mis en évidence dans ce modèle sont particulièrement importants à l'école : le transfert des acquis et la métacognition (supervision du processus d'apprentissage). Les principes suivants sont caractéristiques de ce modèle :

- ☐ l'apprenant traite activement l'information ;

- ☐ l'apprenant établit des liens entre les nouvelles informations et les connaissances antérieures ;

- ☐ l'apprenant organise ses connaissances.

Le modèle du traitement de l'information appliqué à l'enseignement a été surtout associé à l'enseignement stratégique (Tardif, 1992). Ce modèle propose à l'élève des outils cognitifs et métacognitifs et favorise l'application de stratégies dans des contextes variés. Il vise également à rendre l'élève autonome par le passage graduel de la responsabilité de l'enseignant vers lui. Ici, la tâche n'est pas séparée en unités, elle demeure entière. Bref, selon ce modèle, « l'enseignant aide les élèves à comprendre ce qu'ils apprennent et pourquoi ils l'apprennent » (Pressley et Harris, 1990).

LE MODÈLE CONSTRUCTIVISTE

Le modèle constructiviste, appelé souvent « apprentissage par découverte », s'inspire principalement des travaux de Piaget sur le développement cognitif de l'enfant. Il met l'accent sur la transformation des structures cognitives par l'interaction entre l'apprenant et l'environnement. Les principes qui suivent sous-tendent les théories constructivistes :

☐ l'enfant est actif ; il construit sa connaissance ;

☐ le développement cognitif dépend de l'action de l'apprenant sur le monde ;

☐ le développement cognitif se produit par stades ; les conflits cognitifs permettent de passer d'un stade à un autre.

Dans le modèle constructiviste, l'enseignement consiste à mettre en action, chez l'enfant, le processus naturel de construction de connaissances et à fournir l'information extérieure susceptible d'être utilisée de façon productive. Parce que l'élève construit lui-même ses connaissances, celles-ci sont plus solides et plus durables. L'application pédagogique la plus connue de ce modèle est le conflit cognitif que l'on suscite chez l'élève afin de l'aider à prendre conscience des limites de sa compréhension et de le motiver à poursuivre ses apprentissages.

LE MODÈLE SOCIOCONSTRUCTIVISTE

Le modèle socioconstructiviste, qui s'inspire entre autres des travaux du psychologue soviétique L.S. Vygostki, est un modèle centré sur l'apprenti et sur les relations qu'il entretient avec les membres plus connaissants de sa communauté. Sur le plan pédagogique, le socioconstructivisme a confirmé l'importance du travail coopératif. Les principes suivants donnent un aperçu du socioconstructivisme :

☐ la connaissance se construit à travers l'interaction de l'individu avec son environnement ;

☐ l'apprentissage est de nature sociale ;

☐ les membres plus connaissants d'une communauté peuvent aider les moins connaissants.

Deux concepts se révèlent particulièrement importants dans le modèle socioconstructiviste : la « zone de développement prochain » et l'« étayage » (*scaffolding*). La zone de développement prochain est la zone dans laquelle l'enfant peut résoudre un problème dans la mesure où il reçoit l'assistance d'un adulte compétent ou d'un pair plus avancé. Le concept d'étayage renvoie au soutien temporaire que l'adulte donne à l'enfant ; ce soutien diminue au fur et à mesure que l'enfant consolide ses habiletés. Le principe sur lequel repose ce type d'intervention peut se définir comme suit : avec le soutien d'un apprenant plus expérimenté, l'enfant peut participer à une activité stratégique sans la comprendre complètement ; grâce à ce soutien, l'enfant intériorise graduellement la stratégie qu'il a d'abord utilisée au cours d'une interaction. Comme exemple d'étayage, on peut penser à un parent qui veut aider son enfant de quatre ans à garder son équilibre sur une bicyclette : il commencera par tenir solidement la bicyclette, il diminuera ensuite la pression, puis il se bornera à poser sa main sur le siège, pour enfin laisser l'enfant diriger seul sa bicyclette. Ce type d'aide est différent d'une béquille, qui ne se modifie pas selon les besoins de l'usager.

LA TENDANCE ACTUELLE QUANT AUX MODÈLES D'APPRENTISSAGE

Dernièrement, la plupart des pays occidentaux ont renouvelé en profondeur leur système d'enseignement. Sur le plan théorique, on constate que le monde de l'éducation a abandonné les modèles de transmission des connaissances pour privilégier des modèles qui laissent une part plus grande à l'activité de l'élève. Les modèles de type cognitif, que ce soit le modèle du traitement de l'information, le constructivisme ou le socio-constructivisme, attribuent tous un rôle central à l'élève dans la construction de ses connaissances, et partant, dans l'édification de son savoir. L'élève y est considéré comme le premier artisan de son apprentissage. Les enseignants sont maintenant encouragés à s'inspirer de ces modèles, qui préconisent l'engagement actif des élèves, l'interaction, l'exploration et l'intégration.

L'ENSEIGNEMENT DE LA LECTURE

La recherche de la meilleure façon d'enseigner à lire a donné lieu, chez les théoriciens, à une controverse pédagogique tenace. Pour faire le point sur cette question, nous verrons d'abord l'état actuel du débat autour de la lecture, puis nous présenterons les principes de l'approche équilibrée en lecture, une approche qui contribue à la résolution de cette controverse.

LA CONTROVERSE AUTOUR DE L'ENSEIGNEMENT DE LA LECTURE

Tous les débats entourant l'enseignement-apprentissage de la lecture ont été marqués au sceau d'une dichotomie : on a comparé les approches globales et les approches synthétiques, les approches naturelles et les approches traditionnelles. Chaque camp s'applique à mettre en évidence les faiblesses de l'autre camp; un gain dans un paradigme est vu comme une perte pour l'autre paradigme. Le débat est particulièrement virulent aux États-Unis où l'on a parlé de « guerre » des approches. En France, un débat semblable agite le monde de l'enseignement; on y déplore « l'influence de l'idéologie phonique et de l'idéologie visuelle qui veulent faire croire qu'il n'y a que deux conceptions scientifiques de l'acte de lire : pour l'une le savoir-lire est essentiellement une affaire de phonologie et de déchiffrage; pour l'autre, les processus sont uniquement visuels et sémantiques » (Chauveau, 2001, p. 1). Au Québec, les positions sont moins tranchées, mais le débat est quand même présent, principalement dans les médias. La discussion concernant la lecture s'est cristallisée autour de deux thèmes : la place du décodage dans l'apprentissage de la lecture et la nature des textes et des activités à proposer aux apprentis lecteurs, c'est-à-dire le rôle des manuels de lecture.

La question du décodage

Une grande partie de la controverse au sujet de l'enseignement de la lecture porte sur le décodage, la question centrale étant: Quelle est la meilleure façon d'enseigner aux enfants à lire des mots? Doit-on leur enseigner les mots globalement ou doit-on leur apprendre à les décoder? Historiquement, on a toujours distingué deux types d'approches opposées concernant la façon d'enseigner aux enfants à identifier des mots écrits : les approches synthétiques et les approches globales, ou encore les approches centrées sur le code et les approches centrées sur le sens. C'est par la suite qu'on a vu apparaître les approches mixtes. Ces trois types d'approches — synthétiques, globales et mixtes — reposent sur des conceptions différentes de l'enseignement-apprentissage de la lecture, comme nous le verrons dans les paragraphes qui suivent.

L'approche synthétique. L'approche synthétique part des unités les plus petites de la langue pour aller vers les plus grandes : on présente à l'élève des lettres qu'il identifie et combine ensuite en syllabes, lesquelles sont assemblées pour former des mots et les mots, des phrases. Pour réaliser le passage d'une étape à l'autre, l'enfant doit effectuer la *synthèse* des éléments, d'où le nom d'« approche synthétique ». Plus précisément, on parlera d'approches alphabétiques pour les approches qui partent de la lettre, d'approches phonétiques pour celles qui partent des phonèmes, d'approches syllabiques pour celles dont l'unité de départ est la syllabe. Dans ce type d'approche, le principe de la hiérarchisation des apprentissages est très important : on formera des mots uniquement à partir des lettres déjà apprises, ce qui réduit, il va sans dire, les possibilités de phrases significatives. Par exemple, après avoir enseigné les voyelles *a, e, i* et *o* ainsi que les consonnes *l* et *p*, on propose aux enfants de lire des phrases comme : « Papa a la pipe » ou « Léa a épelé : pape et opale ». Les approches centrées sur le code ont été longtemps populaires, mais, au début des années 1980 principalement, elles ont été remises en question ; on leur a reproché de présenter à l'enfant des textes artificiels, de favoriser une lecture syllabique, saccadée, peu naturelle. Disons-le clairement, les approches synthétiques à l'état pur n'existent à peu près plus aujourd'hui, ce qui ne veut pas dire toutefois que les enfants n'apprennent plus à décoder.

L'approche analytique ou globale. L'approche analytique part d'une unité significative comme le mot, la phrase, le texte. La démarche est ici inversée : l'enfant découvrira le mot dans la phrase, la syllabe dans le mot, la lettre dans la syllabe. La démarche cognitive demandée à l'enfant est l'*analyse*, d'où l'appellation d'« approche analytique ». On parlera également de méthode globale, car l'unité de départ est un tout. Ce type d'approche a été proposé par des pédagogues qui postulaient que l'enfant perçoit d'abord le tout avant de s'intéresser aux détails. De plus, comme les méthodes globales partent d'unités significatives, l'accent est mis sur le sens plutôt que sur le code, ce qui est susceptible de stimuler l'intérêt de l'enfant. Ces approches ont fait leur apparition au début du XXᵉ siècle aux États-Unis, bien qu'il y ait eu plusieurs précurseurs en Europe au XIXᵉ siècle. Dans la conception populaire, le terme « méthode globale » est associé à la version pure de l'approche, qui préconise de placer l'enfant dans des situations de lecture dans lesquelles il apprendra globalement des mots sans qu'on lui enseigne comment les analyser : on s'attend à ce qu'il fasse lui-même les rapprochements entre les mots qui se ressemblent et reconstruise le code de l'écrit. On a reproché aux approches globales d'enseigner du « par cœur », c'est-à-dire de former des enfants qui ne reconnaissent que les mots enseignés et qui devinent les autres. À l'état pur, les méthodes globales sont très rares, ce qui ne veut pas dire pour autant que les enfants n'apprendront pas certains mots de façon globale au début de leur apprentissage de la lecture.

L'approche mixte. Il est aisé de constater que les deux positions extrêmes décrites ci-dessus sont difficiles à soutenir. « Il est clair que les positions pédagogiques extrêmes, aussi bien celle rejetant toute analyse lexicale — et donc infralexicale — que celle exclusivement centrée sur la reconnaissance des mots par l'application des règles de conversion graphème-phonème, (déchiffrage) ne sont plus tenables aujourd'hui. » (Ecalle et Magnan, 2002, p. 191.) En effet, enseigner à lire en procédant d'une façon mécanique qui ne tient aucun compte de la compréhension, ou encore laisser totalement à l'enfant la tâche de découvrir lui-même le fonctionnement du système alphabétique, sont des façons de faire que l'on ne rencontre presque plus dans les classes. On peut dire qu'actuellement les approches mixtes sont les plus populaires. Ces dernières consistent à proposer aux élèves les deux démarches, synthétique et analytique, selon les besoins. En pratique, les enfants apprennent globalement un ensemble plus ou moins grand de mots afin de donner rapidement du sens à leur lecture ; ils apprennent également à tirer parti du code par l'analyse et la synthèse. Il existe toutefois une multitude de façons d'envisager l'approche mixte. Par exemple, on attendra plus ou moins longtemps avant de familiariser les enfants avec le code : ainsi, certains enseignants commencent à attirer l'attention des enfants sur les lettres dès l'entrée en première année, alors que d'autres ne le font qu'après plusieurs semaines.

La question des manuels de lecture et des activités

Le débat autour de l'enseignement de la lecture ne se limite plus aujourd'hui à la question de savoir quelle est la meilleure façon d'enseigner aux élèves à identifier les mots, il concerne aussi les textes et les activités qui devraient constituer la base de l'enseignement. On oppose encore ici deux approches : les approches naturelles et les approches traditionnelles.

Les approches dites « naturelles » consistent à proposer à l'enfant, dès le début de l'apprentissage, des activités de lecture signifiantes et des textes authentiques, c'est-à-dire des textes qu'on trouve dans l'environnement à l'extérieur de l'école. De façon générale, on peut relever trois variantes de l'approche naturelle, tant dans les milieux anglophones que dans les milieux francophones. La plus connue est probablement le *whole language,* qui se définit non comme une méthode précise, mais comme une philosophie selon laquelle les enfants devraient apprendre à lire comme ils ont appris à parler, c'est-à-dire en étant mis de façon soutenue dans des situations de lecture authentiques. Ce mouvement a été lancé par Goodman (1989, 1992b) aux États-Unis, mais une démarche de même type a été proposée en France, notamment dans les écrits de l'Association française pour la lecture (Benichou, 1983 ; Foucambert, 1994). Un deuxième courant, connu dans les milieux anglophones sous le nom de *literature-based,* propose de remplacer le manuel de lecture par des livres de littérature pour la jeunesse (Morrow et Gambrell, 2000) ; dans les milieux francophones, on trouve l'équivalent de cette démarche dans celle que propose Nadon (2002). Enfin, dans une troisième approche, la *language experience approach,* les textes à lire consistent dans des textes écrits collectivement ou individuellement en classe (Richgels, 1982 ; Nelson et Linek, 1999) ; du côté francophone, cette approche peut se comparer à la pédagogie de Freinet, qui procède de la même philosophie. Ces trois approches, qui sont parfois difficiles à distinguer, s'apparentent toutes à ce qu'on appelle une « approche naturelle » en lecture.

À ces approches naturelles, on oppose les approches dites « tradition-nelles » dans lesquelles l'enseignement repose sur un manuel et sur des cahiers d'exercices. On sait qu'actuellement la majorité des enseignants se servent d'un manuel de lecture. Ces manuels, il est vrai, ont beaucoup évolué et présentent des textes plus significatifs qu'il y a 20 ans, mais il s'agit de textes scolaires rédigés pour l'apprentissage de la lecture ou d'extraits de textes littéraires.

Dans le débat sur les manuels de lecture, on peut placer, à une extrémité de l'échelle, les classes où seule la littérature authentique est acceptée, et, à l'autre extrémité, les classes dans lesquelles seuls le manuel et le cahier d'exercices règlent l'enseignement. Même si les deux approches extrêmes s'opposent dans les débats, on trouve, dans les classes, plusieurs positions intermédiaires, comme la combinaison de plusieurs manuels, l'utilisation d'un manuel mais sans les cahiers d'exercices, l'usage d'un manuel et de textes de différentes sources. Bref, la réalité des classes est plus nuancée que ne le laisse entendre le débat.

LA FIN DU CONFLIT : L'APPROCHE ÉQUILIBRÉE

La guerre des méthodes est née du désir de trouver une réponse univer-selle à la question de l'enseignement de la lecture. Une réponse unique est toujours rassurante pour les enseignants et pour les parents. Cependant, il ressort du vaste éventail des recherches effectuées au cours des dernières décennies que presque toutes les approches sont efficaces avec certains élèves, mais qu'aucune approche n'est efficace avec tous. Or, depuis quel-ques années, le conflit des méthodes de lecture tend à se résorber grâce à un mouvement de plus en plus perceptible en faveur d'une approche équilibrée (*balanced reading*) [Ivey, Baumann et Jarrard, 2000 ; Guthrie, Schafer et Huang, 2001 ; Pressley et autres, 2002].

Qu'est-ce que l'approche équilibrée ?

L'approche équilibrée qui est proposée aujourd'hui n'est pas une simple combinaison d'approches déjà existantes ; elle n'équivaut pas à l'approche mixte ni ne consiste dans le simple ajout de littérature pour la jeunesse aux manuels de lecture. On pourrait dire qu'elle est plus une synergie qu'un compromis. Une approche équilibrée en lecture est une approche dans laquelle l'enseignant prend quotidiennement des décisions pertinen-tes quant à la meilleure façon d'aider chaque enfant à devenir meilleur lecteur ; elle englobe les stratégies d'intervention, d'évaluation et de moti-vation (Blair-Larsen et Williams, 1999 ; Pearson, 2001).

L'équilibre, selon cette conception, ne signifie pas répartition égale des activités dans le temps ni passage automatique d'un type d'activité à un autre ; l'équilibre renvoie plutôt ici à une harmonie entre les besoins des élèves et le soutien offert. Par exemple, dans la vie d'une classe, il est opportun, à certains moments, d'encourager l'élève à la découverte, mais, en d'autres temps, un enseignement plus explicite est nécessaire ; les élèves doivent lire le plus souvent possible des textes entiers, mais, en certaines occasions, ils ont besoin de s'attarder sur des unités comme les mots ou les syllabes ; laisser choisir les activités par les élèves est à privilégier, mais l'enseignant proposera, dans certaines circonstances, un texte ou une activité déterminés en fonction d'un objectif pédagogique valable ; si les activités en grand groupe sont indiquées dans certains cas, la répartition en sous-groupes est parfois préférable, etc.

L'équilibre, dans cette approche, s'établit donc :

- ☐ entre les découvertes de l'élève et l'enseignement explicite ;

- ☐ entre les tâches choisies en fonction des besoins de l'élève et celles qui le sont en fonction du programme ;

- ☐ entre la compréhension et le code ;

- ☐ entre les interventions spontanées et les activités didactiques planifiées ;

- ☐ entre les textes choisis par l'élève et ceux qui sont proposés par l'enseignant ;

- ☐ entre l'évaluation formative et l'évaluation sommative.

L'approche équilibrée présente les caractéristiques de l'enseignement exemplaire. Plusieurs études récentes ont montré que les enseignants qui réussissent le mieux emploient une approche équilibrée : ils engagent les élèves dans la lecture de textes authentiques et enseignent des stratégies de lecture selon leurs besoins (Dahl et Scharer, 2000 ; Taylor et autres, 2000 ; Allington, 2002).

Les éléments fondamentaux de l'approche équilibrée

L'approche équilibrée s'articule autour de plusieurs principes directeurs, que résument les propositions suivantes :

1. L'approche équilibrée accorde une place importante aux compétences professionnelles de l'enseignant. Ce dernier prend continuellement des décisions qui se fondent sur sa maîtrise des stratégies d'enseignement et sur sa connaissance des étapes de l'apprentissage de la lecture-écriture.

2. L'approche équilibrée est flexible et vise à répondre aux besoins de chaque enfant. L'enseignant cherche continuellement le meilleur moyen d'aider chaque enfant à évoluer en lecture ; il évalue les progrès de l'élève afin d'intervenir de façon différenciée.

3. L'approche équilibrée reconnaît l'existence de multiples sources de connaissances, telles que l'enseignant, les parents, les autres élèves, les membres de la communauté. L'enseignant aura recours autant à la médiation dans les apprentissages qu'à la collaboration entre les pairs.

4. L'approche équilibrée accorde de l'importance au choix des textes à lire. Ces derniers seront diversifiés, de qualité, intéressants, stimulants et accessibles.

5. L'approche équilibrée vise la participation active de l'élève : elle favorise son enthousiasme par rapport à la lecture, son engagement personnel dans des expériences d'apprentissage et dans le développement de son autonomie.

6. L'approche équilibrée est fondée sur la recherche. Ses composantes peuvent varier d'un enseignant à l'autre, mais elles relèvent toutes de données de recherche validées.

Bref, dans une approche équilibrée, l'enseignant respecte le rythme des enfants, choisit les supports de lecture appropriés, intègre les situations de lecture fonctionnelle et les situations d'enseignement explicite, alterne les situations de communication et les moments de structuration. Pour gérer une approche équilibrée, l'enseignant doit pouvoir compter sur sa compétence professionnelle, qui lui permet de juger de la meilleure façon de répondre aux besoins des élèves eu égard aux connaissances actuelles en matière d'enseignement-apprentissage de la lecture.

L'ÉVOLUTION DU JEUNE LECTEUR

La compétence à lire est évolutive et se perfectionnera tout au long du préscolaire et du primaire. Pour situer les élèves dans ce cheminement, l'enseignant a besoin d'indicateurs. Ces derniers ont trait tantôt à des paliers qui distinguent les apprentissages réalisés à chacun des cycles, tantôt à la continuité des apprentissages de la maternelle à la fin du primaire.

LES ÉTAPES DE L'ÉVOLUTION EN LECTURE

La figure 1.3 schématise la « route de la lecture ». Sur cette figure, l'évolution normale de la compétence à lire est représentée par la ligne verticale qui va de l'émergence de la lecture à la compétence à lire des textes variés. À chaque étape importante, une « sortie de route », c'est-à-dire un échec, peut se produire, ce qu'indiquent les lignes obliques dans la figure ; cependant, il est toujours possible de revenir sur la « bonne voie », comme le signalent les flèches. Précisons toutefois qu'il s'agit ici d'une représentation schématique qui a pour seul objet de mettre en évidence les grandes étapes de l'évolution en lecture. Il faut prendre en considération la possibilité de chevauchement de ces étapes et se rappeler qu'un tel schéma ne peut rendre compte de toute la complexité de l'évolution de la compétence à lire.

figure **1.3** La route de la lecture

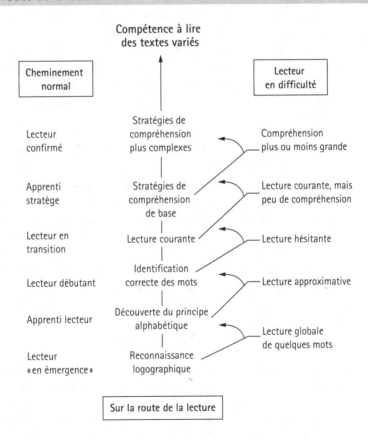

Le lecteur « en émergence ». Le point de départ de la route de la lecture correspond à la situation de la plupart des enfants de la maternelle et du début de la première année. À cette étape, bien qu'il soit sensibilisé aux fonctions de l'écrit, l'enfant ne peut lire de façon autonome. Il prend plaisir à écouter des histoires, il reconnaît des mots dans son environnement, mais il n'a pas encore découvert le principe alphabétique qui lui permettrait de lire des mots nouveaux. Ce comportement est tout à fait normal chez le jeune enfant, mais une personne qui en resterait à ce stade éprouverait évidemment des difficultés insurmontables dans son cheminement en lecture. Habituellement, les enfants passent du stade de lecteur « en émergence » à celui d'apprenti lecteur dans les premières semaines ou les premiers mois de leur entrée en première année.

L'apprenti lecteur. Ce stade se caractérise par la découverte du principe alphabétique. Grâce à la connaissance du fonctionnement du système écrit qu'il acquiert, l'enfant peut lire des mots nouveaux et comprendre des textes simples. Ses habiletés sont cependant encore en voie d'acquisition : il ne maîtrise pas complètement le code et ne réussit pas toujours à s'autocorriger. Il se réfère au contexte pour faire des hypothèses, mais il ne vérifie pas toujours ces dernières. Ce comportement, qui est caractéristique des lecteurs du milieu de la première année, évolue graduellement pour amener l'enfant au stade suivant, c'est-à-dire celui de lecteur débutant. Si l'enfant en reste à l'étape d'apprenti lecteur, il deviendra un lecteur qui se limite à une lecture approximative et qui arrive difficilement à comprendre ce qu'il lit.

Le lecteur débutant. Pour être considéré comme un lecteur débutant, l'enfant doit parfaire et intégrer ses habiletés d'identification de mots. Habituellement, on considère qu'à la fin du premier cycle, soit à la fin de la deuxième année (plus tôt pour certains enfants), l'enfant a une bonne maîtrise du code et est capable de lire de façon autonome des textes nouveaux. Même si l'enfant réussit, à cette étape, à lire et à comprendre des textes, sa lecture demeure plus ou moins hésitante, car il ne reconnaît pas encore rapidement tous les mots qu'il rencontre et doit en identifier une bonne partie un à un. Si l'enfant en reste à ce stade, il deviendra un lecteur capable de décoder correctement un texte, mais voué à une lecture laborieuse ; son énergie cognitive sera consacrée à l'identification de mots, ce qui entravera grandement sa compréhension.

Le lecteur en transition. Pour progresser sur la route de la lecture, il faut que le lecteur en vienne à lire de façon courante et aisée. L'élève aura de moins en moins besoin de décoder les mots qu'il rencontre puisqu'il possédera un répertoire étendu de mots qu'il peut reconnaître instantanément. Cette période d'acquisition de la lecture courante chevauche habituellement la fin du premier cycle (deuxième année) et le début du deuxième cycle (troisième année). Cependant, lire de façon courante n'est pas une garantie de compréhension ; en effet, certains lecteurs capables de lire facilement un texte ne se préoccupent pas du sens, car ils n'ont pas assimilé de stratégies de compréhension. S'ils en restent là, ces lecteurs seront de bons « décodeurs », mais de piètres « compreneurs ».

L'apprenti stratège. Pour continuer son chemin sur la route de la lecture, le lecteur doit maîtriser des stratégies de compréhension. La plupart des élèves ont évidemment commencé à acquérir des stratégies de compréhension dès le début de leur apprentissage, mais, pour progresser au deuxième cycle (troisième et quatrième année), le lecteur doit maîtriser d'autres stratégies sans lesquelles la compréhension d'un texte est difficile, voire impossible. Ces stratégies seront utiles pour la compréhension de textes qui ne présentent pas de difficultés majeures, mais elles ne constituent que la base fonctionnelle des stratégies de compréhension. Certains élèves vont s'en tenir à ces stratégies, ce qui les limitera dans le type de textes et de tâches accessibles.

Le lecteur confirmé. Au cours des étapes suivantes sur la route de la lecture, le lecteur affine ses stratégies de compréhension et en adopte de plus complexes pour tirer parti de la variété des textes et des situations qui s'offrent dans l'environnement. Au cours du troisième cycle (cinquième et sixième année), l'élève perfectionne son habileté à construire une représentation claire du texte, à gérer les obstacles qu'il rencontre dans ses lectures, à réagir au texte et à utiliser à diverses fins les informations que ce dernier contient. C'est ce qui constitue l'objectif à atteindre à la fin du cours primaire. Cependant, l'évolution de la compétence à lire ne se termine pas avec la fin du primaire ; elle se poursuivra en fait pendant toute la vie de l'adulte.

La compétence à lire de l'élève va donc s'enrichir de palier en palier ; à chaque étape, l'enseignant mettra en place le dispositif pédagogique qui permettra l'émergence de nouveaux raffinements. Cette échelle de la route de la lecture vous sera utile pour situer un élève qui ne progresse pas selon ce qui est attendu. Par exemple, si un élève de troisième cycle éprouve des problèmes de compréhension, il se peut qu'il ait besoin d'un enseignement de stratégies de compréhension, mais il se peut également que ses difficultés proviennent d'un manque d'aisance en lecture. Il sera donc important d'offrir de l'aide différenciée à l'étape où l'élève en est rendu.

LA CONTINUITÉ DANS LES APPRENTISSAGES

Même si la compétence à lire est marquée par certaines étapes, elle peut être envisagée également sous l'angle de la continuité des apprentissages, c'est-à-dire comme une compétence qui se complexifie tout au long du préscolaire et du primaire. Cette évolution de la compétence à lire chez les élèves au cours des années se fera en fonction de caractéristiques reliées aux textes, aux tâches et au degré d'autonomie du lecteur.

Le niveau de difficulté du texte à lire

L'évolution en lecture se manifestera par une complexification progressive des textes que l'élève pourra lire. À la fin du primaire, les textes que l'élève peut aborder sont plus complexes par la longueur, le vocabulaire, la structure des phrases et le contenu. La progression se fera dans le sens suivant :

- [ ] de textes courts vers des textes plus longs ;
- [ ] d'une structure textuelle simple vers une structure plus complexe ;
- [ ] de sujets familiers vers des sujets non familiers ;
- [ ] d'un éventail limité de textes vers une large variété de textes.

Les stratégies de lecture exigées par la tâche

La progression en lecture au cours du primaire se manifestera également par une complexification des moyens mis en œuvre par l'élève pour comprendre les textes, pour y réagir et pour les exploiter. L'évolution se fera ainsi :

- [ ] d'un répertoire restreint de stratégies de lecture vers un répertoire plus étendu ;
- [ ] d'un comportement stratégique centré sur une seule stratégie à la fois vers l'habileté à orchestrer les stratégies ;
- [ ] d'une lecture littérale vers une prise en compte plus grande des éléments implicites du texte ;
- [ ] d'une lecture factuelle vers une plus grande habileté à réfléchir sur sa lecture, à répondre de façon critique et personnelle aux questions s'y rapportant.

La complexité des activités de lecture et le degré d'autonomie demandé

La progression en lecture se manifestera aussi par la capacité de l'élève à répondre aux exigences de plus en plus grandes liées aux activités de lecture proposées en classe. L'étendue et la complexité des activités de lecture que l'élève peut réaliser augmenteront donc de cycle en cycle. De plus, le besoin d'aide pour réaliser ces activités de lecture diminuera tout au long du primaire. La progression s'accomplit dans l'ordre suivant :

- ☐ du recours à un seul texte pour réaliser une activité vers la confrontation de plusieurs textes ;

- ☐ de la correction faite par l'enseignant vers l'autocorrection ;

- ☐ du travail individuel supervisé par l'enseignant vers le travail en collaboration avec des pairs ;

- ☐ d'expériences de lecture limitées vers différents types d'expériences de lecture, tant à l'école qu'en dehors de l'école.

LE RÔLE CRUCIAL DE L'ENSEIGNANT DANS LA RÉUSSITE EN LECTURE DES ÉLÈVES

Il importe de souligner à quel point le rôle de l'enseignant est crucial dans la réussite en lecture de ses élèves. Depuis de nombreuses années, les recherches en éducation concordent sur un point : le facteur le plus important pour la réussite en lecture des élèves n'est pas la méthode employée, mais l'enseignant lui-même : « Les progrès en lecture sont liés à l'enseignant qui utilise une méthode de façon réfléchie, et non à la méthode seule. » (Duffy et Hoffman, 1999, p. 15.) Derrière la porte de la classe, le dernier mot appartient toujours à l'enseignant : « Il n'y a pas de rapports de recherche, de brillantes découvertes, d'articles incontournables, de revues, de programmes, de politiques, de lois qui peuvent changer ce qui arrive aux enfants dans les écoles. Seul l'enseignant peut le faire. » (Goodman, 1992a, p. 189.)

Cependant, on entretient aujourd'hui vis-à-vis des enseignants des exigences de résultat beaucoup plus élevées que par le passé. En effet, on n'attend plus simplement de l'élève qu'il sache lire oralement un texte, mais qu'il soit un lecteur accompli :

> *On demande ainsi à l'école de former des lecteurs polyvalents, passant avec une égale efficacité et... un plaisir jamais démenti du récit au dialogue, de l'énoncé de mathématiques au résumé d'histoire, du formulaire administratif à l'article de journal. Les exigences en matière de lecture ont ainsi considérablement augmenté durant les vingt dernières années. La pédagogie séculaire de l'école primaire qui avait pour principal objectif de permettre de lire correctement un texte court « sans trébucher » et « en mettant le ton » ne correspond plus aux besoins économiques sociaux et culturels nouveaux.* (Bentolila, Chevalier et Falcoz-Vigne, 1991, p. 1.)

En somme, dans la société actuelle, on veut que les enfants soient préparés non pas à répéter les connaissances acquises, mais à résoudre des problèmes et à réfléchir de façon autonome, bref, à devenir des lecteurs critiques.

Par ailleurs, les médias des pays occidentaux reviennent inlassablement sur le fait que l'école ne réussit pas à enseigner à lire et à écrire correctement aux élèves d'aujourd'hui. Toutes les recherches des dernières années montrent qu'au contraire le niveau de lecture et d'écriture s'est amélioré : « Les élèves lisent et écrivent mieux aujourd'hui qu'ils ne l'ont jamais fait à âge équivalent », affirme le ministère français de l'Éducation nationale et de la Culture (1992, p. 112). Cependant, étant donné que de nos jours un plus grand nombre d'enfants fréquentent l'école de façon obligatoire, il s'ensuit que les élèves faibles sont plus nombreux. Autrefois, ces élèves quittaient le système scolaire ou s'engageaient dans des voies parallèles. Il faut éviter de tomber dans le piège consistant à comparer les meilleurs élèves des générations précédentes aux élèves faibles d'aujourd'hui.

Invariablement, on suggère de revenir aux « bonnes vieilles méthodes traditionnelles » qui, dit-on, ont fait leurs preuves. On semble oublier, cependant, que si ces méthodes ont été abandonnées, c'est justement parce qu'elles ne donnaient plus satisfaction. Il ne faut ni idéaliser la pédagogie actuelle ni vouloir revenir à un hypothétique âge d'or. Il s'agit plutôt de tirer parti de ce qui a été appris au cours des dernières décennies. Avec le développement des recherches depuis quelques années, la lecture est devenue un sujet multidisciplinaire : elle appartient maintenant à plusieurs domaines de connaissances, elle intéresse à la fois les pédagogues, les didacticiens, les linguistes, les psychologues et même les sociologues et les chercheurs en intelligence artificielle. Il est vrai que « les découvertes les plus importantes "se font aux frontières", c'est-à-dire à l'intersection de plusieurs disciplines et de plusieurs approches scientifiques » (Chauveau, Rémond et Rogovas-Chauveau, 1993, p. 19).

Les résultats des recherches dans le domaine de la lecture sont de plus en plus convergents et nous permettent de commencer à dégager une pédagogie de la lecture adaptée aux exigences du monde actuel. C'est un moment passionnant pour entrer dans la profession d'enseignant, car le domaine de la lecture est en pleine effervescence et on sent, tant chez les chercheurs que chez les pédagogues, une réelle volonté de faire bénéficier les élèves des plus récents modèles d'intervention pédagogique.

CONCLUSION

*t*raditionnellement, la lecture était conçue essentiellement comme un processus d'identification de mots. Depuis une quinzaine d'années, la recherche a imprimé une tout autre orientation à notre conception de la lecture. Aujourd'hui, cette dernière est perçue comme un processus de langage et un processus interactif et constructif. Cette conception de la lecture, jumelée à une vision de l'apprentissage dans laquelle l'élève est actif, nous fournit les assises pour une approche équilibrée en lecture. Les prochains chapitres aborderont de façon plus détaillée la façon d'effectuer le passage de la théorie à la pratique dans les classes du préscolaire et du primaire.

Solution des exercices de la section
« La lecture est un processus actif »

A. Il était une fois une petite fille qui s'appelait Alice.

B. Que cherchait le jeune homme ? Il cherchait le monstre manxiquais.

   Que faisait le jeune homme quand le monstre est arrivé ? Il lourmait de suffèches pensées.

C. Assise à côté de sa sœur sur le talus, Alice commençait à être fatiguée de n'avoir rien à faire. Une fois ou deux, elle avait jeté un coup d'œil sur le livre que lisait sa sœur ; mais il n'y avait dans ce livre ni images ni dialogues : « Et, pensait Alice, à quoi peut bien servir un livre sans images ni dialogues ? »

D. Avez-vous jamais vu de vos yeux vu un lapin possédant une montre et un gousset où mettre cette montre ?

E. Elle grandit, grandit, grandit. Elle devint plus grande qu'elle n'était auparavant ! Plus grande que ne l'est aucun enfant ! Plus grande que ne l'est aucune grande personne ! Plus grande, plus grande, toujours plus grande !

F. Et c'est alors qu'il se produisit une chose à dire vrai très étrange. Alice ramassa l'éventail et se mit à s'éventer avec celui-ci ; et, voyez-vous, elle redevint toute petite ; en l'espace d'une minute, elle n'était plus guère que de la taille d'une souris.

PARTIE 2

L'ORGANISATION DE L'ENSEIGNEMENT DE LA LECTURE

CHAPITRE 2

CRÉER UN CLIMAT FAVORABLE À LA LECTURE

INTRODUCTION

*l*e mois de septembre arrive et vous avez votre classe à vous pour la première fois ! Que d'excitation et d'angoisse à la fois ! Vous vous demandez comment commencer l'année du bon pied. Dans ce chapitre, nous verrons justement comment il est possible de créer dans la classe un climat favorable à la lecture, un environnement dans lequel la lecture sera stimulante. Votre classe deviendra petit à petit une communauté de lecteurs dans laquelle les élèves interagiront quotidiennement avec l'écrit et en viendront à concevoir la lecture et l'écriture à la fois comme un outil d'apprentissage et comme une source de plaisir. Les élèves seront encouragés à poser des questions et à chercher eux-mêmes des solutions ; les erreurs seront vues comme des étapes vers l'autonomie et non comme des anomalies à corriger sur-le-champ. Différents éléments vont contribuer à la création de ce climat propice à la lecture : votre propre attitude envers la lecture, l'aménagement physique de la classe, le choix des activités de lecture ainsi que la possibilité, pour les élèves, de choisir les livres qu'ils liront.

L'ENSEIGNANT COMME MODÈLE DE LECTEUR

Les élèves doivent sentir dès le début de l'année que la lecture est valorisée dans votre classe et dans l'école. Pour pouvoir transmettre aux élèves le goût de la lecture, il est essentiel que vous vous intéressiez vous-même à la lecture, que vous démontriez aux élèves la place que la lecture occupe dans votre vie. Les élèves sentiront votre propre motivation, ce qui favorisera la création d'un environnement stimulant. Souvenez-vous qu'une classe ne sera jamais plus motivée à lire que ne l'est son enseignant.

Vous pouvez montrer de diverses manières aux élèves que vous aimez la lecture, notamment en partageant avec eux vos livres préférés, en leur faisant la lecture de façon régulière, en leur expliquant en quoi un texte vous a procuré du plaisir ou vous a permis d'acquérir de nouvelles connaissances. Vous serez surpris de constater à quel point votre enthousiasme pour la lecture peut être contagieux.

Malheureusement, les résultats d'enquêtes effectuées auprès d'enseignants concernant leurs habitudes de lecture sont, dans l'ensemble, assez décevants. Une recherche réalisée aux États-Unis indique que les enseignants en exercice ne sont pas des lecteurs très avides (Cardarelli, 1992) ; selon une autre étude américaine, si les étudiants en formation des maîtres ont des attitudes favorables envers la lecture, ils n'accordent, dans les faits, que peu de temps à la lecture dans leurs loisirs (Howard, 1993). On note une situation semblable en Europe, où une étude effectuée pour évaluer les habitudes de lecture de futurs enseignants et d'enseignants en exercice montre que, bien que les enseignants se décrivent comme des personnes qui aiment lire, plusieurs ne lisent pas dans leur vie quotidienne (Williamson, 1991). Enfin, une étude menée auprès de futurs enseignants québécois révèle que ceux-ci ont une attitude plutôt neutre face à la lecture et que leurs habitudes dénotent un comportement de lecteur occasionnel plutôt que de lecteur assidu : ils lisent surtout des livres obligatoires, ils font moins de quatre heures de lecture libre par semaine et ils lisent peu de genres de livres différents (Mainguy et Deaudelin, 1992).

exercice

Afin de déterminer quel genre de lecteur vous êtes, essayez de vous situer personnellement dans l'échelle suivante :

1. Le lecteur insatiable : celui qui aime lire, se considère comme un lecteur, se trouve du temps pour lire.

2. Le lecteur occasionnel : celui qui aime lire, se considère comme un lecteur, mais qui, actuellement, ne trouve pas le temps de lire à cause d'autres occupations.

3. Le lecteur non engagé : celui qui n'aime pas lire, ne se considère pas comme un lecteur, mais dit qu'il pourrait éventuellement accorder plus de place à la lecture.

4. Le non-lecteur : celui qui n'aime pas lire, ne se définit pas comme un lecteur et ne prévoit pas lire dans le futur.

Si vous vous définissez comme un lecteur insatiable, bravo! vous avez de bonnes chances de motiver vos élèves à lire. Si vous vous situez dans la catégorie des lecteurs occasionnels, méditez sur l'extrait suivant de Pennac :

> *Dès que l'on pose la question du temps de lire, c'est que l'envie n'y est pas. Car, à y regarder de près, personne n'a jamais le temps de lire. Ni les petits, ni les ados, ni les grands. La vie est une entrave perpétuelle à la lecture [...] La lecture ne relève pas de l'organisation du temps social, elle est [...] une manière d'être. La question n'est pas de savoir si j'ai le temps de lire ou pas (temps que personne d'ailleurs ne me donnera), mais si je m'offre ou non le bonheur d'être lecteur. (Pennac, 1992, p. 125.)*

Enfin, si vous vous classez dans les deux autres catégories (lecteur non engagé ou non-lecteur), vous avez sans doute besoin de stimulation pour vous aider à intégrer la lecture dans votre vie. Une suggestion : informez-vous des livres que vos amis ont lus dernièrement et demandez-leur de vous en parler.

L'ENVIRONNEMENT PHYSIQUE DE LA CLASSE

L'environnement de la classe comprend l'aménagement de l'espace physique lui-même et le matériel qu'on peut voir lorsqu'on promène son regard sur la classe. Si vous voulez vous faire une première idée de l'environnement de votre classe, placez-vous au pupitre d'un élève et regardez ce qu'il voit de là.

À quoi ressemble une classe dans laquelle la lecture est à l'honneur? On trouve, sur les murs, des affiches, des babillards remplis de commentaires sur les livres, des travaux d'élèves bien en évidence. Un coin-lecture y est aménagé, comprenant un large éventail de livres. La classe contient également des dictionnaires adaptés à l'âge des élèves, ainsi que des dictionnaires s'adressant principalement aux adultes que les élèves pourront vous regarder consulter. Tout est disposé de façon à pouvoir être vu et manipulé aisément par les élèves.

Il y a des chances pour qu'une classe où les pupitres sont disposés en rangées et bien espacés les uns des autres soit une classe dans laquelle l'enseignement consiste principalement en des directives adressées au groupe, suivies par du travail individuel. Si vous voulez que les élèves interagissent entre eux, il faut que l'arrangement de la classe reflète ce choix. Dans une classe où l'enseignant encourage les élèves à discuter, ceux-ci devraient être placés de façon à se voir et à s'entendre, et non seulement placés de façon à voir l'enseignant.

Votre première réaction sera peut-être de dire que l'espace physique restreint de certaines classes ne permet pas de réaliser les aménagements que l'on voudrait. C'est juste, mais il vous est toujours possible de regrouper les pupitres pour favoriser les échanges entre les élèves; du même coup, vous dégagerez un peu d'espace pour d'autres activités.

Les élèves réagissent positivement lorsque l'environnement de la classe est bien organisé et invitant. La figure 2.1 propose un aménagement pour des classes du début du primaire.

Ce plan est conçu de façon à encourager les jeunes élèves à lire: le matériel est facilement accessible, les livres sont placés en évidence et de façon attrayante. L'aménagement reflète également l'accent mis sur l'apprentissage par l'intermédiaire de différents médias: on y trouve des livres, des ordinateurs, un centre d'écoute et des appareils audiovisuels.

figure
2.1 Aménagement d'une classe du début du primaire

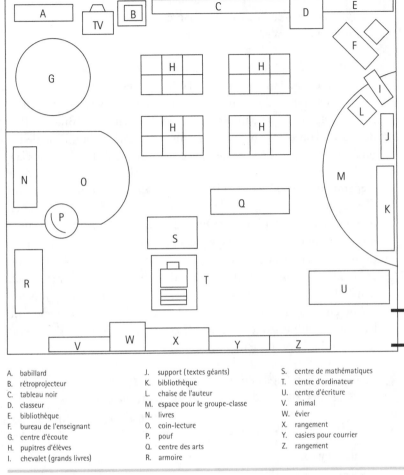

A. babillard
B. rétroprojecteur
C. tableau noir
D. classeur
E. bibliothèque
F. bureau de l'enseignant
G. centre d'écoute
H. pupitres d'élèves
I. chevalet (grands livres)

J. support (textes géants)
K. bibliothèque
L. chaise de l'auteur
M. espace pour le groupe-classe
N. livres
O. coin-lecture
P. pouf
Q. centre des arts
R. armoire

S. centre de mathématiques
T. centre d'ordinateur
U. centre d'écriture
V. animal
W. évier
X. rangement
Y. casiers pour courrier
Z. rangement

Source : Adapté de B. Eisele, *Managing the Whole Language Classroom*, Cypress (Calif.), Creative Teaching Press, 1991.

LE COIN-LECTURE OU LA BIBLIOTHÈQUE DE CLASSE

Le coin-lecture comprend, outre une bibliothèque, un espace où les élèves peuvent s'asseoir pour lire, alors que la bibliothèque de classe consiste simplement en des tablettes où sont regroupés les livres mis à la disposition de toute la classe. Si la bibliothèque de classe constitue un minimum indispensable, le coin-lecture, où les élèves peuvent lire dans un climat de détente, est certes préférable. Plusieurs enseignants n'ont pas de coin-lecture dans leur classe à cause d'un manque d'espace ; d'autres ont déjà essayé d'aménager un coin avec tapis et coussins, mais se sont heurtés à des problèmes d'entretien. Il faut être réaliste et admettre que certaines classes sont tout simplement trop petites pour qu'on puisse y installer un coin-lecture. Toutefois, même un local exigu n'empêchera pas la présence de quelques tablettes où l'on déposera et classera les livres de la classe.

Pour que les élèves lisent, il faut que les livres soient accessibles et non pas rangés dans une armoire hors de la portée des élèves. Des recherches ont montré que, lorsqu'il y a un coin-lecture dans la classe, les élèves lisent deux fois plus de livres que dans les classes où il n'y en a pas (Brassell, 1999). En définitive, la présence d'un coin-lecture ou d'une bibliothèque de classe est un élément essentiel pour créer une communauté de lecteurs dans la classe.

Cependant, malgré leur utilité incontestable, les coins-lecture sont loin d'être présents dans toutes les classes. Ainsi, les résultats d'une enquête que nous avons menée au Québec (Giasson et Saint-Laurent, 1999) montrent que le pourcentage de classes ayant un coin-lecture tend à diminuer avec l'élévation du niveau scolaire : par exemple, on trouve un coin-lecture dans 43 % des classes de première année, mais seulement dans 14 % des classes de sixième année (voir le tableau 2.1). Selon cette même enquête, une moyenne de 42 % des classes ne possèdent ni coin-lecture ni bibliothèque de classe. Les études américaines arrivent à des résultats similaires (Fractor et autres, 1993).

tableau 2.1 Répartition (en %) des classes du primaire selon la présence d'un coin-lecture ou d'une bibliothèque de classe

	Coin-lecture	Bibliothèque de classe	Ni coin-lecture ni bibliothèque
Première année	43 %	26 %	31 %
Deuxième année	39	43	18
Troisième année	20	40	40
Quatrième année	25	25	50
Cinquième année	25	18	57
Sixième année	14	26	60
Moyenne	28	30	42

Source : J. Giasson et L. Saint-Laurent, « Lire en classe : résultats d'une enquête au primaire », *Revue canadienne de l'éducation*, vol. 24, n° 2, 1999, p. 197-211.

Il est important de se pencher sur ce problème et de revitaliser les bibliothèques de nos classes. Pour créer une bibliothèque qui sera réellement utilisée par les élèves, on prendra plusieurs facteurs en considération, comme la variété et la diversité des livres, le niveau de difficulté qu'ils présentent, leur classement et leur rotation.

LA VARIÉTÉ DES LIVRES

La bibliothèque de classe contiendra des romans, des livres documentaires, des albums, des magazines, des livres-cassettes. Elle offrira également des livres de styles, de formats et de sujets différents. Au deuxième et au troisième cycle, on peut ajouter le journal quotidien dans le coin-lecture.

Les classes ont souvent des budgets limités pour l'achat de livres; pour résoudre ce problème, Nadon (1992) suggère le « terrorisme livresque », qui consiste à trouver des moyens d'obtenir une aide financière de l'école ou de certains organismes. Il est possible de faire appel à des sources de financement comme les parents, les librairies, les maisons d'édition ou les clubs sociaux. Écrivez, par exemple, un mot aux parents pour leur expliquer l'importance de la bibliothèque de classe et demandez-leur des livres usagés. Ou encore, demandez aux parents d'acheter un livre à leur enfant; ce livre sera placé au coin-lecture et l'enfant le rapportera à la maison à la fin de l'année. Vous pouvez aussi soumettre aux parents une liste de livres que vous aurez vous-même dressée en fonction des besoins de la classe; les parents seront heureux d'avoir des suggestions.

Soulignons qu'il serait irréaliste de penser compléter la collection permanente de votre bibliothèque de classe en une seule année. Étalez plutôt l'atteinte de votre objectif sur trois ans, en ajoutant des livres graduellement. Même si vous vous inspirez de listes proposées par des spécialistes, prenez quand même le temps de lire les livres que vous placez au coin-lecture afin de vérifier s'ils conviennent bien à votre classe.

LE NIVEAU DE DIFFICULTÉ DES LIVRES

Dans toutes les classes, il existe toujours un écart important entre l'élève le plus avancé et l'élève le moins avancé en lecture. De plus, cet écart s'agrandit avec les niveaux scolaires. La formule suivante sert à estimer les écarts qu'on est susceptible de trouver dans le rendement en lecture des élèves d'une même classe (Bonds et Sida, 1993) :

$$\text{Étendue du rendement} = \frac{2}{3} \times \frac{\text{âge chronologique des élèves}}{2}.$$

Par exemple, dans une classe de quatrième année, l'application de la formule (2/3 × 9/2) donne 3. Ce résultat signifie que, de façon générale, en quatrième année, certains élèves auront une avance de trois ans par rapport au groupe et d'autres, un retard de trois ans ; l'éventail ira donc de la première à la septième année. Les futurs enseignants sont souvent étonnés de constater à quel point l'écart entre les élèves peut être considérable. Même s'il est possible que les élèves les plus en retard soient regroupés dans des classes particulières, il n'en demeure pas moins que vous devez toujours vous attendre à un éventail d'habiletés et prévoir des livres pour des niveaux variés.

LE CLASSEMENT DES LIVRES

Une bibliothèque où les livres sont en désordre n'est pas attirante pour les élèves. Pour classer les livres, il est pertinent de commencer par séparer les documentaires des romans. Les livres d'un même auteur ou ceux qui portent sur un même thème devraient ensuite être regroupés de façon attrayante. Profitez de l'occasion pour retirer de votre bibliothèque les livres abîmés et désuets.

Les livres seront présentés de deux manières : certaines tablettes contiendront l'ensemble des collections et les livres seront placés debout côte à côte, les dos bien visibles. Sur d'autres tablettes, les livres seront exposés, c'est-à-dire que la couverture sera placée de face. À cet effet, vous pouvez tirer profit du mobilier de la classe : le dos d'une armoire servira à la fois de présentoir pour les livres et de paravent pour donner une certaine intimité au coin. Ou encore, si c'est possible, utilisez un présentoir circulaire comme ceux que l'on voit dans les librairies.

On peut également ajouter un classement par niveau de difficulté : il s'agira d'étiqueter, par exemple, les livres faciles avec un ruban vert et les livres qui demandent une lecture. plus attentive avec un ruban rouge. Vous insisterez sur le fait que les livres étiquetés en vert sont aussi valables que les livres étiquetés en rouge : tout dépend de notre état du moment ; tout le monde peut avoir envie parfois de lire un livre facile. Cette attitude de l'enseignant envers les livres faciles peut favoriser les élèves en difficulté, qui hésitent souvent à choisir des livres faciles de peur de passer pour des « bébés ».

LA ROTATION DES LIVRES

Vous devrez prévoir une rotation des livres afin de maintenir l'intérêt des élèves : les livres du présentoir seront changés chaque semaine. « Ce moment doit être respecté, un peu comme un rite. » (Jolibert, 1984.) La rotation des livres peut fort bien s'effectuer en collaboration avec d'autres classes et avec la bibliothèque centrale de l'école. Une partie des livres constituera le fonds permanent de la bibliothèque de classe, alors que les livres ou les revues, qui sont nécessaires à certains travaux, seront empruntés pour des périodes limitées et varieront tout au long de l'année. Vous pouvez également tirer parti des bibliothèques municipales ; empruntez des livres que vous garderez pendant quelques semaines et que vous échangerez ensuite contre des livres portant sur un autre thème.

Une autre possibilité est de rassembler des livres intéressants dans une boîte et de la faire circuler dans la classe pendant cinq semaines. Après les cinq semaines, vous échangerez la boîte contre celle d'une autre classe. Placez un calendrier à rebours sur la boîte, de façon que les élèves sachent qu'il reste neuf, huit ou sept jours avant que la boîte change de classe, ce qui les incitera à lire le plus de livres possible avant le départ de la boîte (Cunningham et Allington, 1999).

LES CRITÈRES DE QUALITÉ DES COINS-LECTURE

Si votre classe possède un véritable coin-lecture, la grille présentée à la figure 2.2 peut vous aider à en évaluer la qualité. Les principaux critères de qualité sont le nombre de livres, le nombre de places, l'intimité, le classement des livres et la présence d'un tableau d'affichage. Les résultats d'une enquête menée auprès de classes de la maternelle à la cinquième année indiquent que, parmi les classes où il y a un coin-lecture, 88,9 % possèdent un coin-lecture de base, 7,45 %, un bon coin-lecture et 3,7 % seulement, un excellent coin-lecture (Fractor et autres, 1993).

Signalons que le coin-lecture est plus populaire quand les élèves participent à sa planification et à son aménagement, par exemple en ce qui concerne le choix d'un nom pour le coin, sa décoration et son entretien. Les élèves utilisent plus le coin-lecture quand l'enseignant leur fait la lecture, discute avec eux des livres lus, bref lorsque l'enseignant considère la littérature comme faisant partie intégrante de l'enseignement de la lecture.

LA PÉRIODE DE LECTURE PERSONNELLE

La période de lecture personnelle est une période déterminée pendant laquelle les élèves lisent un livre de leur choix sans être interrompus. Connue autrefois sous le nom de « lecture silencieuse continue » (LSC), la lecture personnelle, qu'on appelle aussi « lecture-loisir » ou « lecture libre », repose sur l'idée toujours actuelle de laisser aux élèves du temps pour lire en classe de façon moins dirigée.

figure
2.2

Grille d'évaluation de la qualité d'un coin-lecture

Un coin-lecture de base	Un bon coin-lecture	Un excellent coin-lecture
☐ contient au moins un livre par élève ;	☐ contient au moins 4 livres par élève ;	☐ contient au moins 8 livres par élève ;
☐ peut accueillir facilement 3 élèves ;	☐ peut accueillir facilement 4 élèves ;	☐ peut accueillir facilement 5 élèves ou plus ;
☐ est tranquille et bien éclairé ;	☐ est tranquille et bien éclairé ;	☐ est tranquille et bien éclairé ;
☐ possède un tapis ou des sièges.	☐ possède un tapis ou des sièges ;	☐ possède un tapis ou des sièges ;
	☐ offre de l'intimité grâce à la présence d'une séparation ;	☐ offre de l'intimité grâce à la présence d'une séparation ;
	☐ met en évidence la couverture de quelques livres ;	☐ met en évidence la couverture de quelques livres ;
	☐ possède un tableau d'affichage avec des jaquettes de livres attrayantes et des affiches.	☐ possède un tableau d'affichage avec des jaquettes de livres attrayantes et des affiches ;
		☐ utilise une forme de classement des livres ;
		☐ est désigné par un nom.

Source : D'après J.S. Fractor et autres, « Let's not miss opportunities to promote voluntary reading : Classroom libraries in the elementary school », *The Reading Teacher*, vol. 46, n° 6, 1993, p. 476-484.

Des enquêtes ont révélé que la durée totale de lecture réelle durant une journée au primaire est en moyenne de sept à huit minutes par jour, c'est-à-dire 10 % du temps total consacré à la lecture ; les élèves passeraient en revanche une heure par jour à faire des exercices (Anderson et autres, 1985). La publication de ce genre de données a amené à repenser la place de la lecture personnelle à l'école, qui est devenue partie intégrante de tous les programmes de lecture proposés au cours des dernières années. Cependant, malgré des directives assez explicites, la période de lecture personnelle n'est pas implantée de façon systématique dans toutes les classes. Selon notre enquête auprès d'enseignants du primaire au Québec, seulement 29 % des enseignants consacrent tous les jours une période à la lecture personnelle, 47 % utilisent cette période occasionnellement (de 1 à 3 fois par semaine) et 24 % ne prévoient jamais une telle période (voir le tableau 2.2).

 tableau 2.2 Répartition (en %) des classes du primaire selon la fréquence de la période de lecture personnelle

	Tous les jours	2 ou 3 fois par semaine	1 fois par semaine	Jamais
Première année	24 %	33 %	12 %	31 %
Deuxième année	39	32	18	11
Troisième année	37	14	23	26
Quatrième année	25	30	15	30
Cinquième année	25	27	32	14
Sixième année	26	14	31	29
Moyenne	29	25	22	24

Source : J. Giasson et L. Saint-Laurent, « Lire en classe : résultats d'une enquête au primaire », *Revue canadienne de l'éducation*, vol. 24, n° 2, 1999, p. 197-211.

Cependant, dans les classes où elle existe, la période de lecture silencieuse a fait ses preuves. Des observations systématiques dans différentes classes ont montré que la plupart des élèves ont des comportements appropriés pendant la période de lecture personnelle et que la motivation persiste tout au long de l'année (Fijalkow, 1992). De plus, il semble que la période quotidienne de lecture contribue à l'émergence et au maintien d'attitudes positives à l'endroit de la lecture et d'habitudes de lecture en dehors de la classe (Roy, 1991 ; Marshall, 2002).

L'IMPLANTATION DE LA PÉRIODE DE LECTURE PERSONNELLE

Concrètement, il s'agit de réserver à la lecture personnelle un moment propice de la journée ; la période qui suit la récréation, par exemple, se révèle souvent un bon choix. Avant de partir pour la récréation, les élèves sortent leur livre, ce qui élimine les pertes de temps au début de la période de lecture. Lorsque les élèves reviennent de la récréation, ils suivent l'exemple de l'enseignant qui est déjà en train de lire silencieusement. Le fait de voir leur enseignant prendre plaisir à lire est très important pour les élèves. Une fois que ces derniers auront compris que leur enseignant valorise vraiment la lecture, celui-ci pourra, pendant la période de lecture, commencer à rencontrer des élèves individuellement pour s'entretenir avec eux des livres qu'ils sont en train de lire. Inutile de préciser que l'enseignant ne doit jamais occuper cette période à surveiller les élèves ou à corriger des travaux.

La période peut durer en moyenne 15 minutes lorsque les élèves en ont déjà pris l'habitude. Une étude a montré, cependant, qu'une période de 15 minutes est trop longue pour les lecteurs débutants (Fijalkow, 1992). Pour les élèves de deuxième année, on commencera par une période de 5 minutes, qu'on augmentera à 10 ou 12 minutes après quelques semaines : en sixième année, on allouera, pour débuter, 10 minutes à la lecture personnelle, puis on allongera peu à peu la période à 20 minutes. Évitez de faire varier constamment la durée de la période ; ainsi, vous n'accorderez pas 8 minutes une journée, 5 minutes le lendemain et 10 minutes le surlendemain. Même s'il est difficile d'établir quelle doit être la proportion de lecture libre par rapport aux autres activités de lecture, on peut dire que, de façon générale, la période de lecture personnelle ne doit pas excéder le tiers du temps total consacré à la lecture dans la journée.

Au début de l'année, il est opportun de fixer des règles avec les élèves. Ces règles ressembleront habituellement à celles-ci : 1) on conserve le même livre (sauf exception) ; 2) on lit silencieusement ; 3) on ne se lève pas pendant la période. Les élèves peuvent toutefois choisir un endroit où s'asseoir confortablement. Durant cette période, l'enseignant veillera à réduire les distractions au minimum, mais il est possible d'autoriser certaines activités, comme la lecture jumelée, à condition que des ententes préalables aient été prises par le groupe.

Les élèves sont libres de choisir leur livre, y compris des bandes dessinées. Vous constaterez que les élèves prendront goût à la période de lecture personnelle et en viendront à lire des livres de plus en plus longs et de plus en plus variés.

Il est suggéré de consacrer une période de cinq à sept minutes à la discussion après la période de lecture personnelle. Il ne s'agit pas, alors, d'interroger les élèves sur la compréhension de leur lecture, mais plutôt de les encourager à faire part de leurs commentaires au groupe.

La grille présentée à la figure 2.3 regroupe les éléments qu'il faut prendre en considération pour implanter une période de lecture personnelle.

LA PÉRIODE DE LECTURE PERSONNELLE ET LES LECTEURS DÉBUTANTS

On pense souvent qu'en maternelle et en première année, surtout au début de l'année, la période de lecture personnelle est impossible, puisque les élèves ne savent pas lire de façon autonome. En fait, il convient dans

figure 2.3

Grille de planification de la période de lecture personnelle en classe

La période de lecture silencieuse

	Oui	Non
La planification de la période		
1. J'ai déterminé dans mon horaire une période quotidienne.	☐	☐
2. J'ajuste graduellement la durée de la période de lecture.	☐	☐
3. J'ai rédigé avec les élèves une liste des règles.	☐	☐
4. Tous les élèves peuvent trouver des textes à leur portée.	☐	☐
5. J'ai prévu une période pour le choix des livres afin d'éviter le brouhaha avant la période de lecture.	☐	☐
Pendant la période de lecture		
1. Je n'impose pas mon choix de livres aux élèves.	☐	☐
2. Je lis moi-même durant la période de lecture.	☐	☐
3. Je n'oblige pas les élèves à faire un compte rendu de leurs lectures, mais j'encourage les discussions.	☐	☐

ce cas d'adapter la situation au développement des élèves. Ainsi, on ne pourra exiger le silence complet des lecteurs débutants, car ils ont tendance à lire à mi-voix lorsqu'on leur demande de lire silencieusement. Cependant, rien n'empêche d'établir une période de lecture personnelle pour les lecteurs débutants. Nous présentons au chapitre 6 des façons d'adapter les périodes de lecture aux jeunes élèves.

LA LECTURE AUX ÉLÈVES

Dans un article sur l'enseignement de la lecture, une enseignante raconte que, lorsqu'elle a commencé à enseigner en première année, elle savait faire deux choses : régler les problèmes dans la cour de récréation et faire la lecture aux enfants. Lorsqu'elle allait prendre un livre dans la bibliothèque et qu'elle se dirigeait lentement vers le coin-tapis, ses 26 élèves la suivaient comme si elle avait été le joueur de flûte du célèbre conte des frères Grimm (Cullinan, 1992).

À l'âge adulte, nous nous souvenons des enseignants qui nous faisaient la lecture à voix haute, et ce sont souvent ces enseignants qui nous ont communiqué le goût de lire. Nous nous rappelons encore le bruit que faisaient les pages en tournant et notre excitation lorsque commençait un nouveau chapitre. Nadon (1992) raconte qu'il a lu à ses élèves *Le Chant des baleines,* une histoire de Dyan Sheldon, avec de vrais chants de baleines en guise de fond sonore : vous pouvez imaginer sans peine la réaction enthousiaste des élèves.

La plupart des enseignants souscrivent à l'idée qu'il est bon de faire la lecture aux enfants de maternelle et de première année, mais ils se demandent jusqu'à quel niveau du primaire il est pertinent de le faire. Les adultes ont souvent l'impression que, lorsque les enfants savent lire, il n'est plus nécessaire de lire pour eux. Pourtant, faire la lecture aux enfants s'est révélé un moyen approprié non seulement de susciter la motivation à lire, mais également d'enrichir la capacité à apprécier la littérature pour la jeunesse, le vocabulaire, la connaissance des formes de langage ainsi que les connaissances générales (Stahl, Richek et Vandevier, 1991 ; Hargrave et Sénéchal, 2000). De plus, la lecture à voix haute faite par l'enseignant est un élément important de la dimension culturelle de la lecture à l'école.

Faire la lecture aux élèves est une pratique pédagogique dont la fréquence varie beaucoup d'un milieu à l'autre (Hoffman, Roser et Battle, 1993 ; Lickteig et Russell, 1993). Au Québec, notre enquête précitée a révélé que 9 % seulement des enseignants du primaire font quotidiennement la lecture à leurs élèves, alors que 52 % ne proposent jamais cette activité dans leur classe (voir le tableau 2.3).

tableau 2.3 Répartition (en %) des classes du primaire selon la fréquence de la lecture faite à voix haute par l'enseignant

	Tous les jours	2 ou 3 fois par semaine	1 fois par semaine	Jamais
Première année	10 %	45 %	21 %	24 %
Deuxième année	21	14	21	43
Troisième année	14	14	29	43
Quatrième année	5	8	20	68
Cinquième année	2	18	20	57
Sixième année	3	6	14	77
Moyenne	9	18	21	52

Source : J. Giasson et L. Saint-Laurent, « Lire en classe : résultats d'une enquête au primaire », *Revue canadienne de l'éducation,* vol. 24, n° 2, 1999, p. 197-211.

Même si les enseignants font plus souvent la lecture aux lecteurs débutants, ils ne considèrent pas cette activité comme essentielle. Les enseignants font très peu de lecture aux élèves plus âgés, prétextant qu'ils n'ont pas de temps à consacrer à cette activité. La plupart des enseignants qui lisent le font pour le plaisir et pour motiver les élèves à lire, mais sans viser aucun apprentissage en particulier (Lickteig et Russell, 1993).

LES CARACTÉRISTIQUES DE LA PÉRIODE DE LECTURE AUX ÉLÈVES

Vous devez prendre quatre aspects en considération lorsque vous décidez de faire la lecture à vos élèves : 1) la fréquence et la durée de la lecture ; 2) le choix du livre ; 3) la présentation du livre ; et 4) les discussions après la lecture.

La fréquence et la durée de la lecture. Il est important de fixer une période stable afin d'éviter que cette activité ne se réalise que « s'il reste du temps ». Idéalement, il est suggéré de lire de 10 à 15 minutes par jour ou, du moins, quelques fois par semaine.

Le choix du livre. Les livres seront choisis d'abord parce que ce sont des livres de qualité qu'il vaut la peine de faire connaître aux élèves. Il ne s'agira pas de demander aux élèves d'apporter eux-mêmes des livres que vous lirez à toute la classe ; vous risqueriez alors d'être amené à lire des livres de piètre qualité. Le choix du livre vous appartient, car vous avez à prendre en considération la qualité du livre et non seulement l'intérêt qu'il présente pour les élèves. Le succès de votre lecture dépendra à la fois de la qualité et de l'intérêt du livre choisi. Un livre insignifiant ne retiendra pas longtemps l'attention des élèves.

La présentation du livre. Prenez l'habitude de présenter le livre dans son contexte éditorial : son titre, le nom de l'auteur, de l'illustrateur, de la collection. Expliquez également aux élèves pourquoi vous avez choisi ce livre, prenez le temps de leur dire quel chemin vous y a mené. Il est important de faire comprendre aux enfants qu'il y a un « sentier » qui relie les livres les uns aux autres. Si vous réussissez cela, vous aurez fait beaucoup pour développer le goût de lire chez les élèves.

Les discussions après la lecture. Après la lecture, il est important de miser sur des discussions qui permettent aux élèves de donner des réponses personnelles, de faire des liens avec d'autres livres lus en classe, de critiquer les livres, de les juger. Ces discussions créent des habitudes de réflexion sur les textes. Soulignons que vous pouvez également intervenir durant la lecture, lorsque le texte s'y prête, par exemple pour inviter les élèves à faire des prédictions ou pour attirer leur attention sur le style de l'auteur. Ces interventions ne doivent pas se faire aux dépens du plaisir retiré du texte ; elles enrichiront plutôt la situation de lecture.

DES SUGGESTIONS

Diverses conditions déterminent la réussite d'une période de lecture. Les suggestions qui suivent peuvent vous faciliter la tâche (Megyeri, 1993 ; Trelease, 2001). Rappelez-vous cependant que lire à voix haute n'est pas facile et que vous devrez vous exercer pour y parvenir.

À faire

☐ Faites d'abord une lecture personnelle du livre. Cette lecture vous permettra de choisir la meilleure façon de rendre le texte.

☐ Vous pouvez réunir les enfants près de vous afin de créer un climat chaleureux.

☐ Laissez votre auditoire se préparer à écouter. Dans le cas d'un roman dont vous lisez un chapitre à chaque séance, vous pouvez demander si quelqu'un peut faire un résumé des chapitres précédents.

☐ S'il s'agit d'un livre illustré, assurez-vous que tous les enfants puissent voir le livre (assis en demi-cercle).

☐ Que vous soyez assis sur le coin du bureau ou debout, votre tête doit être au-dessus de celles des élèves afin que votre voix porte jusqu'au fond de la classe. Ne vous asseyez pas derrière votre bureau. Ne vous tenez pas devant une fenêtre sans rideau, car la lumière qui peut s'y réfléchir risque d'être fatigante pour les yeux de votre auditoire.

☐ Lisez avec beaucoup d'expression et, si possible, changez de voix lorsqu'il s'agit d'un dialogue. Apportez de l'énergie et de l'enthousiasme à la lecture.

☐ Regardez souvent votre auditoire. Les contacts visuels vous permettent d'évaluer le niveau d'intérêt dans le groupe et donnent à ceux qui écoutent l'impression qu'ils participent.

☐ Adaptez le rythme de votre lecture à l'histoire. Par exemple, ralentissez au moment d'un suspense. L'erreur la plus courante est de lire trop vite. Une lecture précipitée ne laisse pas le temps à l'auditoire d'apprécier ce qui est lu. Lisez plus lentement que le rythme régulier de la conversation.

☐ Accompagnez votre lecture de jeux de physionomie.

☐ Si une partie du texte suscite des réactions (rires, applaudissements, etc.), attendez que le silence et le calme soient revenus avant de reprendre la lecture. Marquez une pause avant et après les parties que vous voulez souligner.

☐ Si le livre (ou un chapitre) est trop long pour être lu en une seule fois, choisissez une scène où il y a un suspense pour arrêter.

À ne pas faire

- ☐ Ne lisez pas une histoire que vous n'aimez pas.

- ☐ Ne choisissez pas une histoire que la plupart des élèves ont déjà vue à la télévision ; lorsque l'intrigue est connue, l'intérêt diminue.

- ☐ Ne commencez pas un livre si vous n'avez pas le temps de lire suffisamment de pages pour rendre justice à l'histoire. Le fait d'arrêter de lire après une page ou deux peut frustrer les élèves plutôt que les stimuler.

- ☐ Lorsqu'un livre doit être lu par partie, ne laissez pas trop de temps s'écouler entre chaque séance de lecture. Un intervalle de trois ou quatre jours entre chaque « épisode » n'est pas propre à maintenir l'intérêt des élèves.

- ☐ Ne soyez pas impatienté par les questions des élèves, surtout les plus jeunes. Prenez le temps d'y répondre.

- ☐ N'imposez pas une période d'interprétation de l'histoire à votre auditoire, mais encouragez les discussions sur la lecture. Ne transformez pas la discussion en évaluation de la compréhension.

- ☐ N'utilisez pas la lecture comme menace : « Si vous continuez à être turbulents, il n'y aura pas de lecture aujourd'hui. » Si les enfants constatent que vous utilisez la lecture comme une arme, leur attitude pourra s'en ressentir.

L'OUVERTURE AUX DISCUSSIONS DANS LA CLASSE

Plusieurs activités de lecture en classe nécessitent des échanges de vues, des discussions. Une classe active est une classe dans laquelle les élèves discutent entre eux et avec l'enseignant. Les discussions en classe permettent aux élèves, d'une part, d'entendre des opinions semblables aux leurs, ce qui confirme leurs réflexions, et, d'autre part, d'entendre des points de vue différents des leurs, ce qui représente pour eux un défi et favorise leur ouverture aux idées nouvelles. En outre, grâce à la discussion, les élèves sont amenés à mieux se connaître les uns les autres.

Concernant les discussions sur les textes, votre rôle est triple : 1) servir de modèle en exprimant vos réactions face à un texte donné ; 2) faciliter la discussion ; et 3) enseigner aux élèves à discuter.

En vertu de votre rôle de modèle, vous devez faire part aux élèves de vos propres réactions face au texte. Pour que les élèves en viennent à réagir par rapport au texte, il faut que vous donniez vous-même l'exemple. De plus, si vous demandez aux élèves de réagir face au texte sans donner vos propres impressions, ils considéreront qu'il s'agit non d'une situation de discussion, mais d'une situation d'évaluation. Si, par contre, vous vous engagez dans la discussion en exprimant les réactions que vous inspire le texte, votre participation contribuera à faire sentir que le groupe forme une communauté.

Le deuxième aspect de votre rôle consiste à faciliter la discussion. Pour ce faire, il vous faut aider les élèves à expliciter leurs pensées et leurs réactions. Les principes suivants peuvent servir de point de départ pour une discussion fertile (Goldenberg, 1993 ; Langer, 1994) :

- [ ] poser moins de questions dont la réponse est connue. Poser plus de questions qui peuvent susciter plusieurs réponses ;

- [ ] être attentif à la contribution des élèves et aux possibilités qu'elle contient ;

- [ ] établir des liens entre les différentes interventions des élèves pour faire progresser la discussion ;

- [ ] créer une atmosphère de défi, qui ne soit toutefois pas menaçante : le défi est compensé par le climat affectif. Vous serez plus un collaborateur qu'un évaluateur ;

- [ ] encourager la participation générale. Vous ne serez pas le seul à déterminer qui va parler ; les élèves seront encouragés à se porter volontaires ; ils devront accepter une plus grande part de responsabilité dans la discussion.

Enfin, la dimension *enseignement* de votre rôle consiste à « discuter de la discussion », c'est-à-dire à enseigner ce qu'est une discussion pertinente. Pour initier les élèves à une discussion fructueuse, vous pouvez utiliser l'analogie de la semence d'une graine. Une réponse personnelle est comme une graine semée : les bonnes graines vont faire croître la discussion, alors que les mauvaises graines meurent parce que personne n'a rien à dire à leur propos. Donnez aux élèves des exemples de « bonnes graines » : il y a de fortes chances pour qu'une question comme « Je me demande si… » soit utilisée par d'autres membres du groupe pour faire avancer la discussion. On peut amener les élèves à s'exercer en donnant une idée-graine et en demandant à chacun d'intervenir avant de passer à une autre idée.

LES ACTIVITÉS DE LECTURE

Le type d'activités que vous proposez à vos élèves joue un rôle important dans la création d'un climat favorable dans la classe. Les recherches sur la motivation ont relevé des facteurs qui influent sur l'engagement de l'élève dans la tâche, comme le défi, l'autonomie, le choix personnel et la collaboration. Ces facteurs contribuent à rendre la tâche signifiante aux yeux des élèves.

Une étude, entre autres, a porté sur l'effet des tâches de lecture ouvertes et fermées en première année (Turner, 1993). Les tâches ouvertes sont des tâches qui requièrent des habiletés cognitives de plus haut niveau et dans lesquelles l'élève a une plus grande maîtrise du processus et du produit ; les rédactions personnelles, la lecture de livres pour enfants et la lecture avec un partenaire comptent parmi les tâches ouvertes. Les tâches fermées sont les tâches complètement dirigées par l'enseignant et qui font surtout appel à la mémoire et à l'application de techniques ; copier des mots et remplir des cahiers d'exercices où l'on doit combler l'espace blanc par une lettre ou un mot appartiennent à cette catégorie. Les résultats montrent que les tâches ouvertes favorisent la motivation des élèves : elles leur permettent de s'engager plus activement dans l'utilisation de stratégies, d'adapter les activités à leurs champs d'intérêt, d'étendre leur compréhension et de mettre en jeu des processus cognitifs plus avancés. Étant donné que la tâche est signifiante, les élèves sont plus attentifs et mieux disposés à faire un effort supplémentaire s'ils éprouvent des difficultés.

Dans une autre recherche, des entrevues auprès d'enseignants de la fin du primaire ont révélé que ces derniers ne donnaient pas de textes longs à lire à leurs élèves et leur posaient peu de questions nécessitant la rédaction de réponses complexes parce qu'ils pensaient que les élèves n'aimeraient pas ces tâches. Cependant, les entrevues réalisées avec les élèves indiquent que ceux-ci trouvent ennuyeuses les tâches courtes et simplistes et qu'ils aiment le défi que présentent les tâches plus longues mais signifiantes (Miller, Adkins et Hooper, 1993).

Bref, la motivation n'est pas une affaire de « tout ou rien » limitée aux dispositions individuelles des élèves : elle est reliée aux opportunités offertes par la tâche, elle résulte de l'interaction de l'élève avec les activités signifiantes d'écriture et de lecture (Turner, 1993).

LES CARACTÉRISTIQUES DES ACTIVITÉS DE LECTURE

Les activités de lecture proposées aux élèves devraient présenter plusieurs caractéristiques :

    ☐   elles devraient d'abord amener l'élève à être *actif.* L'enfant est « un feu à allumer » et non pas un vase à remplir, comme le disait si bien Rabelais. Une bonne période de lecture est une période pendant laquelle les élèves sont actifs, sur le plan cognitif, la plus grande partie du temps ;

- [ ] elles devraient favoriser l'*autonomie* des élèves. Tous les enseignants s'accordent pour dire que le but de l'enseignement de la lecture est de rendre les élèves autonomes. Souvent, on voit l'autonomie comme un objectif à long terme, alors qu'il s'agit d'un objectif à atteindre à tous les stades de développement du lecteur ;

- [ ] elles devraient être *signifiantes*. Une situation est signifiante si l'élève y voit un sens et s'il est disposé à y investir son énergie afin de répondre à son propre besoin de signification. Avant l'entrée à l'école, l'enfant n'a pour ainsi dire jamais rencontré de situations dans lesquelles il n'y avait aucun sens : il a connu, certes, des situations complexes ou difficiles, mais ces situations avaient du sens pour lui ;

- [ ] elles devraient être *gratifiantes*. L'école a tendance à séparer le programme en deux : la lecture-apprentissage et la lecture-loisir. La lecture-loisir est associée au plaisir, alors que la lecture-apprentissage ne l'est pas. Pourquoi ? Plusieurs facteurs peuvent rendre l'enseignement de la lecture peu agréable, comme le manque de variété, l'accent mis sur les questions de compréhension (souvent de type littéral) ou le peu de place donnée à des textes véritables. Un enseignement de la lecture ne peut être efficace que s'il est associé au plaisir de lire ;

- [ ] elles devraient permettre aux élèves d'utiliser une *combinaison de stratégies* et non pas solliciter des habiletés isolées. L'élève ne deviendra un lecteur efficace que s'il est placé dans des situations réelles et complètes de lecture, c'est-à-dire des situations dans lesquelles il peut combiner et intégrer ses différentes habiletés de lecture ;

- [ ] elles devraient *stimuler la pensée* en provoquant, lorsque c'est possible, des déséquilibres cognitifs et des conflits sociocognitifs, de manière à favoriser la confrontation des idées. Les élèves sont plus engagés dans la lecture lorsqu'ils ont à trouver une explication à quelque chose qui les a intrigués, surpris, dérangés ;

- [ ] elles devraient refléter une *pédagogie différenciée*, c'est-à-dire respecter les acquis, le rythme et les centres d'intérêt de chaque élève ;

- [ ] elles devraient viser le *rehaussement culturel* de la classe ou comporter une dimension culturelle dans l'optique d'une pédagogie de l'ouverture sur le monde.

UN ÉQUILIBRE DANS LE CHOIX DES ACTIVITÉS DE LECTURE

On peut situer les activités de lecture sur une échelle en fonction de leur pertinence. À une extrémité, il y a les situations qui n'ont aucune signification pour l'enfant. On trouve un bel exemple de celles-ci dans les premières pages d'un manuel de lecture traditionnel qui propose comme exercice aux élèves de lire à voix haute des phrases comme « Dédé a lié le bébé » ; il est difficile de croire qu'un lecteur débutant puisse voir quelque signification dans ce genre d'exercices.

À un degré un peu plus élevé de pertinence, il y a les activités qui, même si elles portent sur un texte pertinent, ne sont pas elles-mêmes signifiantes. L'activité qui consiste à faire lire un texte aux élèves, puis à leur poser une série de questions sur des détails, simplement pour vérifier s'ils ont lu le texte, en offre un exemple typique.

Viennent ensuite les situations de lecture vraisemblables mais non authentiques. Dans ces cas-ci, on demande à l'élève de s'imaginer dans une situation donnée : « Supposons que tu remplaces la bibliothécaire et que tu doives faire respecter les règlements de la bibliothèque... » Évidemment, l'élève ne remplace pas réellement la bibliothécaire, mais ce type d'activités est plus signifiant que la simple lecture d'un texte en vue de répondre à des questions.

Il existe aussi des activités signifiantes, mais choisies par l'enseignant. Citons l'exemple de l'enseignant qui demande aux élèves de lire pour s'informer de la vie d'un auteur qui doit bientôt faire une visite à l'école.

Enfin, à l'autre extrémité de l'échelle, on trouve les activités les plus signifiantes et les plus authentiques, qui sont celles que les élèves choisissent eux-mêmes pour répondre à des questions qu'ils se posent vraiment. Ces questions ne sont pas formulées dans les manuels, elles sont inspirées par la vie, par l'environnement des élèves. Parce que la lecture leur apporte des réponses aux questions qu'ils se posent, elle devient, aux yeux des élèves, un outil indispensable ; ce n'est alors plus simplement une matière à assimiler. On observe d'ailleurs actuellement un mouvement en faveur d'une pédagogie centrée sur des projets définis par les élèves.

Comment peut-on établir un équilibre dans ces activités ? Nous suggérons un partage équilibré entre les choix personnels des élèves et les choix de l'enseignant. Certaines activités seront entièrement choisies par les élèves ; nous pensons ici, entre autres, aux projets de recherche personnelle dans lesquels l'élève décide du thème et de la façon de présenter l'information aux autres. D'autres activités, par contre, seront proposées par l'enseignant et elles poursuivront un objectif précis : c'est le cas des activités qui se font avec tout le groupe et qui portent sur l'enseignement de stratégies. Enfin, entre les deux formules, il y aura place pour le choix fait conjointement par les élèves et l'enseignant. Par exemple, l'enseignant peut opérer un premier choix de livres et, parmi ceux-ci, laisser les élèves faire leur propre choix ; ou encore, la tâche peut être planifiée par l'enseignant après une discussion de groupe sur ce qui intéresse les élèves.

LES RELATIONS ENTRE LA LECTURE ET L'ÉCRITURE

Une des erreurs des anciens modèles de lecture était de considérer la lecture et l'écriture comme des matières séparées et de les enseigner comme s'il n'existait aucun lien entre elles. On ne saurait concevoir qu'un enfant puisse apprendre à parler s'il n'entend jamais parler dans son environnement. Il en est de même en ce qui concerne la lecture et l'écriture : elles sont indissociables dans l'apprentissage de la langue écrite.

Il ressort de plusieurs recherches que la lecture et l'écriture s'appuient mutuellement. Ainsi, des études ont établi une corrélation entre l'habileté à lire et l'habileté à écrire chez les élèves ; d'autres études ont démontré que les lectures des élèves influent sur ce qu'ils écrivent ; d'autres encore ont indiqué que les activités d'écriture améliorent la lecture (Maria, 1990). Notons cependant que, pour certains enfants, le fait d'être placés de façon répétée dans une situation de lecture n'est pas suffisant pour développer des habiletés en orthographe.

La lecture et l'écriture ont toutes deux à voir avec la compréhension. Le lecteur reconstruit le sens du texte, alors que le scripteur essaie d'exprimer un sens dans son texte. Un élève qui a travaillé fort à écrire un message est bien disposé à chercher du sens dans les textes que d'autres ont écrits. Le fait d'écrire régulièrement ajoute une dimension à la lecture : les élèves apprennent à lire comme des auteurs, c'est-à-dire qu'ils s'aperçoivent que ce sont des personnes et non des machines qui écrivent des textes et ils sont plus conscients que la lecture est un moyen de communication entre un auteur et un lecteur. Ils portent attention non seulement au sens du texte, mais également à la façon dont l'auteur écrit, aux mots qu'il emploie et à la structure du texte.

Bref, tout ce qui a été dit jusqu'ici dans ce chapitre concernant la lecture est aussi vrai pour l'écriture. En conséquence, l'enseignant doit servir de modèle de scripteur, il doit écrire devant les élèves et avec eux, il doit prévoir des périodes d'écriture personnelle, il doit proposer des activités signifiantes d'écriture et ainsi de suite. Pour plus de précisions sur l'enseignement de l'écriture, nous vous suggérons de consulter les travaux de Simard (1995, 1997).

LA CRÉATION D'HABITUDES DE LECTURE

Votre classe sera un lieu où les enfants découvriront le plaisir de lire et acquerront des habitudes stables de lecture. Plusieurs études montrent que les habitudes de lecture, à l'école et à la maison, sont en corrélation avec la réussite en lecture des élèves (Cipielewski et Stanovich, 1992 ; Guthrie et Wigfield, 2000). L'acquisition d'habitudes de lecture sera donc un objectif important d'un programme de lecture. Les élèves qui sont capables de lire mais qui ne lisent pas doivent être pour vous un sujet de préoccupation. Faute d'exercer leur habileté à lire, certains élèves, qui ne présentaient pas de problèmes d'apprentissage au point de départ, finissent par perdre pied sur le plan scolaire.

Faisons d'abord la distinction entre lire beaucoup et avoir des habitudes de lecture. Bien des personnes lisent énormément dans le cadre de leur travail, d'autres lisent beaucoup de textes informatifs dans leurs loisirs pour enrichir leurs connaissances, mais ne lisent pas pour le plaisir de lire. Il est facile de distinguer une situation de lecture orientée vers l'acquisition de connaissances d'une situation de lecture orientée vers le plaisir. Dans le premier cas, on veut terminer la lecture le plus vite possible et on serait content de recevoir l'information d'une autre façon. Dans le deuxième cas, on ne voudrait surtout pas que quelqu'un gâte notre plaisir en nous disant tout ce qui va arriver dans l'histoire ; de plus, au lieu d'avoir hâte de terminer le texte, il nous arrive même de ralentir la lecture pour savourer le plaisir du moment.

Le plaisir de la lecture ne provient pas des textes informatifs, mais des textes littéraires. Avoir des habitudes de lecture, c'est se donner du temps pour vivre une expérience de lecture esthétique. « Faire une lecture expérientielle, c'est créer, vivre et assimiler une expérience personnelle et unique à partir d'un texte. » (Beauchesne, 1985, p. 40.) Dans les sections suivantes, nous traiterons d'abord de ce que les élèves considèrent eux-mêmes comme motivant en lecture, puis nous aborderons la question de la promotion des livres comme moyen de favoriser la formation d'habitudes de lecture. Nous examinerons enfin la valeur des campagnes de lecture et le type de motivation qu'elles suscitent.

CE QUI MOTIVE LES ÉLÈVES À LIRE

Plusieurs chercheurs ont demandé à de vastes échantillons d'élèves ce qui les motivait à lire (Moss et Hendershot, 2002 ; Worthy, 2002). On peut regrouper dans deux catégories les facteurs les plus souvent mentionnés par les élèves : 1) les activités stimulantes et 2) la possibilité de choisir soi-même les livres.

En ce qui concerne les situations qu'ils jugent stimulantes, les élèves citent principalement : l'enseignant qui leur fait la lecture, l'enthousiasme de ce dernier, le fait de disposer de temps personnel de lecture, le fait de lire sans avoir à répondre à des questions, les activités de dramatisation (comme mimer ou jouer un texte).

Les élèves aiment également choisir leurs livres. D'ailleurs, les lecteurs assidus sont des personnes qui ont eu la chance, dans leur vie, de choisir leurs lectures. On sait, grâce à différentes études, qu'il se produit, à la fin du primaire, un déclin dans la motivation à lire, déclin qui se poursuit au secondaire (Gervais, 1997). Cependant, il semble que ce ne soit pas tant l'intérêt pour la lecture que perdent les élèves que l'intérêt pour ce qui leur est proposé comme lecture à l'école, ce qui nous ramène à l'importance de la variété des livres offerts et à la possibilité de choix personnels.

LA PROMOTION DE LIVRES

Il est important d'amener les élèves à agrandir l'éventail de leurs choix de lecture. Bon nombre d'enseignants du primaire se plaignent que les élèves ne lisent que des bandes dessinées. Quel enseignant ou parent peut se vanter d'avoir toujours résisté à l'envie d'interdire les bandes dessinées dans certaines occasions ? Cependant, ce n'est pas en interdisant les bandes dessinées qu'on augmentera la variété des lectures chez les élèves. L'anecdote qui suit est très révélatrice à ce sujet. Il y a quelques années, les responsables d'une bibliothèque municipale, qui avaient constaté que les enfants empruntaient presque uniquement des bandes dessinées, ont établi un nouveau règlement qui stipulait que, sur les cinq livres permis, les enfants ne pourraient emprunter dorénavant que quatre bandes dessinées, le cinquième devant faire partie d'une autre catégorie. On s'attendait, de cette façon, à agrandir la variété des livres lus par les enfants. Malheureusement, le seul effet de cette directive fut que les enfants se mirent à emprunter quatre livres au lieu de cinq (quatre bandes dessinées, bien sûr !).

Le problème réside non pas dans la lecture de bandes dessinées elle-même, mais dans le fait de se limiter à un seul type de texte. Que peut-on faire pour amener les élèves à varier leurs lectures ? Le secret des lectures diversifiées passe par la promotion de livres. Souvent, les élèves ne savent pas qu'il existe des livres qui correspondent à leurs centres d'intérêt, et la promotion des livres leur ouvre de nouvelles perspectives :

> *La littérature de jeunesse est si vaste et si variée qu'on peut facilement postuler que n'importe quel enfant aura l'occasion de faire la rencontre avec le livre qui lui donnera la motivation*

nécessaire pour surmonter ses difficultés en lecture. Parce que tous les enfants, comme tous les adultes, cherchent des réponses à leurs questions, aiment s'émouvoir, ou rire, ou avoir peur, ou se glisser dans la peau d'un héros, ou vivre par procuration les aventures d'un personnage. Or tout ceci est possible avec les livres qui s'adressent spécifiquement aux jeunes, mais la plupart des jeunes l'ignorent, parce que ni les médias, ni l'école, ni souvent la famille ne les informent. (Poslaniec, 1990, p. 8.)

Pour faire connaître aux élèves des livres de littérature pour la jeunesse, l'enseignant peut organiser diverses activités. Nous en présentons une liste ci-dessous.

La lecture d'un extrait de livre. L'activité classique sera toujours de lire aux élèves un extrait d'un livre pour piquer leur curiosité, puis de laisser le livre en circulation. Vous pouvez être assuré que le livre sera très populaire dans la classe.

Les babillards. Le babillard vise à permettre aux élèves d'afficher leurs réactions, quelles qu'elles soient, par rapport à leurs lectures. Vous vous rendrez probablement compte qu'un seul babillard est insuffisant et qu'il vous faut en créer d'autres. À cette fin, vous pourrez sans doute utiliser les corridors de l'école, le hall d'entrée, la bibliothèque, etc.

Exemples de babillards :

- [ ] Le livre de la semaine ou le livre du mois : les élèves votent pour leur livre préféré.

- [ ] Un babillard en forme de tête de clown : ceux qui ont lu des livres drôles font une jaquette de livre amusante qu'ils plient en accordéon et intègrent à la figure du clown.

- [ ] Un babillard qui représente la vitrine d'une animalerie : lorsqu'un élève a lu un livre sur les soins à donner à un animal en particulier, il découpe sa fiche de lecture d'après la forme de l'animal et la colle dans la vitrine. La même activité peut être réalisée avec le thème du zoo.

Les affiches. Chaque élève réalise une affiche pour faire connaître un livre ; il rédige également des questions portant sur le livre qu'il a choisi et les inscrit sur son affiche. L'affiche comporte deux pochettes : une destinée au livre et l'autre servant à recueillir les réponses aux questions. Étant donné que ces affiches sont installées dans la bibliothèque de l'école, tous les élèves peuvent participer à l'activité. L'élève qui a réalisé l'affiche corrige lui-même les réponses et remet en main propre la réponse corrigée à son auteur (Cassagnes, Debanc et Garcia-Debanc, 1993).

Les arts plastiques. Les élèves peuvent réaliser des travaux d'arts plastiques en relation avec des livres qu'ils ont aimés et qu'ils veulent faire connaître aux autres élèves de la classe :

☐ des affiches, des signets, des collants ou des bannières qui font la promotion des livres préférés ;

☐ des graphiques géants des événements d'une histoire ou des relations entre les personnages ;

☐ des collages, des murales ou des mobiles illustrant un roman ;

☐ des cartes de souhaits inspirées d'un livre ;

☐ des maquettes illustrant un aspect d'un livre ;

☐ un diorama (une boîte de chaussures qui contient des objets représentant des événements d'un livre) ;

☐ des cubes d'histoire (un cube de carton où l'on dessine ou décrit un événement sur chacune des faces) ;

☐ le dessin d'un personnage de livre pour décorer un t-shirt ;

☐ un livre en trois dimensions réalisé à partir d'un livre ordinaire ;

☐ une bande dessinée réalisée après la lecture d'un roman.

La présentation d'un livre en une minute. Les élèves peuvent bénéficier grandement de la promotion de livres faite par leurs pairs. Planifiez une activité dans laquelle chaque élève dispose d'une minute pour résumer l'intrigue de son livre. En plus de faire connaître bon nombre de livres à toute la classe, cette activité amène les élèves à résumer de l'information, à suivre le déroulement du récit et à s'exprimer oralement.

La lecture d'un livre en une heure. Choisissez un roman et découpez-le en parties de longueur égale. Donnez une partie à lire à chaque élève, puis laissez une ou deux minutes à chacun pour résumer sa partie. Ainsi, en une heure, les élèves auront une bonne idée du livre et seront peut-être tentés de lire le livre en entier.

Garder un poème dans sa poche. Choisissez un court poème à lire chaque jour (un poème pour chaque saison, un poème amusant, touchant ou triste). De temps en temps, adoptez un thème pour vos poèmes (les saisons, la lune et les étoiles, etc.). À l'occasion, consacrez une semaine à un même poète. Rassemblez vos poèmes dans un fichier en les classant par thèmes : ils seront accessibles en même temps aux élèves. Encouragez ces derniers à créer leur propre fichier de poèmes.

Une communauté de lecteurs animée par des parents. Présentez à la classe cinq ou six livres nouveaux et formez des sous-groupes d'élèves intéressés au même livre. Invitez des parents à servir d'animateurs lors de la journée de discussions sur les livres (Tran, 1993).

Les auteurs. Rendez les auteurs aussi vivants que leurs livres en apportant de l'information sur eux. Incitez les élèves à lire plusieurs livres d'un même auteur (ou plusieurs livres de la même série). Vous pouvez encourager un élève à écrire à un auteur. Cependant, il est préférable que toute la classe n'écrive pas au même auteur : les auteurs détestent recevoir une série de lettres toutes semblables.

L'échange de livres. Vous pouvez essayer l'échange de livres. Les élèves apportent des livres de la maison avec la permission des parents. Ils reçoivent un coupon pour chacun des livres apportés. La journée de l'échange, les livres sont placés sur les tables de la cafétéria (les livres pour les petits sont placés sur les bancs, à leur hauteur). Les enfants circulent à la file indienne pour faire leur choix.

La promotion d'un livre. Chaque élève fait connaître un livre à la classe. À cette fin, il peut s'habiller comme le personnage principal du livre ou encore créer de petites marionnettes représentant les personnages. Le défi est de faire valoir le livre sans toutefois révéler le dénouement de l'intrigue.

Un défilé de livres. Les élèves se déguisent en hommes-sandwichs pour faire la promotion des livres qu'ils ont choisis. Ils défilent dans le quartier au son des tambours et des trompettes (cette activité est suggérée par Communication-Jeunesse).

Si vous avez aimé... vous aimerez... Lorsque certains livres sont très populaires en classe, préparez un présentoir dans lequel vous proposerez des livres de même type. Par exemple, votre présentoir pourrait porter un titre comme : *Si vous avez aimé* Harry Potter, *vous aimerez...*

L'heure du conte en pyjama. Cette activité s'adresse aux enfants de maternelle et du début du primaire. Les enfants se présentent à l'école le soir pour une soirée de lecture. Ils viennent accompagnés d'un parent et de leur compagnon de nuit préféré (un ourson, une poupée, etc.). Des animateurs apportent des livres, lisent des contes et chantent des berceuses (cette activité est suggérée par Communication-Jeunesse).

LES CAMPAGNES DE LECTURE ET LES TYPES DE MOTIVATION

Il existe tout un éventail de projets scolaires qui consistent à compiler d'une façon ou d'une autre les lectures faites par une classe, par une école ou par une commission scolaire. Ces campagnes de lecture sont ponctuelles, c'est-à-dire qu'elles se déroulent durant une période préétablie, variant d'une journée à plusieurs semaines. Voici quelques exemples de campagnes de lecture.

La chaîne de livres. L'objectif est de construire une chaîne assez longue pour faire le tour de l'école. La chaîne en question est composée de maillons de papier de construction (2,5 cm sur 23 cm). Après avoir lu un livre, l'élève fabrique lui-même son maillon et y inscrit son nom et le titre du livre (Talacek, 1992).

Le projet du millionnaire. L'objectif de l'école est d'accumuler un million de minutes de lecture en dehors de l'école. Le projet utilise l'analogie de la banque : 1) les enfants ouvrent un compte avec un premier dépôt d'une minute de lecture ; 2) le nombre total de minutes passées à lire est déposé à la fin du mois (lecture silencieuse, lecture à voix haute à quelqu'un, lecture faite par un parent) ; 3) les entrées dans le carnet de banque sont vérifiées par le parent (O'Masta et Wolf, 1991).

Le résultat de ces campagnes est la plupart du temps positif. Les enfants qui y participent passent beaucoup plus de temps à lire que d'autres élèves. Il s'agit également d'une bonne façon d'amener les parents à partager des lectures avec leur enfant. Cependant, il faut être vigilant quant au type de motivation que suscitent les campagnes de lecture. En effet, on rencontre à l'occasion des élèves qui sont tellement préoccupés par le nombre de pages ou de livres à lire qu'ils ne font qu'une lecture superficielle, sans avoir de plaisir à lire. La motivation suscitée ici est alors de type extrinsèque, car elle repose sur une conséquence extérieure (les points, la compétition, etc.) plutôt que sur le plaisir de lire. Des recherches ont montré que les enseignants efficaces misent sur la motivation intrinsèque des élèves et non sur la motivation extrinsèque. Les résultats d'une étude réalisée auprès d'élèves de la troisième à la sixième année du primaire indiquent que les élèves ne considèrent pas comme particulièrement motivant le fait d'être récompensés pour avoir lu (points, récompense matérielle), alors que les enseignants sont plus enclins à penser que ces récompenses sont importantes (Worthy, 2000, 2002). À vrai dire, les récompenses donnent aux élèves l'impression que la lecture est un fardeau et qu'elle ne comporte pas sa récompense en soi.

Ce qu'il faut retenir ici, c'est que la motivation intrinsèque se développe lorsque l'enfant vit des expériences de lecture satisfaisantes, lorsqu'il trouve des livres nouveaux qui lui lancent des défis ou qui sont esthétiquement agréables.

LA CLASSE ET LA CULTURE

La plupart des programmes scolaires qui ont été renouvelés au cours des dernières années, que ce soit au Québec, en France ou en Suisse, accordent une place de premier plan à la culture. Il est légitime de se demander en premier lieu ce qu'est au juste la culture. Même si ce concept ne se laisse pas facilement cerner, on peut dire, en premier lieu, que, par opposition à *nature*, tout ce qui est l'œuvre de l'homme est *culture*. On peut considérer la culture comme « un ensemble de savoirs, d'œuvres, de symboles et d'outils perfectibles que les hommes ont élaboré au fil du temps afin de répondre à des problèmes, à des intérêts et à des besoins » (Simard, 2002, p. 5). Mais, pour mieux répondre à la question, il est préférable de distinguer la culture première et la culture seconde :

> *La première est celle de nos milieux de vie quotidienne, c'est celle de la famille notamment, mais aussi des autres milieux de vie — groupes de pairs, culture de masse, milieu de travail. La culture seconde, c'est celle qui transpose à un second degré ce que nous vivons, c'est la culture savante ou la culture incorporée dans les œuvres et les grandes réalisations de l'humanité ; c'est celle qui cherche à découvrir et formuler le sens de ce qui est vécu dans nos univers de culture première.* (Lessard, 2000, p. 51.)

En d'autres termes, la culture immédiate de l'élève se rapporte à son univers familier, alors que la culture générale renvoie à l'héritage construit par l'humanité au fil des siècles.

Votre rôle comme enseignant sera de faciliter pour vos élèves le passage de la culture première à la culture seconde ; vous serez, dans le plein sens du terme, un « passeur culturel ».

À partir de la définition générale de la culture donnée ci-dessus, on peut distinguer différentes facettes de la culture : la culture artistique, la culture littéraire, la culture scientifique, la culture technique, etc. Parmi cet éventail, la culture littéraire devra occuper une place privilégiée dans votre classe. Elle sera entreprise dès la classe de maternelle et se poursuivra tout au long des trois cycles du primaire grâce surtout à la littérature pour la jeunesse, principal vecteur de la culture littéraire en classe.

Pour éveiller vos élèves à la culture littéraire, votre rôle sera double. D'abord, votre tâche sera d'amener les élèves à se frayer un chemin dans le monde de la littérature, d'ouvrir leurs horizons, de former leur esprit critique, de partager leurs plaisirs de lecture. La rencontre avec la littérature pour la jeunesse et sa fréquentation seront une priorité dans votre classe.

Comme deuxième tâche, vous aurez à élargir et à consolider au fil du temps votre propre culture littéraire. Comme les livres pour enfants ne participent pas tous de la même façon à l'enrichissement de la culture littéraire des élèves, vous aurez à opérer des choix judicieux parmi les livres disponibles. Vous aurez donc à cœur de mettre à jour vos connaissances en littérature pour la jeunesse. D'autre part, votre culture littéraire s'enrichira par des lectures personnelles de livres pour adultes, par la connaissance de nouveaux auteurs, par la participation à des activités culturelles.

LES RELATIONS AVEC LES PARENTS

Traditionnellement, l'école n'a pas eu tendance à engager les parents dans l'apprentissage de la lecture de leur enfant. On ne reconnaissait pas aux parents la compétence nécessaire pour superviser leur enfant selon les méthodes de lecture considérées comme des outils spécialisés à la portée des enseignants seulement. Aujourd'hui, cependant, l'école reconnaît que les parents sont les premiers à enseigner à leur enfant et qu'ils peuvent lui donner un soutien non négligeable tout au long de sa scolarité.

Bien que les enseignants croient que la communication avec les parents est importante, la plupart conçoivent cette communication à sens unique, c'est-à-dire de l'enseignant vers les parents. Ces derniers sont souvent placés dans un rôle qui les amène à recevoir de l'information sur leur enfant plutôt qu'à en communiquer. Lorsque les parents donnent de l'information et que celle-ci entre en contradiction avec la perception des enseignants, la contribution des parents est souvent rejetée.

Plutôt que de considérer la famille et l'école comme des entités séparées et distinctes, n'est-il pas préférable de mettre en évidence leur but commun, qui est de faire des enfants des lecteurs compétents? Si nous voulons que les parents s'engagent dans l'éducation scolaire de leur enfant, nous devons leur manifester notre intérêt et faire preuve d'attitudes positives envers eux (Nistler et Maiers, 2000).

D'ailleurs, les recherches récentes sur les écoles exemplaires révèlent que les écoles qui réussissent le mieux sont celles qui entretiennent des liens positifs et fréquents avec les parents (Taylor et autres, 2000). Dans ces écoles, les enseignants cherchent à gagner la confiance des parents et à établir un partenariat pour soutenir l'enfant dans son cheminement scolaire; ils considèrent les parents comme des membres à part entière de la communauté scolaire.

Si la collaboration entre l'école et la famille est cruciale pour tous les élèves, elle l'est d'autant plus pour les élèves qui éprouvent des difficultés à l'école. Tous les parents sont disposés à aider leur enfant à lire, mais plusieurs sont démunis devant les façons de faire de l'école ; il est indispensable que cette dernière leur donne des suggestions pertinentes et un soutien approprié.

Récemment, on a constaté que la famille commençait à sortir de son rôle de partenaire silencieux ; on sent un mouvement vers une plus grande implication des parents à l'école (Barillas, 2000). Profitons donc de l'occasion pour améliorer les relations entre la famille et l'école.

UNE GRILLE D'ÉVALUATION

Pour résumer les principaux points qu'il faut prendre en considération pour créer, dans la classe, un climat qui soit propice à l'enseignement de la lecture, nous vous proposons une grille d'évaluation qui vous permettra de déterminer la qualité de votre engagement envers la lecture dans votre classe (voir la figure 2.4)

figure 2.4 — Grille d'évaluation d'un programme de lecture

Encerclez, sur l'échelle de 5 points, le chiffre qui décrit le mieux vos pratiques d'enseignement de la lecture : 1 est le score le plus bas et 5, le score le plus haut. En d'autres mots, 1 veut dire « non », 5 veut dire « oui », alors que « quelques fois » est coté 2, 3 ou 4 selon la fréquence du comportement. Additionnez les points et référez-vous à l'interprétation des scores à la fin du questionnaire.

1. Mettez-vous à la disposition de vos élèves un éventail de livres dont les niveaux de difficulté sont variés ?	1 2 3 4 5
2. Avez-vous planifié une période quotidienne de lecture personnelle ?	1 2 3 4 5
3. Faites-vous avec les élèves des rencontres individuelles portant sur leurs lectures personnelles ?	1 2 3 4 5
4. Avez-vous proposé à vos élèves un système efficace pour tenir un relevé de leurs lectures personnelles ?	1 2 3 4 5
5. Donnez-vous à vos élèves la possibilité de réagir de façon créative à leurs lectures ?	1 2 3 4 5
6. Invitez-vous des personnes-ressources dans votre classe pour discuter de littérature ?	1 2 3 4 5
7. Utilisez-vous les médias pour favoriser la lecture ?	1 2 3 4 5
8. Vos élèves peuvent-ils partager leurs lectures de différentes façons ?	1 2 3 4 5
9. Faites-vous régulièrement lire des livres pour enfants à vos élèves ?	1 2 3 4 5
10. Utilisez-vous des sources variées pour vous aider à choisir des livres à proposer à vos élèves en classe ?	1 2 3 4 5
11. Faites-vous régulièrement la lecture à vos élèves ?	1 2 3 4 5
12. Faites-vous régulièrement la promotion de livres ?	1 2 3 4 5

13. Examinez-vous régulièrement les livres pour enfants et les revues de livres pour enfants ?   1 2 3 4 5

14. Vos élèves écrivent-ils et illustrent-ils régulièrement leurs propres livres ?   1 2 3 4 5

15. Parlez-vous avec vos élèves de la production des livres et des éditeurs ?   1 2 3 4 5

16. Utilisez-vous des livres pour enfants avec vos élèves en difficulté ?   1 2 3 4 5

17. Utilisez-vous des sources spécifiques pour vous aider à choisir des livres pour vos élèves en difficulté ?   1 2 3 4 5

18. Avez-vous demandé la collaboration des parents pour votre programme de lecture ?   1 2 3 4 5

19. Offrez-vous votre aide pour choisir des livres destinés à la bibliothèque de votre école ?   1 2 3 4 5

20. Vos élèves lisent-ils tous beaucoup et semblent-ils apprécier leur programme de lecture ?   1 2 3 4 5

Interprétation

Au-dessus de 90	Vous avez un excellent programme.
De 75 à 90	Vous avez un bon programme.
De 60 à 75	Votre programme est dans la moyenne.
Au-dessous de 60	Vous avez certainement besoin d'enrichir votre programme de lecture.

Source : Adapté de L.M. Clary, « Getting adolescents to read », *Journal of Reading*, vol. 34, nᵒ 5, 1991, p. 341.

CONCLUSION

*l*a lecture requiert un climat particulier pour être agréable et instructive. Un climat propice à la lecture se crée lorsque diverses conditions sont remplies, et l'enseignant a un rôle crucial à jouer à cet égard. Il doit servir de modèle de lecteur, faire connaître aux élèves des livres de qualité, leur proposer des périodes de lecture personnelle et leur faire lui-même la lecture régulièrement. En somme, il doit s'employer à donner le goût de la lecture à ses élèves et avoir à cœur leur évolution en cette matière. À terme, l'enseignant sera heureux de dire comme Mabbett (1990) : « Nos enfants parlent et écrivent et rient, et lisent... et lisent... et lisent. »

CHAPITRE 3

DIVERSIFIER LES FORMULES PÉDAGOGIQUES

INTRODUCTION

C e chapitre porte sur la façon de diversifier les formules pédagogiques en classe. La lecture comporte de multiples facettes, ce qui appelle une variété d'approches. Il faut être bien conscient qu'aucune méthode pédagogique ne peut à elle seule assurer tout le développement des compétences en lecture. De plus, l'évolution de la société a amené l'école à réviser ses approches. L'enseignement de la lecture doit aujourd'hui s'adapter à une société en continuelle transformation. Les élèves ont à vivre des changements rapides, ils ont également à comprendre une société globale complexe. Tout cela intervient dans le choix des modèles pédagogiques, qui doivent favoriser l'ouverture sur le monde, la collaboration, la capacité de résoudre des problèmes. Les formules pédagogiques doivent être non seulement variées, mais également équilibrées, c'est-à-dire qu'elles doivent permettre autant les activités de découverte que les activités de systématisation. De façon générale, il s'agit, dans un premier temps, d'aborder avec les élèves des situations complexes, puis de déterminer les problèmes sur lesquels travailler, pour ensuite revenir à la situation dans son ensemble. On pourrait parler ici de «détours pédagogiques» (Cazden, 1992), de «structuration» (Van Grunderbeeck, 1997) ou de «décrochage» permettant de revenir mieux armé à la tâche (Perrenoud, 2002).

Dans ce chapitre, après un survol des différents types de regroupement, nous examinerons des modèles pédagogiques qui favorisent l'intégration des matières, comme la pédagogie par projets, la recherche personnelle, l'enseignement thématique. Nous décrirons ensuite des formules pédagogiques orientées vers l'interaction entre pairs, soit l'apprentissage coopératif, le tutorat et les cercles de lecture. Nous poursuivrons avec des méthodes axées sur la structuration des apprentissages: la lecture animée par l'enseignant, les mini-leçons, la lecture guidée et la compréhension guidée. Pour finir, nous parlerons de l'atelier de lecture, une formule qui consiste en quelque sorte dans une combinaison des formules et des méthodes décrites dans le chapitre.

LES TYPES DE REGROUPEMENT

La diversité des formules pédagogiques implique, il va de soi, divers types de regroupement des élèves. Il est possible de réunir les élèves en un grand groupe, de les diviser en sous-groupes ou en équipes de deux, ou encore de leur proposer de faire un travail individuel. La première caractéristique des regroupements d'élèves sera la variété, la deuxième, la flexibilité. Les regroupements sont définis en fonction des objectifs poursuivis, et chaque type de regroupement a ses avantages.

LE GROUPE-CLASSE

L'enseignement qui s'adresse au groupe entier n'occupera pas toute la place en classe, mais il sera indispensable. Les activités en groupe-classe sont importantes, car elles assurent que tous les élèves partageront certaines expériences ; celles-ci contribuent à créer une véritable communauté de lecteurs dans la classe. En général, ce type de regroupement s'effectuera au début et à la fin d'une période consacrée à la lecture ou à l'écriture. Plus particulièrement, ces périodes peuvent servir à :

☐ faire la lecture à toute la classe ;

☐ présenter une nouvelle stratégie de lecture ;

☐ activer les connaissances des élèves sur un sujet avant la lecture d'un texte (mise en situation) ;

☐ faciliter la compréhension d'un texte plus difficile (intervention pendant la lecture) ;

☐ susciter les réactions des élèves après la lecture d'un texte.

LES SOUS-GROUPES

Dans la plupart des classes, le rapport élèves/enseignant est d'environ 25/1, ce qui laisse assez peu de place à l'interaction entre l'enseignant et chacun des élèves. Certaines recherches ont montré qu'en moyenne, dans une journée, l'enseignant parle pendant deux heures vingt minutes, alors que les élèves n'interviennent que pendant deux minutes chacun. Pour remédier à cette situation, on encouragera les échanges entre les élèves eux-mêmes en formant des sous-groupes, dont le nombre de membres peut varier ; ainsi, on trouve des sous-groupes composés de la moitié de la classe, des sous-groupes composés de 7 à 10 élèves et des sous-groupes comprenant de 3 à 6 élèves. On parlera d'équipes de deux ou de tandem pour désigner les sous-groupes de deux élèves.

Le concept de relations entre les pairs sous-tend la formation des sous-groupes. La collaboration et la coopération que le travail en sous-groupe favorise contribuent non seulement au développement de l'habileté en lecture des élèves, mais également à l'acquisition d'habiletés sociales. On ne risque pas de se tromper en disant que les élèves qui sont actuellement dans nos classes vivront, en tant qu'adultes, dans un monde où la recherche de solutions aux problèmes se fera par le biais de la collaboration et de la coopération. Il est donc important que ces modes de fonctionnement fassent déjà partie de la vie à l'école.

De plus, des études récentes ont montré que les classes qui réussissent le mieux en lecture sont celles dans lesquelles les élèves passent plus de temps en petits groupes (Juel et Minden-Cupp, 2000 ; Taylor et autres, 2000).

LE TRAVAIL INDIVIDUEL

Bien que le travail en groupe soit bénéfique, il reste que tous les élèves doivent avoir l'occasion d'effectuer un travail individuel. Ces périodes permettront à l'élève, entre autres choses, de lire un texte de son choix et d'appliquer des stratégies de lecture de façon personnelle.

LES FORMULES PÉDAGOGIQUES QUI FAVORISENT L'INTÉGRATION DES MATIÈRES

L'intégration des matières a toujours été considérée comme un idéal à atteindre en enseignement. Même si le concept d'intégration des matières se définit de façon quelque peu différente selon les auteurs, il comporte toujours l'idée que l'apprentissage est plus facile pour les élèves lorsque les divers aspects d'une réalité sont mis en relation au lieu d'être présentés de façon morcelée. La pédagogie par projets, la recherche personnelle et l'enseignement thématique sont des formules pédagogiques qui ont en commun une préoccupation certaine pour l'intégration des matières.

LA PÉDAGOGIE PAR PROJETS

La pédagogie par projets n'est pas à proprement parler une méthode récente, mais elle n'a jamais eu autant de popularité qu'actuellement. Cette approche a été expérimentée en Europe à la fin du XIXe siècle par Freinet et Decroly. Aux États-Unis, elle a été exploitée à la même époque par Dewey dans les écoles de Chicago. Dewey tenait à trois principes, qui sont encore tout à fait pertinents de nos jours : 1) pour apprendre, tous les élèves doivent être actifs et produire quelque chose ; 2) tous les élèves doivent apprendre à penser, à résoudre des problèmes ; 3) tous les élèves doivent apprendre à vivre en société, donc apprendre à collaborer (Grégoire et Laferrière, 2001). Au Québec, on a vu une timide apparition de la pédagogie par projets au début des années 1960, mais aujourd'hui cette dernière prend un nouvel essor et de nombreuses publications témoignent de cet intérêt (Arpin et Capra, 2000 ; Ferdinand et autres, 2000).

Ce qui caractérise la pédagogie par projets, c'est essentiellement qu'elle vise à un résultat concret. Les projets peuvent consister, par exemple, à réaliser la maquette d'un environnement, à produire un guide touristique, à mener une enquête, à organiser un concours ou à écrire un roman collectif. Quel que soit le projet choisi, il amènera inévitablement les élèves à lire et à écrire des textes variés.

La pédagogie par projets est ainsi «une entreprise collective gérée par le groupe-classe (l'enseignant anime, mais ne décide pas de tout) [qui] s'oriente vers une production concrète (au sens large: texte, journal, spectacle, exposition, maquette, carte, expérience scientifique, danse, chanson, bricolage, création artistique ou artisanale, fête, enquête, sortie, manifestation sportive, rallye, concours, jeu, etc.)» (Perrenoud, 2000, p. 15). On y associe diverses fonctions. Plus particulièrement, cette formule:

☐ *induit un ensemble de tâches dans lesquelles tous les élèves peuvent s'impliquer et jouer un rôle actif, qui peut varier en fonction de leurs moyens et intérêts;*

☐ *suscite l'apprentissage de savoirs et de savoir-faire de gestion de projet (décider, planifier, coordonner, etc.);*

☐ *favorise en même temps des apprentissages identifiables (au moins après coup) figurant au programme d'une ou de plusieurs disciplines (français, musique, éducation physique, géographie, etc.).* (Perrenoud, 2000, p. 15.)

L'organisation

Il existe différentes façons de lancer un projet en classe avec des élèves (Guay, 2002). Pour certains pédagogues, le projet devrait constituer la démarche de base de toute l'année: «Dans sa vision la plus ambitieuse, la démarche de projet est l'épine dorsale d'une pédagogie du projet comme mode ordinaire de la construction des savoirs dans la classe.» (Perrenoud, 2000, p. 1.) Pour d'autres, le projet correspond plutôt à une facette du programme et devrait être considéré comme un complément à d'autres éléments d'un programme.

Un projet peut s'échelonner sur quelques jours, sur quelques semaines, sur quelques mois et même sur toute l'année. On peut fixer une durée approximative pour un projet, mais il est prudent de se garder la possibilité de revoir l'échéancier en cours de route. Pour ce qui est de la répartition dans la semaine, les enseignants ont constaté qu'il ne faut pas que les périodes consacrées au projet soient trop espacées. Par exemple, il serait difficile de maintenir l'intérêt des élèves si on accordait une seule période par semaine au projet. Idéalement, les élèves devraient travailler de trois à quatre jours par semaine à la réalisation du projet.

LA RECHERCHE PERSONNELLE

Dans la recherche personnelle, c'est l'élève qui entreprend lui-même une démarche pour répondre à des questions qu'il se pose. Dans les milieux anglophones, cette démarche est connue sous le nom d'*inquiry* (Owens, Hester et Teale, 2002 ; Schmidt et autres, 2002). Traditionnellement, le maître posait des questions auxquelles les élèves devaient répondre. Avec la méthode de la recherche personnelle, les élèves sont encouragés à formuler les questions qu'ils ont en tête, puis à tenter d'y répondre par un ensemble d'expériences qui incluent le langage oral et écrit. Cette démarche se distingue de la pédagogie par projets par le fait que c'est l'élève qui choisit la question de recherche. De plus, la place de la production finale diffère dans les deux cas. Dans une démarche par projets, les élèves savent dès le départ quelle est la production visée, par exemple une pièce de théâtre, un roman collectif. Tout sera mis en œuvre pour que le projet soit réalisé. Dans une recherche personnelle, l'élève choisit une question sur laquelle se pencher, mais ce n'est qu'en cours de route qu'il décidera de la production concrète qui viendra intégrer ce qu'il a appris sur le sujet. Par exemple, dans une classe, un élève dont la grand-mère souffrait de la maladie d'Alzheimer a choisi d'étudier en quoi cette maladie perturbe le quotidien des personnes atteintes ; après avoir recueilli de l'information, il a complété sa démarche de recherche en préparant un *quiz* à l'intention des élèves de l'école, pour faire connaître la maladie dont souffrait sa grand-mère.

Dans cette approche, les élèves choisissent un sujet qui les intéresse, formulent des questions sur ce sujet, recueillent et synthétisent des informations qu'ils trient et, finalement, intègrent ces informations dans une réalisation concrète qui leur permet de s'approprier l'information. La dernière composante est la plus difficile à concrétiser, mais c'est celle qui distingue la recherche personnelle (*inquiry*) de la recherche documentaire classique en classe. La recherche personnelle exige plus que de simplement rapporter de l'information sur un sujet. Elle exige d'aller plus loin que les habituelles questions du qui, quoi, où et quand qui orientent les recherches documentaires. Les élèves doivent se demander : Que signifie l'information que j'ai recueillie ? Comment pourrais-je l'utiliser ? Deux types d'intervention seront particulièrement importants pour assurer le bon déroulement des recherches personnelles : aider les élèves à formuler leurs questions et les préparer au processus de recherche.

Aider les élèves à formuler leurs questions

La formulation des questions à étudier joue un rôle de premier plan dans la réussite de la démarche. Les élèves ne sont pas habitués à poser des questions à l'école. Ils ne comprennent pas toujours ce qu'on entend par formuler une question large, une question qui fait réfléchir, une question qui peut appeler plusieurs réponses. Voici une façon de présenter aux élèves la différence entre les questions fécondes et les questions restrictives :

> *Certains d'entre vous posent de « petites » questions. Si je peux chercher dans un seul livre et trouver la réponse à votre question, alors la question est trop « petite ». Par exemple, demander ce que mange un tigre est une question trop petite. Voici un exemple de grande question : « Devrait-on permettre aux tigres de faire partie des cirques ? » C'est une bonne question parce qu'il n'y a pas une seule façon d'y répondre ; les gens peuvent avoir des avis différents sur cette question.* (Tower, 2000, p. 552 ; notre traduction.)

Les élèves doivent comprendre qu'ils trouveront les réponses à leurs petites questions en cherchant à répondre à leur grande question. Ajoutons que l'habileté des élèves à poser des questions dépend de leurs connaissances antérieures. Souvent, les élèves ne possèdent pas assez de connaissances sur un sujet pour formuler des questions intéressantes (Schmidt et autres, 2002). Il faut donc beaucoup de soutien de la part de l'enseignant à cette étape.

Préparer les élèves au processus de recherche

Avant de lancer les élèves dans l'aventure, il est essentiel de les préparer au processus de recherche en les amenant à acquérir les habiletés suivantes : 1) repérer des sources documentaires pertinentes ; 2) sélectionner des éléments d'information ; 3) organiser l'information ; 4) évaluer l'information ; 5) intégrer l'information et la communiquer.

Repérer des sources documentaires pertinentes. Les élèves doivent connaître l'organisation de leur bibliothèque pour repérer facilement un livre qui peut leur être utile. Ils doivent également être capables d'utiliser un moteur de recherche pour trouver un site Internet portant sur le sujet de leur recherche. Une fois la source localisée, il leur faut savoir consulter une table des matières ou un plan de site pour cibler la partie pertinente à lire plus attentivement.

Sélectionner des éléments d'information. Lorsque les élèves ont cerné un chapitre ou un extrait qui porte sur le sujet de leur recherche, ils doivent sélectionner l'information qui apporte des éléments de réponse à leur question.

Organiser l'information. Les élèves doivent ensuite regrouper et classer les informations tirées des différentes sources consultées. Ils devront reformuler dans leurs mots l'information retenue. Il s'agit là d'une des tâches les plus difficiles (voir le chapitre 9 pour des suggestions concrètes).

Évaluer l'information. Les élèves doivent également évaluer l'exactitude de leurs informations. Ils ont tendance à croire que tout ce qui est écrit est exact. Il faut les placer devant des informations erronées ou biaisées, comme celles qui proviennent de livres périmés, d'articles d'opinion ou de matériel publicitaire.

Intégrer l'information et la communiquer. À la dernière étape, les élèves doivent trouver une façon d'intégrer ce qu'ils ont appris sous une forme communicable à un auditoire. L'objectif poursuivi ici est que l'élève s'approprie ce qu'il a appris et non qu'il répète des informations qu'il a plus ou moins bien comprises. Les deux formes traditionnelles que sont le rapport écrit et la communication orale en classe permettent rarement à l'élève d'appliquer concrètement ses nouvelles connaissances. Votre rôle ici sera de guider l'élève vers de nouvelles formes de communication des résultats, comme des démonstrations, des débats, des jeux-questionnaires, etc. Le tableau 3.1 fournit une liste de questions de rappel que vous pouvez remettre à l'élève en guise d'aide-mémoire pour l'aider à préparer sa présentation.

tableau 3.1	Aide-mémoire pour la présentation d'une recherche

1. Quel est ton sujet ?
2. Dresse la liste des principales idées ou des principaux faits que tu veux faire connaître aux autres.
3. Peux-tu montrer des images, des modèles ou des objets pour aider les autres à comprendre ta présentation ? Lesquels ?
4. Veux-tu que la classe accomplisse une activité pendant ta présentation ? De quel matériel auras-tu besoin ?
5. Comment commenceras-tu ta présentation pour obtenir l'attention de chacun ?
6. Comment termineras-tu ta présentation ?

Soulignons que la démarche qui se rattache à la recherche personnelle peut s'apparenter à l'apprentissage par problèmes, qui consiste à chercher la réponse à une question posée. Dans le cas de cette dernière approche, la question est soumise par l'enseignant et non formulée par l'élève, comme c'est le cas dans la recherche personnelle.

L'ENSEIGNEMENT THÉMATIQUE

L'enseignement thématique porte sur un thème, une unité thématique, qu'on se propose d'explorer à partir de différents points de vue et à l'aide de différents outils. Il se distingue de la pédagogie par projets par le fait que l'objectif poursuivi est l'acquisition d'un ensemble intégré de connaissances, alors que, dans le projet, c'est l'apprentissage de la démarche qui constitue l'objectif. Le travail sur le thème peut donner lieu à une production finale, comme dans le projet, mais cette dernière est vue comme un prolongement et non comme un élément indispensable.

L'enseignement par thèmes intègre tous les aspects du langage, c'est-à-dire lire, écrire et communiquer oralement. Il englobe également les autres matières scolaires : c'est en fait la forme la plus usuelle de l'intégration des matières. Il fournit un moment privilégié pour coordonner les activités d'enseignement en sciences, en mathématiques, en arts, etc.

Le choix du thème

Le principal écueil de l'enseignement thématique est le choix du thème. Il arrive souvent que le thème ne soit pas un véritable thème, mais plutôt un motif : les activités sont regroupées simplement parce qu'elles s'articulent autour d'un même objet. Par exemple, à l'automne, un des sujets les plus populaires est celui des pommes. Les enfants coupent une pomme en deux et en étudient les parties, ils lisent une histoire sur les pommes et écrivent un texte sur « comment je me sentirais si j'étais une pomme ». À première vue, ces activités paraissent intéressantes, mais favorisent-elles un apprentissage intégré ? Pour créer une véritable unité thématique, il faut choisir un thème qui soit intégrateur, mais qui soit aussi motivant pour les élèves et à leur portée, par exemple : « L'origine de nos familles », « Les gens qui travaillent dans notre quartier », « La vie dans le désert », « Le courage sous toutes ses formes (dans les sports, dans les sciences, dans l'histoire, dans la littérature) ». Ensuite, il s'agira de choisir trois ou quatre concepts à enseigner durant les périodes consacrées au thème.

La planification

Pour être efficace, l'enseignement thématique requiert une bonne planification. Plusieurs méthodes sont applicables. La démarche proposée par Tompkins (2001) est intéressante tout en étant simple :

☐ une fois le thème choisi, recueillir un ensemble de textes portant sur le sujet : livres, revues, articles de journaux. Ranger ces textes dans un endroit prévu à cette fin. Parmi ces textes, certains seront lus par l'enseignant, d'autres par les élèves individuellement, certains serviront à des mini-leçons ou à des démonstrations de stratégies ;

☐ localiser les documents multimédias : vidéos, sites Internet, CD, etc. ;

☐ coordonner la lecture des textes provenant du manuel de lecture de votre classe. On peut travailler sur un thème sans manuel, mais si celui-ci contient des textes pertinents, ils pourront être proposés aux élèves au moment approprié ;

☐ déterminer les habiletés et les stratégies à enseigner ;

☐ prévoir des endroits pour le travail individuel ou en sous-groupe ;

☐ repérer des projets pertinents auxquels les élèves pourraient travailler pour poursuivre leur apprentissage.

Le travail sur un thème dure habituellement de deux à quatre semaines, ce qui laisse le temps aux élèves d'établir des liens entre les différents concepts et d'accéder à une réelle compréhension du contenu.

LES FORMULES PÉDAGOGIQUES ORIENTÉES VERS LES INTERACTIONS ENTRE LES PAIRS

On reconnaît de plus en plus l'importance du dialogue et des discussions dans l'apprentissage scolaire. Le modèle socioconstructiviste a mis en lumière le rôle des interactions entre pairs dans le développement cognitif des enfants. Ce modèle théorique confirme la pertinence de formules pédagogiques comme l'apprentissage coopératif, le tutorat et les cercles de lecture.

L'APPRENTISSAGE COOPÉRATIF

On compte un nombre considérable de recherches sur l'apprentissage coopératif. La première recherche a été publiée en 1897 et, depuis, de nombreuses études ont démontré la pertinence de l'apprentissage coopératif en classe (Gambrell, Mazzoni et Almasi, 2000). De plus, plusieurs ouvrages récents à l'intention des enseignants proposent des démarches d'enseignement coopératif (Howden et Kopiec, 2002 ; Sabourin et autres, 2002 ; Canter et Petersen, 2003). De façon générale, les recherches montrent que l'apprentissage coopératif donne des résultats supérieurs à ceux de l'apprentissage individuel sur les plans de la motivation, du développement social et du développement cognitif.

Sur le plan de la motivation. Plusieurs recherches effectuées selon la technique de l'observation indiquent que les enfants aiment de manière naturelle parler et travailler ensemble (Cazden, 1992). L'apprentissage coopératif favorise, chez les élèves, un engagement plus actif dans leur apprentissage de la lecture.

Sur le plan social. Le contexte social qui se crée dans l'apprentissage coopératif permet aux élèves de développer leur sens des responsabilités et leurs habiletés sociales ; il les amène également à se connaître les uns les autres et à apprécier ce que chacun a à offrir. L'esprit communautaire s'accroît lorsque les élèves comprennent que le fait de posséder des connaissances entraîne le devoir de les transmettre à quelqu'un qui ne les possède pas. Les élèves se rendent compte que le fait de contribuer à l'apprentissage des autres peut améliorer leur propre apprentissage au lieu de le restreindre. Ils acquièrent ainsi plus d'autonomie face à l'enseignant.

Sur le plan cognitif. Nous savons tous par expérience que nous apprenons mieux une chose quand nous avons à l'enseigner à quelqu'un d'autre. Les discussions dans les groupes coopératifs favorisent plus le développement de stratégies cognitives d'un haut niveau que le raisonnement individuel pratiqué dans des situations d'apprentissage individualistes ou compétitives. Le fait que les élèves voient d'autres lecteurs utiliser des stratégies de lecture contribue à rendre les processus cognitifs transparents, c'est-à-dire plus évidents pour les élèves. D'autre part, le fait d'avoir à expliquer leur démarche à d'autres oblige les élèves à réfléchir sur leur façon de comprendre le texte.

La répartition des tâches dans les groupes coopératifs

Dans l'apprentissage coopératif, les élèves travaillent parfois sans avoir un rôle distinct, c'est-à-dire qu'ils prennent part à toutes les étapes du travail et s'entraident tout au long de la tâche. À d'autres moments, les élèves remplissent des fonctions spécifiques à tour de rôle. Par exemple, deux élèves lisent silencieusement un texte ; puis, un des deux partenaires résume oralement ce qu'il a appris dans ce texte. L'autre joue le rôle d'auditeur-facilitateur : il vérifie la compréhension de son partenaire en lui signalant les oublis qu'il a détectés dans son résumé. Les partenaires échangent ensuite leur rôle.

L'hétérogénéité des groupes

Il semble que les groupes hétérogènes obtiennent de meilleurs résultats que les groupes homogènes du fait que les élèves forts ne perdent rien à travailler avec des élèves faibles, et que les élèves plus faibles gagnent à collaborer avec des élèves plus avancés. Cependant, l'écart entre les membres ne doit pas être trop important afin d'éviter l'ennui, mais il doit être assez marqué pour éviter la compétition.

Concrètement, on peut suggérer de classer tous les élèves de la classe du plus habile au moins habile en lecture et de diviser ensuite la liste en trois parties. Les premiers élèves de chaque sous-liste seront placés dans la même équipe, puis les deuxièmes de chaque sous-liste formeront une deuxième équipe et ainsi de suite. Il en résultera des groupes hétérogènes de trois élèves, dont le niveau d'hétérogénéité sera toutefois contrôlé.

Les règles de fonctionnement

Les élèves qui reçoivent des directives sur la façon de travailler en équipe sont plus efficaces que ceux à qui aucune directive n'est donnée. Pour faciliter le déroulement des rencontres de l'équipe, on peut proposer aux élèves des règles comme celles-ci :

1. Chaque membre doit faire un effort honnête pour réaliser la tâche.

2. Chaque membre doit suivre les directives liées à la tâche.

3. Si un membre n'est pas d'accord sur une réponse, il doit le dire et appuyer ses raisons sur le texte ou sur ses connaissances.

4. Aucun membre ne doit dominer les autres ni se retirer de la discussion, à laquelle chacun est tenu de contribuer.

5. Chaque membre doit faire preuve d'une attitude positive et encourageante envers les autres membres du groupe.

Comment implanter le travail coopératif en lecture

Le recours au travail coopératif en classe effraie certains enseignants qui ne savent pas comment implanter ce type d'organisation. Voici de quelle manière on peut passer du groupement traditionnel au travail en collaboration :

☐ Commencez par former des équipes informelles de deux élèves durant quelques semaines. Ces équipes peuvent être établies : 1) avant la lecture d'un texte, pour aider les élèves à faire des prédictions ; 2) pendant la lecture, pour vérifier leur compréhension ; 3) après la lecture, pour résumer les éléments principaux du texte. Pendant cette période, vous observerez comment les élèves travaillent en équipe.

☐ Passez ensuite à des équipes formelles de deux élèves ; leurs pupitres sont placés un à côté de l'autre.

☐ Lorsque les élèves ont appris à travailler à deux, organisez des groupes hétérogènes de six élèves, qui sont désignés pour une période de quatre à cinq semaines. Les groupes doivent être hétérogènes quant à l'habileté, à la personnalité, au sexe, etc. Les pupitres sont regroupés ; les élèves se font face pour le travail en équipe et ils tournent leurs chaises pour le travail en groupe-classe.

LE TUTORAT

On définit le tutorat comme une situation dans laquelle un élève plus habile aide un élève moins habile dans un travail coopératif organisé par l'enseignant. Il existe cependant des formes moins encadrées de tutorat ; c'est le cas lorsqu'un élève demande de l'aide à un compagnon de façon ponctuelle. Le tutorat peut être réalisé entre des élèves de la même classe ou entre des élèves d'âges différents (ce qui représente la situation normale entre frères et sœurs dans la famille). Mentionnons ici que certains auteurs appellent « monitorat » la situation qui associe des élèves de la même classe, et « tutorat » la situation dans laquelle un adulte ou un élève plus âgé aide un plus jeune (Caron, 2003). Les enfants aiment les activités de tutorat, qui entraînent par ailleurs une attention accrue par rapport à la tâche.

Les résultats de la recherche sur le tutorat

La valeur des activités de tutorat est reconnue depuis longtemps (Elbaum et autres, 2000). Une méta-analyse effectuée sur les recherches qui ont porté sur le tutorat entre les pairs a indiqué que le tutorat est plus efficace que l'enseignement par ordinateur, la réduction du nombre d'élèves par classe ou l'augmentation du temps d'enseignement. On peut résumer en quelques points les résultats des recherches concernant le tutorat et la lecture (Rekrut, 1994) :

1. Plusieurs aspects de la lecture peuvent s'enseigner ou s'exercer par le biais du tutorat.

2. Les élèves de tous les âges et de tous les niveaux peuvent être tuteurs. Le tutorat dans la même classe peut se faire même en première année. Cependant, les recherches sur le tutorat engageant des enfants d'âges différents ont souvent été réalisées avec des élèves de cinquième année et plus, probablement parce qu'à cet âge les élèves sont assez mûrs pour prendre en charge un plus jeune.

3. Les tuteurs sont souvent des élèves plus habiles, mais il existe également une forme de tutorat dans laquelle tous, à tour de rôle, sont tuteurs et « élèves » ; il s'agit de l'enseignement

réciproque. De même, il existe un tutorat inversé, c'est-à-dire un tutorat dans lequel ce sont les élèves en difficulté qui servent de tuteurs à des élèves plus jeunes.

4. Le tutorat peut servir à atteindre des objectifs cognitifs et affectifs. Le tutorat entraîne souvent, à la fois pour le tuteur et pour son « élève », de meilleurs résultats scolaires, une meilleure estime de soi, de meilleures relations sociales et une attitude plus positive face à la lecture. La plupart des recherches montrent que le tuteur s'améliore en lecture autant sinon plus que celui à qui il enseigne. Ce résultat serait dû au fait qu'enseigner oblige l'élève à approfondir ses propres connaissances.

Le tutorat entre enfants d'âges différents

Nous nous intéressons dans cette section au tutorat qui met à contribution des élèves d'âges différents.

Les activités décrites ci-dessous, présentées à titre d'exemple, ont été expérimentées pour amener de jeunes lecteurs (de maternelle ou de première année) et des élèves plus âgés (de quatrième, cinquième ou sixième année) à travailler ensemble sur une base régulière de façon que chaque participant développe ses habiletés en lecture et ses habiletés de collaboration (Derita et Weaver, 1991 ; Morrice et Simmons, 1991).

Faire la lecture. Chaque tuteur choisit un livre et s'exerce à le lire à voix haute ; il peut demander à un compagnon de lui faire des commentaires sur son expression, sa manière de lire. Il rencontre ensuite son « élève » pour lui lire son livre. De leur côté, les jeunes élèves, une fois qu'ils ont appris à lire une histoire ou un poème, font la surprise aux grands en allant leur lire le texte dans leur classe.

Enregistrer des livres. Les élèves plus âgés enregistrent, pour le centre d'écoute des petits, des livres-cassettes portant sur le prochain thème qui sera abordé en classe.

Écrire des livres ensemble. Les élèves des deux niveaux travaillent comme coauteurs ; le lecteur débutant fait un dessin lié au thème étudié en classe, il dicte quelques phrases à son tuteur, qui écrit le texte sous l'illustration ; les pages sont ensuite réunies et rassemblées sous forme de livre.

Faire un portrait. Les élèves plus âgés rédigent un portrait de leur « élève ». Ils commencent par s'exercer en écrivant leur propre portrait. Ils font ensuite une entrevue avec leur « élève » et lui posent des questions sur ses centres d'intérêt (ses activités, ses émissions de télévision, son animal, son sport préférés). Les livres sont illustrés et donnés aux plus jeunes pour Noël.

Échanger des cartes. À l'occasion de Noël, de la Saint-Valentin, etc., les élèves échangent des cartes de souhaits.

Écrire au Père Noël. À Noël, les lecteurs débutants écrivent au Père Noël et ce sont les plus grands qui leur répondent en utilisant l'ordinateur.

LES CERCLES DE LECTURE

Au cours des dernières années, plusieurs chercheurs ont suggéré de fournir aux élèves des occasions plus fréquentes de lire et de commenter les textes plutôt que de leur demander de répondre à des questions de compréhension (Lemay-Bourassa, 1997; Gervais, 1998; Raphael et McMahon, 1998; Evans, 2002). De cette idée découle la pratique qui consiste à encourager les discussions au sein de petits groupes, appelés « cercles de lecture », discussions que les élèves dirigent eux-mêmes et au cours desquelles ils commentent les textes qu'ils ont lus, confrontent leurs opinions, etc. Les cercles de lecture se distinguent des groupes coopératifs en ce qu'ils visent la participation à la discussion plutôt que la réalisation d'une tâche. On utilise souvent l'analogie de la « conversation à la table du dîner » pour décrire les cercles de lecture.

Le déroulement des activités

La formule pédagogique des cercles de lecture consiste essentiellement à regrouper des élèves qui discuteront entre eux d'un livre qu'ils sont en train de lire. Pour amorcer l'activité, il s'agit de former des équipes de quatre ou cinq élèves qui liront le même livre. Il faut au préalable s'assurer qu'on dispose de plusieurs exemplaires (quatre ou cinq) de quelques romans pour la jeunesse. Pour permettre aux élèves de choisir leur livre, il est recommandé de présenter les personnages de chaque livre, sans toutefois révéler l'intrigue. Les élèves sont ensuite invités à noter sur une fiche les livres par ordre de préférence. La formation des équipes tiendra compte le plus possible des premiers choix des élèves. Il faut veiller cependant à ce que les groupes soient hétérogènes, c'est-à-dire voir à ce que les élèves faibles soient répartis parmi les différents sous-groupes.

Les activités s'échelonnent sur deux à trois semaines et se découpent de la façon suivante :

- ☐ la période de lecture ;
- ☐ la période d'écriture ;
- ☐ la période de discussion.

La période de lecture

En règle générale, on alloue de 15 à 20 minutes à la période de lecture ; tous les élèves y participent en même temps. Les élèves lisent individuellement et n'ont pas besoin de se regrouper à cette étape. Par contre, ceux qui éprouvent plus de difficulté en lecture peuvent lire avec un camarade ou même bénéficier de votre aide. On comptera habituellement de 6 à 10 périodes de lecture, en tenant compte du fait que les élèves liront un ou deux chapitres par période selon leur longueur. Il est important que tous les sous-groupes arrivent au dernier chapitre en même temps. Il n'est pas interdit aux élèves de poursuivre la lecture de leur livre entre les périodes de lecture en classe, mais ils doivent accepter que la discussion ne porte que sur les chapitres désignés.

La période d'écriture

En vue de la discussion, l'élève note ses réactions sur un carnet préparé à cet effet. Ce carnet pourra comporter des pages sur lesquelles on trouve une partie lignée servant à écrire des commentaires, des questions et des jugements ainsi qu'une partie non lignée réservée aux dessins. Il est utile de présenter une liste de suggestions, au début ou à la fin du carnet (voir la figure 3.1). L'enseignant peut également afficher des suggestions au tableau de la classe. Les élèves se référeront à ces suggestions pour écrire leurs commentaires et leurs impressions après la lecture d'un chapitre (Cline, 1993). On peut fournir diverses pistes aux élèves, par exemple :

- ☐ Quel est ton personnage préféré ? Pourquoi ?
- ☐ Quel personnage as-tu le moins aimé ? Pourquoi ?
- ☐ Quel est pour toi le mot, la phrase ou le paragraphe le plus important de l'histoire ? Explique en quoi c'est important.
- ☐ Parle des personnages et de leurs qualités.
- ☐ Décris le problème d'un personnage et prédis comment il va le régler.
- ☐ Compare les personnages entre eux.
- ☐ Compare un personnage de ton livre avec un personnage d'un autre livre.
- ☐ Ressembles-tu à un des personnages de l'histoire ? Auquel ?
- ☐ Si tu pouvais être un des personnages de l'histoire, lequel serais-tu ? Pourquoi ?
- ☐ Partages-tu les sentiments de l'un ou l'autre des personnages ? Explique-toi.

figure
3.1 Exemple de banque d'idées dans un carnet de lecture

Banque d'idées

Les idées mentionnées ci-dessous sont des suggestions qui t'aideront à préciser tes réactions par rapport à ce que tu as lu :

- Ce que j'ai le plus aimé.
- Ce que j'ai le moins aimé.
- Un personnage qui m'a beaucoup plu. Voici pourquoi.
- Un personnage qui m'a déplu. Voici pourquoi.
- Quelque chose que je n'ai pas compris.
- À la place de tel personnage, j'aurais réagi de la même façon ou tout à fait différemment.
- J'aurais aimé être dans la peau du personnage principal parce que...
- J'aurais préféré que tel événement ne se produise pas dans l'histoire.
- Autres réactions.

☐ Y a-t-il quelque chose dans ce livre qui te rappelle tes propres expériences ?

☐ Dis ce que tu n'as pas compris.

☐ Changerais-tu la fin de l'histoire ? Pourquoi ?

☐ Si tu étais enseignant, ferais-tu lire cette histoire à tes élèves ? Pourquoi ?

☐ Selon toi, pourquoi l'auteur a-t-il écrit ce livre ?

☐ Écris une question que tu aimerais poser à l'auteur.

La période de discussion

Les membres du cercle de lecture se rencontrent après la lecture de chacun des chapitres du roman. Il y a donc un va-et-vient entre la lecture et la discussion. La discussion dure environ 20 minutes et se fait à l'aide des carnets personnels. Les équipes peuvent agir sans chef ou, au contraire, se donner un chef qui animera la discussion ; dans ce dernier cas, les élèves rempliront la fonction de chef à tour de rôle.

Le rôle de l'enseignant dans les cercles de lecture

Il ne faut pas penser qu'il suffit d'organiser les cercles de lecture pour que l'apprentissage se fasse automatiquement : vous aurez un rôle important à jouer. La façon dont vous orienterez les groupes influera sur le type d'engagement des élèves dans les discussions. Par exemple, si vos suggestions sont du type « Parle de ton livre dans ton carnet », les élèves feront surtout des résumés, alors que, si vos suggestions sont plus centrées sur les réactions (« De quelle partie du livre aimerais-tu parler avec ton groupe ? Pourquoi ? »), les réponses des élèves seront plus empreintes de réflexion critique (Maloch, 2002).

Vous pouvez participer à certaines rencontres des cercles, surtout dans la période d'initiation, mais votre rôle sera essentiellement d'aider les élèves à mener des discussions fructueuses par des interventions qui se feront avec toute la classe, soit avant ou après les rencontres des cercles.

Une adaptation du cercle de lecture pour les lecteurs débutants

À la maternelle et au début de la première année, la plupart des élèves ne sont pas encore capables de lire le type de livre qui peut donner lieu à une discussion intéressante. C'est pourquoi vous devrez aménager la situation :

☐ Vous pouvez lire aux élèves un livre qui suscite des émotions et des réactions.

☐ Des tuteurs peuvent relire le livre à quelques reprises aux enfants. On a constaté que, chez les élèves de maternelle et de première année, l'histoire devait être entendue plusieurs fois avant que les élèves soient prêts à en discuter.

☐ Vous pouvez aussi envoyer à la maison une trousse contenant une lettre adressée aux parents, un livre, une feuille sur laquelle l'enfant peut dessiner un personnage ou une scène du livre, et des autocollants réutilisables que l'enfant peut coller sur la page où se trouve un aspect dont il aimerait discuter dans son cercle de lecture.

Avec les enfants de maternelle et de première année, les cercles de lecture exigent l'animation par un adulte ; cependant, dès la deuxième année, il est possible de mettre sur pied des cercles de lecture dirigés par les élèves eux-mêmes (Commeyras et Sumner, 1998). Une étude réalisée auprès d'élèves de deuxième année a montré que, durant la discussion, les élèves sont capables d'activer leurs connaissances antérieures, d'établir des relations entre les événements, de retrouver une information particulière afin d'appuyer une idée, de résumer le texte avec l'aide du groupe, de réagir de façon affective au texte. Bref, lorsqu'ils sont bien préparés et reçoivent suffisamment de soutien, même les élèves de deuxième année peuvent s'engager dans des discussions sans l'intervention directe de l'enseignant (McCormack, 1993).

La conjugaison des cercles de lecture et des projets de recherche

Une formule pédagogique intéressante est celle qui combine le cercle de lecture et le projet de recherche. Très souvent, dans une démarche de recherche, ce sont les textes informatifs qui sont privilégiés, alors que, dans un cercle de lecture, ce sont les textes littéraires. Il est possible de travailler sur les deux types de textes dans une séquence pédagogique complète (Roser et Keehn, 2002). L'exemple qui suit, adapté pour le troisième cycle du primaire, constitue une bonne illustration de l'application d'une telle formule :

☐ *Durée :* de cinq à six semaines, comprenant trois phases d'environ deux semaines.

☐ *Thème :* une période historique donnée (par exemple, le début du XXᵉ siècle dans la société québécoise).

☐ *Phase 1 :* l'enseignant présente le thème en lisant aux élèves un chapitre par jour de la biographie d'un personnage important de l'époque à l'étude (pendant sept jours). Après chaque chapitre, les élèves écrivent une réflexion dans leur journal de lecture. L'enseignant anime ensuite, avec la classe, une discussion qui se termine par le choix d'une caractéristique que les élèves veulent retenir du personnage historique : l'enseignant écrit sur une grande feuille la décision du groupe. La démarche se poursuit avec les autres chapitres.

☐ *Phase 2 :* l'enseignant présente aux élèves les grandes lignes de quelques romans portant sur la période à l'étude et leur demande de faire un choix. Les élèves qui choisissent le même roman forment un cercle de lecture : ils lisent un chapitre à la fois, écrivent un commentaire dans leur journal et se réunissent pour discuter de leurs réactions au chapitre. Les périodes de lecture et de discussion alternent jusqu'à la fin du livre.

☐ *Phase 3 :* une fois les romans lus et discutés dans les cercles de lecture, les élèves réunis en grand groupe discutent des questions qui leur sont venues à l'esprit dans les phases 1 et 2. Ces questions donnent naissance à cinq groupes de recherche. Les élèves choisissent le groupe qui les intéresse et entreprennent alors une recherche à partir de textes informatifs.

La figure 3.2 schématise cette démarche.

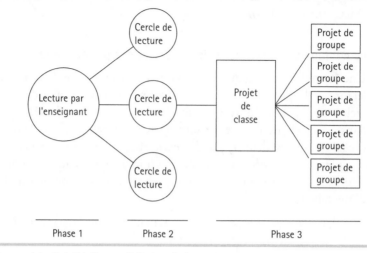

Source : Adapté de N.L. Roser et S. Keehn, « Fostering thought, talk, and inquiry : Linking literature and social studies », *The Reading Teacher*, vol. 55, n° 5, 2002, p. 416-426.

LES FORMULES PÉDAGOGIQUES AXÉES SUR LA STRUCTURATION DES APPRENTISSAGES

Si les élèves ont besoin de lire dans des situations signifiantes et variées pour développer leur compétence en lecture, ils ont aussi besoin de recevoir un enseignement plus explicite des stratégies de lecture. La lecture animée par l'enseignant, les mini-leçons, les séances de lecture guidée et de compréhension guidée sont des formules pédagogiques qui favorisent la structuration des apprentissages.

LA LECTURE ANIMÉE PAR L'ENSEIGNANT

La lecture animée par l'enseignant consiste à travailler une lecture avec le groupe-classe. Dans cette activité, le rôle de l'enseignant n'est pas de faire la lecture aux élèves, mais plutôt de les aider à comprendre le texte qu'ils sont en train de lire. Cette activité se caractérise par des interventions avant, pendant et après la lecture. Les interventions sont moins individualisées que pendant les lectures en petit groupe, mais c'est un bon moment pour voir quels sont les élèves qui bénéficieraient d'un enseignement guidé.

Les interventions avant la lecture

Les interventions pédagogiques que l'enseignant met en place avant d'inviter les élèves à lire un texte sont appelées « mises en situation » ou

« amorces ». La grande majorité des recherches qui ont évalué les effets de la mise en situation montrent que les élèves comprennent mieux le texte s'ils bénéficient d'une préparation qui les dispose à la lecture et qui la facilite (Cloutier, 1993). Mais vous vous demandez peut-être s'il faut toujours animer une mise en situation avant de faire lire les élèves. La réponse à cette question peut se formuler sous forme de principe : plus le texte est difficile et moins les élèves sont habiles, plus grande sera la nécessité de la préparation à la lecture. Ainsi, avec les lecteurs débutants, la mise en situation sera plus détaillée et contribuera énormément à la compréhension du texte. Il en est de même avec des lecteurs plus avancés à qui vous présentez un texte que vous savez plus difficile. En revanche, la préparation sera très allégée pour un texte facile et sera même absente dans les périodes de lecture libre.

Les interventions avant la lecture visent plusieurs objectifs. Le premier est de faciliter la compréhension du texte que les élèves auront à lire en les préparant à différents aspects du texte qui peuvent être nouveaux ou difficiles. L'activation des connaissances antérieures joue un rôle important à cet égard en permettant aux élèves d'aborder le texte avec plus de confiance. L'intention de lecture proposée pendant la mise en situation les aidera également à entamer la lecture d'une façon adéquate. Un autre objectif des interventions avant la lecture est de motiver les élèves à lire le texte ; en effet, la mise en situation est le moment propice pour piquer la curiosité des élèves et leur donner envie de lire le texte.

Dans les sections qui suivent, nous traiterons de deux composantes essentielles de la mise en situation : la formulation d'une intention de lecture et l'activation des connaissances antérieures.

La formulation d'une intention de lecture

Un lecteur aborde toujours un texte avec un objectif en tête : c'est ce qu'on appelle l'intention de lecture. Les bons lecteurs sont conscients du rôle de l'intention de lecture et s'en servent pour guider et évaluer leur comportement en lecture. Dans la vie réelle, on lit, par exemple, pour s'informer, pour accomplir quelque chose ou pour se détendre ; on peut facilement concevoir que lire en vue de répondre à des questions de compréhension ne procède pas d'une intention naturelle.

Quelques principes sont à considérer dans la formulation d'une intention de lecture (Barr et Johnson, 1991) :

☐ *Les élèves doivent toujours avoir un but avant de lire*. Il est bon de prendre l'habitude de souligner le rôle de l'intention de lecture dans la mise en situation afin que les élèves comprennent à quel point elle est importante. De plus, la discussion sur l'intention doit être la première activité après la lecture : s'il n'y a pas de retour sur l'intention de lecture, les élèves en verront difficilement l'utilité.

☐ *L'intention de lecture doit être appropriée.* Il faut éviter de proposer des intentions de lecture trop limitées, c'est-à-dire qui touchent à des informations d'intérêt secondaire. Par exemple, une intention telle que trouver, dans l'histoire intitulée *Les nouveaux habits de Suzie* — qui décrit, entre autres choses, la façon dont Suzie règle un problème particulier —, les nouveaux habits que Suzie porte chaque jour de la semaine est une intention très limitée. En conséquence, les élèves risquent de ne pas prêter attention à l'essentiel du texte. Il faut également éviter de proposer des intentions qui divulguent trop l'histoire. Par exemple, demander aux élèves de trouver pourquoi les chevaliers ont attaqué et tué le dragon leur apprend, avant même qu'ils lisent l'histoire, que le dragon a été tué. Soulignons qu'une façon de vérifier la valeur d'une intention de lecture consiste à évaluer dans quelle mesure elle a permis aux élèves de mieux comprendre le texte.

☐ *L'enseignement doit rendre les élèves autonomes.* Il est important de faciliter le passage de l'intention proposée par l'enseignant à l'intention formée de façon autonome par l'élève. Initialement, vous proposerez des intentions, puis vous discuterez avec le groupe des différentes intentions de lecture possibles. Enfin, vous laisserez aux élèves la responsabilité de former leur propre intention de lecture.

L'activation des connaissances antérieures

Nous avons vu au chapitre 1 que les connaissances antérieures jouent un rôle de premier plan dans la compréhension du texte. Les connaissances guident le lecteur dans le texte en lui permettant de faire des prédictions, de saisir les motivations des personnages, d'établir des liens. Les recherches ont démontré que les élèves possédant des connaissances antérieures plus poussées sur un sujet comprenaient mieux l'information contenue dans un texte sur ce sujet, la retenaient mieux et répondaient mieux aux questions mettant en jeu le raisonnement posées sur ce texte.

Il ne suffit pas, cependant, de posséder des connaissances pour que celles-ci interviennent automatiquement dans la compréhension du texte ; il faut qu'elles soient stimulées, c'est-à-dire rendues accessibles à l'esprit du lecteur. C'est pourquoi, avant la lecture d'un texte, il est important d'aider les élèves à activer les connaissances qu'ils possèdent sur le sujet du texte. L'activation des connaissances leur permettra de prendre conscience de ce qu'ils savent déjà sur le sujet du texte à lire. Elle servira à jeter un pont entre leurs connaissances et le texte, à créer, dans leur tête, une structure mentale qui leur permettra d'intégrer le contenu du texte. Pour que l'activation des connaissances soit efficace, elle doit surtout porter sur les concepts clés ou sur des informations essentielles du texte à lire. Ce ne sont pas toutes les connaissances et expériences concernant un thème qu'il faut aborder, mais uniquement celles qui sont nécessaires à la compréhension du texte. Vous devez en fait éviter deux pièges, soit éviter d'activer des connaissances trop générales ayant peu de lien avec le contenu du texte, et éviter d'activer des connaissances qui concernent des concepts secondaires non essentiels à la compréhension du texte. Ce dernier type de préparation lance les élèves sur une fausse piste en suscitant des attentes que le texte ne viendra pas combler.

Une fois que vous aurez stimulé les connaissances des élèves et que vous les aurez ramenées à leur mémoire, vous devrez en faciliter l'organisation, c'est-à-dire aider les élèves à établir des liens entre les différents concepts mentionnés lors de l'activation. Il est plus facile de rattacher une connaissance à un tout organisé qu'à un ensemble d'informations éparses. L'organisation des connaissances peut se faire de façon verbale ou encore sous forme visuelle, par le biais des constellations sémantiques (voir le chapitre 11 pour des activités concrètes).

Les interventions pendant la lecture

Pendant la lecture que vous animez, votre rôle comprend deux volets : 1) souligner des aspects du texte qui passeraient inaperçus sans votre concours, par exemple en apportant des informations complémentaires ou en mettant en lumière des subtilités du texte ; 2) encourager les élèves à employer des stratégies de lecture que vous avez déjà enseignées au groupe, comme établir des liens entre leurs connaissances et le texte, opérer des inférences, poser des questions, vérifier des prédictions ou résumer des parties du texte. Ces interventions permettront aux élèves d'affiner et d'intégrer leurs stratégies de lecture.

Il est certain qu'on ne peut véritablement intervenir pendant que l'élève lit ; il est impossible d'entrer dans sa tête. Intervenir pendant la lecture, c'est en fait intervenir après des parties plus ou moins longues du texte (Maria, 1990). Cette idée nous amène à la question de savoir s'il faut ou non découper le texte en plusieurs parties. À cet égard, il n'existe pas de règle absolue. Tout dépend du texte : une histoire est souvent moins dense quant à son contenu qu'un texte informatif et elle peut être séparée en parties plus ou moins longues. Tout dépend aussi des élèves : les élèves plus jeunes et les élèves moins habiles ont de la difficulté à lire des textes longs, alors il est sans doute préférable de leur faire lire de petites parties à la fois. Pour ces élèves, les interventions fréquentes dans le cours de la lecture sont certes utiles, particulièrement si le texte est long ou dense. Tout dépend, enfin, des objectifs que vous poursuivez : si, par exemple, vous souhaitez travailler sur la prédiction, le texte sera découpé de façon à vous permettre d'intervenir, sans nuire à la lecture, au moment où on peut faire des prédictions ou encore les vérifier (Maria, 1990).

Les interventions après la lecture

Les interventions après la lecture sont importantes à plusieurs points de vue : notamment, elles permettent aux élèves d'approfondir la compréhension d'un texte et d'établir des liens entre les différents textes lus en classe ou de façon personnelle. Dans le cas de textes littéraires, ces interventions auront pour objectif d'encourager les élèves à réagir à leur lecture et à exprimer leurs réactions. Dans le cas de textes informatifs, elles serviront à inciter les élèves à exploiter les informations tirées du texte. Il est certain que les interventions après la lecture ne doivent pas se limiter à une série de questions pour vérifier si les élèves ont compris le texte ; elles peuvent donner lieu à plusieurs activités, comme le mime, le dessin, la discussion et l'écriture.

LES MINI-LEÇONS

La mini-leçon est une formule qui consiste à attirer l'attention de l'ensemble des élèves de la classe sur une stratégie qui leur sera utile pour devenir des lecteurs compétents. Les mini-leçons, qui sont de courte durée, ne remplacent pas la lecture animée par l'enseignant ni la lecture guidée ; elles constituent plutôt un apport particulier qui a prouvé son utilité à tous les niveaux scolaires.

Depuis plusieurs années, la recherche met en évidence l'importance de l'enseignement de stratégies de lecture en classe (Tardif, 1993). La plupart des ouvrages destinés aux élèves et aux enseignants intègrent aujourd'hui un enseignement des stratégies de lecture (Boyer, 1993 ; Demers et Landry, 1994). Les processus cognitifs en lecture ne sont pas directement accessibles aux élèves et plusieurs ne les découvriront pas spontanément s'ils n'en voient pas l'application concrète (par exemple, un élève essaie toujours de trouver la réponse à une question mot à mot dans un texte parce qu'il n'a pas compris que la réponse pouvait exiger une inférence ou l'utilisation de ses connaissances). Certes, les élèves habiles découvriront eux-mêmes des stratégies efficaces de lecture ; cependant, si on laisse ces découvertes sous la seule responsabilité des élèves, on risque d'agrandir l'écart entre les élèves forts et les élèves faibles, d'où l'intérêt d'un enseignement plus explicite.

La démarche

Comment faut-il procéder si on veut enseigner des stratégies de lecture ? Il faut d'abord choisir des stratégies qui répondent à des besoins chez les élèves, c'est-à-dire des stratégies qu'ils ne maîtrisent pas et qui sont susceptibles de leur rendre service dans les tâches de lecture (par exemple, survoler le texte, faire des liens avec leurs propres connaissances, résumer l'information). De plus, les stratégies choisies doivent tenir compte des capacités des élèves : ainsi, les élèves de la fin du primaire sont capables de repérer les idées principales d'un texte et de les souligner, chose que les élèves de première année ne sont pas en mesure de faire. Signalons que nous présenterons, aux chapitres 5 à 9, des stratégies de lecture correspondant au niveau des élèves relativement à la lecture.

Les composantes

Une fois la stratégie déterminée, il s'agira d'enseigner le quoi, le pourquoi, le comment et le quand de celle-ci. Le *quoi* correspond à une définition et à une description de la stratégie à enseigner. Il est utile de pouvoir recourir à un nom pour parler de la stratégie avec les élèves (la connaissance déclarative). Le *pourquoi* se rapporte aux raisons qui font que la stratégie est importante, notamment le fait qu'elle aide les élèves à être de meilleurs lecteurs. Il est important de motiver les élèves à utiliser les stratégies en leur montrant qu'il y a un lien entre l'utilisation qu'ils font d'une stratégie et leur réussite dans une tâche (la connaissance métacognitive). Le *comment* a trait à la mise en application d'une stratégie (la connaissance procédurale), qu'on enseignera de la façon suivante :

1. L'enseignant explique à voix haute de quelle façon il utilise la stratégie en question. Par exemple, au cours d'une lecture, il peut, devant un mot inconnu, dire aux élèves : « Je ne connais pas le sens exact de ce mot. Allons voir si le reste du texte peut nous éclairer sur sa signification. » L'enseignant poursuit la lecture et mentionne au fur et à mesure les éléments qui viennent confirmer, préciser ou infirmer son hypothèse.

2. L'enseignant interagit avec les élèves et les guide vers la maîtrise de la stratégie. Il utilise ici les principes de l'étayage, c'est-à-dire qu'il donne à l'élève seulement le soutien nécessaire pour employer la stratégie et le réduit graduellement à mesure que l'élève développe ses habiletés. L'élève en vient peu à peu à comprendre et à intérioriser la stratégie qu'il a utilisée d'abord en interaction.

3. L'enseignant favorise l'autonomie des élèves dans l'utilisation de la stratégie, notamment en leur suggérant d'y avoir recours pour les textes de toutes les autres matières scolaires.

Le *quand*, enfin, correspond à la situation dans laquelle il convient de recourir à une stratégie donnée, qu'il sera parfois opportun d'adapter au contexte afin d'atteindre un objectif particulier. L'enseignant explique ici dans quelles conditions la stratégie sera le plus utile et précise comment en évaluer l'efficacité. Par exemple, l'imagerie mentale sera une stratégie utile pour la compréhension d'un texte narratif, mais elle se révélera peu efficace pour la compréhension d'un texte abstrait (la connaissance méta-cognitive).

Il faut s'assurer que les élèves non seulement acquièrent des stratégies, mais qu'ils apprennent en outre à les combiner et à les adapter en vue d'atteindre leur objectif de lecture.

LA LECTURE GUIDÉE (PREMIER CYCLE)

La lecture guidée est une activité planifiée qui se fait avec de petits groupes et dans laquelle l'enseignant aide les élèves à devenir des lecteurs autonomes (Opitz et Ford, 2001). Il s'agit d'une belle illustration de l'intervention différenciée. La lecture guidée a été conçue pour les élèves de premier cycle, mais elle peut être utile à certains élèves de deuxième cycle qui ne sont pas des lecteurs vraiment autonomes. Pour l'ensemble des élèves des deuxième et troisième cycles, on optera plutôt pour la compréhension guidée, qui est décrite dans la section suivante.

La lecture guidée s'effectue idéalement avec de petits groupes de trois à six élèves et dure une quinzaine de minutes. Pour regrouper les élèves, il faut déterminer ce que chacun des élèves sait et ce qu'il a besoin d'apprendre (par exemple, apprendre à confirmer ses hypothèses en vérifiant les lettres du mot ou apprendre à vérifier dans le contexte de la phrase le sens d'un mot identifié par les relations lettre-son). Les regroupements seront flexibles, car le choix des élèves qui formeront le sous-groupe dépend de l'objectif de la rencontre.

Dans la lecture guidée, tous les membres d'un sous-groupe donné possèdent un exemplaire du même livre ; le niveau de difficulté du livre a été choisi en fonction du sous-groupe. La plus grande partie de la rencontre est consacrée à la lecture autonome ; ce n'est pas l'enseignant qui fait la lecture, mais les élèves. Cependant, l'enseignant aide les élèves, par médiation et étayage, à surmonter les obstacles liés à l'identification des mots. La lecture guidée permet donc aux élèves d'appliquer les stratégies qu'ils ont apprises, et à l'enseignant, de voir comment ceux-ci intègrent les stratégies et de quel type d'aide ils ont besoin (voir le chapitre 6 pour un exemple concret).

LA COMPRÉHENSION GUIDÉE (DEUXIÈME ET TROISIÈME CYCLE)

La lecture guidée ne doit pas être généralisée au-delà du premier cycle. Les élèves du deuxième et du troisième cycle ont des besoins différents. Les groupes de ce niveau seront surtout orientés vers la compréhension du texte et les réactions au texte (Fawson et Reutzel, 2000). Le principe de base est cependant le même : la compréhension guidée s'adresse à de petits groupes d'élèves qui éprouvent les mêmes besoins en matière de stratégies de compréhension et qui sont regroupés temporairement pour un objectif particulier. La démarche est centrée sur ce qui se passe pendant la lecture, mais elle inclut également des interventions avant et après la lecture du texte (McLaughlin et Allen, 2002). En gros, elle se découpe en trois temps :

☐ Chaque rencontre commence par un rappel des stratégies de compréhension enseignées à tout le groupe. Il est utile que ces stratégies soient affichées au mur ou reproduites sur un signet à portée de main des élèves. Après ce bref rappel, l'enseignant présente la stratégie du jour, qui correspond en fait à un besoin commun à tous les membres du groupe (par exemple, trouver le sens de mots nouveaux, résumer des parties de texte).

☐ L'enseignant remet aux élèves le texte choisi et les aide à en faire le survol. Les élèves lisent ensuite silencieusement une partie du texte. L'enseignant discute avec eux sur cette partie du texte ; il les guide dans l'utilisation de la stratégie à maîtriser en fournissant l'étayage nécessaire. Les élèves lisent ensuite une autre partie du texte et s'arrêtent de nouveau pour discuter avec l'enseignant.

☐ Le dernier temps de la rencontre consiste à revenir sur l'ensemble du texte. C'est le moment où l'enseignant établit des liens plus larges avec d'autres textes et aide les élèves à approfondir leur compréhension. Il les encourage à résumer le texte, à exprimer leurs réactions personnelles, à décrire les stratégies utilisées en expliquant comment une stratégie donnée leur a permis de mieux comprendre le texte. Il est pertinent d'examiner ensemble de quelle manière on peut appliquer ces stratégies dans les autres tâches de lecture.

L'ATELIER DE LECTURE

Vous vous demandez comment vous pouvez trouver du temps pour intégrer toutes les suggestions de ce chapitre dans une semaine de classe? L'atelier de lecture offre une solution (Reutzel et Cooter, 1991). Il s'agit d'une formule qui peut servir de cadre de travail, mais qui doit être exploitée de manière flexible.

L'atelier de lecture se découpe en cinq périodes (voir le tableau 3.2) :

1) une période de présentation animée par l'enseignant ;

2) une mini-leçon ;

3) une période de planification ;

4) une période de lecture et d'écriture ;

5) une période de discussion dirigée par les élèves.

La période de présentation animée par l'enseignant. Durant cette période, l'enseignant fait part au groupe de ses impressions sur un texte qu'il a choisi et qui concorde avec le thème étudié en classe. Il peut également présenter des livres qui viennent d'arriver. Après avoir donné un aperçu du texte, il le lit à voix haute. Cette période peut parfois servir de déclencheur pour la mini-leçon qui suit. Durée : de 5 à 10 minutes.

La mini-leçon. La mini-leçon est donnée par l'enseignant à toute la classe. Elle sert à enseigner de nouvelles stratégies ou à préparer les élèves à lire un texte. Les sujets de la mini-leçon dérivent soit des besoins mis au jour à l'occasion des rencontres individuelles avec les élèves, soit du contenu du programme de lecture, soit des particularités du texte que les élèves ont à lire, qui exigent une préparation. Durée : de 5 à 10 minutes.

La période de planification. Durant cette période, l'enseignant et les élèves planifient le déroulement de la suite de l'atelier. Ils déterminent quel sous-groupe rencontrera l'enseignant pour la lecture guidée et quels élèves seront appelés à la rencontre individuelle. Il est pertinent de recourir à un tableau de planification. Durée : de 3 à 5 minutes.

La période de lecture et d'écriture. Cette période se subdivise en trois parties. Durant les 10 premières minutes, les élèves lisent un livre de leur choix ou encore le chapitre prévu pour leur cercle de lecture. L'enseignant en profite pour lire également. Durant la deuxième partie de la période, un sous-groupe donné rencontre l'enseignant pour une période de lecture guidée. Pendant ce temps, d'autres élèves peuvent se rencontrer en sous-groupes sans la présence de l'enseignant. Les autres ont le choix entre quatre activités : 1) remplir leur carnet de lecture pour la rencontre avec leur cercle de lecture ; 2) poursuivre un projet de lecture ; 3) mettre à jour leur relevé de lectures ; 4) continuer une lecture personnelle. La troisième partie de la période, soit les 10 dernières minutes, est consacrée aux entretiens individuels. L'enseignant rencontre deux élèves par jour. Les autres élèves continuent l'activité qu'ils ont choisie. Durée totale de la période : 40 minutes.

La période de discussion dirigée par les élèves. La dernière période de l'atelier est réservée aux discussions, en groupe-classe, sur les livres, les projets, les progrès, etc. Ce sont les élèves qui apportent les éléments dont ils veulent parler. Le seul problème est de s'en tenir à la durée prévue, car les élèves ont toujours beaucoup à dire. Durée : de 5 à 10 minutes.

---

tableau 3.2 — **Atelier de lecture**

1. Période de présentation animée par l'enseignant (de 5 à 10 minutes)

2. Mini-leçon (de 5 à 10 minutes)

3. Planification (5 minutes)

4. Période de lecture et d'écriture (40 minutes)
   A. Lecture libre et personnelle (10 minutes)
   B. Lecture guidée (un sous-groupe) ; activités diverses pour les autres élèves (de 15 à 20 minutes)
   C. Rencontres individuelles (deux élèves par jour) ; poursuite des activités pour les autres (de 10 à 15 minutes)

5. Période de discussion dirigée par les élèves (de 5 à 10 minutes)

Durée totale de l'atelier : de 60 à 70 minutes

La mise en place d'une organisation de type atelier de lecture ne se fait pas du jour au lendemain. Si la formule vous intéresse, mais que vous n'êtes pas encore prêt à abandonner votre manuel de lecture, essayez une formule de transition. Commencez par une forme simplifiée qui comprend une mini-leçon de 10 à 15 minutes suivie d'une période de lecture libre ; pendant cette période, les élèves lisent individuellement et remplissent leur carnet de lecture. Au début, consacrez une journée par semaine à l'atelier, puis augmentez graduellement la fréquence.

CONCLUSION

*P*our rejoindre tous les élèves de la classe, il est important de diversifier les formules pédagogiques en lecture. L'équilibre entre les approches est la clé de la réussite. Les élèves ont besoin de plusieurs approches qui se complètent ; certaines les orienteront vers des apprentissages intégrateurs et d'autres les amèneront à structurer leurs connaissances afin de devenir plus compétents en lecture. Dans l'optique du renouveau actuel en éducation, les formules devraient favoriser les interactions entre pairs au cours d'activités de recherche ou d'apprentissage coopératif, ou encore dans les cercles de lecture et les ateliers de lecture. De plus, elles devraient permettre aux élèves de faire des apprentissages en profondeur.

CHAPITRE 4

LES TEXTES

INTRODUCTION

*P*our développer une véritable compétence en lecture chez les élèves, il est primordial de leur donner à lire des textes variés tant par leur origine, leur genre et leur structure que par leur contenu. Le choix des textes occupe, il va sans dire, une place importante dans l'enseignement de la lecture. Parmi ces textes, les manuels de lecture sont souvent un sujet de préoccupation chez les futurs enseignants. En effet, une des premières questions que se pose un futur enseignant est : « Faut-il s'en tenir à un seul manuel, combiner différents manuels ou encore ne pas utiliser de manuel du tout et choisir plutôt des textes de sources variées ? » La décision que vous prendrez en ce qui touche les textes à proposer aux élèves aura des répercussions importantes dans votre enseignement de la lecture.

Dans ce chapitre, nous traiterons de la question des textes sous différents angles, en partant des aspects les plus généraux pour aller vers les plus particuliers. Après un examen des différents supports de lecture, nous nous intéresserons aux divers genres de textes, puis aux principales structures de textes. Des notions sur les niveaux de complexité des textes ainsi que sur la façon d'aider les élèves à choisir des textes qui leur conviennent complètent le chapitre.

LES SUPPORTS DE LECTURE

Qu'entend-on par « support de lecture » (appelé aussi « support médiatique ») ? On peut considérer comme un support de lecture tout assemblage ou dispositif portant des signes destinés à être lus. Le support de lecture peut être un livre, un dépliant publicitaire, une affiche, une carte de souhaits, un journal, un écran d'ordinateur, etc. Le type de support est intimement relié au contenu. Par exemple, on sait, avant même de le lire, que le dépliant publicitaire vante une entreprise donnée, un produit ou un service, que le journal quotidien contient des nouvelles, que le menu nous présente les choix de repas, etc. Les enfants apprennent dès le préscolaire à reconnaître la plupart des supports de lecture. Vous aurez à parfaire cette connaissance avec vos élèves, mais votre rôle sera surtout de leur faire comprendre que les multiples supports de lecture qui existent dans leur environnement sont susceptibles de les aider à répondre aux questions qu'ils se posent. Ces différentes sources de lecture, il va sans dire, peuvent avantageusement être intégrées dans les projets de recherche des élèves. Vous ferez donc une large place, dans votre classe, aux diverses sources de lecture afin de rapprocher l'enseignement en classe de la vie quotidienne et de différencier votre enseignement. Cette proposition n'est pas nouvelle. En effet, comme le souligne Monette (2002), déjà en

1964, le rapport Parent recommandait l'abandon du manuel de lecture au profit de sources de lecture diversifiées.

Dans cette partie, nous porterons notre attention sur trois types de supports, soit les livres (particulièrement les manuels scolaires et les livres pour enfants), les journaux et les supports électroniques et virtuels.

LES MANUELS DE LECTURE

La très grande majorité des enseignants utilisent un manuel, même s'ils reconnaissent que ce n'est pas toujours la meilleure façon d'enseigner la lecture. On constate, depuis quelque temps, que les enseignants ont de plus en plus recours aux livres de littérature pour la jeunesse, mais la plupart conservent un ou plusieurs manuels comme base de leur enseignement (Violet, 1999 ; Fawson et Reutzel, 2000). Près de 80 % des enseignants disent que, si on ne leur en imposait pas l'utilisation, ils se serviraient quand même d'un manuel ou d'une combinaison de manuels (Barksdale-Ladd et Thomas, 1993).

Souvent critiqués, les manuels ont toutefois évolué au fil des ans ; désormais plus attrayants et plus diversifiés, ils renferment en outre moins de stéréotypes. De plus, les guides pédagogiques qui les accompagnent tiennent davantage compte des développements de la recherche en lecture et proposent des activités plus signifiantes.

Certes, les manuels de lecture présentent des avantages et des désavantages. Parmi les aspects positifs, mentionnons d'abord le fait qu'ils contiennent des textes de différents types : des contes, des poèmes, des textes informatifs, des recettes de cuisine ou de bricolage, etc. Ajoutons qu'il en existe pour tous les niveaux scolaires et qu'ils sont accompagnés de guides pédagogiques généralement fidèles au programme de lecture en vigueur. Enfin, leur principal avantage est probablement de donner aux jeunes enseignants une plus grande assurance face à l'enseignement de la lecture (Maria, 1990).

Du côté des désavantages, on peut reprocher aux manuels de lecture de ne présenter que des textes courts ou des extraits de textes qui ne sont pas représentatifs des textes véritables. Cela amène Nadon (1992, p. 54) à dire que, dans les manuels, « il y a rarement d'auteurs à découvrir et à aimer ». De plus, étant donné que ces manuels sont produits en fonction d'une clientèle générale, ils ne peuvent tenir compte des préférences et des connaissances de tous les élèves.

Pourtant, le principal désavantage des manuels réside dans la façon de les utiliser. Même si les concepteurs ne prétendent pas que le manuel est le seul matériel à employer, les contraintes de temps font que c'est souvent ce qui se passe en réalité. Or, le fait de suivre à la lettre le manuel réduit souvent le travail de l'enseignant à un simple travail de contrôle afin de s'assurer que les élèves accomplissent la tâche prescrite. L'enseignant aura tendance à se sentir coupable s'il n'adopte pas la démarche du manuel, car il croit qu'il aurait dû faire ce que les experts ont élaboré pour lui. L'enseignant doit, au contraire, être convaincu de son rôle en tant que preneur de décision et se centrer sur la compréhension des élèves et sur le contenu plutôt que sur la réalisation d'une tâche uniforme.

Toutefois, même si certaines contraintes pèsent sur eux, comme l'obligation d'utiliser un manuel ou un cahier en particulier, les enseignants convaincus de leur rôle professionnel réussissent à prendre leurs distances par rapport aux manuels de lecture et à intégrer d'autres formules dans leur enseignement. De plus, les enseignants ont déjà une idée de ce qui devrait être changé dans les manuels. En effet, une enquête réalisée auprès d'eux a fait ressortir les principaux changements que ceux-ci aimeraient y voir apparaître : 1) moins de temps à consacrer aux cahiers d'exercices ; 2) plus de temps consacré à de la lecture véritable ; 3) un enseignement intégré des habiletés ; 4) des textes de meilleure qualité (Tulley, 1991).

En somme, utilisés judicieusement, les manuels peuvent fournir aux enseignants des pistes intéressantes à explorer avec leurs élèves, mais ils ne devraient jamais remplacer l'enseignant. D'autre part, l'enseignant peut décider de ne pas utiliser de manuel de lecture et de bâtir plutôt son enseignement autour de la littérature pour la jeunesse et des textes provenant de diverses sources.

LES MANUELS DES MATIÈRES

L'objectif des manuels de sciences de la nature et de sciences humaines n'est pas d'enseigner à lire, mais de communiquer un contenu. Cependant, ils sont précieux pour l'enseignement de la lecture puisqu'ils permettent d'appliquer les stratégies de lecture dans une situation concrète. Même si l'intégration des matières est redevenue un thème à la mode, en réalité il se fait malheureusement peu d'enseignement de la lecture à travers les autres matières scolaires. Certains enseignants trouvent que les manuels des matières sont trop difficiles pour que leurs élèves puissent les lire de façon autonome ; ainsi, ils préfèrent transmettre le contenu oralement. Au contraire, il serait important de prendre l'habitude d'associer ces manuels à l'enseignement de la lecture.

LES LIVRES DE LITTÉRATURE POUR LA JEUNESSE

Les livres de littérature pour la jeunesse sont écrits pour le plaisir des enfants, que ce soit le plaisir que procure la beauté d'un poème ou celui qui vient de la découverte des mystères de l'univers. À l'école, les élèves ont en général assez peu l'occasion de lire de la littérature pour la jeunesse, car on a tendance à considérer qu'il s'agit de livres de loisir à lire « quand on a fini de travailler dans le manuel ». Les élèves en difficulté, en particulier, n'ont pas souvent l'occasion d'aborder ces livres, car ils n'ont jamais fini leur travail. Néanmoins, on voit se dessiner depuis quelques années un mouvement clair vers l'utilisation de plus en plus grande des livres de littérature pour la jeunesse en classe. Ce mouvement est sans contredit de nature à favoriser l'apprentissage de la lecture au primaire.

Vous vous demandez peut-être s'il suffit qu'un livre soit classé dans la littérature pour la jeunesse pour être considéré comme un livre de qualité. En fait, pour qu'un livre soit considéré véritablement comme de la littérature, il faut qu'il ajoute à la qualité de la vie, qu'il éveille des sentiments, qu'il stimule la pensée, qu'il favorise une prise de conscience, etc. Toutefois, nous-mêmes qui sommes adultes, nous ne lisons pas toujours des œuvres littéraires, il nous arrive de lire des romans populaires. Les enfants devraient avoir la même possibilité : ils ne doivent pas être tenus de ne lire que des livres salués par la critique. Il faut offrir aux élèves la qualité dans la diversité. En général, les livres pour enfants qu'on trouve en classe peuvent être regroupés dans trois catégories (Maria, 1990) :

1) les livres que les enfants adorent, mais auxquels la critique ne s'est pas intéressée ;

2) les livres aimés à la fois par les enfants et par la critique ;

3) les livres proposés par la critique, que les élèves ne liront qu'avec l'aide de l'enseignant afin d'en apprécier les subtilités.

Certains enseignants craignent que le recours à la littérature pour enfants dans l'enseignement de la lecture ne détruise l'intérêt des élèves pour ces livres. Cette crainte n'est pas justifiée ; en effet, on a à maintes reprises vérifié qu'il est possible d'exploiter la littérature pour la jeunesse dans l'enseignement de la lecture sans pour autant gâcher le plaisir de la littérature. Il est vrai que certains enseignants se servent des livres de littérature exactement comme ils se servent des manuels de lecture, c'est-à-dire qu'ils posent une série de questions sur le texte et font remplir des pages d'exercices aux élèves. Il est certain que, si vous enseignez la grammaire à l'aide d'un poème, vous êtes sur la mauvaise route. Toutefois, rien ne vous empêche d'attirer l'attention des élèves sur certaines parties d'un texte pour qu'ils en apprécient le sens. La littérature pour enfants occupera donc une place importante dans votre classe. Elle sera utilisée non seulement pour les lectures personnelles, mais aussi pour des activités de lecture qu'accompliront tous les élèves de la classe.

Bien entendu, pour utiliser des livres pour enfants, il faut d'abord connaître ces livres. Pour évaluer vos connaissances à ce propos, répondez à la question qui suit:

exercice

Nommez cinq livres pour enfants, dans des genres différents, qui ont été publiés au cours des cinq dernières années.

1. _____
2. _____
3. _____
4. _____
5. _____

Vous avez répondu sans difficulté à la question? Tant mieux, vos connaissances en matière de littérature pour la jeunesse vous seront précieuses dans l'enseignement. Vous n'avez pas réussi à répondre entièrement à la question et vous êtes déçu de votre performance? Vous n'êtes pas le seul dans ce cas; très peu d'enseignants du primaire connaissent bien la littérature pour enfants. Dans une enquête récente, seulement 36 % des enseignants ont réussi à nommer trois livres de littérature pour la jeunesse publiés au cours des dernières années (Block et Mangieri, 2002).

Si votre résultat devait vous inciter à vous informer davantage sur la littérature pour la jeunesse, nous vous suggérons de consulter régulièrement des périodiques comme *Lurelu* et *Québec français*, ainsi que les productions de Communication-Jeunesse.

Cela dit, soulignons qu'il existe une grande variété de livres et de publications conçus pour les enfants de tous les âges. Les productions destinées aux enfants se caractérisent non seulement par la nature des textes, mais aussi par leur contenu et par leur présentation matérielle. Parmi celles-ci, on trouve les albums, les contes, les romans, les livres documentaires, les bandes dessinées, les revues pour enfants, les recueils de poésie et les livres d'histoires drôles, de calembours et de devinettes.

Les albums

Guérette (1998, p. 98) explique ainsi ce qu'on entend par album dans la littérature pour la jeunesse :

> Le mot album prête à confusion car on peut lui donner une double signification. Quand on parle d'album, au sens très large, on se réfère alors à une caractéristique formelle de l'objet du livre. Le mot album peut donc s'appliquer à tout ouvrage où l'image occupe une place importante : le conte, la bande dessinée, le documentaire, etc. [...]. Mais on peut aussi parler d'album dans un sens plus restrictif, en se référant à un type distinctif de publication qui est une innovation relativement récente, laquelle a donné lieu à l'apparition d'un nouveau genre spécifique. Il s'agit alors de ce qu'on appelle aussi le livre d'images.

À cause de la prépondérance de l'illustration, les albums serviront surtout aux jeunes lecteurs. Cependant, il peut être pertinent d'utiliser des albums avec des élèves plus avancés, soit pour introduire un thème en sciences humaines ou en sciences de la nature, soit pour enrichir le thème par la suite. Par exemple, les élèves peuvent lire un album sur le système solaire avant d'aborder des textes plus abstraits sur ce même thème (Boutin, 1996 ; Courchesne, 1996).

À l'intérieur de cette vaste catégorie qu'est l'album, il y a la sous-catégorie des livres animés. Les *albums animés* contiennent des caches, des tirettes ou des images en trois dimensions : lorsqu'on tourne une page, le papier se déplie et l'image jaillit du livre, ou encore un objet apparaît lorsqu'on ouvre une fenêtre. La plupart de ces livres s'adressent aux enfants d'âge préscolaire, mais certains sont conçus pour le primaire ; on peut trouver, par exemple, un livre qui présente une animation détaillée du centre-ville de Tokyo.

Il existe également des *albums-objets,* qui sont des livres qui incorporent d'autres éléments que le texte et l'illustration, comme différentes sortes de fourrure ou des odeurs. Même si la plupart de ces livres sont destinés aux petits, on peut maintenant se procurer des albums-objets pour des élèves plus avancés, comme un livre documentaire sur l'histoire du papier et de la peinture qui contient différentes sortes de papier (grains variés), des gaufrures, un morceau de papyrus, des transparents, etc.

Les contes

Le conte est un récit de fiction généralement assez court qui relate au passé les péripéties vécues par un personnage. Le conte traditionnel est un genre bien connu de la plupart des adultes et des enfants. Qui ne connaît pas, en effet, *Le Petit Chaperon rouge* ou *Boucle d'or et les trois ours*? Le conte occupe une place privilégiée dans la vie des enfants, et plusieurs auteurs ont montré que les contes répondaient à des besoins émotionnels chez eux (Guérette, 1991). Même si on connaît surtout les contes traditionnels, signalons qu'il existe également des contes modernes.

Les romans

Le roman est une œuvre d'imagination d'une longueur plus substantielle que le conte; on y raconte habituellement avec plus de profondeur une histoire qui met en scène des personnages et des événements dans un cadre déterminé. Les romans pour enfants se divisent en différents genres: roman d'aventures, roman policier, roman de science-fiction, roman historique, etc. Si la littérature pour la jeunesse ne vous est pas familière, l'image que vous avez du roman est peut-être celle d'un livre épais, sans illustrations, destiné plus aux adolescents qu'aux enfants. Il existe pourtant des romans pour les enfants de sept ou huit ans. Ces premiers romans ou mini-romans initient graduellement les enfants aux romans plus longs en misant sur les illustrations et en présentant des chapitres plus courts.

Les livres documentaires

Les livres documentaires comprennent les premiers livres pour les tout-petits (les abécédaires, les livres sur des notions simples, etc.) et les livres traitant de différents sujets de façon plus ou moins approfondie. On peut faire entrer également dans cette catégorie les livres d'activités qui proposent différentes expériences aux enfants.

Les bandes dessinées

Les bandes dessinées sont très bien connues des enfants. Cependant, les adultes ne voient pas toujours d'un bon œil leur prédominance dans les lectures des enfants du primaire. Pourtant, la bande dessinée est un genre valable en soi et peut être considérée comme un « tremplin » pour des lectures plus variées (Therriault, 1994).

Les revues pour enfants

Les revues enfantines s'adressent aux enfants de tout âge, même aux enfants d'âge préscolaire. Ces revues contiennent des textes variés et peuvent offrir un complément fort intéressant à la banque de textes de la classe.

Les recueils de poésie

La poésie comprend les comptines et les poèmes en vers et en prose. Elle est souvent négligée à l'école ; on oublie que la poésie peut non seulement être comprise des élèves du primaire, mais de plus devenir une façon de les motiver à lire et à écrire. Les poèmes qui plaisent aux élèves du primaire se caractérisent habituellement par un style narratif ; ils combinent l'humour et les expériences familières ; ils jouent sur les rimes et le rythme (pour une description des types de poème, voir Giasson [2000]).

Vous ne connaissez pas de poèmes pour enfants ? Pour vous initier, procurez-vous une anthologie réunissant des poèmes de différents auteurs. Puis, choisissez des poèmes qui portent sur des thèmes particuliers. Par la suite, rassemblez des poèmes du même auteur.

Les livres d'histoires drôles, de calembours et de devinettes

Les enfants aiment les livres d'histoires drôles et de devinettes. La plupart du temps, les adultes ont tendance à penser que ces livres n'apportent pas grand-chose aux enfants. Cependant, ils peuvent leur permettre de développer leur sens de l'humour et les préparer à lire des textes humoristiques plus raffinés et plus subtils.

Le fait de connaître les stades du développement de l'humour peut aider les enseignants à comprendre pourquoi les enfants aiment un type particulier d'histoires à un âge donné (Wilson et Kutiper, 1993). À partir de quatre ans, les enfants commencent à apprécier les jeux de mots, principalement quand leur nom ou celui de leurs amis est en cause (par exemple, Colette, la galette). À cet âge, les enfants trouvent drôles tous les mots tabous, les exagérations de taille et de forme. Vers sept ans, ils aiment répéter les mêmes histoires et poser les mêmes devinettes, qu'ils trouvent aussi drôles la dixième fois que la première ; ils commencent à se rendre compte que le langage n'est pas toujours utilisé de façon littérale. Entre 9 et 12 ans, les enfants aiment les histoires types, les jeux de mots ; ces histoires font souvent appel à des processus d'inférence assez complexes.

Au lieu de bouder les recueils d'histoires drôles et de devinettes, pourquoi ne profiterions-nous pas de cet intérêt pour développer chez les enfants des habiletés en lecture ? Pourquoi ne finirions-nous pas la journée par la lecture d'une histoire drôle ou d'une devinette pour que les élèves quittent la classe en riant ?

LES JOURNAUX

Le journal quotidien est depuis longtemps une ressource exploitée en classe. Plusieurs raisons militent en faveur de l'introduction du journal en classe. D'abord, le journal complète et met à jour l'information que contiennent les manuels ; par la lecture du journal, les élèves sont mieux informés, ce qui contribue à en faire de meilleurs citoyens. Ensuite, le journal est motivant pour les élèves ; il peut les conduire à explorer des activités stimulantes, comme créer leur propre journal. Enfin, une dernière raison qu'on oublie souvent : le journal étant omniprésent dans la vie quotidienne, il est pertinent que les élèves apprennent à le manipuler à l'école.

L'exploitation du journal en classe vous amènera à aborder avec les élèves le vocabulaire relié au monde de la presse écrite. Le tableau 4.1 fournit une liste des principaux termes utiles pour initier les élèves à la presse écrite.

LES SUPPORTS ÉLECTRONIQUES ET VIRTUELS

Les supports électroniques et virtuels qui contiennent des textes sont très variés : on peut penser aux cédéroms, aux logiciels, aux sites Internet, à la messagerie électronique (courriel). Ces supports apporteront une contribution considérable dans l'élaboration des projets que les élèves réaliseront en classe. Un des avantages des supports électroniques est qu'ils donnent accès à des documents combinant éléments textuels et éléments multimédias — images fixes ou animées, images vidéo, son — auxquels s'ajoutent des hyperliens conduisant à d'autres sources d'information. Par exemple, dans le cadre d'un projet, les élèves peuvent visiter un musée virtuel ou une galerie d'art, imprimer la reproduction d'un tableau, consulter la biographie d'un peintre, etc. Un autre avantage des supports électroniques est que les élèves ont accès à des informations récentes. La plupart des sites sont créés par des adultes, mais bon nombre sont constitués de travaux que des élèves ont réalisés sur différents thèmes ; ces sites sont souvent les préférés des élèves.

Étant donné l'évolution rapide de la technologie, vous apprendrez probablement en même temps que vos élèves comment exploiter les ressources informatiques. C'est un bon moment pour montrer à vos élèves combien il est important et intéressant d'apprendre les uns des autres (Leu, 2002).

Le format

Grand format. Format habituel du quotidien, c'est actuellement le format le plus courant des quotidiens québécois (par exemple, *Le Soleil*, *La Presse* et *Le Nouvelliste*). Les journaux de grand format sont souvent associés à une certaine presse plus documentée.

Format tabloïd. Petit format de quotidien ou de périodique (par exemple, *Le Journal de Québec* et *Le Droit* [Ottawa]). Le format tabloïd équivaut à la moitié du grand format. Les tabloïds sont souvent associés à une certaine presse populaire qui met l'accent sur les faits divers.

La mise en pages

Amorce. Début, à la une, d'un article dont la suite se trouve à l'intérieur du journal.

Bandeau. Titre placé au-dessus de la manchette d'un journal.

Chapeau. Court texte placé sous le titre qui surmonte un article et qui contient l'information essentielle, comme un résumé. Les lecteurs pressés peuvent se contenter de lire les chapeaux pour connaître l'essentiel des nouvelles, mais ils pourront difficilement en saisir les tenants et les aboutissants.

Gros titre. Titre en gros caractères placé au-dessus d'un article.

Intertitre. Titre secondaire annonçant une partie ou un paragraphe d'un article. Il vise à attirer l'attention du lecteur, à piquer sa curiosité.

Légende (ou bas de vignette). Texte court qui accompagne une photo, un dessin, un graphique et qui l'explique.

Manchette. Titre très large et en gros caractères en tête de la première page du journal. Il annonce la plus importante nouvelle du journal.

Sous-titre. Titre qui vient après le titre principal d'un article et qui le complète.

Surtitre. Titre complémentaire placé au-dessus du titre principal d'un article.

Une (la). Première page du journal. On y trouve la manchette, le plus souvent accompagnée d'une photo qui vise à attirer l'attention des lecteurs, et des amorces. Certaines informations y apparaissent de manière synthétique, avec des renvois aux rubriques du journal pour plus de détails.

Les rubriques

Brève. Court article d'information non titré, qui livre en quelques phrases une information de dernière heure ou peu importante. Une brève apparaît habituellement dans une colonne, avec d'autres brèves. Lorsque la brève est titrée, on l'appelle *filet*.

Chronique. Article publié sur un thème précis. Commentaire libre sur l'actualité revenant à intervalles réguliers, signé par un collaborateur du journal, en général connu.

Critique. Article portant un jugement sur une œuvre littéraire ou artistique, un spectacle, une émission.

Éditorial. Article consistant en une prise de position sur un sujet d'actualité et engageant la responsabilité morale de la direction et des propriétaires du journal.

Faits divers. Rubrique de presse faisant état des événements du jour (en ce qui a trait aux accidents, aux délits, aux crimes) sans lien entre eux et sans portée générale. On appelle souvent cette rubrique la *rubrique des chiens écrasés*.

LES GENRES DE TEXTES

Depuis plusieurs années déjà, le milieu scolaire est sensibilisé à l'importance de faire lire aux élèves des types variés de textes. Traditionnellement, seuls des textes narratifs faisaient partie des manuels de lecture. Aujourd'hui, la plupart des manuels contiennent, théoriquement du moins, divers genres de textes en proportion équilibrée. On peut se fonder sur différents critères pour définir ou catégoriser les textes, les principaux étant les fonctions de la lecture et l'intention de l'auteur.

LES TEXTES DÉFINIS SELON LA FONCTION DE LA LECTURE

Un des critères auxquels on se réfère pour définir un texte tient compte des deux fonctions fondamentales de la lecture : la fonction utilitaire et la fonction esthétique. Dans le milieu scolaire, on parlera, selon la fonction associée aux textes, de textes courants et de textes littéraires. Cette catégorisation place d'un côté les textes qui visent un objectif d'ordre fonctionnel, comme s'informer ou réaliser une tâche, et de l'autre, les textes qui ont été écrits pour le plaisir du lecteur, c'est-à-dire les textes de fiction ou la poésie. De Koninck (1998, p. 57) oppose ainsi texte littéraire et texte courant :

> *Le texte littéraire peut se permettre des fantaisies, laisser libre cours à la fiction, adopter une écriture sans restriction, par exemple des poèmes sans ponctuation, des romans sans paragraphes. Son but est de partager un univers imaginaire. Le texte courant se doit d'être clair, de satisfaire le désir de s'informer du lecteur. Il doit respecter les règles habituelles de l'écriture pour être accessible et compréhensible.*

LES TEXTES DÉFINIS SELON L'INTENTION DE L'AUTEUR

L'intention de l'auteur est un concept de mieux en mieux cerné et accepté par les enseignants. On reconnaît habituellement que l'auteur peut vouloir persuader, informer ou distraire le lecteur. C'est dans cette optique qu'on parlera de textes informatifs, persuasifs, incitatifs ou injonctifs. En général, une des trois intentions suivantes anime l'auteur :

1) l'auteur veut agir sur les émotions du lecteur ; il écrira alors des textes expressifs, comme des poèmes, ou narratifs, comme des contes ou des nouvelles ;

2) l'auteur veut agir sur les comportements du lecteur ; il écrira alors des textes directifs, tels que des marches à suivre, des consignes de jeux, des modes d'emploi, des énoncés de pro-

blèmes ou des recettes. Ou encore, il écrira des textes persuasifs, comme des conseils de prudence ou des textes pour une
campagne antitabac ;

3) l'auteur veut agir sur les connaissances du lecteur ; il écrira alors
des textes informatifs, comme des monographies, des articles de
revue, des comptes rendus ou des articles d'encyclopédie.

LA STRUCTURE DES TEXTES

La structure du texte correspond à la manière dont les idées sont organisées dans un texte. C'est pour mieux faire comprendre leurs idées que les
auteurs organisent leurs textes de façon que les liens entre les idées secondaires et les idées principales soient clairs. La structure d'un texte est donc
étroitement liée à l'intention de l'auteur. Une fois que les élèves ont compris cela, ils peuvent utiliser la structure du texte d'une façon logique
plutôt que mécanique. Si les élèves cernent le but de l'auteur, ils peuvent
se représenter la façon dont le texte devrait être organisé (Buss et
Karnowski, 2002). Nous verrons dans cette section la structure particulière des textes narratifs, des textes informatifs et des textes directifs.

LA STRUCTURE DES TEXTES NARRATIFS

Des chercheurs ont découvert que, dans notre civilisation, les récits
étaient bâtis selon le même modèle ou le même schéma : en effet, les
récits s'articulent tous autour de l'idée qu'un personnage fait face à un
problème qu'il veut résoudre ou poursuit un but qu'il veut atteindre. En
règle générale, le schéma du récit comporte six éléments :

1) la *situation de départ* ou *situation initiale,* qui correspond à la
situation, habituellement stable, dans laquelle se trouvent les
personnages avant de faire face à la crise. Les personnages sont
décrits et situés dans le temps et l'espace. Dans les contes, la
situation initiale est souvent introduite par la formule « Il était
une fois... » ;

2) l'*élément déclencheur,* qui correspond à l'événement qui vient
bouleverser la stabilité de départ. Un problème ou une difficulté apparaît, qui engendre une crise et va pousser le personnage principal à agir. L'événement déclencheur est souvent
introduit par un adverbe (soudain, brusquement, etc.) ou un
indicateur de temps (ce jour-là, un jour, etc.) ;

3) les *péripéties,* qui correspondent aux efforts et aux actions du personnage principal en vue de résoudre le problème, de trouver un nouvel équilibre. Le héros avance vers la résolution de la crise, en rencontrant divers obstacles ;

4) le *dénouement,* qui correspond au résultat, heureux ou malheureux, des actions du personnage principal en vue de résoudre le problème. Le personnage s'est sorti de la crise, le problème est résolu et une nouvelle période stable s'ouvre ;

5) la *situation finale,* qui montre les personnages dans le nouvel ordre des choses. L'histoire est terminée. Une nouvelle situation stable a été créée, différente de la situation initiale. C'est ce qu'indiquent des phrases comme : « Ils se marièrent et eurent beaucoup d'enfants » ou « Et depuis ce temps, tous les rhinocéros ont la peau qui plisse ». Le récit se termine aussi parfois par une morale explicitement formulée.

La plupart des éléments du schéma narratif décrits ci-dessus sont présents dans un récit, mais il arrive que certains n'apparaissent pas ou qu'ils soient peu développés. Par exemple, le temps ou le lieu, qui sont moins importants dans certains récits, peuvent être imprécis. Il en est de même de la situation finale ou de la morale, qui ne sont pas toujours explicitées. Pour mieux cerner les différentes composantes du récit, examinez l'analyse présentée au tableau 4.2. Il est à remarquer que cette histoire ne contient qu'un épisode. Cependant, bon nombre d'histoires sont composées de plusieurs épisodes qui mènent au dénouement de l'intrigue. Dans ces récits, à chaque épisode correspondent une action du personnage (ou des personnages) pour résoudre le problème et le résultat de cette action. L'histoire bien connue de *Boucle d'or et les trois ours* est un exemple de récit comportant plusieurs épisodes.

Nous avons dit que l'élément déclencheur et le désir du personnage d'atteindre un but ou de résoudre un problème constituent le cœur des histoires. Cela explique comment les histoires sont composées, mais cela n'explique pas pourquoi les enfants aiment mieux telle histoire que telle autre. Il faut ajouter à cette description du récit que le but poursuivi par le héros doit être un but important, ou que le personnage doit faire face à une conséquence significative. Par exemple, le fait d'aller à l'épicerie est sans conséquence par rapport à l'action de fuir pour éviter un danger. Certains auteurs ont comparé l'intérêt d'élèves de maternelle, de première année et de deuxième année pour des histoires comprenant un suspense

	Le vieillard et ses trois petits-fils*
La situation de départ	Un vieillard avait trois petits-fils. C'étaient des jeunes gens qui ne s'entendaient pas. Ils se querellaient souvent. Leur grand-père s'attristait de leur désaccord.
L'élément déclencheur	Un jour, il leur dit : « Voyez ces trois bâtons attachés ensemble par une corde solide. Je parie que vous ne pourrez pas les casser. »
Les péripéties	Les petits-fils se mettent à rire : « Voyons, grand-père, tu te moques de nous. Tu sais bien que nous sommes les plus forts du village. – Eh bien ! Essayez ! » L'un après l'autre, ils prennent les bâtons. Ils essaient de les casser, grâce à la force de leurs poignets. Les bâtons résistent. Alors, ils les plient sur leurs genoux. Ils se fatiguent inutilement. Ils ne réussissent pas à les briser.
Le dénouement	Le vieillard rit à son tour. Il leur dit : « Vous êtes beaucoup plus forts que moi. Moi, je suis affaibli par l'âge. Eh bien ! je vais briser ces bâtons. – Ce n'est pas possible ! – Voyez ! » Le vieillard dénoue la corde et casse facilement les bâtons l'un après l'autre. Puis, il dit à ses petits-fils : « Comme ces bâtons, si vous vous séparez, vos ennemis vous briseront. Si vous restez unis, personne ne pourra vous vaincre. »
La situation finale	Les jeunes gens comprennent la leçon. Désormais, ils ne se disputent plus. Ils restent en bon accord et tout le monde les respecte.

* Adaptation de la fable *Le vieillard et ses enfants* de Jean de La Fontaine.

et pour des histoires où se déroulent des actions quotidiennes. Les élèves de deuxième année préfèrent les histoires ayant un suspense, les élèves de maternelle et de première année sont moins constants dans leurs préférences, mais tous choisissent de se faire relire l'histoire comportant un suspense (Jose et Brewer, 1990).

LA STRUCTURE DES TEXTES INFORMATIFS

Plusieurs auteurs ont proposé des classifications de textes informatifs, mais la classification la plus connue est certainement celle de Meyer (1985) qui répartit les textes informatifs selon les relations de base qui y sont contenues. Les textes sont ainsi classés selon qu'ils sont centrés sur : 1) la description ; 2) l'énumération ; 3) la séquence ; 4) la comparaison ; 5) la relation entre la cause et l'effet ; 6) la relation entre le problème et la solution.

La description. Dans un texte descriptif, l'auteur donne des informations sur un sujet en spécifiant certains attributs ou certaines caractéristiques. L'objet de la description est d'ordinaire présenté dans un premier temps, puis sont donnés des détails qui le caractérisent, notamment à propos de la couleur, de la forme, etc. (par exemple, un texte décrivant différentes caractéristiques de l'ours polaire).

L'énumération (ou la collection). Dans un texte centré sur l'énumération, l'auteur présente une liste d'éléments reliés entre eux par un point commun (par exemple, un texte portant sur les différents groupes alimentaires).

La séquence. Le texte construit selon une structure de type séquentiel présente les éléments en suivant leur ordre d'enchaînement temporel (par exemple, un texte qui décrit les étapes de la transformation du têtard en grenouille).

La comparaison. Les textes orientés vers la comparaison mettent en relief les ressemblances et les différences qui existent entre des objets, des êtres vivants, des situations ou des événements (par exemple, un texte qui compare le loup et le chien sous différents aspects).

La cause et l'effet. Dans un texte de type cause/effet, il est possible de dégager une relation causale entre les idées. Une idée est l'antécédent ou la cause et l'autre idée, la conséquence ou l'effet (par exemple, un texte traitant de l'effet de la pollution du fleuve Saint-Laurent sur la vie du béluga).

Le problème et la solution (la question et la réponse). La structure problème/solution ressemble à la structure cause/effet en ce sens que le problème est l'antécédent de la solution, mais cette structure comporte de plus un certain recouvrement entre le problème et la solution (par exemple, un texte proposant une ou des solutions possibles au décrochage scolaire).

Soulignons que, bien que l'idée de classification des textes informatifs selon leur structure soit utile dans l'enseignement, il est rare que les textes soient aussi tranchés, la plupart comportant une combinaison de structures.

LA STRUCTURE DES TEXTES DIRECTIFS

Les textes directifs sont des textes qui transmettent au lecteur une série de directives à suivre, comme une recette, les règles d'un jeu ou les étapes de réalisation d'un objet. Il existe relativement peu de recherches sur les textes directifs ; on peut toutefois relever quelques constantes : 1) une séquence temporelle marquée ; 2) des énoncés elliptiques ; 3) une marche à suivre implicite ; 4) des abréviations particulières ; 5) un résultat attendu souvent ambigu. Prenons l'exemple d'une recette pour illustrer ces caractéristiques (Marshall, 1984) :

Les délices de tante Sarah

2 cubes de chocolat

1/2 t. (125 mL) de beurre

1 t. (250 mL) de sucre

2 œufs

1/3 t. (80 mL) de farine tamisée

1/2 c. à thé (2,5 mL) de sel

1/2 c. à thé (2,5 mL) de vanille

1 t. (250 mL) de noix hachées

Faire fondre le chocolat et le beurre. Battre les œufs avec le sucre. Ajouter la farine, le sel et la vanille au mélange. Ajouter le chocolat fondu. Battre. Ajouter les noix. Verser dans un moule carré de 8 po (20 cm) graissé. Cuire au four à 350 °F (180 °C) pendant 30 à 35 minutes.

Une séquence temporelle marquée. Les ingrédients sont énumérés selon l'ordre de leur utilisation et les directives suivent l'ordre d'enchaînement des opérations. Cet ordre est assez rigide et ne pourrait être inversé (on ne peut faire cuire la préparation avant d'avoir mélangé les ingrédients).

Des énoncés elliptiques. Les phrases sont de style télégraphique. Par exemple, « ajouter les noix » signifie « ajouter les noix hachées à la préparation ».

Une marche à suivre implicite. Les étapes ne sont pas toutes indiquées : par exemple, les ingrédients « noix hachées » et « farine tamisée » supposent des opérations qu'on doit effectuer au préalable.

Des abréviations particulières. Le lecteur doit connaître la signification des différentes abréviations (comme « t. » et « c. à thé »).

Un résultat attendu souvent ambigu. Même si le lecteur suit toutes les étapes, il se peut qu'il ne soit pas certain du résultat. Dans l'exemple donné ici, la seule référence au produit attendu se trouve dans le titre, qui est par ailleurs très vague. On présume que le lecteur sait quel sera le produit final.

LA COMPLEXITÉ DES TEXTES

Qu'est-ce qu'un texte difficile? La complexité d'un texte dépend de plusieurs facteurs; certains sont liés au texte lui-même et d'autres, au lecteur qui aborde le texte. Un texte peut être difficile pour un élève, mais pas nécessairement pour un autre. Un contenu familier et des connaissances préalables sont des facteurs qui déterminent la difficulté du texte pour un lecteur donné.

LES INDICATEURS DE COMPLEXITÉ

Un texte peut être difficile parce qu'il présente des caractéristiques particulières. On peut, à la lumière de divers indicateurs, établir si un texte sera difficile à lire et à comprendre. Parmi ces indicateurs, mentionnons:

- [ ] la longueur du texte;
- [ ] le vocabulaire employé (abstrait/concret, connu/nouveau);
- [ ] la longueur des phrases (une phrase d'au plus 15 mots est une longueur recommandée pour un lecteur débutant; la phrase peut aller jusqu'à 20 ou 25 mots à la fin du primaire);
- [ ] la structure des phrases (nombre de propositions);
- [ ] la densité de l'information (le nombre de mots d'information par proposition);
- [ ] la structure du texte (la façon dont les idées sont organisées et regroupées);
- [ ] la cohérence et l'unité du texte;
- [ ] la difficulté intrinsèque du sujet;
- [ ] la capacité de l'auteur à tenir compte de l'auditoire;
- [ ] le degré de traitement du sujet (superficiel ou complet);
- [ ] le niveau de difficulté des transitions (explicites ou implicites).

LA DÉTERMINATION DU NIVEAU DE DIFFICULTÉ DES TEXTES

Historiquement, la première façon de déterminer le niveau de difficulté des textes a consisté à soumettre ces derniers à des «formules de lisibilité». Les formules de lisibilité sont des formules mathématiques qui prennent habituellement en compte la longueur des phrases et des mots, ainsi que la présence de mots peu usuels (Fry, 2002). Ces formules sont précises et objectives, mais elles ne mesurent qu'un nombre limité d'éléments et, surtout, elles ne sont pas applicables aux textes destinés aux lecteurs débutants parce qu'ils sont trop courts. Abandonnées pendant un temps, les formules de lisibilité ont été récemment réintroduites, intégrées dans les traitements de texte (pour une synthèse de la problématique de la lisibilité, voir Mesnager [2002]).

Pour pallier les limites des formules de lisibilité, des auteurs ont proposé la technique de *leveling*, qui consiste à situer un livre donné dans une échelle de difficulté. Concrètement, le livre à évaluer est comparé à des livres étalons qui représentent, chacun, un des niveaux de l'échelle (Rog et Burton, 2002). Cette méthode est moins objective que les formules de lisibilité, mais elle intègre des critères beaucoup plus nombreux. Vous trouverez, au chapitre 6, un exemple d'échelle pour les textes s'adressant à des lecteurs débutants.

LA DIFFICULTÉ DU TEXTE SELON LA SITUATION DU LECTEUR

Un lecteur peut trouver un texte plus ou moins facile. On range habituellement dans trois catégories la situation d'un lecteur face à un texte:

1. La situation d'indépendance. L'élève est en situation d'indépendance par rapport à un texte lorsqu'il peut lire et comprendre ce texte seul, sans aide.

2. La situation d'apprentissage. L'élève est en situation d'apprentissage par rapport à un texte lorsqu'il peut lire et comprendre ce texte, mais avec de l'aide.

3. La situation de frustration. L'élève est en situation de frustration par rapport à un texte lorsqu'il ne peut lire et comprendre ce texte, même avec de l'aide.

Il est important de comprendre que ces trois situations de lecture dépendent du texte à lire. Un lecteur peut donc se trouver dans l'une ou l'autre des trois situations selon le texte à lire. Ainsi, devant un texte particulièrement abstrait, même un adulte peut être en situation de frustration. Cette classification servira de cadre de référence en classe. Les textes par rapport auxquels l'élève est en situation d'indépendance seront utilisés dans les périodes de lecture libre, alors que l'objectif est le plaisir de lire plutôt que l'acquisition d'habiletés nouvelles. Il est bien certain, cependant, que si les élèves ne lisent que des textes qui sont faciles pour eux, leurs progrès seront assez lents. C'est pourquoi il faut introduire des livres qui lancent un défi aux élèves tout en restant accessibles, c'est-à-dire des textes adaptés au niveau qu'ils ont atteint en lecture. Ces textes seront introduits par une mise en situation, l'enseignant en guidera la lecture et ils seront discutés avec le groupe. Quant aux textes face auxquels l'élève est en situation de frustration, il vaut mieux les éviter, à moins que l'élève ne les choisisse lui-même parce qu'il s'intéresse énormément au sujet traité.

ENSEIGNER DES FAÇONS DE CHOISIR SES LIVRES

Lorsque c'est toujours l'enseignant qui choisit les textes, il n'est pas surprenant que certains élèves ne développent pas l'habileté à sélectionner des livres qui leur conviennent. Il faut donc apprendre aux élèves à choisir leurs livres en les initiant à certains critères de sélection. On commencera par faire prendre conscience aux élèves du fait que le choix d'un livre demande toujours un ajustement. Pour ce faire, on peut utiliser l'analogie de l'achat d'une paire de souliers (Cunningham et Cunningham, 1991). Lorsqu'une personne veut acheter des souliers, elle fait d'abord un choix d'après le style de souliers qu'elle désire, puis le vendeur mesure son pied et lui fait essayer différents souliers, sous son œil critique. Le vendeur pose des questions de vérification pour s'assurer que les souliers conviennent (« Sont-ils trop serrés ? Trop grands ? »). Parfois, de retour à la maison, la personne trouve que ses souliers ne sont pas tout à fait confortables : elle doit alors les assouplir ou aller les échanger. Cependant, il est plus probable que les souliers conviendront si la personne les a essayés plutôt que de les choisir en fonction de la pointure seulement.

Diverses techniques sont susceptibles d'aider les élèves à choisir des livres appropriés. Nous en décrivons trois ci-dessous : la technique des cinq mots, la technique des tris et, pour le choix de livres plus longs, la technique des sept étapes.

LA TECHNIQUE DES CINQ MOTS

Une façon simple pour les jeunes lecteurs de déterminer si le livre leur convient consiste à vérifier le nombre de mots qu'ils ne peuvent lire ou comprendre dans une page (le nombre de mots par page augmente avec l'âge des enfants à qui le livre s'adresse). La technique est connue sous le nom de « la main pleine de mots », car on demande à l'élève de placer un doigt sur chaque mot difficile : quand il y a cinq mots ou plus, c'est un indice que le livre ne sera pas facile à lire (Glazer, 1992).

LA TECHNIQUE DES TRIS

Pour enseigner aux élèves à choisir des livres à leur portée, on peut utiliser la technique des tris de livres ; on demande aux élèves de classer les livres selon trois catégories : les livres « trop faciles », les livres « juste comme il faut » et les livres « trop difficiles ». Cette classification correspond globalement aux trois situations de lecture (la situation d'indépendance, la situation d'apprentissage et la situation de frustration). Les élèves apprennent à juger du niveau de difficulté des livres en considérant des facteurs comme la difficulté des mots et des concepts, la fluidité de leur lecture orale et l'importance de l'aide nécessaire à la lecture du livre.

LA TECHNIQUE DES SEPT ÉTAPES

Pour le choix d'un roman, on peut appliquer une technique en sept étapes, qui permet de vérifier si l'histoire et le style de l'auteur nous intéressent. Le tableau 4.3 résume cette technique.

tableau 4.3	Le choix d'un livre selon la technique des sept étapes	
	Étape 1	Regarder le titre : « Le thème m'intéresse-t-il ? »
	Étape 2	Regarder les illustrations : « Qu'est-ce que m'indiquent les illustrations sur l'atmosphère du livre ? »
	Étape 3	Se questionner sur l'auteur : « Qu'est-ce que je connais de l'auteur ? Cet auteur m'a-t-il été recommandé par un de mes amis ? »
	Étape 4	Lire le résumé au dos du livre.
	Étape 5	Lire les deux ou trois premières pages.
	Étape 6	Lire une page au tiers du livre.
	Étape 7	Lire une page aux deux tiers du livre.

Source : Adapté de H.E. Ollmann, « Choosing literature wisely : Students speak out », *Journal of Reading*, vol. 36, n° 8, 1993, p. 648-653.

Pour présenter cette méthode aux élèves, vous devez, dans un premier temps, expliquer en quoi le titre, le nom de l'auteur, les illustrations, le résumé vous sont utiles pour vous faire une idée du ton du livre. Dans un deuxième temps, vous entreprenez de lire les deux ou trois premières pages du livre, puis une page au tiers du livre et une autre aux deux tiers ; parallèlement, vous faites remarquer aux élèves que cette lecture permet de déterminer la densité et la complexité du langage employé. Pour finir, il reste à décider, à la lumière des éléments mis en relief, si le livre nous plaît ou non et si on le lira. À mesure que vous ferez cette démonstration, il est possible que certains élèves soient de plus en plus intéressés à lire le livre, alors que d'autres le rejetteront. C'est le moment de rappeler que le choix des livres demeure une décision très personnelle (Ollmann, 1993).

CONCLUSION

*i*l est important d'offrir aux élèves des textes variés. Ceux-ci peuvent provenir de différentes sources comme les manuels scolaires, les documents ou la littérature pour la jeunesse ; ces sources se complètent. En plus d'être variés, les textes proposés aux élèves doivent être de qualité et présenter un niveau de difficulté approprié. Enfin, il ne faut pas oublier que des textes bien choisis contribuent non seulement à enrichir, chez les élèves, les stratégies de compréhension, mais aussi à renforcer leur motivation à lire.

PARTIE 3

L'ÉVOLUTION DU LECTEUR

5

CHAPITRE 5

L'ENFANT AVANT
SON ENTRÉE FORMELLE
DANS L'ÉCRIT

INTRODUCTION

*l*es dernières décennies ont vu apparaître une nouvelle conception des premières acquisitions en lecture et en écriture chez l'enfant d'âge préscolaire.
L'expression « émergence de la lecture et de l'écriture », ou, plus simplement,
« émergence de l'écrit » (*emergent reading*), est issue de cette nouvelle conception. La
notion d'émergence de l'écrit recouvre toutes les acquisitions en lecture et en écriture
(les connaissances, les habiletés et les attitudes) que l'enfant réalise, sans enseignement
formel, avant de lire de manière conventionnelle.

Dans ce chapitre, nous verrons comment les jeunes enfants commencent à s'intéresser à
la lecture, quelles hypothèses ils formulent relativement aux symboles écrits de leur
environnement et quel rôle joue le milieu dans leur découverte de l'écrit. Nous traiterons également des différentes façons d'observer et de faciliter l'émergence de la lecture
et de l'écriture chez les enfants des classes de maternelle.

L'ORIGINE DU CONCEPT D'ÉMERGENCE DE L'ÉCRIT

Deux sources d'information ont contribué à préciser comment se produi-
sent les premières appropriations de l'écrit chez l'enfant d'âge préscolaire.
La première est constituée des études dans le milieu naturel ; elle nous
renseigne sur le rôle de l'environnement familial et social dans l'émergence de la lecture (Sulzby et Teale, 1991 ; Yaden, Rowe et MacGillivray,
2000). La deuxième source d'information consiste dans les études réalisées par le biais d'entrevues avec de jeunes enfants : dans ces entrevues, le
chercheur place l'enfant devant des symboles écrits et discute avec lui de
ses différentes hypothèses (Ferreiro, 1990). Ces deux types d'études, qui
sont complémentaires, ont permis d'établir un portrait complet de la
période d'émergence de la lecture.

Les recherches sur l'émergence de l'écrit ont convergé vers certains points
sur lesquels s'entendent tous les chercheurs dans le domaine. Les énoncés
qui suivent résument les conclusions de ces recherches (Sulzby et Teale,
1991) :

☐ Dans une société où l'écrit est omniprésent, les enfants commencent à s'intéresser à la lecture et à l'écriture très tôt dans
leur vie.

Traditionnellement, on croyait que l'enfant commençait à
s'intéresser à l'écrit en arrivant en première année. On tenait
pour acquis qu'il entreprenait alors son apprentissage à partir

de zéro. Au cours des deux dernières décennies, les chercheurs ont accumulé des observations sur des enfants d'âge préscolaire et ont découvert que ceux-ci commençaient très tôt à s'intéresser à l'écrit. Nous avons tous à l'esprit certains comportements de ces jeunes enfants. Par exemple, qui n'a jamais rencontré des enfants de deux ou trois ans qui reconnaissent des mots de leur environnement, comme le nom des supermarchés, des restaurants, des produits familiers ? Qui n'a pas déjà vu un enfant de trois ou quatre ans « faire semblant » de lire un livre que ses parents lui ont lu à plusieurs reprises ?

☐ L'émergence de l'écrit est favorisée par les situations réelles dans lesquelles la lecture et l'écriture servent à combler un besoin. L'utilité de la lecture fait donc partie de l'apprentissage.

L'émergence de l'écrit est intimement liée aux situations de la vie courante. La très grande majorité des expériences des jeunes enfants avec l'écrit s'inscrivent dans des activités dans lesquelles l'adulte utilise l'écrit pour répondre à des besoins réels. Les enfants acquièrent des connaissances en lecture en participant avec leurs parents à des activités comme écrire la liste des ingrédients nécessaires pour préparer un mets, consulter un menu ou lire les étiquettes sur les cadeaux de Noël. Les enfants apprennent donc à quoi sert la lecture avant de savoir lire eux-mêmes.

☐ La présence de personnes qui lisent et écrivent dans l'environnement de l'enfant joue un rôle primordial dans l'émergence de l'écrit. Les interactions sociales avec les parents (ou des personnes qui savent lire), dans des activités qui intègrent la lecture, sont également très importantes.

Pour que l'enfant s'intéresse à l'écrit, il faut, bien sûr, la présence de modèles de lecteurs dans l'environnement, mais il faut surtout que ces personnes interagissent avec l'enfant. Si vous observez un adulte et un enfant d'âge préscolaire dans une activité intégrant l'écrit, vous constaterez facilement que les interactions langagières jouent un rôle important.

☐ Chez le jeune enfant, la lecture et l'écriture se renforcent l'une l'autre et se développent simultanément plutôt que de façon séquentielle.

Traditionnellement, on avait tendance à croire que l'écriture devait être enseignée après la lecture : l'argument était que l'enfant devait déjà fournir assez d'efforts pour apprendre à lire et qu'il était donc préférable d'attendre que les débuts en lecture soient bien effectués avant de le lancer dans l'écriture. L'observation des jeunes enfants nous oblige à remettre en question cette position : en général, on constate que les enfants d'âge préscolaire s'intéressent à l'écriture avant de s'intéresser à la lecture, ou du moins en même temps. Dans tous les pays, on a remarqué que les jeunes enfants ont une propension à écrire lorsqu'on leur fournit le matériel approprié.

☐ Se faire lire des histoires joue un rôle crucial dans l'émergence de la lecture chez les enfants.

Faire la lecture aux enfants d'âge préscolaire est une pratique qui s'appuie sur une longue tradition en recherche. Depuis de nombreuses années, nous savons en effet que cette activité développe chez les enfants le vocabulaire, les connaissances relatives aux caractéristiques du langage écrit (la structure des phrases, la structure du récit, etc.) et l'intérêt pour la lecture (Penno, Wilkinson et Moore, 2002). Les études corrélatives montrent que les enfants à qui les parents ont fait régulièrement la lecture durant leurs années préscolaires se trouvent parmi ceux qui ont le plus de chances de réussir leur apprentissage de la lecture (Adams, 1991). En fait, l'écoute fréquente de textes en bas âge semble avoir sur l'apprentissage de la lecture un effet comparable à l'effet qu'a le bain linguistique sur le développement du langage oral.

Les enfants réalisent plusieurs apprentissages en écoutant des histoires :

- Ils découvrent d'abord le plaisir de la lecture. Faites l'expérience suivante : fermez les yeux et essayez de visualiser une scène dans laquelle un parent fait la lecture à son enfant. Vous avez sans doute eu tout de suite dans la tête l'image d'une situation chaleureuse et intime. Effectivement, ce premier contact avec les livres est associé par les enfants au plaisir de lire.

- Ils se familiarisent avec le schéma narratif. Ils apprennent que les histoires ont un commencement, un milieu et une fin. Ils acquièrent des connaissances sur la façon dont se comportent, dans les histoires, des personnages comme les princesses, les loups ou les sorcières. Voici, à ce propos, une anecdote très révélatrice. Une enseignante racontait l'histoire d'un lion qui était trop vieux pour chasser et qui en était réduit à devoir attirer ses proies dans sa caverne. Il avait déjà mangé une poule naïve et un chien quand un renard se présenta sur son chemin. Un enfant de cinq ans s'exclame alors : « Gageons que le lion n'attrapera pas le renard. » L'enseignante lui demande : « Comment le sais-tu ? » Et l'enfant de répondre : « Les renards sont toujours les plus rusés dans les histoires, on ne les attrape jamais. » Cette connaissance particulière, qui lui a permis de prévoir la fin de l'histoire, l'enfant l'avait évidemment acquise dans des lectures précédentes.

- Ils apprennent des concepts reliés à l'écrit. Ils apprennent que le texte est porteur de sens, qu'il est stable et qu'il peut être relu de la même manière, que l'écriture est lue dans une certaine direction et que les mots à l'oral correspondent à des mots écrits.

- Ils apprennent que le langage des livres est différent de celui qu'ils utilisent à l'oral, ils développent une « oreille » pour la langue écrite. Ils apprennent de nouvelles structures de langage. Une structure comme : « Mais Pierrot, dit maman », est improbable à l'oral ; c'est en écoutant des histoires que les enfants entendront de nouvelles structures de phrase qui les prépareront à leurs futures lectures. En écoutant lire des histoires, les enfants enrichissent également leur vocabulaire : vous entendrez souvent des enfants reprendre à l'oral des expressions et des tournures de phrases apprises grâce à la lecture faite par l'adulte.

☐ L'enfant fait ses propres hypothèses sur le fonctionnement de la lecture et de l'écriture et il passe par différents stades dans l'affinement de ces hypothèses.

Une des principales découvertes des recherches portant sur l'émergence de l'écrit a été la constatation que l'enfant fait des hypothèses sur le fonctionnement de l'écrit de la même façon qu'il fait des hypothèses sur tout ce qui l'entoure. Face à l'écrit, l'enfant doit résoudre des problèmes logiques : les réponses ne lui sont pas simplement fournies par l'environnement (Ferreiro, 1990).

L'ÉMERGENCE DE LA LECTURE ET LES INTERVENTIONS À LA MATERNELLE

La diversité est ce qui caractérise le mieux les enfants de la maternelle. Les enfants de cinq ans en sont à des niveaux très différents dans l'émergence de la lecture. Plusieurs ont déjà eu des contacts fréquents et diversifiés avec l'écrit dans leur milieu familial. D'autres ont rarement été placés devant l'écrit ; par exemple, plusieurs enfants arrivent à l'école sans jamais avoir vécu l'expérience de se faire lire des histoires. Ainsi, dans l'échantillon d'une étude, les chercheurs ont trouvé un enfant, Jonathan, à qui les parents avaient lu plus de 6 000 histoires avant son entrée à l'école et une autre, Rosie, à qui personne n'avait jamais lu un seul livre (Adams, 1991). Il est facile d'imaginer la différence de comportement en classe entre ces deux enfants.

Il n'y a pas de programme de lecture préétabli à la maternelle, ce qui permet de tenir compte plus facilement des différences individuelles. Pour suivre l'évolution de l'émergence de la lecture chez les enfants de votre classe, vous disposerez d'un outil puissant : l'observation dans des situations quotidiennes. Cependant, pour que l'observation soit utile, vous devez avoir en tête les indices de l'évolution que vous pouvez attendre des enfants durant la période d'émergence de la lecture. Nous présentons, dans la suite du chapitre, l'ensemble des comportements caractéristiques de cette période d'émergence, des grilles d'observation ainsi que des suggestions d'interventions pédagogiques. Plus précisément, nous nous intéresserons aux aspects suivants : 1) découvrir les fonctions de la lecture ; 2) se familiariser avec les caractéristiques du langage écrit ; 3) établir des relations entre l'oral et l'écrit ; 4) maîtriser le mode de lecture gauche-droite ; 5) acquérir les concepts reliés à l'écrit ; 6) se sensibiliser à l'aspect sonore de la langue ; 7) se familiariser avec l'écriture.

DÉCOUVRIR LES FONCTIONS DE LA LECTURE

Avant son entrée formelle dans l'écrit, l'enfant commence à découvrir à quoi sert la lecture, pourquoi il sera intéressant pour lui d'apprendre à lire. Plusieurs études ont montré que la conception que les enfants ont de la lecture à la maternelle est un des meilleurs indices de prédiction de la réussite en lecture à la fin de la première année (Purcell-Gates et Dahl, 1991).

Ainsi, dans une étude menée auprès d'enfants de cinq ans, des chercheurs ont posé les questions suivantes : « Veux-tu apprendre à lire ? » et « Est-ce que c'est bien d'apprendre à lire ? » Tous les enfants ont répondu affirmativement. Cependant, lorsqu'on a demandé à ces mêmes enfants : « Pourquoi veux-tu apprendre à lire ? » et « À quoi sert la lecture, penses-tu ? », les réponses ont été très différentes. Certains enfants ont donné des réponses qui révélaient une certaine connaissance des principales fonctions de la lecture (faire rêver, distraire, informer, communiquer, etc.). D'autres enfants ont eu du mal à préciser les bénéfices et les finalités de la lecture ; ils ont apporté soit des arguments orientés vers les contraintes (pour faire plaisir à la maîtresse, pour faire ses devoirs), soit carrément des justifications circulaires (pour écrire, pour savoir ses lettres, pour apprendre à lire). Les résultats de l'étude ont révélé que 80 % des enfants qui se situaient dans le premier groupe ont réussi par la suite sans problème à apprendre à lire, tandis que la majorité des enfants qui n'avaient pas une conception claire des fonctions de l'écrit ont éprouvé des difficultés dans leur apprentissage de la lecture (Chauveau et Rogovas-Chauveau, 1993).

L'OBSERVATION

La conception qu'a l'enfant de la lecture peut s'observer à travers ses attitudes dans les activités qui intègrent l'écrit. Si vous voulez interroger plus directement l'enfant, vous pouvez vous servir d'une page sur laquelle figurent des mots et lui poser des questions telles que : Y a-t-il quelque chose sur la page ? Qu'est-ce que c'est, penses-tu ? À quoi cela peut-il servir, d'après toi ? Ou encore, vous pouvez demander à l'enfant : Veux-tu apprendre à lire ? Pourquoi veux-tu apprendre à lire ? La grille présentée au tableau 5.1 vous permettra de situer les réponses de l'enfant.

tableau 5.1 Grille d'observation de la conception des fonctions de la lecture

Niveau 1	Rien n'indique que l'enfant ait une idée des fonctions de la lecture.
Niveau 2	L'enfant considère l'écrit comme un objet appartenant à l'école, au même titre que les pupitres ou les chaises : « Les lettres, c'est pour l'école, pour le professeur, pour apprendre à l'école. »
Niveau 3	L'enfant a une vue fonctionnelle limitée à l'aspect personnel : « Les lettres servent à écrire notre nom. »
Niveau 4	L'enfant a une vue fonctionnelle plus large, mais encore limitée à l'étiquetage, aux signes ou marques sur les objets de l'environnement : « C'est pour des jeux, des jouets. »
Niveau 5	L'enfant conçoit l'écrit en tant que porteur de sens. Il donne divers exemples d'utilisation de l'écrit, comme écrire une lettre à quelqu'un, donner des directives, s'informer.

Source : Adapté de V. Purcell-Gates, « On the outside looking in : A study of remedial readers' meaning-making while reading literature », *Journal of Reading Behavior*, vol. 23, n° 2, 1991, p. 235-255.

LES INTERVENTIONS PÉDAGOGIQUES

Pour que les enfants découvrent les fonctions de la lecture, il faut tout d'abord que l'écrit soit présent dans la classe. Il existe des classes où l'écrit est limité au calendrier et à quelques affiches. C'est que, étant donné que les enfants ne savent pas encore lire, les enseignants se disent qu'il est inutile d'exposer de l'écrit dans la classe. Pourtant, on ne penserait pas à ne pas parler à un jeune enfant sous prétexte qu'il ne sait pas encore parler. Il est possible de créer un environnement physique qui favorise l'émergence de la lecture et de l'écriture sans pour autant couvrir les murs d'écrits ; il s'agira plutôt d'intégrer l'écrit de façon naturelle dans la classe.

Dans une classe de maternelle, le matériel écrit devrait présenter les caractéristiques suivantes :

☐ il est facilement accessible (il n'est pas caché ni placé trop haut) ;

☐ il est conçu pour être utilisé par les enfants (il ne sert pas de décoration) ;

☐ il contient des phrases complètes (il n'est pas limité à des listes de mots) ;

☐ il reflète le langage des enfants (il n'est pas constitué d'exercices de copie) ;

☐ il varie selon l'évolution des enfants (il n'est pas installé en permanence).

Dans votre classe, les enfants seront éveillés au plaisir d'une histoire ainsi qu'à la dimension utilitaire de la lecture. Il faut amener les enfants de la maternelle à prendre conscience du fait que la lecture a différentes fonctions et qu'il existe une variété de supports (pour des exemples détaillés d'activités, voir Girard [1989, 1992] et Tremblay et Passillé [1990]). Nous présentons ci-dessous trois façons d'initier les enfants à la fonction utilitaire de la lecture : la première fait intervenir le prénom écrit, la deuxième fait appel au message du matin et la troisième, aux jeux symboliques.

Reconnaître et écrire son prénom

La lecture et l'écriture du prénom constituent un des premiers contacts avec la lecture utilitaire à la maternelle. Les enfants ont besoin de reconnaître leur prénom pour nombre de raisons et il est facile de leur expliquer l'importance de reconnaître également les prénoms de leurs amis. Par exemple, le prénom peut être employé pour le choix des activités, la désignation des travaux ou l'étiquetage des objets personnels.

Pour exercer les enfants à reconnaître les prénoms, vous pouvez fabriquer un album avec les photos de chacun des enfants de la classe. Sous chaque photo, vous fixerez une pochette destinée à recevoir une étiquette portant le prénom de l'enfant. Les enfants pourront jouer à sortir les étiquettes des pochettes et à essayer de les replacer au bon endroit.

Le message du matin

Une autre façon d'initier les enfants à la lecture consiste, pour l'enseignant, à écrire un message au tableau, chaque matin, à l'intention des enfants. Le message peut être de différents ordres, par exemple : « Ce matin, nous aurons la visite des grands de cinquième année », « Aujourd'hui, c'est l'anniversaire de Maxime ». Le message est deviné, analysé, vérifié par les enfants avec l'aide de l'enseignant. Cette activité, si simple en apparence, est très riche : en plus de mettre l'accent sur l'utilité de la lecture, elle permet d'établir un lien entre l'oral et l'écrit, de familiariser les élèves avec les concepts de « lettre » et de « mot », de les amener à se référer au contexte pour faire des hypothèses sur les mots nouveaux. Une enseignante raconte qu'elle commence toujours son message du matin par « Bonjour les enfants » et le termine par sa signature ; cette régularité dans le message permet aux enfants d'en anticiper plus facilement la forme (Thériault, 1995).

Les jeux symboliques

Les jeux symboliques mettent également les enfants dans des situations concrètes de lecture. Le jeu occupe une place importante dans le développement de l'enfant. Le jeu symbolique est la forme de jeu par excellence pour l'enfant de cinq ans : il joue à faire semblant, il construit une ville avec des cubes, il joue au pompier, à la maman, etc. Les jeux symboliques favorisent de façon naturelle l'émergence de la lecture et de l'écriture. Par exemple, l'enfant qui joue à l'épicerie et qui identifie les boîtes de conserve par leurs étiquettes s'initie à l'écrit.

Dans la classe, on peut aménager certains coins qu'on dotera d'un riche matériel propre à encourager des comportements d'émergence de la lecture. Comment choisir le matériel pertinent ? Pour guider ce choix, les trois questions suivantes sont utiles (Thériault, 1995) :

☐ Quels sont les personnages susceptibles d'être joués dans ce coin ?

☐ Quelles sont les actions attendues de ces personnages ?

☐ De quel matériel le personnage a-t-il besoin pour accomplir chacune de ces actions ?

Illustrons la démarche avec le coin du restaurant. Dans un premier temps, il faut dresser la liste des personnages susceptibles de se trouver dans un restaurant. Au moins trois personnages figureront dans cette liste, à savoir le client, le serveur et le cuisinier. La deuxième étape consiste à se demander quelles sont les actions que font habituellement ces personnages. Prenons le serveur à titre d'exemple : son rôle est d'accueillir les clients, de leur remettre un menu, de noter leur commande, de leur servir le repas, de leur apporter l'addition et de leur rendre la monnaie s'il y a lieu. La troisième étape de la démarche consistera à déterminer le matériel nécessaire pour chacune de ces actions. Ainsi, pour accueillir les clients, le serveur doit disposer d'une table et de chaises ; il a aussi besoin d'un menu à remettre aux clients ; pour noter les commandes, il lui faut un crayon et un calepin ; pour servir le repas, il a besoin de vaisselle et d'aliments ; pour faire payer le repas, il doit avoir un carnet de factures et de la monnaie. Cette manière de procéder vous assurera que votre coin contient tout le matériel nécessaire pour permettre aux enfants d'intégrer de façon naturelle la lecture et l'écriture dans leurs jeux symboliques.

Diverses thématiques peuvent servir à la création de coins : bureau de poste, bibliothèque, cuisine, restaurant, banque, épicerie, cabinet de médecin, etc. La seule contrainte est que les aires doivent correspondre à des situations connues : par exemple, l'agence de voyages peut être connue dans certains milieux, mais il y a beaucoup plus de chances que l'épicerie soit connue de tous les enfants. Les coins sont créés successivement ; après quelques semaines, un coin donné est transformé en un autre coin. Les coins enrichis seront isolés des ateliers plus bruyants et ils seront délimités clairement, car les enfants jouent mieux dans des aires plus intimes. La figure 5.1 illustre l'aménagement d'une classe où les coins de jeux symboliques répondent à ces critères.

Quel sera votre rôle dans les aires de jeux symboliques ? Vous pouvez avoir un rôle actif lorsque le jeu des enfants s'essouffle : vous pouvez intervenir de l'extérieur en suggérant quelque chose qui relancera l'activité (par exemple, au coin-épicerie, proposer que les clients fassent une liste des produits à acheter) ou intervenir de l'intérieur en entrant dans le groupe et en incarnant temporairement un des personnages (à ce moment, vous pouvez, par exemple, imiter le comportement du client qui se fait une liste). Ces interventions doivent être limitées et n'auront lieu que si le jeu est dans une impasse ou s'il y a une occasion véritable d'enrichissement (pour une description détaillée de l'utilisation des jeux symboliques pour l'émergence de la lecture, vous auriez avantage à consulter l'ouvrage de Thériault [1995]).

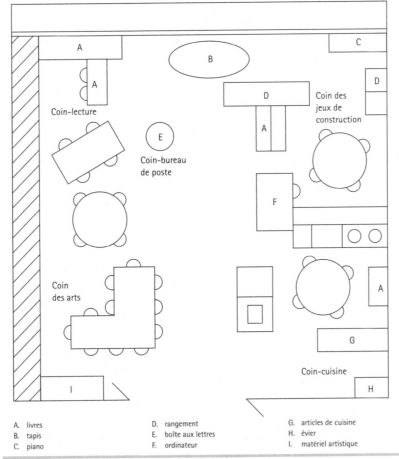

A. livres	D. rangement	G. articles de cuisine
B. tapis	E. boîte aux lettres	H. évier
C. piano	F. ordinateur	I. matériel artistique

Source : Adapté de S.B. Neuman et K. Roskos, « The influence of literacy-enriched play settings on preschoolers' engagement with written language », dans J. Zutell et autres (dir.), *Literacy and Research : Analyses From Multiple Paradigms,* Chicago, National Reading Conference, 1990, p. 179-189.

SE FAMILIARISER AVEC LES CARACTÉRISTIQUES DU LANGAGE ÉCRIT

L'enfant d'âge préscolaire doit découvrir graduellement que le style de l'écrit diffère du style parlé. Cet acquis constituera un apport fondamental pour son apprentissage de la lecture.

L'OBSERVATION

L'enfant qui commence à assimiler les caractéristiques du langage écrit les reproduit dans son comportement lorsqu'il prend un livre et fait semblant de le lire. D'ailleurs, les adultes sont souvent étonnés d'entendre un jeune enfant réciter presque intégralement le texte d'un livre en y mettant l'intonation appropriée. Ce comportement s'observe lorsque l'enfant relit spontanément (pour lui-même ou pour un ami) un livre qui lui a été lu par l'adulte à plusieurs reprises. Vous pouvez également susciter ce comportement si vous demandez à l'enfant de vous lire un livre en faisant «comme s'il savait lire» ou comme s'il le lisait à un enfant plus jeune. La grille présentée au tableau 5.2 permet de situer l'enfant sur une échelle allant d'une connaissance minimale des caractéristiques de l'écrit à une très bonne connaissance.

tableau 5.2 Grille d'observation des comportements reliés à la connaissance des caractéristiques de l'écrit

Niveau 1	L'enfant nomme les personnes ou les objets illustrés, mais sans raconter d'histoire. Il semble considérer les pages comme étant indépendantes les unes des autres (par exemple : « Ici, il y a un chat, là, une maison. »).
Niveau 2	L'enfant s'inspire des illustrations pour raconter une histoire. Lorsqu'on l'écoute, on a l'impression qu'il *raconte* une histoire et non pas qu'il *lit* une histoire (par exemple : « C'est un petit garçon, il va à l'école, ensuite il revient à la maison. »).
Niveau 3	Le comportement se situe entre le niveau 2 et le niveau 4.
Niveau 4	L'enfant s'inspire des illustrations, mais il donne l'impression de vraiment lire l'histoire. Il utilise le vocabulaire, le style et le ton habituel de la lecture (par exemple : « Il était une fois une méchante sorcière qui vivait dans un pays lointain. »).
Niveau 5	L'enfant lit le texte et non les illustrations.

Source : Adapté de E. Sulzby, « Assessment of emergent literacy : Storybook reading », *The Reading Teacher*, vol. 44, n° 7, 1991, p. 498-502.

LES INTERVENTIONS PÉDAGOGIQUES

Faire la lecture quotidiennement sera le moyen privilégié pour familiariser les enfants avec le style écrit. De plus, il est important de laisser aux enfants du temps pour lire eux-mêmes, pour manipuler les livres, les regarder, les feuilleter, les relire à leur façon.

Faire la lecture aux enfants

Au préscolaire, faire la lecture ne devrait pas être considéré comme une activité d'enrichissement, mais comme un apport fondamental au développement de la lecture. Il est donc primordial de faire la lecture *chaque jour* aux enfants. Ceux-ci doivent avoir l'occasion d'entendre des textes variés, des textes de qualité, des textes qui captivent leur imagination.

Faire la lecture aux enfants ne signifie pas prendre un livre et le lire simplement de la première à la dernière page. Faire la lecture appelle des interventions avant, pendant et après la lecture du livre. Les interventions dépendront du type de livre choisi. Par exemple, pour les histoires, les interventions concerneront les personnages, alors que, pour les textes informatifs, elles porteront surtout sur les concepts. Le tableau 5.3 présente des façons d'intervenir avant, pendant et après la lecture selon qu'il s'agit d'une histoire ou d'un texte informatif.

Lire une histoire aux enfants n'est pas une tâche difficile, mais tirer profit de cette expérience pour développer des habiletés de compréhension du langage écrit chez l'enfant est une tâche complexe et exigeante. Certaines interventions sont plus efficaces que d'autres pour atteindre cet objectif : ce sont celles qui font appel à des opérations cognitives de niveau supérieur comme comparer, anticiper, juger et inférer (Beaudoin, 1997). Cependant, il ne semble pas que les enseignants privilégient dans leur pratique les interventions qui misent sur les processus cognitifs de niveau supérieur. Selon des observations récentes faites dans des classes de maternelle (Beck et McKeown, 2001), les enseignants privilégient deux types d'intervention : 1) clarifier un mot nouveau, par exemple : « Quelqu'un sait-il ce qu'est un xylophone ? » ; 2) poser des questions sur ce qui vient d'être lu ; malheureusement, ces questions sont souvent formulées de façon à amener l'enfant à donner une réponse brève sur un détail, par exemple : « Harry aimait tout, excepté prendre un... ». Ce genre de questions limite l'enfant à des réponses factuelles éparses et à des opérations cognitives simplifiées. De plus, les réponses à ces questions étant presque toujours correctes, l'enseignant en vient à penser que les élèves ont compris l'histoire, mais que les enfants aient retenu ces détails ne veut pas dire qu'ils ont compris l'histoire.

Nous suggérons ici deux pistes susceptibles de rendre plus efficaces vos interventions pendant la lecture aux enfants :

☐ *Les liens entre l'histoire et les expériences personnelles des enfants.* Une constatation qui ressort des observations effectuées dans les classes est que les enfants puisent dans leurs connaissances antérieures pour réagir au texte, mais sans établir de liens véritables avec l'histoire. Recourir à ses connaissances est indispensable pour comprendre un texte, mais ce que les enfants doivent apprendre, c'est à se limiter aux connaissances qui contribuent à la compréhension de l'histoire. Une intervention efficace serait donc d'essayer de diminuer le nombre d'associations superficielles (qui se traduisent souvent par un pot-pourri d'anecdotes personnelles) et, en contrepartie, d'aider les enfants à mieux incorporer leurs connaissances et expériences antérieures à l'histoire qui leur est lue.

La lecture d'une histoire	La lecture d'un texte informatif
Avant la lecture • Montrer la couverture du livre aux enfants. Encourager les hypothèses sur le contenu du livre. • Parler de l'auteur et de l'illustrateur. • Permettre aux enfants de parler de leurs expériences personnelles reliées à l'histoire. • Parler du type de texte que les enfants vont entendre (une histoire fantastique, une histoire réaliste, une fable, un conte). • Présenter les personnages et la situation. • Donner aux enfants une intention de lecture.	**Avant la lecture** • Déterminer le niveau de connaissances des élèves sur le contenu du livre par le biais d'une discussion sur les illustrations et sur les expériences personnelles des enfants. • Faire des démonstrations pour les concepts difficiles (par exemple, comment se forme l'ombre). • Donner aux enfants une intention de lecture. • Établir un lien entre les connaissances des enfants et ce qu'ils vont apprendre dans le texte.
Pendant la lecture • Encourager les enfants à faire des commentaires sur l'histoire. • Expliquer les idées du texte lorsque cela peut aider les enfants à comprendre le langage utilisé dans le livre et les parties importantes de l'histoire. • Poser des questions à l'occasion pour consolider la compréhension des enfants. • Reformuler le texte lorsqu'il est clair que les enfants n'ont pas compris l'idée exprimée. • Aux endroits appropriés, demander aux enfants de prédire ce qui pourrait arriver.	**Pendant la lecture** • Poser des questions régulièrement pour voir si les enfants comprennent le contenu. Les questions formulées dans le texte même sont susceptibles de stimuler la discussion. • Expliquer les nouveaux concepts par des démonstrations, des exemples ou des illustrations. • Encourager les commentaires sur les démonstrations et les illustrations pour rendre les concepts plus familiers aux enfants. • Faire des suggestions d'activités à réaliser pour approfondir le thème.
Après la lecture • Revoir les parties de l'histoire (la situation initiale, l'élément déclencheur, les péripéties, le dénouement). • Aider les enfants à établir des liens entre les événements qui arrivent au personnage principal et des événements de leur propre vie. • Engager les enfants dans une activité de réinvestissement qui les amènera à réfléchir sur l'histoire.	**Après la lecture** • Permettre aux enfants de poser des questions sur le texte. • Aider les enfants à voir comment ils pourront utiliser les informations contenues dans le texte pour comprendre leur propre monde. • Proposer des activités qui aideront les enfants à relier les concepts du texte à leurs expériences.

Source : Adapté de J.M. Mason, C.L. Peterman et B.M. Kerr, « Reading to kindergarden children », dans D.S. Strickland et L.M. Morrow (dir.), *Emergent Literacy : Your Children Learn to Read and Write*, Newark (Del.), International Reading Association, 1989, p. 52-63.

☐ *Le rôle de l'illustration.* Les observations faites dans les classes révèlent que l'illustration est souvent la première source d'information à laquelle se réfèrent les enfants pour construire le sens de l'histoire. On ne peut pas le leur reprocher, car les illustrations vivantes et colorées des albums les incitent à le faire. Cependant, il arrive souvent que la focalisation de leur attention sur l'illustration fasse obstacle à la compréhension du texte. C'est pourquoi il faut savoir présenter l'illustration au bon moment, c'est-à-dire qu'il est parfois préférable d'attendre que les enfants aient compris le sens d'un élément du texte avant de leur montrer l'illustration.

En plus d'agir vous-même comme lecteur, vous pouvez avoir recours à des volontaires (des élèves plus âgés, des parents, des grands-parents) et organiser dans la classe un coin permanent de lecteurs invités afin de fournir plusieurs modèles de lecteurs aux enfants. Au début, c'est vous qui choisirez les invités, puis, graduellement, les enfants pourront faire des suggestions. Vous rédigerez la lettre d'invitation avec toute la classe. Le fait de recevoir la réponse de l'invité confirmera, de plus, pour les enfants l'utilité de la lecture et de l'écriture.

Favoriser la lecture personnelle

Outre la période de lecture en groupe, il est important de laisser aux enfants un moment pour feuilleter personnellement des livres. Vous inviterez les enfants à se choisir un livre et à se trouver un coin confortable où ils pourront le regarder. Ils auront aussi la possibilité de partager un livre avec un ami et de parler de l'histoire avec lui. Encouragez les enfants à reprendre les livres que vous avez lus au groupe ; ils les reliront pour eux-mêmes, pour un ami et même pour une poupée ou un ourson.

Il est primordial que les enfants puissent avoir accès à un endroit agréable et intime pour regarder et lire des livres. Ce coin-lecture comprendra idéalement un tapis et des oreillers et même, pourquoi pas, une baignoire remplie de coussins ! Les enfants sont plus portés à fréquenter spontanément un coin placé en évidence, attrayant et bien pourvu en matériel.

Le coin-lecture contiendra un éventail de livres de différentes natures (Morrow, 2001) :

☐ des contes traditionnels (comme *Les trois petits cochons*) ;

☐ des histoires réalistes (qui portent sur des situations vécues par les enfants, comme l'arrivée d'un petit frère ou d'une petite sœur) ;

- [ ] des fables et des légendes (qui proviennent de différents pays) ;

- [ ] des livres faciles à lire pour lecteurs débutants (les livres très simples attirent l'attention des enfants sur l'écrit) ;

- [ ] des livres documentaires sur des thèmes variés (contrairement à la croyance répandue, les enfants comprennent aussi bien les livres informatifs que les histoires et préfèrent même parfois ceux-là) ;

- [ ] des livres de poésie, de comptines ;

- [ ] des livres qui sollicitent la participation de l'enfant (qui demandent à l'enfant de toucher, de sentir, de manipuler) ;

- [ ] des livres portant sur le même personnage ;

- [ ] des livres reliés à des émissions de télévision pour enfants ;

- [ ] des livres-cassettes.

Le coin-lecture peut comprendre également des poupées et des animaux en peluche qui rappellent les personnages des histoires, ainsi que des marionnettes pour les enfants qui veulent « jouer » les histoires.

ÉTABLIR DES RELATIONS ENTRE L'ORAL ET L'ÉCRIT

L'enfant d'âge préscolaire découvrira que le langage oral peut se traduire en langage écrit. Il découvrira, d'une part, que les mots sont écrits dans l'ordre de leur émission et, d'autre part, que tous les mots sont écrits.

En tant qu'adultes, nous sommes portés à penser que si nous disons à un jeune enfant : « J'ai écrit : "Marie mange une pomme" », il saura que chaque mot est écrit et qu'il l'est dans l'ordre donné ; nous sommes convaincus qu'il saura que le mot « Marie », le mot « mange », le mot « une » et le mot « pomme » sont écrits séparément dans la phrase. Mais est-ce bien ce qui se passe dans la tête des petits ? Non. Le jeune enfant ne découvre que graduellement l'existence d'une relation directe entre l'oral et l'écrit. Au premier stade, on peut observer deux types de comportements : 1) l'enfant pense que seuls les mots désignant des personnes ou des objets sont écrits (par exemple, l'enfant dira que le mot « pomme » est écrit, mais pas le mot « mange ») ; 2) l'enfant pense que toute la phrase est contenue dans le premier mot (le reste de la phrase peut vouloir dire, par exemple, « papa mange une poire »). Au deuxième stade, l'enfant croit que les noms sont écrits, mais que le verbe n'est pas écrit séparément ; il dira que « mange » n'est pas écrit, mais que « mange une pomme » est écrit. Au troisième stade, l'enfant pense que tout est écrit, sauf les articles. Par conséquent, si on lui demande de compter les mots, il omettra l'article sous prétexte que « c'est trop court pour être un mot ». Au dernier stade, l'enfant s'aperçoit que tous les mots énoncés sont écrits, y compris les articles.

On tient souvent pour acquis que les enfants ont tous atteint le dernier stade au moment de leur entrée en maternelle. Tel n'est pas le cas : en effet, la plupart des enfants de la maternelle croient que les articles ne sont pas écrits dans une phrase (Ferreiro et Gomez, 1988).

L'OBSERVATION

On sait que l'enfant a établi une relation entre l'oral et l'écrit lorsqu'il suit le texte avec le doigt en faisant semblant de le lire. Pour une évaluation plus systématique, vous pouvez profiter d'une phrase que l'enfant connaît et lui demander s'il pense que tel mot est écrit et à quel endroit il est écrit dans la phrase (au début, au milieu ou à la fin).

Une autre façon de voir si l'enfant établit un lien entre l'oral et l'écrit consiste à observer comment il dicte un texte à l'adulte. En effet, le fait de tenir compte du scripteur dans cette activité indique que l'enfant a établi une relation entre les mots dictés et les mots écrits. Le tableau 5.4 présente l'évolution du comportement de l'enfant dans le déroulement de cette activité.

 tableau 5.4 Grille d'observation de l'enfant dans l'activité consistant à dicter un texte à l'adulte

Niveau 1	L'enfant dicte le texte d'une façon qui ressemble au langage oral, sans tenir compte du scripteur.
Niveau 2	Il est capable de marquer des pauses si on le lui demande.
Niveau 3	Il marque lui-même des pauses très longues (parfois exagérées) pour le scripteur ; il observe attentivement le scripteur pour s'ajuster à son rythme d'écriture.

LES INTERVENTIONS PÉDAGOGIQUES

L'activité qui consiste, pour l'enfant, à dicter à l'adulte un texte que celui-ci écrira permet de mettre en évidence la relation entre l'oral et l'écrit. Principalement, cette activité amène l'enfant à comprendre que ce qui est dit peut être écrit, à prendre conscience de la relation qui existe entre l'oral et l'écrit. On doit cette activité au mouvement Language Experience Approach, dont les principes peuvent s'énoncer comme suit :

☐ ce que je pense, je peux le dire ;

☐ ce que je peux dire, je peux l'écrire (ou quelqu'un peut l'écrire pour moi) ;

☐ ce que je peux écrire (ou ce que d'autres personnes écrivent pour moi), je peux le lire.

L'activité consiste essentiellement à inviter l'enfant à composer oralement une histoire ; l'adulte écrit l'histoire dictée par l'enfant pendant que ce dernier le regarde écrire. Les enseignants se demandent souvent s'il faut écrire exactement ce que l'enfant dicte ou s'il est préférable de corriger les phrases boiteuses. Tout dépend de l'objectif visé. Si on veut que l'enfant comprenne que l'oral peut se transposer en écrit, on écrira l'histoire simplement sans répéter chaque mot après l'enfant et sans travailler la structure des phrases (Sulzby et Barnhart, 1992). Par contre, si on veut que l'enfant découvre qu'il existe une relation directe entre les mots dits et les mots écrits, on écrira ce que l'enfant dicte en répétant chaque mot. Enfin, si on veut se servir du texte comme matériel de lecture, on suggérera à l'enfant certaines modifications dans les structures de phrases ; on suivra cependant la règle qui demande de rester le plus près possible du langage de l'enfant.

La démarche

L'activité peut se réaliser avec le groupe-classe ou un sous-groupe, mais, pour un enfant qui est peu conscient de la relation entre l'oral et l'écrit, il peut être pertinent pour lui d'écrire sa propre histoire plutôt que celle du groupe. Évidemment, ce type de travail individuel pose le problème du temps qu'il nécessite. Une solution possible réside dans le recours à des volontaires (des parents ou des enfants plus âgés) qui écriront les textes individuels des enfants.

Dans ce cas, vous pouvez préparer des directives, comme les suivantes, que vous donnerez verbalement ou par écrit à vos tuteurs :

☐ Créez une atmosphère agréable dès le début de la rencontre. S'il n'y a pas de sujet particulier dont l'enfant aimerait parler, suggérez-lui différents thèmes : les vacances, les saisons, la famille, les amis, etc. Vous pouvez utiliser un fichier d'images pour stimuler l'enfant.

☐ Laissez d'abord l'enfant parler du sujet qu'il a choisi ; demandez-lui ensuite de trouver un titre à son histoire. Lorsque vous écrivez l'histoire dictée, laissez l'enfant compléter sa phrase avant de l'écrire, car il peut changer d'idée en cours de route. Assurez-vous que l'enfant regarde ce que vous écrivez.

☐ Une fois l'histoire terminée, relisez-la à l'enfant de façon naturelle, mais en montrant chacun des mots.

☐ Demandez à l'enfant de vous dire le mot qu'il préfère dans l'histoire et aidez-le à le trouver dans son petit livre. Soulignez ce mot, puis écrivez-le sur une fiche que vous remettrez à l'enfant.

☐ Suggérez à l'enfant d'illustrer son histoire, puis de la lire à un ami.

Pour varier l'activité, vous pouvez utiliser un polaroïd. Après que les enfants auront été initiés au fonctionnement de l'appareil, ils joueront à tour de rôle au photographe. Ils photographieront des compagnons en train de jouer. Une fois la photo obtenue, chaque enfant dictera une histoire en s'inspirant de la photo et la page sera insérée dans l'album de la classe.

La fabrication de livrets pour les textes des enfants

Pour conserver les textes dictés par les enfants, on les écrira dans de petits livres qui pourront être déposés dans le coin-lecture. Il est possible de réaliser une série de ces petits livres au moyen de techniques très simples. La figure 5.2 présente une technique permettant de produire rapidement des petits livres qui sont prêts à être utilisés par les enfants.

figure 5.2 Technique de création de petits livres

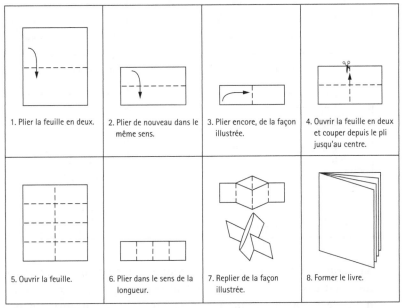

1. Plier la feuille en deux.
2. Plier de nouveau dans le même sens.
3. Plier encore, de la façon illustrée.
4. Ouvrir la feuille en deux et couper depuis le pli jusqu'au centre.
5. Ouvrir la feuille.
6. Plier dans le sens de la longueur.
7. Replier de la façon illustrée.
8. Former le livre.

Source : Adapté de B. Eisele, *Managing the Whole Language Classroom*, Cypress (Calif.), Creative Teaching Press, 1991.

MAÎTRISER LE MODE DE LECTURE GAUCHE-DROITE

Dans notre langue, la lecture se fait de gauche à droite de la ligne et de haut en bas de la page. Il faut se rappeler que le sens gauche-droite de l'écriture de la langue française est tout à fait arbitraire. En effet, dans certaines langues, comme l'arabe, l'écriture suit un sens inverse.

Chez les enfants d'âge préscolaire, la lecture de gauche à droite n'est pas encore systématisée. À la maternelle, des situations semblables à celle que décrit l'anecdote suivante sont courantes. Un enfant de cinq ans avait en main un livre intitulé *Le cauchemar*; ce livre illustre, sur une page de gauche, un petit garçon couché dans son lit et qui a peur, et, sur une page de droite, le petit garçon qui a placé sa couverture sur sa tête. L'enfant qui présentait ce livre à son ami expliquait, en regardant les illustrations de droite à gauche: «Tu vois, ici, il avait sa couverture sur la tête, et là, il l'a enlevée»!

Si vous demandez à un enfant de maternelle de suivre un texte avec son doigt pendant que vous le lisez, il est possible que vous observiez divers comportements (voir la figure 5.3).

figure 5.3 Sens de lecture chez les enfants de la maternelle

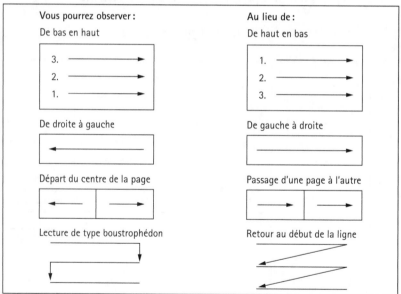

Signalons que le mouvement de retour à la ligne de notre système d'écriture n'est pas naturel. Le mouvement le plus économique serait, au contraire, le retour de droite à gauche sur la ligne suivante, un peu à la manière du laboureur qui arrive au bout de son champ et qui ne fait que changer de direction pour entreprendre le prochain sillon. Notons que, chez les enfants, le mouvement gauche-droite est plus facilement acquis que le mouvement de retour à la ligne.

Les enfants de la maternelle qui ne maîtrisent pas encore le sens gauche-droite de la langue écrite inversent souvent des lettres ou des mots dans leur écriture ; c'est ce qu'on appelle habituellement l'« écriture en miroir » ou l'écriture spéculaire :

$$\left[\; \text{nomi} \mathcal{2} \; \right]$$

Ce type d'écriture inquiète souvent les enseignants et les parents. On pense tout de suite que l'enfant commence à éprouver des problèmes d'apprentissage. Contrairement à une croyance répandue, l'inversion des lettres à cinq ans n'est pas reliée à la réussite future en lecture. Il n'y a pas de corrélation entre le fait d'écrire une lettre ou une série de lettres de façon inversée à cinq ans et la réussite en lecture en première année. Les enfants qui deviendront de bons lecteurs ne font pas moins d'inversions que les autres et ceux qui deviendront des lecteurs en difficulté ne font pas plus d'inversions. Cependant, si ce comportement persiste plus tard au primaire, il devra être pris en considération.

La systématisation de la lecture gauche-droite ne suit pas un processus linéaire ; elle semble plutôt se faire par bonds et retours en arrière. C'est à tout le moins la conclusion qui se dégage des résultats d'un test visant à évaluer la maîtrise du sens de lecture qu'on a fait passer à des enfants à la fin de la maternelle : si 78 % des enfants ont réussi le premier test, un mois plus tard, les résultats n'étaient pas les mêmes, c'est-à-dire que des enfants qui avaient réussi le test la première fois échouaient la seconde fois et vice versa (Bélanger et Labrecque, 1984).

L'OBSERVATION

Le sens dans lequel lit l'enfant peut être observé dans des situations spontanées, mais il s'observera plus facilement si vous demandez à l'enfant de suivre le texte avec son doigt pendant que vous lui lisez une histoire. Vous demanderez à l'enfant à quel endroit il faut commencer à lire, où il faut aller ensuite. Choisissez un livre qui contient du texte sur deux pages en regard afin d'observer les différents comportements. Le tableau 5.5 donne une grille d'observation qui vous permet d'évaluer l'enfant.

N'oublions pas que le sens dans lequel l'enfant lit peut varier d'une journée à l'autre. Par conséquent, il faut voir si l'enfant lit dans le bon sens non pas dans toutes les situations, mais dans la plupart de celles-ci.

tableau
5.5   Grille d'observation du sens de lecture

	Au hasard	La plupart du temps	Toujours
De haut en bas sur une page			
De gauche à droite sur une ligne			
Retour à la ligne suivante			
Passage de la fin d'une page au début de la page suivante			

LES INTERVENTIONS PÉDAGOGIQUES

La meilleure façon d'enseigner le sens gauche-droite de la lecture aux enfants consiste à suivre le texte du doigt lorsque vous lisez un texte devant le groupe. Vous pouvez également ajouter, à l'occasion, des flèches indiquant la direction de l'écrit. Il vous faudra être particulièrement attentif aux enfants qui lisent tantôt de gauche à droite, tantôt dans le sens inverse ; cette confusion les empêche de s'intéresser à d'autres aspects de l'écrit. Il faut donc veiller à ce que la lecture gauche-droite soit plus fréquente que la lecture droite-gauche. Enfin, signalons que si un enfant, qui semblait par ailleurs maîtriser le mode de lecture gauche-droite, se met soudainement à écrire en miroir, il est fort probable qu'il a tout simplement choisi le mauvais point de départ et inversé tout le processus. Il suffira ordinairement de lui donner un léger indice (un astérisque ou une marque dans le coin gauche de la page) pour qu'il revienne au sens gauche-droite.

ACQUÉRIR LES CONCEPTS RELIÉS À L'ÉCRIT

Il existe certains concepts dont la maîtrise est fort utile aux apprentis lecteurs : ce sont les concepts de « lettre », de « mot » et de « phrase ». L'acquisition de ces concepts permet à l'enfant de communiquer avec l'adulte au sujet de la lecture et de l'écriture. Il existe une corrélation significative entre la maîtrise de ces concepts et la réussite en lecture en première année (Fijalkow, 1993).

LE CONCEPT DE « LETTRE » ET LA CONNAISSANCE DU NOM DES LETTRES

L'enfant d'âge préscolaire apprendra graduellement à faire la distinction entre les lettres, les dessins, les chiffres et les signes de ponctuation. Les enfants différencient assez tôt les dessins et les lettres : à quatre ans déjà, l'enfant ne confond plus l'écriture et le dessin. La distinction entre lettre et chiffre est cependant plus longue à établir. Les enfants de la maternelle savent habituellement que les lettres servent à lire et les chiffres, à compter, mais ils font souvent une généralisation excessive du terme « chiffre ». En effet, ce dernier est appliqué autant aux chiffres qu'aux lettres ; cependant, les chiffres sont rarement appelés des lettres ou des mots. Il ne s'agit pas d'une confusion cognitive, mais simplement d'une erreur d'appellation, car si on demande aux enfants de séparer les chiffres des lettres, ils réussissent bien la tâche. L'enfant apprendra ensuite à distinguer les lettres des signes de ponctuation. Il comprendra petit à petit que ces signes ont une autre fonction que les lettres et il dira : « Ce ne sont pas des lettres, mais ça va avec les lettres. »

Quant au nom des lettres, les enfants apprennent d'habitude d'abord la première lettre de leur prénom ; ils ne savent pas nécessairement le nom de cette lettre et ils diront souvent : « C'est la lettre de mon nom. » Ils apprendront ensuite le nom de quelques lettres associées à des personnes, puis, graduellement, le nom des autres lettres. Soulignons que le nom des lettres est transmis culturellement : l'enfant ne peut deviner le nom des lettres, c'est pourquoi les connaissances seront très différentes selon les milieux.

De façon générale, on a constaté que les enfants reconnaissent et écrivent plus aisément les lettres majuscules que les lettres minuscules à cause de la plus grande simplicité des premières et de leur présence plus fréquente dans les jeux. Certaines lettres sont plus faciles et d'autres plus difficiles pour l'ensemble des enfants : par exemple, la lettre majuscule O est la plus aisément reconnue, alors que le *d* minuscule crée souvent des problèmes. Les enfants ont de la difficulté à écrire le Z majuscule, alors qu'ils reproduisent bien le *i*. Les lettres les plus souvent confondues sont : 1) *e, a, s, c, o* ; 2) *f, l, t, h* ; 3) *b, d, p, q* ; 4) *u, n, m*.

La connaissance que les enfants ont du nom des lettres en maternelle a toujours eu une grande valeur prédictive en ce qui concerne la réussite en lecture en première année (Snow, Burns et Griffin, 1998). Des études récentes ont montré que ce n'est pas la simple identification des lettres, mais bien l'aisance des enfants dans cette tâche qui leur donne un avantage dans l'apprentissage de la lecture (Duffelmeyer, 2002).

LE CONCEPT DE « MOT » ET LE CONCEPT DE « PHRASE »

Le concept de « mot » est un concept que l'enfant acquiert avec le concours de l'écrit. En effet, à l'oral, nous ne séparons pas les phrases en mots. Pour un enfant, « Jévuunnoiseau » est un tout ; il ne s'aperçoit pas encore que cette phrase comporte en fait plusieurs mots : « J'ai vu un oiseau. » Vous verrez souvent, par exemple, des enfants vous demander comment on écrit le mot « noiseau ». Les blancs qui séparent les mots à l'écrit ne correspondent pas aux pauses à l'oral. Reconnaître la présence de mots à l'écrit, c'est reconnaître le rôle des espaces entre les mots. À la fin de la maternelle, le concept de mot n'est pas encore stable chez les élèves (Morin, 2002). Ce dernier s'acquiert après le concept de « lettre » et avant celui de « phrase ». Par exemple, dans une étude, on a demandé à des enfants de la fin de la maternelle d'entourer une lettre, un mot et une phrase sur une page : 94 % des enfants ont entouré correctement une lettre. Cependant, quand on leur a demandé d'entourer un mot, seulement 32 % des enfants l'ont fait ; les autres ont encore entouré une lettre. Quant à la phrase, 1 % seulement des enfants ont réussi la tâche (Bélanger et Labrecque, 1984). D'autres études ont noté une confusion entre la phrase et la ligne chez les enfants de la maternelle (Fijalkow, 1993).

Le petit exercice qui suit illustre bien la difficulté des concepts pour les enfants.

exercice

Mettez-vous à la place d'un enfant qui confond des termes comme « mot », « lettre » et « phrase » et à qui l'enseignant donne la directive ci-dessous, après avoir écrit au tableau une phrase simple comme *Pierre aime Paula* :

> Regardez la *rum* que j'ai écrite au tableau. Avez-vous remarqué qu'il y avait deux *flucs* qui commençaient par la même *vim* dans cette *rum* ? Regardez bien, le premier *fluc* et le dernier *fluc* de la *rum* commencent par la même *vim*.

Comment avez-vous réagi à la directive ? Avez-vous eu l'impression d'être bombardé de mots nouveaux ?

Il peut se passer bien du temps avant que l'enfant comprenne que l'enseignant voulait dire :

> Regardez la phrase que j'ai écrite au tableau. Avez-vous remarqué qu'il y avait deux mots qui commençaient par la même lettre dans cette phrase ? Regardez bien, le premier mot et le dernier mot de la phrase commencent par la même lettre.

Bref, étant donné leur rôle d'outil de communication entre l'adulte et l'enfant, les concepts reliés à l'écrit feront l'objet d'une attention particulière à la maternelle.

L'OBSERVATION

Vous pouvez observer l'acquisition des concepts reliés à l'écrit au cours des activités quotidiennes, lorsque vous demandez à l'enfant d'identifier une lettre, de compter les mots d'une phrase ou de localiser une phrase dans un texte connu. Le tableau 5.6 présente une grille pour vous aider à situer l'enfant en ce qui concerne l'acquisition des principaux concepts reliés à l'écrit. N'oublions pas, cependant, que lorsqu'on demande aux enfants d'identifier la première lettre d'un mot, on leur demande de comprendre trois choses à la fois : le concept de « lettre », le concept de « mot » et le concept de « premier » appliqué à un mot.

tableau 5.6	Grille d'observation de l'acquisition des concepts reliés à l'écrit	
Concepts		**Appréciation***
Lettre		
Mot		
Phrase		
Première lettre du mot		
Dernière lettre du mot		
Premier mot de la phrase		
Dernier mot de la phrase		

*A : Acquis   E : En voie d'acquisition   N : Non acquis

LES INTERVENTIONS PÉDAGOGIQUES

Montrer les mots en lisant est une bonne façon de développer chez les enfants l'intuition du concept de « mot ». Souvent les enseignants évitent cette pratique de peur de créer chez les enfants la mauvaise habitude de suivre le texte avec leur doigt quand ils lisent. En fait, il n'y a aucun inconvénient à suivre le texte avec le doigt en lisant pour enseigner aux lecteurs d'âge préscolaire le sens gauche-droite de la lecture et leur faire acquérir le concept de « mot ». En fait, pour apprendre aux enfants le sens de la lecture, un mouvement suivi de la main de gauche à droite est suffisant, tandis que la désignation de chaque mot facilite l'acquisition du concept de « mot ». Bien entendu, vous ne pointerez pas le doigt sur tous les mots de tous les textes, vous le ferez pour les phrases et les textes courts. Pour faciliter l'acquisition du concept de « mot », vous pouvez également augmenter les espaces entre les mots lorsque vous écrivez au tableau (mais non les espaces entre les lettres d'un mot) ou encore vous pouvez utiliser des masques (petits cartons) pour mettre en évidence les lettres ou les mots d'une phrase (voir la figure 5.4).

Quant à l'apprentissage du nom des lettres, il ne sera pas soumis à un enseignement mécanique et systématique ; vous utiliserez plutôt le nom des lettres de façon naturelle dans les activités. Vous pouvez exposer l'alphabet sous forme de guirlande, recourir aux abécédaires ou demander aux élèves de réaliser leur propre alphabet avec des dessins ou des découpures.

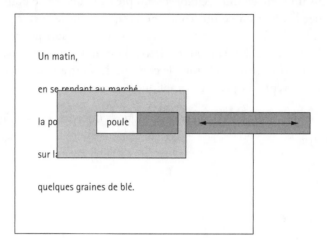

Un matin,

en se rendant au marché

la po[...] poule

sur l[...]

quelques graines de blé.

SE SENSIBILISER À L'ASPECT SONORE DE LA LANGUE

Dans le langage oral, nous portons attention au sens et non aux sons ; nous nous employons à comprendre ce qui est dit et non à décomposer les mots en syllabes ou en sons. Cependant, pour apprendre à lire, il faut ajouter à cette compétence langagière initiale une deuxième compétence, qu'on pourrait qualifier de métalinguistique, qui consiste à réfléchir sur le langage en tant qu'objet. Cette deuxième compétence semble plus difficile à acquérir que le langage oral. On appelle *conscience phonologique* cette « capacité d'identifier les composantes phonologiques des unités linguistiques et de les manipuler de façon opérationnelle » (Gombert, 1992). En d'autres termes, développer une conscience phonologique, c'est découvrir que les mots sont composés de sous-unités. La perception de la séquence des phonèmes dans un mot est une tâche difficile ; en tant qu'adulte, il suffit de penser à la difficulté que nous avons parfois à percevoir la séquence des notes dans une mélodie.

Cette analyse du langage pour le langage lui-même, et non pour la communication, apparaît de façon spontanée chez les enfants sous forme de jeu. En effet, plusieurs habiletés cognitives des enfants se développent d'abord lorsqu'ils jouent. Les parents et les éducateurs de la prématernelle utilisent souvent des comptines, des poèmes et des chansons qui incitent les enfants à jouer avec le langage. Cependant, certains enfants n'ont pas bénéficié de cette exploration du langage sous forme de jeu et ils entrent à l'école démunis pour ce qui est de la conscience phonologique. Des chercheurs québécois ont évalué la conscience phonologique chez des enfants de la maternelle et ont obtenu un écart de 40 % entre les performances des enfants les plus habiles et celles des moins habiles dans ces tâches (Mélançon et Ziarko, 2000).

LA SÉQUENCE DE DÉVELOPPEMENT DE LA CONSCIENCE PHONOLOGIQUE

On observe une certaine séquence dans le développement de la conscience phonologique chez les enfants. Ceux-ci commencent à être sensibles aux rimes vers l'âge de quatre ans. Puis, leur performance dans la connaissance et la manipulation des diverses unités semble progresser dans l'ordre suivant (Blachman, 2000) :

1.   Découper un mot en syllabes orales : par exemple, séparer le mot « cheval » en « che-val ».

2.   Découper une syllabe en deux parties. La syllabe n'est pas une simple combinaison de phonèmes ; elle possède une structure qui lui est propre. Elle contient deux parties distinctes : la rime et l'attaque. La rime est la partie essentielle de la syllabe : elle contient la voyelle et toute consonne qui la suit. L'attaque (ou la partie initiale) de la syllabe (s'il y en a une) est constituée par toute consonne qui précède la voyelle.

Syllabe	Attaque	Rime
ma	m	a
bon	b	on
bleu	bl	eu
crac	cr	ac

Les deux parties de la syllabe sont des unités cohérentes qui ont une valeur pratique : il est plus facile de découper la syllabe suivant l'attaque et la rime que de la découper n'importe où ailleurs. Par exemple, dans le cas du mot « bleu », le découpage « bl-eu » est plus facile que le découpage « b-leu ».

3.   Séparer le mot en phonèmes : par exemple, séparer le mot « par » en trois phonèmes : *p, a, r.*

Où en sont les enfants de la maternelle dans cette séquence ? En général, on peut dire que les enfants de cinq ans réussissent bien les tâches de séparation de mots en syllabes, mais non les tâches de séparation de mots en phonèmes ; leur performance au chapitre de l'analyse de la syllabe (attaque et rime) se situe entre les deux (Wagner et autres, 1993).

LE RÔLE DE LA CONSCIENCE PHONOLOGIQUE

Les résultats aux tests de conscience phonologique administrés à la fin de la maternelle ont une bonne valeur prédictive quant à la réussite en lecture en première année (Morin, 2002). En d'autres mots, les enfants qui possèdent une bonne conscience phonologique à la fin de la maternelle ou au début de la première année ont plus de chances de bien réussir leur apprentissage de la lecture au primaire.

Cela étant, on pourrait être porté à penser que la conscience phonologique mène à l'apprentissage de la lecture. Or ce n'est que partiellement vrai. Certes, la conscience phonologique constitue une habileté fondamentale pour l'apprentissage du code graphique. Cependant, si on ne trouve pas de bons lecteurs qui soient faibles en analyse phonologique, on peut trouver en revanche des lecteurs faibles qui n'ont pas de problème pour ce qui est de l'analyse phonologique. Celle-ci constitue donc une habileté nécessaire mais non suffisante pour l'apprentissage du décodage. De plus, on sait que si un certain niveau de conscience phonologique est nécessaire pour apprendre à lire, la conscience phonologique se développe avec la lecture (Sprenger-Charolles, Béchennec et Lacert, 1998). La plupart des auteurs soutiennent l'hypothèse de l'interaction entre la conscience phonologique et la lecture.

Enfin, ajoutons que le développement de la conscience phonologique semble relié à la connaissance des lettres. En effet, une méta-analyse récente a montré que l'entraînement à la conscience phonologique est plus efficace lorsqu'il est combiné à l'enseignement des lettres (Ehri et autres, 2001).

L'OBSERVATION

On peut observer les manifestations de la conscience phonologique dans diverses situations de langage oral. L'enfant qui reconnaît des rimes, sépare un mot en syllabes orales ou identifie deux mots commençant par le même son fait preuve d'une conscience phonologique. Plusieurs tests pour l'évaluation de la conscience phonologique existent en langue française : vous pouvez consulter à ce sujet Gagnon (1998), Jacquier-Roux et Zorman (1998), et Adams et autres (2000).

LES INTERVENTION PÉDAGOGIQUES

Vous pouvez éveiller les enfants à l'aspect sonore ou phonétique des mots à l'intérieur d'activités quotidiennes. Il est indiqué de se servir de comptines et d'histoires rythmées, de textes qui jouent avec le langage par l'emploi de rimes ou d'allitérations. Ici, on s'intéresse plus à la forme qu'au contenu. En effet, les comptines sont souvent sans véritable signification, mais leur valeur sonore est très puissante, comme le montre cette comptine :

Baba, bibi, bonbon

Baba, bibi, bonbon
Boule de bille
Et beau ballon.

Baba, bibi, bonbon,
Biquette s'habille
D'un bonnet rond

J.-Y. Roy, *Au clair de la lune*, Québec, Presses Laurentiennes, 1981.

Ces textes ont le pouvoir d'attirer l'attention des enfants sur les syllabes et les phonèmes. Dans ces activités, les mots sont chantés, rythmés, scandés, segmentés, déformés. Par exemple, vous inventez un personnage qui présente des cadeaux avec une intonation spéciale, syllabe par syllabe : les enfants ont à découvrir le cadeau en question.

Les activités seront réalisées de préférence dans le cadre du groupe de façon à stimuler les interactions sociales, lesquelles encouragent les jeux de langage (Yopp, 1992). L'écriture est également un bon moyen de développer la conscience phonologique. L'enfant découvre plus facilement la nature du code écrit quand il essaie de transmettre un message par écrit que lorsqu'il en reçoit un.

Bref, il existe trois types de démarches propres à favoriser l'apparition et l'évolution de la conscience phonologique : 1) utiliser des textes qui jouent avec le langage ; 2) encourager l'accompagnement des mots ou des syllabes par des mouvements physiques (frapper, scander, marcher, etc.) ; 3) fournir aux enfants de nombreuses occasions d'écrire.

SE FAMILIARISER AVEC L'ÉCRITURE

Les jeunes enfants font des hypothèses non seulement sur la lecture, mais également sur l'écriture. Dans cette partie, nous aborderons l'écriture sous trois aspects : la conception du fonctionnement de l'écriture, l'écriture spontanée et la formation des lettres.

DÉCOUVRIR LE FONCTIONNEMENT DE L'ÉCRITURE

L'enfant d'âge préscolaire découvre l'idée fondamentale que c'est le scripteur et non le lecteur qui met le message dans le texte et que le scripteur peut relire son message. À un certain stade, le jeune enfant croit que c'est le lecteur qui a le pouvoir de choisir le sens du message écrit. Ainsi, vous aurez des enfants qui vous demanderont, en vous présentant une page de gribouillis : « Qu'est-ce que j'ai écrit ? »

L'observation

Dans les activités quotidiennes, vous pouvez observer la conception de l'écriture qu'a l'enfant à travers la signification qu'il donne à ses productions. Pour une observation plus poussée, demandez à l'enfant d'écrire une histoire portant, par exemple, sur la façon dont il a appris à rouler à bicyclette. Dites-lui qu'il ne s'agit pas d'écrire « comme les grands », mais d'écrire comme on écrit à la maternelle ou d'écrire comme il l'entend. Demandez-lui ensuite de vous relire ce qu'il a écrit. Le tableau 5.7 propose une échelle des comportements liés à la conception de l'écriture.

tableau **5.7** Grille d'observation des comportements relatifs à la conception de l'écriture

Niveau 1	L'enfant ne fait pas de tentative pour écrire ou pour lire.
Niveau 2	Il fait une tentative pour écrire en traçant des signes graphiques au hasard, mais il ne fait pas de tentative pour lire.
Niveau 3	Il écrit selon un système quelconque, mais il refuse de se relire.
Niveau 4	Il écrit selon un système quelconque et se relit sans regarder le texte.
Niveau 5	Il écrit selon un système quelconque et se relit en regardant le texte.
Niveau 6	Il écrit selon un système organisé et se relit en regardant le texte.
Niveau 7	Il écrit dans une forme lisible et se sert du texte pour se relire.

Source : Adapté de J.E. Barnhart, « Criterion-related validity of interpretations of children's performance on emergent literacy tasks », *Journal of Reading Behavior*, vol. 23, n° 4, 1991, p. 425-444.

Notons que l'enfant qui refuse d'écrire n'est pas nécessairement un enfant qui ignore comment fonctionne l'écriture ; il peut s'agir, au contraire, d'un enfant plus avancé qui refuse d'écrire de peur de se tromper.

EXPLORER L'ÉCRITURE SPONTANÉE

On donne le nom d'écriture spontanée ou provisoire aux premiers essais d'écriture dans lesquels l'enfant qui ne connaît pas l'orthographe d'un mot tente d'imaginer la façon d'écrire ce mot (Gentry, 2000).

Dans les tout premiers essais d'écriture des jeunes enfants, il n'y a pas de relation entre la graphie du mot et sa prononciation. Les enfants s'attendent souvent à ce que le mot écrit soit proportionnel à la grosseur de l'objet qu'il désigne plutôt qu'à la longueur du mot à l'oral (par exemple, l'enfant pensera qu'il faut plus de lettres pour écrire « train » que pour écrire « papillon »).

L'enfant franchit une étape importante lorsqu'il se rend compte que, si des mots sont différents à l'oral, la graphie de ces mots est aussi différente (Ferreiro, 1990 ; Besse, 1993). Plusieurs enfants ne connaissent que les lettres de leur prénom et la seule façon d'écrire des mots différents consiste à varier l'ordre de ces lettres. Dans l'exemple suivant, Michel, un enfant de cinq ans, a utilisé les lettres de son nom pour écrire les mots « papa », « cadeau », « camion » et « banane » :

L'enfant comprend ensuite que les différences entre les mots écrits doivent s'appuyer sur une base objective. Il fait d'abord l'hypothèse que chaque lettre écrite correspond à une syllabe orale. Il abandonne rapidement cette hypothèse, car il s'aperçoit que la distinction touche non pas la syllabe, mais les sons.

À cette étape, l'enfant réussit habituellement à écrire le début du mot en choisissant une lettre qui correspond au son entendu : par exemple, il pourra écrire le mot « coq » en commençant par la lettre *k* ou le mot « escargot » en commençant par la lettre *s*. Même si le choix des lettres ne correspond pas à l'orthographe usuelle, il révèle toutefois que l'enfant a réussi à associer de façon plausible un son entendu au début du mot avec une lettre connue. Cependant, toute l'énergie cognitive de l'enfant est centrée sur le début du mot, de telle sorte que le reste du mot contient souvent des lettres prises au hasard : l'enfant ajoute n'importe quelle lettre pour remplir l'espace et écrira, par exemple, *jibkl* pour « girafe ».

Par la suite, la représentation des phonèmes s'élargit dans l'écriture de l'enfant : il écrira, par exemple, *jaf*, puis *jiraf*, pour arriver enfin à *girafe*, l'orthographe correcte.

On ne s'attend pas à ce que tous les enfants de la maternelle dépassent les premières étapes en écriture (Lavoie, 1989 ; Morin, 2002). Cette évolution sera plutôt l'objectif de la première année. Plusieurs enfants feront toutefois des pas considérables, et il vous appartient d'observer leur évolution afin de les soutenir dans leur cheminement.

figure 5.5 Mots pour l'exercice d'écriture provisoire

Nom _____

L'observation

Pour voir comment évolue l'écriture spontanée, vous pouvez analyser les productions quotidiennes des enfants, mais il peut être également pertinent de demander à l'enfant d'écrire quelques mots que vous lui dicterez. Dites-lui bien que vous savez qu'il ne sait pas encore écrire comme les grands, mais que vous voulez qu'il écrive à sa façon.

Vous pouvez dicter aux enfants les mots de votre choix, mais nous vous suggérons les quatre mots suivants, qui vont de une à quatre syllabes orales : coq, girafe, éléphant, hippopotame. Ces mots contiennent tous au moins un phonème qui correspond au nom d'une lettre (par exemple, le début du mot « girafe » correspond à la lettre *j,* le début du mot « coq » à la lettre *k*). En vous servant du modèle donné à la figure 5.5, demandez à l'enfant d'écrire à sa manière le nom de chaque animal dans la case qui y correspond. Vous pourrez ainsi vérifier si l'enfant exploite ce qu'il connaît au sujet du nom des lettres pour écrire des mots. Vous pourrez aussi voir si l'enfant utilise plus de lettres pour écrire un mot long que pour écrire un mot court. La grille présentée au tableau 5.8 vous permettra de déterminer le niveau atteint par l'enfant dans l'usage du système alphabétique.

tableau 5.8 Grille d'analyse de l'usage du système alphabétique

Niveau 1	Rien n'indique que l'enfant ait compris le principe du système alphabétique (il n'existe pas de relation entre le mot écrit et le mot dicté).
Niveau 2	On trouve quelques usages du système alphabétique (le début du mot écrit correspond au début du mot oral ou des voyelles sont écrites correctement).
Niveau 3	Il y a une relation permanente entre l'oral et l'écrit (le mot comprend l'ensemble des phonèmes).
Niveau 4	L'orthographe est standard.

EXPLORER LA FORMATION DES LETTRES

Sur le plan graphique, le jeune enfant commence par faire des gribouillis, puis ses gribouillis ressemblent de plus en plus à des dessins ; l'enfant fait ensuite des tracés qui ressemblent non plus à des dessins, mais à des lettres ; par la suite, il écrira des pseudo-lettres pour en arriver aux lettres relativement bien formées. Notons que, parallèlement à cette évolution, l'enfant peut imiter l'écriture cursive de l'adulte, c'est-à-dire remplir des lignes d'une écriture sous forme de vagues (voir la figure 5.6).

Gribouillis

Écriture sous forme de vagues

Gribouillis ressemblant à des lettres

Pseudo-lettres

Il est important de comprendre que l'exécution de l'écriture par l'enfant et sa conception de l'écriture ne vont pas toujours de pair. Un enfant peut reproduire parfaitement un message écrit et penser avoir « dessiné » un message, alors qu'un autre enfant ne tracera que des pseudo-lettres, mais en ayant clairement l'intention d'écrire quelque chose.

L'observation

Même s'il est parvenu à un stade plus avancé dans l'acquisition de l'écriture, l'enfant peut continuer à produire des formes « primitives » d'écriture (Sulzby et Teale, 1991). Il tracera, par exemple, des lettres pour écrire des mots courts ou familiers, mais se servira de l'écriture sous forme de vagues pour écrire une phrase ou un texte plus long. Le tableau 5.9 présente une grille d'observation relativement aux formes d'écriture.

tableau
5.9

Grille d'observation de l'aspect graphique de l'écriture

Niveau 1	Dessins ou gribouillis
Niveau 2	Gribouillis ressemblant à de l'écriture
Niveau 3	Pseudo-lettres
Niveau 4	Lettres

LES INTERVENTIONS PÉDAGOGIQUES POUR FAVORISER L'ACQUISITION DE L'ÉCRITURE

Plusieurs interventions pédagogiques sont possibles pour aider l'enfant dans ses premiers pas en écriture. Nous en décrivons deux ci-dessous.

Créer un coin-écriture

La présence d'un coin-écriture dans votre classe est propre à stimuler l'émergence de l'écriture chez les enfants. Ces derniers seront portés à fréquenter le coin-écriture s'il est organisé de façon attrayante et si vous encouragez l'écriture dans la classe. Le coin-écriture contiendra, outre une table et des chaises, du papier et des crayons de formats et de couleurs variés (du papier de couleur, du papier ligné ou non ligné ; des crayons, des marqueurs, des craies), des exemples d'écriture, du matériel pour fabriquer des livres (du carton, une agrafeuse, des magazines), une liste des mots que les élèves veulent souvent écrire, des abécédaires, des lettres mobiles, un magnétophone pour enregistrer les histoires que les enfants dicteront et que vous écrirez plus tard, un babillard pour afficher les productions des enfants, etc.

Si vous avez la chance d'avoir un ordinateur ou une machine à écrire, il peut être intéressant de les placer sur des tables séparées de manière à reproduire un secrétariat ou un poste de travail : les enfants pourront ainsi jouer à « aller travailler », à envoyer des lettres, à remplir des commandes, et ainsi de suite. Il est par ailleurs souhaitable que le coin des arts ou le coin-lecture soient près du coin-écriture de façon que l'enfant qui veut illustrer son texte ait des moyens variés à sa disposition et que celui qui veut regarder des livres en guise de source d'inspiration puisse le faire.

Encourager l'écriture personnelle

On constate souvent que l'intervention en écriture, dans les classes de la maternelle, se résume à faire copier le prénom et transcrire quelques mots sur une carte de souhaits. Cependant, sachant que l'écriture s'acquiert par approximations successives dans l'interaction avec des scripteurs plus avancés, on permettra aux enfants de faire leurs propres essais d'écriture.

Précédemment, nous vous avons proposé d'observer la conception de l'écriture de l'enfant en lui demandant d'écrire une histoire et de vous la relire. Face à cette proposition, il y a de fortes chances que votre première réaction ait été de vous dire : « Comment peut-on demander aux enfants d'écrire une histoire alors qu'ils ne savent pas écrire ! On pourrait peut-être leur demander d'écrire leur prénom, mais certainement pas une histoire. » Ou encore, vous avez peut-être pensé : « L'enfant aura-t-il des modèles ? L'adulte lui dira-t-il comment écrire chaque mot ? » Ces réactions sont normales. Mais supposons que vous acceptiez de faire l'activité avec les enfants et que vous leur demandiez d'écrire une histoire, que pensez-vous qu'il va se passer ? Eh bien, tous les enfants écriront. Bien sûr, ils écriront d'une manière libre, non conventionnelle, mais ils écriront. Vous verrez alors se manifester des comportements très variés, révélateurs de stades d'écriture différents.

Une fois que vous aurez franchi cette étape (qui n'est pas facile, car elle nécessite une nouvelle vision de l'évolution de l'écriture), votre rôle sera de soutenir les enfants dans leur démarche. Pour ce faire, certaines lignes de conduite vous seront utiles :

1. Donnez des directives claires. Si vous voulez que l'enfant écrive, dites-lui : « Écris une histoire » ou « Écris une lettre à ta mère » ; ensuite, demandez-lui : « Lis-moi ton histoire », « Lis-moi ta lettre ». Il faut que l'enfant ait un objectif pertinent pour écrire.

2. Rassurez l'enfant en lui disant : « Ce n'est pas nécessaire que tu écrives comme les grands, écris simplement à ta manière. » (Sulzby et Barnhart, 1992.) Acceptez toutes les formes d'écriture produites par les enfants, car ils en sont à différents stades. Cela ne veut pas dire, cependant, que vous ne devez pas aider l'enfant à évoluer dans l'acquisition de l'écriture. En effet, un des dangers de cette approche est de laisser les enfants tourner en rond et de ne pas les amener à accéder à des formes d'écriture plus avancées.

3. Expliquez clairement votre démarche aux parents en insistant sur le fait que l'écriture suit un processus d'évolution. On ne peut pas demander à un enfant qui écrit sous forme de gribouillis de corriger son texte pour qu'il respecte l'orthographe. Mais on pourra faire cela avec un enfant qui écrit suivant un mélange de graphie standard et d'écriture provisoire.

4. Prévoyez des activités qui encouragent l'écriture. Les enfants peuvent signer leur nom sur la feuille de présence en arrivant

en classe, ils peuvent écrire sous leur dessin, s'envoyer des messages les uns aux autres dans un système postal organisé dans la classe, etc. Dans le coin-écriture, il est important d'exposer des échantillons d'écriture des élèves plus avancés; ces échantillons inciteront souvent un enfant qui ne faisait que des gribouillis à commencer à tracer des pseudo-lettres, ou un autre qui faisait des pseudo-lettres à former des lettres.

5. Ne servez cependant pas vous-même de modèle pour l'écriture provisoire, car il s'agirait d'un processus artificiel. En tant qu'adulte, vous avez dépassé le stade de l'écriture provisoire et vous savez écrire les mots correctement. Même si un enfant peut écrire «jraf» pour le mot «girafe», il ne serait pas approprié que vous montriez aux enfants que, si on entend le son [j] au début du mot, on peut représenter ce son par la lettre *j*. Mais pourquoi ne pas laisser les enfants qui sont au stade de l'écriture provisoire montrer à des enfants moins avancés comment ils procèdent pour écrire un mot à leur manière?

CONCLUSION

l'émergence de la lecture est un phénomène fascinant à observer chez l'enfant. Plus vous posséderez de connaissances sur l'émergence de la lecture, plus vous pourrez la faciliter dans le respect du développement de l'enfant. Les interventions à la maternelle porteront sur les principales habiletés qui caractérisent l'émergence de la lecture; elles amèneront essentiellement les enfants à découvrir la nature et les fonctions de la lecture et de l'écriture.

6

CHAPITRE 6

LE LECTEUR DÉBUTANT

INTRODUCTION

'enfant qui arrive en première année a déjà une certaine conception de la lecture, mais, à l'école, il recevra un enseignement plus formel. On s'attend à ce qu'à la fin de l'année il fasse partie du «grand club des lecteurs», c'est-à-dire qu'il soit autonome devant des textes pour lecteurs débutants. Quel chemin devra-t-il parcourir au cours de cette année? Comment se fait le passage du statut d'apprenti lecteur à celui de lecteur débutant? Comment l'enfant passe-t-il de la reconnaissance des symboles écrits dans l'environnement à la lecture autonome d'une page qu'il aborde pour la première fois? Dans ce chapitre, nous traiterons précisément de la période d'acquisition des stratégies initiales de lecture en première année.

L'IMPORTANCE DE LA PREMIÈRE ANNÉE

Toutes les personnes qui ont travaillé avec des enfants de première année savent à quel point cette année est cruciale en ce qui a trait aux progrès scolaires ultérieurs des enfants. Les recherches des dernières années ont d'ailleurs montré que la meilleure façon de prévenir les difficultés de lecture consiste dans un enseignement de qualité en première année (Snow, Burns et Griffin, 1998). D'autres études ont révélé que les enfants qui sont en difficulté de lecture à la fin de la première année se situent encore parmi les lecteurs faibles en troisième et en quatrième année (Clay, 1991; McGill-Franzen et Allington, 1991). Enfin, des données sur l'abandon scolaire au Québec indiquent que 49,6 % des élèves qui ont doublé leur première année ne terminent pas leurs études secondaires (Ministère de l'Éducation du Québec, 1991).

Vous êtes angoissé face à une telle responsabilité? Vous vous dites peut-être: «Et si les enfants de ma classe n'apprenaient pas à lire?» Vous devrez en venir à faire confiance aux capacités d'apprentissage de vos élèves. Les enfants qui arrivent en première année ont réalisé des apprentissages extraordinairement complexes depuis leur naissance. Ils sont habiles à apprendre quand on leur laisse la chance d'utiliser au maximum leurs capacités d'apprentissage. En outre, rien n'est plus gratifiant pour un enseignant que de voir les enfants évoluer de façon si surprenante au cours de la première année.

LES PROFILS DE LECTEURS AU DÉBUT DE LA PREMIÈRE ANNÉE

Les 25 élèves (plus ou moins) qui composent une classe de première année sont très différents les uns des autres. Cette diversité, déjà apparente à la maternelle, ne fait que s'accentuer en première année. Certains enfants apprendront facilement à lire alors que d'autres prendront du retard. Dès le début de l'année, vous remarquerez divers profils de lecteurs.

LES LECTEURS PRÉCOCES

Vous aurez peut-être dans votre classe un enfant qu'on appelle un « lecteur précoce ». Sur 100 enfants qui entrent en première année, on trouve au moins un enfant qui sait déjà lire (Giasson et autres, 1985). Ces enfants sont une richesse pour votre classe ; ils peuvent servir de modèles de lecteurs et de tuteurs pour leurs pairs, ils peuvent vous aider à stimuler la classe de différentes façons. Il ne faudra pas les laisser de côté en attendant que les autres les rattrapent ; au contraire, il faudra leur fournir des livres à leur niveau, ce qui ne sera pas difficile si votre bibliothèque de classe est bien garnie.

LES EXPLORATEURS

Une bonne proportion des enfants de votre classe ne demanderont qu'à apprendre à lire. Ces enfants ont déjà fait un nombre considérable d'acquisitions avant leur entrée formelle dans l'écrit ; souvent, on dit d'eux qu'ils apprendraient à lire peu importe le type d'enseignement. Cela ne signifie pas que votre rôle aura moins d'importance ; il sera du même genre qu'avec les lecteurs précoces, c'est-à-dire qu'il faudra leur donner la chance de se développer. Ce type de lecteurs, qu'on pourrait appeler les « explorateurs autonomes », présentent trois caractéristiques (Purcell-Gates, 1991) :

☐ ils entrent à l'école avec un intérêt marqué pour l'écrit ; ils s'attendent à trouver un sens dans ce qu'ils lisent et écrivent ;

☐ ils sont actifs dans leur exploration de l'écrit ; ils cherchent à lire tout ce qui peut se lire dans l'environnement. Dans les activités de lecture, ils s'offrent toujours pour lire et, pendant les périodes d'activités libres, ils choisissent des activités de lecture ;

☐ ils sont capables de combiner des stratégies différentes (utiliser l'image, déchiffrer, prévoir). Avant tout, ils recherchent du sens. Au milieu de la première année, ils lisent autant dans des livres de bibliothèque que dans leur manuel de lecture.

LES LECTEURS DÉPENDANTS

Vous aurez également sans doute dans votre classe quelques enfants qui présenteront un profil de lecteurs dépendants. Ces enfants finissent d'habitude par réussir leur apprentissage grâce à un soutien important autant de la part des parents que de la part de l'enseignant. Les comportements suivants caractérisent ce type de lecteurs :

☐ ils peuvent laisser croire qu'ils sont à la tâche, mais ils s'investissent peu dans leur apprentissage. Pour eux, lire consiste à énoncer les mots qu'ils connaissent et à attendre que quelqu'un leur dise les autres ;

☐ ils intègrent difficilement les différents concepts reliés à la lecture. Ils sont capables de remplir des pages d'exercices, mais ils ont de la difficulté à coordonner l'ensemble des stratégies et à les généraliser ;

☐ ils s'attendent à ce que l'école leur enseigne sans qu'ils aient à faire d'efforts. Ils se fient également au soutien donné à la maison pour les aider à l'école.

LES LECTEURS DÉPASSÉS PAR LE PROGRAMME

Il est aussi fort probable que vous aurez dans votre classe un ou quelques enfants (dans des proportions variables selon les milieux) qui correspondront au profil de « lecteurs dépassés par le programme ». Ces enfants, qui demanderont plus d'attention de votre part, présentent les caractéristiques suivantes (Purcell-Gates, 1991 ; McIntyre, 1992) :

☐ ils ont une conception de la lecture très éloignée de ce qui est enseigné en classe. Ces enfants considèrent les mots comme des dessins. Ils ne font pas de distinction entre le concept de « lettre » et celui de « mot » ; la relation entre les lettres et les sons est loin d'être claire pour eux. Ils pensent que la seule façon d'apprendre les mots consiste à s'en faire une image en utilisant un indice ou l'autre ; ils essaient de deviner le mot à l'aide de la première lettre, sans l'analyser et sans s'occuper du contexte ;

☐ ils comprennent mal les tâches de lecture. Ils utilisent des stratégies inefficaces : ils répondent au hasard ou copient sur le voisin. Dans les lectures en groupe, ils peuvent donner l'impression de lire, mais ils ne regardent pas le texte. Dans les activités libres, ils ne s'intéressent pas à l'écrit ;

☐ ils recherchent constamment de l'aide individuelle et retirent peu de chose de l'enseignement de groupe. Ce ne sont pas des enfants passifs ; au contraire, ils essaient activement d'utiliser l'information donnée par l'enseignant, mais ils n'ont pas assez d'expérience pour y arriver. Cette non-efficacité des stratégies conduit certains enfants à la frustration et à l'agressivité.

COMMENT COMMENCER L'ENSEIGNEMENT DE LA LECTURE

Vous n'avez jamais enseigné en première année et vous vous demandez comment les enfants pourront apprendre tant de choses en si peu de temps ? Votre première réaction est peut-être de penser qu'il faut enseigner aux élèves d'abord les lettres de l'alphabet, puis les syllabes et enfin des mots.

À première vue, l'idée semble logique, puisque notre système d'écriture est un système alphabétique. Depuis l'invention de l'alphabet, la façon courante de concevoir l'enseignement de la lecture a été, en effet, d'enseigner aux enfants le nom des lettres, puis de les amener à associer les lettres pour former des syllabes et des mots. On rapporte même qu'au temps de la Rome antique, un riche Romain, pour enseigner à lire à son fils, avait acheté autant d'esclaves que l'alphabet comptait de lettres à l'époque : chaque esclave portait le nom d'une lettre et, en se tenant par la main deux à deux, ils pouvaient former des syllabes. Le père voulait ainsi concrétiser pour son fils l'apprentissage de la lecture.

Le procédé qui consiste à assembler des lettres pour former des syllabes semble facile, car on passe d'une unité simple, la lettre, à une unité plus complexe, la syllabe. Cependant, nous avons appris au fil des expériences que, pour un enfant, le mot est une unité plus simple que la syllabe ou le son, parce que le langage oral n'exige pas l'analyse en syllabes et en sons.

Ainsi, on ne commencera pas l'enseignement de la lecture en présentant une à une des lettres qui se combineront en syllabes et en mots. Que fera-t-on alors ? On donnera aux enfants des textes qui se rapprochent de leur langage et on leur enseignera *graduellement* à utiliser une *combinaison* de stratégies, cela en leur offrant beaucoup d'aide au début de l'apprentissage. Parmi ces stratégies figure, bien sûr, le recours aux lettres et aux syllabes, mais elles ne seront pas les seuls indices et, de plus, elles seront présentées dans un contexte significatif afin que l'enfant en comprenne bien l'utilité.

La démarche consiste essentiellement à enseigner globalement certains mots aux enfants, sur lesquels ils pourront s'appuyer pour approcher le code, ce qui peut être fait dès les premières semaines de l'entrée à l'école. Il ne s'agit pas de faire apprendre des mots globalement pendant des semaines, puis de dire à l'enfant que, maintenant, il doit apprendre à décoder. Tout doit être intégré. Au début de l'année, vous interviendrez probablement plus sur le plan du contexte et des mots connus globalement, mais vous attirerez quand même l'attention des enfants sur des éléments à l'intérieur même du mot (les lettres, les syllabes, etc.). L'objectif est de fournir au lecteur débutant toutes les stratégies utiles pour identifier des mots et comprendre ce qu'il lit.

LES STRATÉGIES DE LECTURE À ACQUÉRIR EN PREMIÈRE ANNÉE

Au cours de sa première année, l'élève aura à acquérir des stratégies de compréhension et des stratégies d'identification de mots. Ces deux types de stratégies seront étroitement liées dans toutes les activités d'enseignement. Le jeune lecteur doit donc développer une attitude de recherche de sens, tout en devenant de plus en plus habile dans l'utilisation des stratégies d'identification de mots ; on peut regrouper ces dernières dans trois catégories :

1)   le recours au vocabulaire global ;

2)   l'utilisation du contexte ;

3)   le décodage.

C'est à ces stratégies que nous nous intéresserons dans les prochaines sections, en commençant par la recherche de sens.

COMPRENDRE QUE LA LECTURE EST UNE RECHERCHE DE SENS

La conception que les lecteurs débutants ont de la lecture constitue une variable de grande importance. Nous avons vu au chapitre 5, qui portait sur l'émergence de la lecture chez l'enfant d'âge préscolaire, que cette conception est clairement reliée à la réussite en fin d'année. Les enfants qui réussissent sont ceux qui arrivent à l'école convaincus qu'ils perceront les mystères de la lecture et certains que ces mystères en valent la peine.

En premier lieu, il faut ancrer très tôt, chez tous les élèves, la conviction que la lecture est synonyme de compréhension. Le message clair à transmettre aux enfants peut se formuler comme suit :

Lire, c'est comprendre ce que l'auteur d'un livre a à vous dire. Vous devez comprendre ce que vous lisez aussi clairement que si l'auteur vous parlait. Si vous ne comprenez pas ce que quelqu'un vous dit, vous lui demandez : « Eh, qu'est-ce que tu dis ? Je ne comprends pas. » Vous ne le laissez pas continuer avant d'avoir compris ce qu'il dit. Quand vous lisez et que vous ne comprenez pas, vous devez faire la même chose. Si vous trouvez que ce que vous lisez n'a pas de sens, arrêtez-vous et demandez-vous pourquoi. Vous lisez pour vous faire plaisir à vous-même et non pour faire plaisir à l'enseignant ou à quelqu'un d'autre.

Pour connaître plus précisément la conception que l'enfant a de la lecture, vous pouvez exploiter de façon informelle, au cours d'entretiens individuels, des questions comme celles-ci (Sturtevant et autres, 1991) :

☐ Aimes-tu lire ? Pourquoi ?

☐ Quel est le meilleur lecteur que tu connais ? Qu'est-ce qui en fait un bon lecteur ?

☐ Connais-tu un enfant qui ne sait pas lire ? Comment lui expliquerais-tu ce qu'est la lecture ?

☐ Que font les adultes pour t'aider à apprendre à lire ?

☐ Que fais-tu quand tu rencontres un mot que tu ne connais pas ?

☐ Que fais-tu si tu ne comprends pas ce que tu lis ?

☐ Quel est le meilleur moyen de devenir un bon lecteur ?

☐ Penses-tu que tu es un bon lecteur ? Pourquoi ?

Il arrive souvent que des enfants fassent des découvertes capitales sur le fonctionnement de la lecture au cours des entretiens qui exploitent ce type de questions. Ces entretiens sont particulièrement importants dans le cas d'enfants qui, parce qu'ils n'ont pas saisi l'enjeu de la lecture, se montrent plus lents que les autres (Rogovas-Chauveau, 1993).

RECOURIR AU VOCABULAIRE GLOBAL

On entend par vocabulaire global les mots que le lecteur peut identifier instantanément, sans analyse. Dès la première journée de classe, vous proposerez aux enfants d'apprendre quelques mots, par exemple les mots *bonjour* et *amis,* qui seront repris les jours suivants dans le message du matin. Évidemment, on n'enseignera pas tous les mots de façon globale aux enfants, mais on leur permettra d'apprendre un premier bagage de mots de façon qu'ils puissent lire déjà de courts textes composés de ces mots. Ceux-ci les aideront également à constater les ressemblances et les différences entre les mots.

Le choix des mots à enseigner globalement

L'ensemble des mots à enseigner globalement se compose généralement des prénoms des enfants de la classe, des mots désignant des objets étiquetés dans l'environnement, de certains mots des textes lus et analysés en groupe, de certains mots qui ont attiré l'attention des élèves et des mots fréquents. Ces derniers forment une catégorie particulière à l'intérieur du vocabulaire global, c'est pourquoi nous nous y intéressons de plus près.

Les mots fréquents

Il existe une liste de mots qui composent à peu près 50 % des textes en langue française, que ce soient des textes qui s'adressent aux enfants ou des textes qui s'adressent aux adultes. Cette liste est constituée en grande partie de mots-outils (voir le tableau 6.1).

tableau 6.1   **Mots fréquents en français**

à, au, aux	en	où	soi
aller*	et	par	son, sa, ses,
autre	être*	pas	sur
avec	faire*	plus	t', te, tu, toi
avoir*	il, ils	pour	ton, ta, tes
bien	j', je, m', me, moi	pouvoir*	tout, tous
c', ce, cet, cette, ces	jour	prendre*	un, une, uns, unes
comme	l', le, la, les	qu', que	venir*
d', de, du, des	leur, leurs	qui	voir*
dans	lui	s', se	votre, vos
dire*	mais	sans	vouloir*
donner*	mon, ma, mes	savoir*	vous
elle, elles	n', ne	si	y

* Y compris toutes les formes conjuguées du verbe.

L'idée qu'une si courte liste puisse composer plus ou moins 50 % des textes français vous laisse peut-être sceptique. Pour vous convaincre de la prépondérance de ces mots dans les écrits, examinez l'analyse présentée au tableau 6.2. Vous pouvez constater que le texte, qui s'adresse à des enfants de première année, contient des mots fréquents dans une proportion de 63 %. Tentez vous-même l'expérience avec un texte de votre choix et vous verrez que le résultat tournera autour de 50 % de mots fréquents.

tableau 6.2

Analyse d'un texte en fonction des mots fréquents

Texte	Mots fréquents
Fiction	
Moi, je voulais un chien. Maman ne voulait pas.	moi, je, voulais, un, ne, voulait, pas
J'ai pleuré, j'ai boudé. C'était non ! Pas de chien !	j', ai, j', ai, c', était, pas, de
J'ai même fait mon lit pendant une semaine !	j', ai, même, fait, mon, une
C'était toujours non !	c', était
Alors, j'ai inventé un chien : Fiction. Je l'ai appelé	j', ai, un, je, l', ai
Fiction parce que la fiction c'est une chose qui n'est	que, la, c', est, une, qui, n', est
pas vraie. Papa me l'a dit.	pas, me, l', a, dit
Fiction n'est pas un vrai chien. C'est pour	n', est, pas, un, c', est, pour
faire semblant. Je fais semblant de dormir	faire, je, fais, de
avec Fiction. Je fais semblant de lui donner	avec, je, fais, de, lui, donner
son bain.	son
Ah ! Si Fiction était un vrai chien !	si, était, un
	Pourcentage de mots fréquents : 63 %

Source : S. Guillemette, G. Létourneau et N. Raymond, *Mémo 1. Manuel de l'élève 4*, Boucher-ville (Québec), Graficor, coll. « Mémo », 1990, p. 20.

Il est bien évident que, si le lecteur reconnaît les mots fréquents de façon instantanée, il pourra porter une plus grande attention aux autres mots de la phrase. Cependant, comme ces mots apparaissent dans tous les textes, il n'est pas nécessaire de les présenter isolément. Ils feront toutefois partie des mots-étiquettes manipulés en classe par les enfants pour former des phrases.

L'enseignement du vocabulaire global

Le vocabulaire global ne s'acquiert pas spontanément. Il est le fruit de la lecture régulière de textes, des expériences d'écriture des enfants, de la vue répétée des mêmes mots sur les affiches et sur les étiquettes.

Pour regrouper les mots qui proviennent des textes lus par le groupe, vous pouvez utiliser un tableau d'affichage ou un dictionnaire mural sur lequel vous ajouterez de 5 à 10 mots par semaine (Brabham et Villaume, 2001). Les mots seront écrits (en gros caractères) sur des cartons et classés selon un système de votre choix : ordre alphabétique, catégories de mots (les verbes, les noms, etc.) ou thème (les animaux, les aliments, les personnes, etc.). Ces mots seront également copiés sur de petits cartons qui deviendront autant de mots-étiquettes qui seront remis à tous les enfants ; ceux-ci auront ainsi la possibilité de les manipuler pour composer des phrases. Signalons que les enfants pourront se référer à cette banque de mots pour les activités de rédaction de textes personnels.

L'apprenti lecteur apprendra donc à lire des mots globalement. Cependant, tous les mots ne pourront être appris de façon globale, car, après l'acquisition d'un premier bagage de vocabulaire visuel, il se produit rapidement une saturation de l'apprentissage.

SE SERVIR DU CONTEXTE

Quand il écoute, l'enfant se réfère à la tournure des phrases, au contexte et au sens des paroles prononcées pour faire des hypothèses sur la suite et pour les vérifier. Les mêmes habiletés seront transférées à l'écrit. En lecture, l'utilisation du contexte consistera à se servir des indices donnés par l'ordre des mots dans la phrase (la syntaxe) et par le sens des mots qui précèdent et qui suivent le mot à identifier. Il va sans dire que, pour utiliser efficacement le contexte comme soutien à l'identification de mots, le lecteur doit pouvoir lire la plupart des autres mots de la phrase. Si tel n'est pas le cas, il ne possédera pas assez d'informations pour formuler une hypothèse.

Le contexte peut être utilisé, par exemple (Goigoux, 1992) :

☐ pour anticiper ce qui va être lu ; l'enfant ne fait alors qu'une analyse partielle des données graphiques ;

☐ pour contrôler la validité et la reconnaissance du mot ;

☐ pour reconnaître des mots irréguliers, difficiles à décoder ;

☐ pour faciliter un décodage partiel, amorcé sur la première syllabe, le nombre de mots acceptables se trouvant considérablement réduit.

Toutes les activités de type *closure* sont de nature à faire comprendre aux élèves l'utilité du contexte. La technique de la *closure* consiste à enlever un mot dans une phrase et à demander aux élèves de la compléter. Les activités de ce type permettent aux élèves de se rendre compte que leurs connaissances du langage oral leur servent à deviner ce qui va suivre dans un texte. Prenons la phrase « Papa a décoré le sapin de ... ». Les enfants devineront sans problème le mot « Noël », même si ce mot est nouveau à l'écrit pour eux.

On classe également le recours à l'illustration dans l'ensemble des stratégies reliées au contexte. Les illustrations peuvent être des indices complémentaires importants au début de l'apprentissage. Cependant, si dans un premier temps elles constituent un soutien direct, elles doivent rapidement devenir une aide globale pour l'identification de mots particuliers.

Utiliser le contexte n'est pas synonyme de réciter le texte par cœur

Utiliser le contexte est souvent associé à réciter par cœur. Que penser des lecteurs qui, au début de l'année, lisent leur texte en utilisant presque exclusivement leur mémoire? Il n'y a rien de mal à ce que la mémorisation d'un texte appuie la lecture d'un débutant, à condition que cela aboutisse à d'autres comportements, à la prise en considération d'autres indices. La mémoire est en effet une aide intéressante à exploiter au début de l'apprentissage de la lecture, mais on ne doit pas faire apprendre le texte jusqu'à ce que les enfants le récitent sans même regarder le livre. Il faut que l'enfant puisse se servir de sa mémoire pour faciliter ses hypothèses, mais il doit en même temps utiliser des stratégies axées davantage sur le texte lui-même.

Utiliser le contexte n'est pas synonyme de deviner

Vous avez probablement déjà rencontré des enfants qui font des hypothèses parfois fort différentes sur le contenu du texte: on dira que ce sont des enfants qui «devinent» au lieu de lire. En effet, certains enfants font une lecture fantaisiste sans s'apercevoir, apparemment, qu'il faut tenir compte du message de l'auteur. Il s'agit là d'un exemple où l'élève se limite à une seule stratégie. Il est important d'intervenir pour amener ces lecteurs à se servir également des indices graphiques lorsqu'ils feront des hypothèses et les vérifieront.

Utiliser le contexte ne remplace pas le décodage

Aujourd'hui, le décodage a perdu, au profit de la compréhension, la place exclusive qu'il occupait dans les méthodes traditionnelles. Certains ont pensé que l'utilisation du contexte pouvait remplacer le décodage. Tel n'est pas le cas. De nombreuses recherches ont montré que l'habileté à décoder est reliée à la compréhension. Les premières études psycholinguistiques avaient conclu que les bons lecteurs se concentraient sur le contexte et les mauvais lecteurs, sur le décodage. Des études ultérieures ont indiqué que ce qui distingue en fait les bons lecteurs des moins bons, ce n'est pas l'utilisation du contexte, mais bien l'habileté à reconnaître les mots efficacement et rapidement. Bref, les mauvais lecteurs recourent au contexte au détriment des autres stratégies dans l'identification de mots, tandis que les bons lecteurs emploient une combinaison de stratégies (Stanovich, 1991). À vrai dire, si l'utilisation du contexte pour identifier un mot est fréquente au début de l'apprentissage, elle tend à diminuer graduellement jusqu'à la fin du primaire, pour la raison évidente que le lecteur est de plus en plus capable de décoder les mots rapidement sans devoir émettre des hypothèses à partir du contexte.

DÉCODER DES MOTS NOUVEAUX

Décoder, c'est se servir des lettres pour identifier un mot. Le décodage est un outil indispensable qui doit être intégré dans l'ensemble des stratégies d'identification de mots ; il ne sera pas perçu comme le seul moyen à la disposition du lecteur débutant, mais son enseignement ne sera pas non plus laissé au hasard.

On peut dégager deux étapes dans l'acquisition du décodage : 1) la découverte du principe alphabétique ; 2) la maîtrise progressive du code. Avant de voir ce qui caractérise ces deux étapes, nous examinerons quelques particularités de la langue française qui sont importantes dans l'acquisition du décodage en lecture.

Les particularités de la langue française

Notre système d'écriture est un système alphabétique : la combinaison de 26 lettres permet de construire des milliers de mots différents. Dans une langue alphabétique, on pourrait s'attendre à ce que chaque son de la langue soit toujours représenté par la même lettre à l'écrit. C'est le cas en grande partie pour plusieurs langues, comme l'espagnol, l'italien et l'allemand, qui s'écrivent de manière presque entièrement prévisible. Par exemple, en espagnol, des mots comme *gringo* (étranger) et *pago* (paiement) s'écrivent comme ils se prononcent.

La situation est différente pour le français. Il existe, dans la langue française, 36 phonèmes (16 voyelles, 17 consonnes et 3 semi-voyelles) représentés par un nombre considérable de graphèmes. Un même phonème peut être représenté de plusieurs façons ; par exemple, le phonème [o] se traduira, entre autres, par *o, ot, au, eau, ôt*. C'est pourquoi l'orthographe de la langue française est difficile à maîtriser. Par contre, la tâche est plus aisée en lecture. En effet, une bonne partie des graphèmes se prononcent toujours de la même façon ; par exemple, le graphème *eau* se prononce de la même façon que ce soit dans les mots « chapeau », « cadeau » ou « râteau ». Il existe toutefois de nombreuses exceptions dans lesquelles une même lettre se prononce différemment selon le contexte du mot (par exemple, le *o* se prononcera [ɔ] dans *robe* et [o] dans *dos*).

Les définitions qui suivent sont susceptibles de vous aider à bien cerner les concepts reliés au décodage :

> ☐ *Phonème*. Un phonème est une unité sonore qui permet des distinctions sémantiques. « Dans le mot *sol*, il y a trois phonèmes : [s], [ɔ], [l]. Aucun de ces sons n'est décomposable en

unités plus petites. De plus, ces sons sont distinctifs, car ils s'opposent à d'autres sons. Par exemple, la distinction entre les mots *sol* et *vol* repose sur la différence entre les phonèmes [s] et [v]. » (Chartrand et autres, 1999, p. 9.) Le concept de phonème est donc propre à la langue orale.

☐ *Graphème.* On appelle « graphème » une lettre ou une suite de lettres correspondant à un phonème. Par exemple, les graphèmes *o, au, eau, ô, hau* traduisent le phonème [o]. Les concepts de lettre et de graphème ne sont donc pas synonymes, car un graphème peut comprendre plusieurs lettres. Le concept de graphème est propre à la langue écrite.

☐ *Graphème simple.* Le graphème simple est composé d'une seule lettre : le mot « ami » comprend trois graphèmes simples (*a-m-i*).

☐ *Graphème complexe.* Un graphème est dit complexe lorsqu'il est composé de plusieurs lettres ; par exemple, le mot « chaud comprend deux graphèmes complexes : *ch* et *aud*.

☐ *Digramme et trigramme.* Lorsque le graphème complexe est composé de deux lettres, on parle de digramme (par exemple, *ou, au, an*), alors qu'un graphème comportant trois lettres porte le nom de trigramme (par exemple, *eau, ain*).

☐ *Correspondance graphème-phonème, relation lettre-son, correspondance graphophonologique.* Ces trois expressions renvoient toutes à la façon dont se prononce un graphème dans un mot. Par exemple, pour décoder le mot « chat », il faut connaître deux relations, c'est-à-dire qu'il faut savoir comment se prononcent les graphèmes *ch* et *at*.

exercice

Petit exercice de récapitulation

Dans les mots « pain », « chapeau » et « transformer » :

- Combien y a-t-il de lettres ?
- Combien y a-t-il de graphèmes ?
- Combien y a-t-il de phonèmes (dans le mot prononcé) ?
- Combien y a-t-il de digrammes ?
- Combien y a-t-il de trigrammes ?
- Combien faut-il connaître de relations graphème-phonème pour lire chaque mot ?

Voir la solution à la page 199.

Découvrir le principe alphabétique

La découverte du principe alphabétique est une étape essentielle dans l'évolution de l'apprenti lecteur. Ce dernier doit se rendre compte qu'il existe une relation entre le mot oral et le mot écrit et que cette relation s'établit par des unités inférieures au mot, c'est-à-dire des phonèmes assemblés en syllabes. Il doit aussi découvrir que les sons entendus dans le mot à l'oral sont représentés dans le même ordre dans le mot écrit. Bref, il doit découvrir que l'agencement des lettres dans le mot n'est pas dû au hasard, mais qu'il est gouverné par un code phonologique. À cinq ans, la plupart des enfants ont déjà découvert que, pour écrire des mots différents, il faut des lettres différentes. En revanche, la majorité d'entre eux ne comprennent pas encore le secret du choix et de l'ordre des lettres dans le mot. Par exemple, un jeune enfant qui reconnaît pourtant son prénom écrit pensera qu'il s'agit encore de son prénom même si on modifie l'ordre des lettres qui le composent.

Pour être capable de découvrir le principe alphabétique, l'enfant doit connaître au moins quelques lettres et posséder un certain niveau de conscience phonologique. Cependant, ces connaissances ne permettront pas automatiquement à l'enfant d'accéder à la compréhension du principe alphabétique. En effet, on peut rencontrer des enfants qui connaissent toutes les lettres de l'alphabet et qui réussissent les tests de conscience phonologique sans pour autant comprendre le principe alphabétique (Korkeamäki et Dreher, 2000). La découverte de ce principe est une expérience de type « déclic », elle doit être faite par l'enfant ; personne ne peut le faire à sa place. Certains enfants qui ont eu des expériences fréquentes avec l'écrit feront cette découverte spontanément, mais plusieurs enfants auront besoin de votre aide pour la faire. Nous présentons ci-dessous trois méthodes pour aider l'enfant à découvrir la nature alphabétique de la langue écrite.

Première méthode : l'écriture

L'approche la plus naturelle pour aider l'enfant à découvrir le principe alphabétique est le passage par l'écriture, parce que cette dernière fait appel à la séquence des lettres dans le mot et parce qu'elle requiert la participation active de l'enfant. De plus, si on considère l'apparition de l'écriture dans l'histoire, il faut reconnaître que l'homme a commencé par écrire avant de lire. Comme le dit Ferreiro (1990, p. 7) : « Ce ne sont pas les lettres qui "se prononcent" d'une certaine manière ; ce sont les mots qui s'écrivent d'une certaine façon. »

Concrètement, lorsque l'enfant veut écrire un mot, on lui demandera ce qu'il entend au début du mot quand il le prononce, on lui demandera ensuite quelle lettre pourrait représenter ce son. Par exemple, si un enfant veut écrire le mot « fusée », on l'invitera à prononcer lentement le mot en étirant bien le début, cela pour l'amener à identifier le son [f]. Une fois qu'il a reconnu le son, on lui demandera quelle lettre on pourrait écrire pour représenter ce son.

Il faut bien préciser que ce n'est pas l'orthographe qui est visée ici, mais bien la prise de conscience de la relation entre les sons de la langue et les lettres qui les représentent.

Deuxième méthode : de l'oral vers l'écrit

La deuxième méthode, tout comme la précédente, part de l'oral pour aller vers l'écrit. La séquence suivante facilitera la découverte des premières relations :

1. Écouter les mots pour identifier les sons qui les composent : « Écoutez bien ces mots, vous les connaissez tous : fée, fois, fille. Pouvez-vous me dire ce qu'il y a de semblable dans ces mots ? »

2. Regarder les mots écrits et associer les sons aux lettres : « Regardons maintenant comment ces mots s'écrivent. Qu'est-ce que vous remarquez ? Soulignons la lettre qui est semblable dans tous les mots. Quel est son nom ? Quel prénom d'enfant de la classe commence par un F ? Quels objets (étiquetés) dans la classe commencent par un *f* ? »

Soulignons ici que, pour faciliter la découverte de notre système alphabétique, il est préférable de présenter les correspondances entre la lettre et le son qui sont les plus évidentes. Par exemple, il est plus facile de faire comprendre qu'il existe une relation entre la lettre *f* et le son [f] au début du mot « fête » que de faire saisir la relation entre la lettre *c* et le son [k] au début du mot « cadeau ». En effet, les phonèmes dont on peut allonger le son (les consonnes continues par opposition aux consonnes occlusives) permettent de faire ressortir plus facilement le phonème en cause.

Troisième méthode : la manipulation des lettres

Une autre façon d'aider l'enfant à découvrir le principe alphabétique consiste dans la manipulation de quelques lettres mobiles, de manière à mettre en évidence le résultat de ces manipulations du point de vue de la prononciation. L'Observatoire national de la lecture, à Paris, propose à cette fin une démarche intéressante :

> *Admettons que l'on fasse connaître à l'enfant les lettres A et I (à la fois leur forme et leur nom respectifs). La présentation de PA*

permet d'attirer l'attention de l'enfant sur la différence de son (et d'articulation) entre A et PA ainsi que sur le fait que PA contient A mais aussi une autre lettre juste avant A, lettre qui est responsable du fait que PA ne se prononce pas [a] mais [pa]. Une démonstration similaire peut être faite à propos de I et PI. Après quoi, l'attention de l'enfant peut être attirée sur le fait que la même lettre (même son, même articulation) se trouve avant A dans PA et avant I dans PI (comme le nom de son grand-père, PA-PI). Vient ensuite le moment d'introduire la deuxième consonne, F, à travers par exemple un travail d'analyse sur le nom d'une souris appelée FA. La comparaison entre A, PA et FA mettra en évidence le fait que le son consonantique initial, lorsqu'il existe, peut être différent et s'écrit, dès lors, au moyen d'une lettre différente. Un premier test de compréhension du principe alphabétique peut alors avoir lieu : comment lire le nom (FI) de la petite sœur de la souris FA ? Le maître peut exploiter deux types de relation A-I, FA-F... (/a-i/, /fa-f/...) et PA-FA, PI, F... (/pa-fa/, /pi-f/...). La réussite à ce test implique d'avoir acquis, via l'entraînement (c'est-à-dire l'effort intellectuel suscité par les exemples), trois capacités : celle de concevoir en quelque sorte le phonème /f/ (être capable de segmenter ou analyser FA en phonèmes) ; celle d'associer ce phonème /f/ à la lettre F ; et celle de fusionner ou intégrer deux phonèmes (/f/ et /i/). (Observatoire national de la lecture, 1998, p. 77.)

Cette démarche, qui attire l'attention de l'enfant sur quelques éléments à la fois, sera particulièrement efficace auprès des enfants qui ne montrent, au cours des activités quotidiennes autour de l'écrit, aucune préoccupation quant aux lois qui régissent la langue écrite.

Maîtriser progressivement le code

Lorsque les élèves ont compris le principe alphabétique, leur apprentissage du code ne fait que commencer. Il ne faut pas confondre principe alphabétique et code alphabétique : « Le principe est commun à toutes les langues qui s'écrivent de manière alphabétique. Le code est l'ensemble des correspondances graphème-phonème pour une langue particulière. » (Observatoire national de la lecture, 1998, p. 52.) Nous verrons dans les prochains paragraphes trois aspects reliés à la maîtrise du code : 1) l'agrandissement du bagage d'unités graphiques ; 2) la maîtrise de la fusion syllabique ; 3) la démarche de résolution de problèmes.

Agrandir le bagage d'unités graphiques

L'apprenti lecteur doit agrandir son bagage d'unités graphiques, c'est-à-dire qu'il doit apprendre à reconnaître les éléments du mot écrit qui correspondent à des unités sonores. Il existe plusieurs unités graphiques que le lecteur débutant peut employer pour décoder un mot :

☐ les graphèmes en relation avec les phonèmes. On peut distinguer l'apprentissage des graphèmes simples (*p, f, r,* etc.) et l'apprentissage des graphèmes complexes (*ou, an, eau, on,* etc.). Les futurs enseignants ont souvent l'impression que les enfants auront plus de difficulté à apprendre les graphèmes complexes ; on observe, au contraire, que la plupart des enfants reconnaissent bien les graphèmes complexes les plus courants à la fin de la première année ;

☐ les syllabes écrites associées aux syllabes orales ;

☐ les morceaux de mots, soit des séquences de lettres qu'on trouve souvent dans la langue (par exemple, « tion »). Soulignons qu'il ne s'agit pas ici de trouver « le petit mot dans le grand mot ». Cette dernière stratégie ne peut être utile que dans le cas d'un mot composé comme « bonhomme » ou « parapluie » ;

☐ les éléments qui marquent le pluriel ou qui terminent les formes conjuguées des verbes (par exemple, les lapins ; ils chant**ent**).

Le lecteur débutant peut choisir l'une ou l'autre des unités graphiques ; cependant, plus l'unité sera grande (par exemple, « tion » à côté de « t »), plus facile sera la lecture. Il n'est donc pas nécessaire de décoder les mots en n'ayant recours qu'aux plus petites unités, c'est-à-dire un graphème qui traduit un phonème.

Pour faciliter la mémorisation et l'agrandissement de ce bagage d'unités graphiques, il est pertinent d'afficher en classe des cartes représentant les unités graphiques qui auront été relevées avec les enfants. La plupart des manuels de lecture contiennent des « cartes de son » qui peuvent être affichées en classe. Habituellement, ces cartes mettent en relief la relation entre un phonème et sa représentation graphique la plus fréquente. La carte reproduite à la figure 6.1 donne un exemple : on y voit le mot « feu » au-dessus d'une illustration d'un feu ainsi que le graphème *eu* mis en évidence.

Ces cartes sont pratiques, car elles portent sur les principales relations lettre-son. Cependant, l'idéal est encore de faire participer les enfants à l'élaboration d'affiches où figureront des listes de mots contenant le même graphème, la même syllabe, la même unité; ces affiches seront personnalisées avec les prénoms des enfants de la classe et les phrases travaillées en commun.

Maîtriser la fusion syllabique

La fusion syllabique consiste à unir les sons représentés par deux graphèmes (ou plus) pour former une syllabe. Un enfant peut connaître les sons que représentent, par exemple, les lettres *f* et *i,* mais ne pas savoir comment les unir pour former la syllabe *fi.*

Pour bien comprendre le mécanisme de fusion syllabique, il faut distinguer les types de syllabes. De façon courante, on a recours à un système de notation standard pour identifier la composition des syllabes: dans ce système de notation, la lettre V correspond à toute voyelle ou son vocalique (par exemple, *a, ou, eau, an, on*) et la lettre C renvoie à toute consonne ou son consonantique (par exemple, *f, r, s, ch, ph*).

Il existe trois groupes de syllabes:

☐ la *syllabe simple,* qui comprend une consonne suivie d'une voyelle. Les syllabes *ri, bon, peau* sont des syllabes simples; celles-ci se notent CV;

□   la *syllabe inverse,* qui est composée d'une voyelle suivie d'une consonne. Par exemple, *il, ouf* sont des syllabes inverses ; celles-ci se notent VC ;

□   la *syllabe complexe,* qui résulte de diverses combinaisons. Par exemple, la syllabe CCV (*bleu*), CVC (*cour*), CCVC (*plouf*).

En français, quatre structures rendent compte de la majorité des syllabes : CV (55 %), V (2 %), CVC (14 %) et CCV (14 %). La structure CV est la plus facile pour les lecteurs débutants. À la fin de la première année, les combinaisons CC dans les syllabes CCV (comme « gr » dans « gras ») posent encore des difficultés à plusieurs enfants et la majorité des élèves de première année sont embarrassés par la structure CCVC. Par contre, en deuxième année, les syllabes complexes ne présentent plus de difficultés majeures.

La fusion syllabique consiste donc à unir deux sons ou plus pour former une syllabe. Cette tâche étant relativement complexe, il convient de la rendre plus concrète pour les enfants. Par exemple, à l'aide d'une historiette où figurent des enfants qui jouent dehors, on dessinera un enfant sur un traîneau en haut d'une pente (il portera le nom d'une consonne, comme *f, s,* ou *m*) et son ami qui l'attend au bas de la pente (il portera le nom d'une voyelle). On fera se réunir les deux enfants en simulant la descente de la pente en traîneau : on prononcera le nom de la consonne tout au long de la descente (par exemple, *ffffff*) et on enchaînera avec le nom de l'enfant au bas de la pente (par exemple *i*), ce qui produira une syllabe (*fi* dans notre exemple). De cette façon, la syllabe sera prononcée sans qu'il y ait de coupure entre la consonne et la voyelle, et l'arrimage entre les deux sons sera mis en évidence.

Une fois que les enfants ont acquis l'habileté à unir une consonne et une voyelle, il reste quand même nécessaire de leur enseigner à unir trois sons (par exemple, *f-i-l*) ; on portera une attention particulière à la fusion de deux consonnes (par exemple, *cr, bl*).

Comprendre que décoder équivaut à résoudre un problème

Il faut être attentif au fait que plusieurs élèves ne comprennent pas que les règles de correspondance lettre-son ne leur donnent qu'une approximation du mot et qu'ils doivent eux-mêmes, à partir de cette approximation, trouver une prononciation qui corresponde à un mot connu. Autrement dit, il faut que l'élève dépasse l'application mécanique du décodage. Prenons l'exemple d'un enfant qui décode le mot « jupe » en le découpant en deux syllabes (*ju-pe*) ; cette façon de lire ne lui permet pas de trouver le sens du mot, car « jupe » ne contient à l'oral qu'une seule syllabe (*jup*).

L'enfant devra apprendre à poursuivre ses essais jusqu'à une prononciation qui fera écho à un mot connu à l'oral.

Intégrer les stratégies de compréhension et les stratégies d'identification de mots

Les stratégies que nous venons de voir devront être intégrées pour être efficaces. Concrètement, pour lire une phrase, le jeune lecteur commence par sélectionner des éléments qui lui sont familiers, par exemple des mots connus globalement ou des syllabes. En s'appuyant sur ce qu'il a sélectionné, il fait une hypothèse sur les autres mots ; le contexte l'aidera alors à réduire les possibilités de choix. Pour confirmer son hypothèse, il se demandera si la phrase produite respecte la syntaxe et si elle a du sens, si le mot prédit correspond aux relations entre les lettres et les sons qu'il attendait. Si la confirmation n'a pas lieu, il cherchera d'autres indices et modifiera ses prédictions.

La figure 6.2 illustre la combinaison de ces indices. Dans cette figure, on peut voir que le jeune lecteur émet des hypothèses et les vérifie non pas de façon séquentielle, mais de façon croisée. Le fait d'utiliser un ensemble de stratégies de vérification permet de tolérer les exceptions et les irrégularités. Par exemple, des mots comme « femme » ou « monsieur » ne peuvent être lus par un simple décodage, car ils sont irréguliers, mais ils pourront être compris dans l'ensemble de la phrase.

figure **6.2** **Indices utilisés par le lecteur**

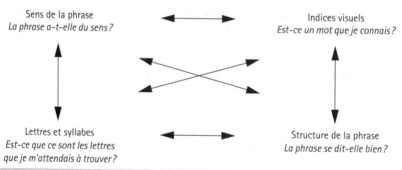

Source : Adapté de C.B. Cazden, *Whole Language Plus*, New York, Teacher College Press, 1992.

Les élèves atteignent le stade de lecteur débutant lorsqu'ils arrivent à coordonner les différentes stratégies. Ils utilisent alors l'ensemble des stratégies et les mettent en relation dans un processus actif de recherche et de vérification. À la fin de la première année, la plupart des enfants en sont à ce niveau : ils lisent en prêtant attention à la signification, ils vérifient plusieurs sources d'information, presque simultanément. En cas d'échec, ils se concentrent sur l'une ou l'autre des stratégies (comme les relations entre les lettres et les sons ou des groupes de lettres) tout en gardant en tête le sens du texte.

Cependant, les élèves qui ont un «départ» difficile en lecture utilisent moins de stratégies. Certains se fient trop aux mots appris globalement et négligent les indices graphiques; ces lecteurs semblent incapables d'utiliser des éléments plus petits que le mot. D'autres se concentrent tellement sur les lettres qu'ils en oublient le message. D'autres enfin ne semblent pas savoir quand leur comportement est approprié; ils ont besoin de supervision fréquente. On trouve une description détaillée des types de lecteurs dans l'ouvrage de Van Grunderbeeck (1994).

LES ACTIVITÉS DE LECTURE EN PREMIÈRE ANNÉE

L'enseignement de la lecture en première année sera conçu à l'intérieur d'une pédagogie intégrée. Nous présentons à la figure 6.3 un modèle qui articule les différentes activités de lecture autour de l'étude d'un thème. Les composantes de ce modèle sont au nombre de six: 1) les activités d'exploration et de langage; 2) la lecture de livres par l'enseignant; 3) la lecture partagée; 4) la lecture guidée; 5) l'écriture partagée; 6) la lecture autonome.

figure **6.3** Modèle d'intégration des activités de lecture en première année

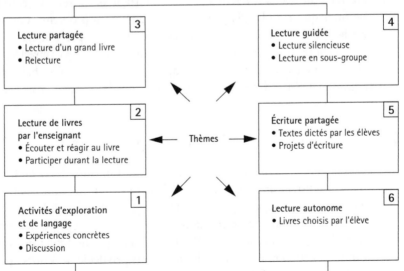

Dans ce modèle, les activités de lecture placent l'élève dans des situations qui vont de la lecture non autonome (lecture à l'enfant) à la lecture semi-autonome (lecture partagée et lecture guidée), puis à la lecture autonome :

☐ la lecture à l'élève : l'enseignant lit pour les enfants ;

☐ la lecture partagée : l'enseignant lit avec l'enfant ;

☐ la lecture guidée : l'enfant lit à l'enseignant ;

☐ la lecture autonome : l'enfant lit pour lui-même.

Soulignons que ces activités ne sont pas linéaires, mais cycliques ; elles varient avec le niveau de difficulté du texte et le développement des habiletés des élèves.

LES ACTIVITÉS D'EXPLORATION ET DE LANGAGE

L'acquisition des connaissances et celle du langage sont des éléments qu'il est essentiel de prendre en considération dans l'enseignement de la lecture. On doit fournir aux enfants des expériences variées reliées au thème qu'on étudie en classe. Vous pourrez apporter différents objets en classe (des graines de légumes, un nid d'oiseau, etc.), faire des démonstrations (comme le mélange de couleurs), inviter des personnes à venir témoigner de leurs expériences (des personnes de différents métiers, de différentes nationalités). Mais, pour que les expériences puissent servir à la compréhension des textes, il est nécessaire d'utiliser le langage pour revenir sur les expériences vécues et pour encourager les enfants à manipuler le vocabulaire relié au thème présenté. Il est important de poser aux élèves des questions qui stimulent la pensée : leur suggérer un problème à résoudre, leur faire émettre des hypothèses, les amener à comparer, à classifier, et ainsi de suite. Il importe également d'encourager les élèves à réfléchir sur des événements éloignés dans le temps et dans l'espace. Ces habiletés en langage oral plus « décontextualisé » faciliteront la compréhension de textes.

LA LECTURE DE LIVRES PAR L'ENSEIGNANT

Chaque jour, vous ménagerez un moment pour lire aux élèves un livre stimulant de littérature pour enfants. Il s'agira de choisir non pas un livre facile, mais un livre susceptible d'intéresser les enfants. Ces livres, que les enfants ne sont pas encore en mesure de lire seuls, sont d'excellents outils pour développer chez les élèves des habiletés de prédiction et de vérification. Ils constituent également des moments privilégiés au cours desquels les élèves réagiront à l'histoire, aux personnages, aux valeurs, etc. (pour des suggestions de lecture aux élèves de première année, voir la bibliographie commentée de Nadon [2002]).

LA LECTURE PARTAGÉE

L'objectif de la lecture partagée est de procurer aux enfants le plaisir de lire une histoire tout en les sensibilisant à l'aspect graphique du texte. Cette activité a pour modèle la lecture qui est faite à la maison par les parents à leur enfant d'âge préscolaire. Dans cette situation, l'enfant est assis près du parent, il voit le livre et voit le parent montrer l'image et le texte ; il interagit pendant la lecture et très souvent il demande qu'on lui relise l'histoire.

Pour reproduire cette situation en classe, l'enseignant exposera les textes dans un grand format, lequel permettra à tous les enfants de suivre le texte en même temps. On peut utiliser des textes écrits au tableau, présentés au rétroprojecteur, transcrits sur de grands cartons. On privilégiera toutefois le grand livre.

L'organisation de la lecture partagée

Les enfants sont assis par terre le plus près possible de l'enseignant de façon à voir le texte ou le livre aisément. Si l'enseignant utilise un grand livre, ce dernier sera placé sur un chevalet ; s'il se sert d'un texte écrit sur un carton ou sur une grande feuille, celui-ci pourra être accroché, à l'aide d'une grosse pince, à un tableau sur trépied. Notons qu'il est pertinent d'employer une règle transparente, ce qui permet de montrer des éléments du texte sans que le mouvement du bras cache le reste de celui-ci.

La lecture partagée a ceci d'intéressant qu'elle engendre une dynamique particulière. La proximité physique, l'intensité de l'engagement des enfants, le plaisir de l'expérience font partie des caractéristiques essentielles de cette activité. Il est difficile de créer une telle synergie dans d'autres activités en groupe.

Le déroulement de l'activité

Les futurs enseignants sont souvent étonnés de voir qu'on peut présenter des textes complets à des enfants qui ne savent pas encore lire. Comment est-ce possible ? Tout est dans l'aide qui sera donnée aux élèves. Au début de l'année, cette aide sera complète, en ce sens que vous lirez tout le texte pour les élèves ; vous veillerez cependant à suivre le texte avec le doigt pour que les élèves établissent la relation entre les mots lus et les mots écrits. Déjà à la deuxième lecture du texte, certains enfants reconnaîtront le nom du personnage ou un mot contenant une lettre familière ; ils commenceront alors à participer à la lecture. Cette participation deviendra graduellement de plus en plus grande, grâce à vos interventions qui pousseront les enfants vers les stratégies de lecture.

Les séances s'amorceront par une discussion sur le titre et les illustrations. Vous inviterez les élèves à prédire ce dont il sera question dans le texte ; ils seront ainsi déjà préparés au vocabulaire et au contenu du texte. Il s'agira ensuite de lire le texte avec les enfants. Au cours de la lecture, vous attirerez leur attention sur certains éléments : certaines unités graphiques, certains mots, certaines stratégies de lecture, etc. Il est important de choisir quelques éléments seulement, car il ne faut pas étudier l'histoire jusqu'à épuisement de l'intérêt.

Une bonne façon de faire participer davantage les enfants consiste à leur demander : « Qu'avez-vous remarqué dans le texte ? » Certains auront remarqué un mot qu'ils connaissent, d'autres la première lettre de leur nom, d'autres encore une syllabe familière. Cette manière de procéder en groupe est préférable à la lecture à tour de rôle parce que tous les élèves sont actifs au même moment. De plus, chacun y trouve son compte : l'enfant moins avancé s'identifie avec le groupe et prend de l'assurance, et l'élève plus habile découvre d'autres aspects du texte.

Après la lecture, il faut donner aux enfants le temps de réagir à l'histoire. Ce travail en groupe sur un texte signifiant leur permet de mieux comprendre les relations entre les personnages et de faire des liens avec leurs propres expériences. On peut aussi proposer des activités de réinvestissement, comme écrire la recette d'un gâteau dont il a été question dans l'histoire.

LA LECTURE GUIDÉE

Après quelques semaines de lecture partagée, les élèves seront prêts à aborder la lecture silencieuse sous forme de lecture guidée. La lecture guidée est une forme d'aide différenciée qui vise à soutenir l'application des premières stratégies de lecture.

La formation des sous-groupes

Il faut, dans un premier temps, former des groupes de trois à six élèves qui éprouvent le même besoin. Pour former les groupes, on se fondera sur des observations faites dans différentes situations et avec différents types de textes (Kaufman, 2002).

Le choix du texte

Il est important de choisir un texte qui convient au groupe. Le texte choisi présentera un défi, mais il sera toutefois accessible aux élèves. Il vaut mieux choisir un texte trop facile qu'un texte trop difficile ; rappelez-vous que la lecture ne doit jamais devenir un combat. L'idéal est de se constituer une banque de textes variés et de différents niveaux de difficulté, mais on peut tirer profit d'une variété de livres, comme des livrets gradués, des albums, des textes provenant des manuels, des poèmes, des comptines.

La démarche

Demandez au sous-groupe choisi de vous rejoindre. Nadon (2002) suggère de placer à portée de main les outils nécessaires à l'enseignement : des lettres magnétiques, de petits tableaux pour écrire à la craie ou au crayon-feutre, des cartons et les copies multiples du texte à lire. Remettez à chaque élève une copie du texte choisi.

Avant la lecture. Commencez par éveiller l'intérêt des enfants. Avant d'entamer la lecture, les enfants doivent :

- ☐ savoir si la lecture va les amuser ou les informer ;
- ☐ avoir certaines questions en tête auxquelles ils chercheront des réponses ;
- ☐ savoir comment faire face aux difficultés qu'ils rencontreront ;
- ☐ avoir envie de lire le texte.

Pendant la lecture. Durant les premières séances, tout en laissant les élèves lire le texte, vous leur donnerez un soutien assez important.

Pour commencer, vous lirez une phrase ou deux, puis vous demanderez aux enfants de faire une hypothèse sur la suite du texte, hypothèse qu'ils devront confirmer en lisant silencieusement. À mesure que l'année avance, les élèves seront capables de lire des parties de textes plus longues.

Voici un exemple de lecture guidée avec quatre enfants qui s'intéressent trop aux illustrations et pas assez aux lettres (Nadon, 2001, p. 11). La séance commence par la présentation du livre et un rappel des stratégies et de l'objectif de la lecture, qui est de vérifier ses hypothèses en portant attention aux lettres.

ENSEIGNANT : On tourne la page.

ÉLÈVE 3 : C'est écrit : Je monte !

ENSEIGNANT : « Monte » commencerait par quelle lettre ? (*On oblige les enfants à penser aux sons et aux lettres pour vérifier et confirmer les hypothèses.*)

ÉLÈVE 2 : Par un *m* et ce n'est pas ce qui est sur la page.

ENSEIGNANT : C'est un mot qui veut dire « monte », mais qui commence par un *g*. Qu'est-ce que ça peut être ?

ÉLÈVE 3 : Grimper.

ENSEIGNANT : Peut-on lire : Je grimper ?

ÉLÈVE 2 : Non c'est : Je grimpe.

ENSEIGNANT : On vérifie le mot ensemble. Je lis lentement et vous vérifiez si les sons entendus sont sur la page. Je grimpe. Bravo, les sons y sont.

Après la lecture. Une fois la lecture terminée, vous discuterez des personnages et de l'histoire avec les élèves et tâcherez de susciter des réactions face au texte.

L'ÉCRITURE PARTAGÉE

L'écriture partagée est une activité d'élaboration de textes qui se réalise avec tout le groupe d'enfants ou avec un sous-groupe. Le texte est écrit en collaboration : il résulte du consensus du groupe. Au cours de l'activité, vous prendrez le temps d'expliquer les diverses possibilités et les raisons des choix qui sont faits. Vous écrirez le texte devant les enfants au tableau ou sur une grande feuille ; par la suite, vous pourrez le recopier et le distribuer à tous. Ce texte sera relu avec le groupe, puis individuellement.

L'essentiel, dans cette activité, est de partir d'une expérience vécue par les enfants de façon que le texte qu'ils dictent reflète à la fois leur vocabulaire et leurs connaissances ; le sujet peut être une expérience commune telle une sortie ou la venue d'un visiteur. Le texte peut avoir trait non seulement à ce que les enfants ont fait, mais aussi à ce qu'ils feront ou auraient pu faire.

Avec les lecteurs débutants, l'écriture partagée servira à consolider les premiers apprentissages, de même qu'à fournir des textes qui serviront de matériel de lecture aux enfants.

L'ensemble de la démarche peut se résumer ainsi :

Expérience ➞ langage oral ➞ langage écrit ➞ lecture ➞ relecture.

Afin de faciliter l'écriture d'un texte en groupe, on peut s'inspirer d'un texte déjà connu et le transformer. Par exemple, en s'appuyant sur l'histoire de *Jacques et le haricot magique*, on changera la maison pour une tente ou un hôtel et on fera les substitutions appropriées. Vous pouvez également tirer parti des livres illustrés sans texte ; les illustrations incitent les élèves à raconter l'histoire dans leurs propres mots.

LA LECTURE AUTONOME

La période de lecture personnelle fera partie des activités habituelles de la classe dès le début de l'année. Vous pensez peut-être qu'il est impossible d'implanter une période de lecture personnelle avec les enfants au début de l'année, puisqu'ils ne savent pas encore lire de façon autonome. C'est pourtant faisable, et nous vous suggérons deux façons de procéder : la première pour le début de l'année et la deuxième après quelques semaines.

La lecture à deux

La lecture en tandem prendra des formes différentes tout au long de la première année. Au début de l'année, on formera des équipes de deux en prenant soin de placer un élève moins habile avec un autre plus habile (Neuman et Soundy, 1991). Chaque élève choisit un livre dans la bibliothèque de classe et l'examine assez longuement pour être certain qu'il a le goût de le lire.

Les équipes se réunissent pour une période de 15 minutes : un des deux élèves est désigné pour lire son livre à son partenaire. Bien entendu, la plupart des enfants en sont à un stade de lecture non conventionnelle, aussi leur demanderez-vous de « jouer à lire » le livre plutôt que d'essayer laborieusement de décoder chaque mot. Vous leur donnerez pour consigne de faire « comme un professeur qui lit une histoire ». Vous les encouragerez à poser des questions à leur partenaire, à lui faire émettre des hypothèses, etc.

La plupart du temps, chaque élève a le temps de lire son livre durant la période de 15 minutes ; cependant, s'il arrive qu'un seul livre soit lu, ce sera l'élève qui n'a pas eu le temps de lire son livre qui ouvrira la séance suivante. Cette activité permet l'établissement d'une relation d'entraide entre les deux partenaires au cours des semaines.

Après quelques semaines, les élèves pourront commencer à co-construire le sens de l'histoire en s'aidant mutuellement à identifier les mots et en se communiquant leurs découvertes et leurs stratégies (Griffin, 2002).

À la fin de l'année, on peut penser à une forme d'activité qui combine la lecture personnelle et la collaboration avec un pair. Les élèves sont jumelés selon leur niveau de lecture et choisissent chacun un livre. Après avoir lu 10 pages de leur livre individuellement, ils peuvent engager avec leur partenaire une discussion sur la partie qu'ils ont lue ; ils peuvent, par exemple, donner de l'information sur leur livre, demander de l'aide pour identifier un mot nouveau, etc. (Lee-Daniels et Murray, 2000).

Les livres sélectionnés d'avance

La technique décrite ci-dessous simplifie la tâche pour les élèves en introduisant un éventail limité de livres parmi lesquels ils peuvent choisir (Cunningham, 1991).

Il s'agit de regrouper les pupitres en cinq îlots, de répartir les livres dans cinq boîtes et de placer une boîte sur chaque îlot. La répartition des livres se fait comme suit :

- ☐ la première boîte contient des livres reliés au thème étudié en sciences (les graines, les poissons, etc.) ;

- ☐ la deuxième contient des livres toujours appréciés des enfants (des livres déjà lus à toute la classe) ;

- ☐ la troisième boîte contient des livrets de collections pour lecteurs débutants (livres faciles) ;

- ☐ la quatrième et la cinquième boîte contiennent des livres de bibliothèque, certains faciles, d'autres un peu moins faciles.

Les boîtes changent d'îlot chaque jour. Les enfants choisissent un livre et le lisent, seuls ou avec un compagnon. Il est particulièrement indiqué d'encourager la lecture avec un ami chez les lecteurs débutants (Slaughter, 1993).

Ajoutons, pour finir, qu'il faut permettre aux élèves de relire leur livre autant de fois qu'ils le voudront. La relecture n'est pas très populaire auprès des enseignants ; on veut toujours que les élèves lisent des livres qu'ils n'ont jamais vus. Il est certain que la récitation d'un livre ne fait pas évoluer l'enfant, mais le fait de pouvoir relire un livre permet à l'enfant de se familiariser avec le texte et d'en découvrir d'autres aspects.

LE CHOIX DES TEXTES POUR LES LECTEURS DÉBUTANTS

Les textes proposés aux lecteurs débutants jouent un rôle crucial dans le développement de leur habileté à lire. Le grand défi consiste à trouver des livres qui soient à la fois intéressants et accessibles. Les enfants de première année sont assez évolués sur le plan cognitif pour comprendre des textes portant sur des thèmes variés. Cependant, ils ne possèdent pas les capacités de lecture suffisantes pour lire des textes longs et complexes. Leurs lectures seront en grande partie concentrées autour de récits ou de textes documentaires relativement courts. Nous verrons ici des livres qui conviennent aux lecteurs débutants ainsi qu'une procédure de classification des textes selon le niveau de difficulté.

LES COLLECTIONS POUR LECTEURS DÉBUTANTS

Les collections pour lecteurs débutants réunissent des livres écrits spécialement pour les élèves de première année. On trouve dans ces livres, que l'enfant pourrait appeler « livres que je peux lire tout seul », de courts textes illustrés, mais peu de texte à chaque page. Les auteurs tiennent habituellement compte de critères assez précis pour les rédiger (longueur des phrases, vocabulaire, structure des phrases). On peut regrouper ces livres dans deux types de collections : les collections de livrets gradués et les collections « premières lectures ».

Les collections de livrets gradués. Ces livrets sont considérés comme du matériel didactique et sont vendus en collections complètes ; on ne les trouve pas dans les librairies et on les connaît rarement par le nom de l'auteur. Ils se répartissent en différents niveaux de difficulté souvent indiqués par une couleur ou un symbole. La plupart des classes de première année possèdent une ou plusieurs de ces collections. Parmi ces collections, mentionnons « Millefeuilles » (Modulo), « Menu-Mémo » (Graficor), « Alpha-jeunes » (Scolastic) et « Collection GB + » (Beauchemin).

Les collections « premières lectures ». Contrairement aux collections de livrets gradués, les collections « premières lectures » sont distribuées en librairie et sont considérées comme faisant partie de la littérature pour la jeunesse. Elles sont conçues pour les lecteurs débutants et comprennent des séries de complexité croissante. Les livres de ces collections présentent habituellement un niveau de difficulté un peu plus élevé que les livrets gradués et ont souvent un contenu plus riche et plus dense. Parmi ces collections, on trouve, par exemple, « À pas de loup » (Dominique et compagnie), « Première Lune » (Nathan), « Chanteloup » (Flammarion) et « Le Corbeau bleu » (Ravensburger).

LES ALBUMS À STRUCTURE PRÉVISIBLE

La plupart des albums sont écrits pour être lus aux enfants et non pas pour être lus par les enfants. Bon nombre d'albums qui s'adressent aux enfants de six et sept ans sont difficiles à lire pour des lecteurs débutants.

Il existe cependant des albums qui sont à la portée des apprentis lecteurs ; ce sont habituellement des albums dits à structure prévisible, c'est-à-dire des livres dans lesquels le texte est composé de phrases simples qui reviennent à chaque page, mais dont un ou deux mots sont différents, des livres où le texte peut être deviné à l'aide des illustrations, ou encore des livres qui abordent des thèmes familiers comme les nombres, les jours de la semaine. Voici quelques titres de livres appartenant à cette catégorie :

- ☐ *Compte les moutons !*, de Mireille Allancé (Paris, L'école des loisirs, 1998, 25 p.) ;

- ☐ *Es-tu ma maman ?*, de Carla Dijs (Paris, Mango, 1998, 12 p.) ;

- ☐ *Qui se cache dans la ferme ?*, de Richard Powell et Steve Cox (Paris, Bilboquet, 1996, 46 p.) ;

- ☐ *Tu pars, Petit Loup ?*, de Jean Maubille (Paris, L'école des loisirs, 1998, 26 p.).

UNE CLASSIFICATION DES TEXTES POUR LECTEURS DÉBUTANTS

Au cours des dernières années, des chercheurs ont mené une réflexion sur la progression des difficultés dans les textes pour les lecteurs débutants, ce qui les a conduits à proposer des échelles de classification de ces textes (Fountas et Pinnell, 1996 ; Clay, 2001 ; Rog et Burton, 2002). Dans ces échelles, les premiers niveaux sont constitués de livres qui offrent le soutien du langage familier, prévisible, répétitif, et qui se caractérisent par un lien très fort entre l'image et le texte. Plus on monte dans l'échelle, moins les textes sont prévisibles, plus les structures sont complexes, plus le contenu est dense et moins l'illustration sert d'appui. À partir de ces échelles, l'enseignant peut attribuer une cote aux livres de sa bibliothèque, de façon à pouvoir proposer à chaque élève des livres du niveau approprié. Le tableau 6.3 présente un exemple d'échelle de classification des livres.

Cette technique de classification, connue sous le nom de *leveling*, est très populaire dans les milieux anglophones et elle commence à se répandre dans les milieux francophones. Ce regain d'intérêt en ce qui concerne le niveau de difficulté des textes est bon s'il permet aux enseignants de mieux comprendre ce qui rend un texte difficile et de choisir des textes qui correspondent aux besoins de l'élève. Cependant, il ne faut pas que notre pédagogie se limite à choisir un texte du niveau adéquat pour l'enfant. Un chercheur rapporte que, dans une classe, ayant demandé à un élève ce qu'il était en train de lire, celui-ci a répondu : « Je lis un livre de niveau 4 » !

tableau
6.3
Une échelle des niveaux de difficulté des livres

Niveau 1   Les livres de ce niveau présentent, sur chaque page, un ou deux mots qui servent d'étiquettes à des objets familiers (par exemple, le camion, la maison). Les mots sont écrits en gros caractères et sont situés au même endroit sur chaque page. Les livres sont courts (environ huit pages).

Niveau 2   Les livres de ce niveau décrivent encore des objets ou des actions, mais habituellement au moyen de phrases simples dont un seul mot change à chaque page (Voici maman. Voici papa). La dernière phrase peut être un peu différente (Voici toute ma famille). Les illustrations apportent un appui direct à la lecture.

Niveau 3   Les livres contiennent un peu plus de mots par page. Il y a parfois deux courtes phrases sur la même page. Les textes sont encore très prévisibles : un ou deux mots seulement peuvent changer à chaque page. Les illustrations sont claires et appuient le texte.

Niveau 4   Les livres de ce niveau présentent encore une structure prévisible, avec deux mots qui changent dans la composition des phrases (La chatte est grosse et le chaton est petit. La cane est grosse et le caneton est petit). Le texte décrit essentiellement l'illustration ; il n'y a pas vraiment d'histoire. Chaque page contient plus de texte, mais le langage continue à être familier. Les phrases sont plus longues, mais elles sont découpées de façon que la ligne se termine par une unité de sens complète.

Niveau 5   Le texte n'est plus limité à la description des illustrations ; il raconte une petite histoire. Les phrases sont plus longues, il y a plus de texte par page, il peut y avoir des dialogues. La plupart des mots sont faciles à décoder. Une page peut contenir jusqu'à trois phrases qui exigent un retour à la ligne par le lecteur.

Niveau 6   À ce niveau, le texte commence à s'éloigner de la répétition des structures. L'histoire est simple, l'illustration appuie le texte. La plupart des mots sont faciles à décoder. Le texte est encore écrit en gros caractères et se trouve placé au même endroit sur la page, mais chaque page contient plus de texte, soit de deux à trois phrases par page.

Niveau 7   Les livres de ce niveau contiennent des éléments de langage littéraire. Il y a plus de détails dans les histoires. Beaucoup de mots sont faciles à décoder. Les illustrations peuvent représenter des idées plutôt que des mots précis.

Niveau 8   Les livres sont plus longs, avec plus de texte par page. Il y a plus de mots nouveaux. L'histoire est plus complexe et comprend plusieurs événements. Les illustrations sont plus détaillées et soutiennent l'idée générale du livre.

Niveau 9   Les livres racontent de « vraies » histoires. Les phrases sont plus complexes et plusieurs sont composées de plus d'une proposition. Plusieurs personnages peuvent prendre part aux dialogues. Il peut y avoir de quatre à cinq lignes de texte par page. On y rencontre plus de mots nouveaux.

Niveau 10   Les livres de ce niveau peuvent contenir des pages entières de texte, mais ce dernier est encore écrit en gros caractères. Ils renferment plus de phrases à propositions multiples. Les illustrations sont plus subtiles et enrichissent le texte plutôt que de servir d'indices pour la lecture. Certains recueils de poésie ou des livres abordant des concepts plus abstraits appartiennent à ce niveau.

Source : Adapté de L.J. Rog et W. Burton, « Matching texts and readers : Leveling early reading materials for assessment and instruction », *The Reading Teacher*, vol. 55, n° 4, 2002, p. 348-362.

CRÉER DU MATÉRIEL DE LECTURE POUR LES LECTEURS DÉBUTANTS

Comme nous l'avons vu précédemment, du matériel en grand format est indispensable en première année, qu'il s'agisse de feuilles géantes où sont écrits des poèmes ou des comptines ou de grands livres de toutes sortes. Vous pouvez créer vous-même ou avec l'aide de parents et de bénévoles du matériel de lecture qui conviendra à vos élèves.

LES TEXTES EN GRAND FORMAT

Vous pouvez utiliser du papier de grand format (ou un carton léger) pour écrire les poèmes que vous avez choisi de faire lire aux enfants ou pour écrire les histoires composées en groupe par les enfants eux-mêmes.

Avec le temps, vous aurez une bonne quantité de ces grandes feuilles, et un rangement qui les rende rapidement accessibles sera nécessaire. Voici deux suggestions à cet effet :

- ☐ Faites laminer les feuilles, mettez des anneaux de métal et accrochez-les à des cintres.

- ☐ Roulez la feuille, attachez-la avec un ruban et écrivez le titre de l'histoire en travers du rouleau ; les feuilles seront alors faciles à ranger.

LES GRANDS LIVRES

Il existe maintenant sur le marché de nombreux grands livres. Vous pouvez en acheter, mais vous pouvez en fabriquer vous-même. Voici quelques idées pour vous aider à créer vos grands livres :

- ☐ La grandeur du livre peut varier (de 30 cm sur 45 cm à 60 cm sur 75 cm) : l'important est que le texte soit écrit assez gros pour qu'un groupe d'enfants puisse le voir facilement. Laissez beaucoup d'espace entre chaque mot et, de préférence, écrivez au haut de la page pour que les enfants qui sont assis en arrière voient bien. On peut écrire le texte au traitement de texte (en gros caractères) et coller la bande de papier dans le grand livre.

- ☐ Achetez deux exemplaires d'un livre d'occasion. Découpez les illustrations, collez-les sur de grandes feuilles ; écrivez le texte en gros caractères (vous pouvez recopier le texte original ou composer un nouveau texte).

☐ Faites participer les enfants à la fabrication d'un livre: chaque enfant dessine une page. S'il y a trop d'enfants pour le nombre de pages, faites faire les illustrations par des équipes.

☐ Prévoyez une couverture assez rigide. Sur la dernière page, vous pouvez inscrire une série de mots clés que vous choisirez vous-même ou avec les élèves (voir la figure 6.4).

figure 6.4 Grand livre avec pochettes

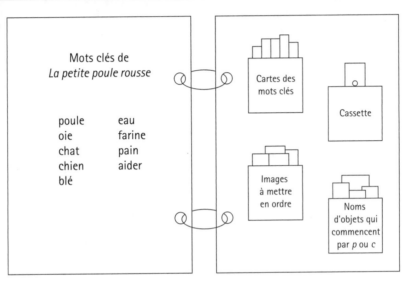

Source: Adapté de S.P. Slaughter, *Beyond Storybooks: Young Children and the Shared Book Experience*, Newark (Del.), International Reading Association, 1993.

Les livres géants ne peuvent tenir sur une tablette de bibliothèque. Voici quelques suggestions pour faciliter leur rangement (Slaughter, 1993):

☐ Procurez-vous des séchoirs à linge en bois ou en métal sur lesquels vous placerez les grands livres.

☐ Fabriquez un dispositif étagé, en carton rigide ou en bois, qui pourra recevoir les grands livres.

☐ Placez les livres sur de larges tablettes. Comme les titres ne seront alors pas visibles, attachez un ruban-étiquette à chaque livre et laissez-le dépasser de sorte que les élèves puissent repérer facilement le livre désiré.

CONCLUSION

'enfant qui arrive en première année a déjà eu des expériences plus ou moins variées avec l'écrit. Au cours de l'année, il apprendra à devenir autonome face à des textes de son niveau. Pour ce faire, il développera des habiletés intégrées : il en viendra à combiner les indices sémantiques, syntaxiques et graphiques. Il développera également des capacités d'autocorrection et apprendra que lire, c'est avant tout chercher du sens.

Solution de l'exercice de la page 177

	Pain	Chapeau	Transformer
Nombre de lettres	4	7	11
Nombre de graphèmes	2 (*p-ain*)	4 (*ch-a-p-eau*)	9 (*t-r-an-s-f-o-r-m-er*)
Nombre de phonèmes	2 ([p] [ɛ̃])	4 ([ʃ] [a] [p] [o])	9 ([t] [r] [ɑ̃] [s] [f] [ɔ] [r] [m] [e])
Nombre de digrammes	0	1 (*ch*)	2 (*an* et *er*)
Nombre de trigrammes	1 (*ain*)	1 (*eau*)	0
Nombre de relations graphème-phonème qu'il faut connaître pour lire chaque mot	2	4	9

CHAPITRE 7

LE LECTEUR EN TRANSITION

INTRODUCTION

*d*ans le chapitre précédent, nous avons vu que l'enfant a atteint le stade de lecteur débutant lorsqu'il utilise de façon intégrée un ensemble de stratégies, ce qui lui permet d'être autonome devant un texte de son niveau. Ici, nous poursuivons notre description en mettant l'accent sur le développement de la fluidité de la lecture. C'est habituellement vers la fin du premier cycle et le début du deuxième cycle (deuxième et troisième année) que les enfants commencent à lire avec plus de fluidité. Nous présentons, dans ce chapitre, des données relatives au développement de la fluidité chez les jeunes lecteurs ainsi que des activités de nature à faciliter ce développement.

LE PASSAGE DE LECTEUR DÉBUTANT À LECTEUR EN TRANSITION

La période de développement de la fluidité est marquée au sceau de l'auto-apprentissage. L'enfant apprend chaque fois qu'il lit, indépendamment de l'enseignement qu'il reçoit. Grâce aux stratégies de lecteur débutant qu'il a acquises, l'enfant peut maintenant lire et relire des centaines de mots qu'il reconnaîtra de plus en plus rapidement. Il sait si sa lecture est correcte ou non grâce à cet outil puissant qu'est la compréhension ; celle-ci produit sa propre rétroaction. Par conséquent, il est très important que, durant cette période, l'enseignant donne à l'enfant beaucoup de temps de lecture (Samuels, 2002).

Cependant, si l'enfant qui évolue bien en lecture devient de plus en plus habile par le fait même qu'il lit de plus en plus, l'inverse est vrai pour l'enfant qui n'est pas entré facilement dans le jeu de la lecture. Pour celui qui éprouve de la difficulté à identifier les mots, trouver le sens d'un texte est une tâche ardue. Étant donné que, pour lui, lire n'est pas gratifiant, il s'engage moins dans les activités de lecture. Ce manque de fréquentation de l'écrit, de pratique de la lecture, retarde le moment où l'enfant lira couramment, sans effort (Stanovich, 1991). C'est le cycle de l'échec qui commence (voir la figure 7.1).

Les recherches indiquent que c'est vers l'âge de huit ans que les enfants se divisent en deux groupes : ceux qui deviennent meilleurs en lecture chaque fois qu'ils lisent, et ceux qui ont commencé à prendre du retard et qui se démarqueront de plus en plus des bons lecteurs. Tous les enseignants connaissent bien cet effet cumulatif selon lequel les élèves en difficulté prennent de plus en plus de retard par rapport aux autres.

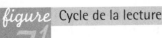
figure 7.1 Cycle de la lecture

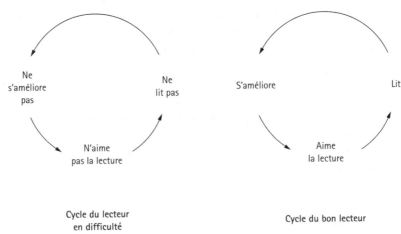

Ne s'améliore pas

Ne lit pas

S'améliore

Lit

N'aime pas la lecture

Aime la lecture

Cycle du lecteur en difficulté

Cycle du bon lecteur

LES COMPOSANTES DE LA FLUIDITÉ

La fluidité repose d'abord sur l'habileté à reconnaître des mots instantanément. Cependant, cette seule habileté n'explique pas tout le phénomène. En effet, des recherches ont montré que des activités de relecture du même texte améliorent plus la fluidité que des activités de reconnaissance de mots isolés. La fluidité repose aussi sur l'habileté à lire par groupes de mots, c'est-à-dire à utiliser les indices syntaxiques et sémantiques.

LA RECONNAISSANCE INSTANTANÉE DES MOTS

La reconnaissance instantanée des mots, qui constitue la première composante de la fluidité, est aussi appelée «voie directe» parce que les mots ne sont plus décodés syllabe par syllabe : le lecteur accède directement aux mots qui composent son lexique mental. On oppose la voie directe à la voie indirecte, qui est celle qu'emprunte le lecteur lorsqu'il établit une correspondance entre les lettres et les sons pour lire un mot. Cependant, cette lecture instantanée par voie directe du lecteur en transition (ou du lecteur adulte) n'est pas de la même nature que celle que l'on observe au début de la première année, lorsque l'enfant reconnaît les mots qui lui ont été enseignés globalement. En effet, au tout début de l'apprentissage, l'enfant confond les mots qui commencent par les mêmes lettres (par exemple, joli et joue), car, pour retenir un mot, il ne se sert souvent que de la première lettre. Le lecteur en transition ne confond plus les mots, car il en a une connaissance beaucoup plus complète, grâce à sa maîtrise du code et à ses contacts répétés avec des mots écrits. Or, la différence entre les lecteurs quant au nombre de mots lus au cours d'une année est considérable. Ainsi, une recherche indique qu'en première année, le nombre de mots lus durant une semaine varie de 16 mots chez un élève faible à 1 933 mots chez un élève habile. À la fin du primaire, les élèves moins motivés peuvent lire 100 000 mots par année, alors qu'un lecteur moyen peut en lire 1 000 000 et un lecteur avide, de 10 000 000 à 50 000 000 (Sheveland, 1993). Selon d'autres études, les élèves faibles lisent quatre fois moins de mots dans l'année que les élèves forts (Clay, 1991). Quoi qu'il en soit, la reconnaissance instantanée de mots n'est pas innée, elle se construit par le contact répété avec les mêmes mots au cours des lectures.

Lorsque l'élève ne reconnaît pas rapidement les mots du texte, il doit recourir à des stratégies pour les identifier (voie indirecte), ce qui ralentit beaucoup sa lecture. Plus il y a de mots que l'élève ne reconnaît pas rapidement dans la phrase, plus celui-ci aura de la difficulté à comprendre cette phrase. Faisons ici un parallèle avec l'oral. Les mots prononcés doivent être entendus à l'intérieur d'un laps de temps donné pour qu'il y ait compréhension ; si une phrase est dite trop lentement, l'auditeur en perd le fil et ne retient qu'une série de mots n'ayant aucune relation entre eux. Faites-en l'expérience : essayez de comprendre une phrase dont un mot est prononcé toutes les cinq secondes ; vous verrez qu'il est difficile de garder l'information dans la mémoire. Cela s'applique aussi à la lecture : si les mots sont lus trop lentement, il y aura trop peu de mots à la fois dans la mémoire à court terme pour permettre au lecteur de les relier les uns aux autres (Eldredge, 1990).

> *Il semble en effet important d'atteindre une vitesse suffisante pour enregistrer la totalité du message induit par une phrase et, à plus forte raison, par un texte. Le lecteur trop lent oublie le début de la phrase dont il est en train de découvrir la fin, et, de ce fait, éprouve des difficultés à comprendre. Il est vrai que certains lecteurs mettent en œuvre des stratégies détournées pour capter des informations et arrivent à un bon score de compréhension malgré leur peu de rapidité. Mais ils y parviennent au prix d'un effort qu'ils ne peuvent accomplir que sur un bref parcours : un exercice, un texte. Dès que la quantité à lire augmente, notamment dans toutes les activités où il faut utiliser l'écrit, l'entreprise se révèle beaucoup plus hasardeuse. La lassitude et l'abandon surviennent à plus ou moins longue échéance.* (Bentolila, Chevalier et Falcoz-Vigne, 1991, p. 37.)

Cependant, même si la vitesse peut fournir certains indices sur la lecture de l'enfant, il est presque impossible de donner des normes de vitesse pour les différents niveaux du primaire, car les résultats d'études indiquent une grande variabilité dans le comportement des élèves. Par exemple, des chercheurs ont comparé la vitesse de lecture chez des élèves forts et chez des élèves faibles de deuxième année et ont trouvé de grandes variations chez le même lecteur selon le texte lu : en gros, la performance du même élève fort varie de 74 à 159 mots par minute, alors que celle de l'élève faible varie de 31 à 41 mots par minute (Lipson et Smith, 1990). La meilleure performance du lecteur faible n'atteint pas la plus faible performance du lecteur fort. Le seul résultat stable est que les élèves forts lisent plus rapidement que les élèves faibles, mais il est impossible de dégager des normes précises de vitesse en lecture, parce que le comportement individuel varie beaucoup. L'enseignant doit juger si le manque de fluidité d'un élève correspond à un développement normal ou s'il constitue un problème auquel il faut apporter une solution.

LA LECTURE PAR GROUPES DE MOTS

La lecture par groupes de mots, qui est la deuxième composante de la fluidité, consiste à utiliser les indices syntaxiques pour identifier dans la phrase des éléments qui sont reliés par le sens et qui forment une sous-unité. Tous les auteurs s'accordent pour dire que la lecture par groupes de mots est un procédé de base employé par les bons lecteurs. Même si le lecteur reconnaît tous les mots individuellement, il doit également les regrouper pour saisir le sens d'une phrase. Pour concrétiser ces notions de reconnaissance des mots et de lecture par groupes de mots, lisez le texte suivant dont les mots sont écrits à l'envers. Pour cela, il s'agit de lire chaque mot de droite à gauche (« tnafne'L » se lira « L'enfant », « treiuqca » se lira « acquiert », etc.).

exercice

Lisez le texte en portant attention à l'effet, sur votre compréhension, de l'impossibilité de lire par groupes de mots.

tnafne'L treiuqca sel secnassiannoc seriassecén à al erutcel rap ses secneirépxe selpitlum à elocé'l te sruellia. aL étilauq te al étitnauq ed sec secnassiannoc tnos seéil à elbmesne'l sed serèitam serialocs te ua ueilim lailimaf-oicos ùo li eulové. sellE en tnos sap nu fitcejbo euqificéps ed egassitnerppa'l ed al erutcel, siam neib nu fitcejbo larénég ed elocé'l.

L'exercice vous a probablement permis de vous rendre compte qu'il est difficile de comprendre un texte quand il est impossible de regrouper les mots de façon significative.

Pour lire par groupes de mots, le lecteur doit utiliser des indices graphiques. Si la phrase est trop longue pour être traitée en une seule étape, le lecteur doit faire lui-même une coupure ; il se fie alors non pas à la fin de la phrase, mais à un élément de frontière mineur ; trouver cet élément de frontière plausible demande des ressources cognitives, ce qui en laisse moins pour les autres opérations, d'où une perte d'efficacité de la lecture. C'est pourquoi la longueur de la phrase doit être adaptée aux capacités de traitement du lecteur.

La ponctuation peut apporter certains indices pour le découpage du texte ; le jeune lecteur apprendra donc à se servir de la ponctuation pour repérer les phrases : le point, le point d'interrogation et le point d'exclamation. La langue française écrite ne facilite cependant pas la tâche aux lecteurs : la ponctuation délimite habituellement de larges unités de sens, mais elle n'est pas suffisante pour identifier tous les groupes de mots reliés par le sens.

LE DÉVELOPPEMENT DE LA FLUIDITÉ

Toutes les études montrent que la fluidité se développe par la pratique de la lecture, y compris en dehors de l'école (Sheveland, 1993). On ne répétera jamais assez que l'élève doit lire de façon régulière pour lire avec aisance. Le meilleur enseignement de la lecture fluide sera donc l'enseignement indirect, qui consiste à amener fréquemment l'élève à lire des textes variés présentant le niveau de difficulté approprié. Deux conditions sont essentielles au développement de la fluidité : le jeune lecteur doit lire souvent et il doit lire des textes faciles, c'est-à-dire des textes qui ne lui posent pas de problème d'identification des mots ou de compréhension. La lecture facile est considérée comme un moyen primordial par lequel les enfants peuvent arriver à orchestrer les différentes stratégies de lecture.

Durant la période du développement de la fluidité, une de vos principales tâches sera donc d'offrir aux élèves des périodes de lecture personnelle en classe. Vous insisterez également sur la lecture à la maison ; certains élèves auront besoin d'une aide plus constante de la part des parents à qui vous devrez donner des conseils pertinents (voir Giasson, 1994b).

Mentionnons qu'outre le fait de laisser aux élèves du temps de lecture, une autre tâche de l'enseignant consistera à orienter ceux-ci vers la compréhension et l'appréciation des textes. Comme la reconnaissance des mots devient plus automatique chez le lecteur de cet âge, son énergie cognitive est plus disponible pour des processus de haut niveau, il est donc plus en mesure de réagir de façon approfondie au texte, il est plus à même de donner des réponses émotionnelles et de faire des liens entre le texte et ses connaissances et expériences (voir les chapitres 10 et 11).

Les échelles présentées aux tableaux 7.1 et 7.2 vous aideront à situer approximativement les élèves sur le plan de la fluidité en lecture. Il ne faut pas oublier, cependant, que le niveau de difficulté du texte influe sur l'aisance de la lecture.

tableau 7.1 Grille d'observation de l'élève quant à la fluidité de sa lecture

Lecture sous-syllabique	L'élève reconnaît quelques lettres sans arriver à lire des syllabes.
Lecture syllabique	L'élève déchiffre syllabe par syllabe.
Lecture hésitante	L'élève lit mot après mot.
Lecture hésitante courante	L'élève lit par groupes de mots, mais éprouve encore certaines difficultés.
Lecture courante	L'élève lit sans hésitation.
Lecture expressive	L'élève lit couramment en mettant le ton.

tableau 7.2 Grille d'observation du comportement de l'élève concernant la lecture par groupes de mots

Niveau 1	L'élève lit principalement mot à mot. À l'occasion, il peut lire des groupes de deux ou de trois mots, mais ces regroupements sont rares ou ne respectent pas la syntaxe de la phrase. L'élève lit sans aucune expression.
Niveau 2	L'élève lit principalement par groupes de deux mots, avec parfois des regroupements de trois ou quatre mots. On note, à l'occasion, une lecture mot à mot. Le découpage en groupes de mots peut sembler maladroit et inapproprié dans le contexte plus large de la phrase ou du texte. Une petite partie du texte seulement est lue avec expression.
Niveau 3	L'élève lit surtout par groupes de trois ou de quatre mots. On peut noter, à l'occasion, quelques regroupements plus petits. Dans l'ensemble, le découpage en groupes de mots semble approprié et respecte la syntaxe du texte. L'élève essaie de lire avec expression, mais ne réussit que dans une certaine proportion.
Niveau 4	L'élève lit essentiellement par groupes de mots signifiants. Bien qu'on puisse observer certaines répétitions ou déviations par rapport au texte, elles n'ont pas d'incidence sur l'ensemble de la lecture. La syntaxe du texte est toujours respectée. La plus grande partie du texte est lue avec expression.

DES ACTIVITÉS QUI FAVORISENT LE DÉVELOPPEMENT DE LA FLUIDITÉ

Même si tous reconnaissent l'importance de la fluidité en lecture, les méthodes de lecture font peu de place au développement de cette dernière ; comme les enseignants se fient beaucoup aux manuels, il se fait relativement peu d'enseignement visant la fluidité.

Certains principes peuvent être pris en considération lorsqu'on pense à un enseignement qui vise la fluidité de la lecture (Rasinski et autres, 1994) :

1) servir de modèle de fluidité pour les élèves ;

2) donner aux élèves une rétroaction sur leur fluidité ;

3) fournir une aide pendant la lecture (la lecture rythmée, la lecture à l'unisson, etc.) ;

4) favoriser la relecture d'un texte ;

5) découper le texte en unités de sens ;

6) proposer des textes faciles.

Nous présentons ci-dessous quelques activités qui mettent ces principes en pratique.

DES ACTIVITÉS DE RELECTURE

Pour développer sa fluidité, nous avons vu que le lecteur doit lire souvent et qu'il doit lire des textes ne présentant pas trop de difficultés de façon qu'il puisse se concentrer sur la compréhension. Afin de rendre un texte facile, vous pouvez le faire lire plusieurs fois. Le fait de relire le même texte donne de l'assurance au lecteur et améliore sa fluidité ; après une deuxième ou une troisième lecture, le lecteur s'est familiarisé avec les mots et il s'est fait une idée du contexte. Plusieurs recherches ont montré que la relecture avait un effet bénéfique sur la fluidité ; entre la première et la troisième lecture, la vitesse augmente de manière significative. Avec la relecture des textes, les élèves font moins d'erreurs et deviennent plus habiles à les détecter et à les corriger s'ils en font ; ils lisent avec plus de facilité et comprennent mieux le texte (Richards, 2000).

La relecture peut paraître inintéressante à certains élèves ; cependant, ils le feront volontiers si la situation comporte un objectif pertinent qui exige qu'ils s'exercent à lire un texte. Ainsi, de par leur nature, certaines activités requièrent une lecture répétée, comme celles qui consistent à se préparer à :

☐ faire la lecture à un plus jeune ;

☐ faire la lecture aux autres élèves de la classe ;

☐ enregistrer un livre-cassette ;

☐ participer à un théâtre de lecteurs (voir le chapitre 10).

LA LECTURE À L'UNISSON

Comme son nom l'indique, la lecture à l'unisson consiste à faire lire un texte par plusieurs lecteurs en même temps. Le but de l'activité est de lire avec l'expression adéquate pour faire ressortir le sens du texte, ce qui demandera plusieurs lectures. Elle convient particulièrement aux élèves qui ont besoin d'accroître leur confiance en soi. On sait d'ailleurs que l'enfant timide et l'enfant en difficulté n'aiment pas lire à voix haute en classe et qu'ils se sentent plus à l'aise perdus dans le groupe. Les poèmes courts et rythmés sont les meilleurs candidats pour la lecture à l'unisson. Les enfants peuvent accompagner la lecture de gestes comme taper des mains ou claquer des doigts, ce qui rend plus concret le découpage du texte en groupes de mots significatifs.

LA LECTURE ASSISTÉE EN TANDEM

La lecture en tandem consiste à réunir un élève peu habile en lecture et un élève habile de la classe qui servira de tuteur ; ce dernier peut être différent chaque semaine. On choisira les textes parmi tout ce qui peut être lu par le tuteur et qui intéresse les deux enfants. Les deux élèves s'assoient côte à côte et lisent à voix haute le même livre. Le tuteur suit le texte du doigt en lisant. Il lit à un rythme normal, en évitant le mot à mot. Son compagnon regarde les mots à mesure qu'ils sont lus et essaie d'en lire autant qu'il peut. Plusieurs recherches ont confirmé l'efficacité de cette méthode (Li et Nes, 2001).

LE DÉCOUPAGE DU TEXTE EN UNITÉS DE SENS

Une autre façon de favoriser la lecture fluide consiste à découper le texte en unités de sens. Cette stratégie part de l'idée que, si l'élève éprouve de la difficulté à regrouper les mots qui forment une unité de sens, la présentation de textes qui marquent graphiquement cette structure de l'écrit devrait faciliter la lecture.

La plupart des recherches sur le sujet ont montré que le découpage du texte en unités de sens facilitait la compréhension des lecteurs moins habiles, mais n'avait pas d'effet sur les lecteurs habiles (Rasinski, 1989). Il est fort probable que ce résultat soit dû au fait que cette habileté est déjà acquise par les bons lecteurs.

Concrètement, il s'agit d'organiser le texte selon l'une ou l'autre des formes suivantes : 1) laisser des espaces blancs très marqués entre les groupes de mots ; 2) séparer les groupes de mots au moyen de barres obliques ; 3) présenter une unité par ligne (voir la figure 7.2).

figure 7.2 Trois façons de découper le texte en unités de sens

Il y a des enfants   qui ont peur de l'orage.   Quand le tonnerre gronde,
ils vont se cacher   sous leur lit.

Il y a des enfants / qui ont peur de l'orage. / Quand le tonnerre gronde, /ils vont se cacher / sous leur lit.

Il y a des enfants
qui ont peur de l'orage.
Quand le tonnerre gronde,
ils vont se cacher
sous leur lit.

Le découpage par groupes de mots ne sera pas nécessaire pour tous les enfants, mais seulement pour ceux qui éprouvent plus de difficulté à repérer les unités significatives dans une phrase. Il est important d'expliquer à l'élève que les mots compris entre les indices visuels (comme les barres obliques ou les espaces blancs) représentent des unités de pensée et que, s'il lit en utilisant ces indices, il comprendra mieux le texte. Ces indices ne seront employés que temporairement.

UNE ACTIVITÉ EN PLUSIEURS ÉTAPES

L'activité décrite ici a ceci d'intéressant qu'elle intègre plusieurs principes d'enseignement en ce qui concerne la fluidité. Elle se déroule pendant une période quotidienne de 10 à 15 minutes (Rasinski et autres, 1994).

Chaque élève reçoit la copie d'un texte de 50 à 100 mots. On prend un texte différent chaque jour. Les textes sont choisis pour leur contenu, leur structure prévisible, leur rythme (les poèmes et les textes narratifs sont particulièrement indiqués). Les textes utilisés au début peuvent être repris plus tard. Le déroulement de l'activité comprend les étapes suivantes :

1. Présentez le titre du texte et invitez les élèves à faire des prédictions ;

2. Donnez un modèle de lecture fluide en lisant le texte pour la classe ;

3. Animez une discussion sur le contenu du texte et sur votre façon de lire : attirez l'attention des élèves sur l'expression et l'intonation que vous avez utilisées durant la lecture. Insistez sur le lien existant entre la compréhension et la manière de lire ;

4. Invitez la classe à lire le texte à l'unisson ;

5. Répartissez les élèves en équipes. Chacune d'elles se trouve un endroit raisonnablement tranquille dans la classe ou le corridor. Le premier lecteur lit son texte trois fois ; au besoin, il peut demander de l'aide à son partenaire. Après la deuxième et la troisième lecture, celui qui écoute dit au lecteur comment il s'est amélioré dans sa lecture ;

6. Lorsque les élèves reviennent à leur place, demandez soit à un élève, soit à une équipe, ou bien à un petit groupe de lire le texte pour la classe ;

7. Les élèves placent leur texte dans un cahier et sont invités à le lire à leurs parents.

LA FLUIDITÉ EN REGARD DE LA LECTURE À VOIX HAUTE ET DE LA LECTURE SILENCIEUSE

Dans cette section, nous nous intéresserons au rôle de la lecture à voix haute et à celui de la lecture silencieuse dans l'apprentissage des jeunes lecteurs. Nous verrons d'abord la différence entre une lecture fluide et une lecture à voix haute parfaite, puis nous aborderons l'évolution des habiletés en lecture à voix haute et en lecture silencieuse au primaire. Pour finir, nous examinerons quelques lignes d'action concernant ces deux modes de lecture.

LA DIFFÉRENCE ENTRE UNE LECTURE FLUIDE ET UNE LECTURE À VOIX HAUTE PARFAITE

L'objectif de l'enseignement visant le développement de la fluidité n'est pas tant d'amener l'élève à faire « une belle lecture » que de l'amener à bien comprendre ce qu'il lit grâce à une plus grande aisance en lecture. Un lecteur en transition ne lira pas nécessairement tous les textes sans hésiter ni trébucher sur certains mots. Divers facteurs influent sur la fluidité, comme la complexité du texte, sa prévisibilité, sa syntaxe, le but et l'intérêt du lecteur, sa familiarité avec le sujet. Un autre facteur connu a trait à l'endroit où le lecteur en est rendu dans sa lecture : par exemple, on a observé que, arrivés à peu près au milieu d'un texte prévisible, les lecteurs moins habiles lisent avec autant de facilité que les bons lecteurs (Lipson et Smith, 1990).

Bref, la fluidité est reliée aux mécanismes de lecture plutôt qu'à l'oralisation parfaite d'un texte. Le lecteur en transition est capable de reconnaître les mots rapidement et de lire par groupes de mots. Celui qui lit avec expression manifeste certes son aisance en lecture, mais un lecteur peut être handicapé par la timidité à l'oral, tout en étant capable de lire silencieusement par groupes de mots.

L'ÉVOLUTION DES HABILETÉS EN LECTURE À VOIX HAUTE ET EN LECTURE SILENCIEUSE AU PRIMAIRE

La lecture à voix haute et la lecture silencieuse évoluent de façon différente au cours du primaire. Voyons les grandes lignes de cette évolution.

L'enfant de première année aime d'habitude lire à voix haute ; en fait, il éprouve de la difficulté à lire silencieusement et, lorsqu'il le fait, un murmure accompagne sa lecture. La lecture à voix haute semble servir de système de rétroaction chez lui : tout se passe comme si le fait d'entendre ses méprises lui permettait de les corriger. La lecture à voix haute joue donc un rôle de soutien chez les jeunes lecteurs. Notons que les adultes sont eux aussi portés à lire à voix haute un texte très difficile.

Graduellement, le jeune lecteur cesse de faire un détour par la lecture à voix haute. Chez l'enfant de deuxième année, la lecture silencieuse est plus naturelle, mais la vitesse en lecture silencieuse reste la même qu'en lecture à voix haute. On peut noter quelques manifestations de subvocalisation. La subvocalisation est ce comportement physiologique qui accompagne la lecture, comme de légers mouvements des lèvres, des mouvements au niveau de la gorge. Il n'est pas nécessaire d'empêcher les élèves de subvocaliser dans les premières années : ce qui est important, c'est qu'ils lisent pour eux-mêmes. Précisons néanmoins qu'une subvocalisation très marquée chez un lecteur de la fin du primaire peut nuire à sa lecture ; c'est pourquoi on devrait y prêter attention.

Chez le lecteur de troisième ou de quatrième année, la lecture silencieuse commence à se démarquer et à devenir plus rapide que la lecture à voix haute. À cet âge, l'élève peut lire aisément en silence, mais il éprouve de la difficulté à passer de la lecture silencieuse à la lecture à voix haute, car il a du mal à ajuster le rythme de l'énonciation aux mouvements de ses yeux.

Le phénomène est le suivant : lorsque nous lisons à voix haute, nos yeux sont toujours plus loin que les mots que nous venons d'énoncer ; en d'autres termes, pendant que nous prononçons les mots, nous regardons les mots qui s'en viennent dans le texte. Faites-en l'expérience : commencez à lire un texte à voix haute et fermez les yeux au milieu d'une phrase ; vous verrez que vous pourrez continuer sans problème à dire le reste de la phrase. L'élève de troisième ou de quatrième année, qui est en train de passer à une lecture silencieuse plus rapide, n'a pas encore ajusté ces procédés ; c'est pourquoi il détestera souvent lire à voix haute. Il y a donc un moment où il ne sera pas pertinent d'insister sur la lecture à voix haute auprès de l'élève.

À la fin du primaire, les élèves auront appris à lire à voix haute pour un auditoire, ils seront capables de coordonner le texte avec la voix. Il s'agit d'une habileté très différente de celle que possède le lecteur débutant. On pourrait dire que ce dernier oralise (il énonce les mots à mesure qu'il les identifie), alors que le lecteur plus avancé fait une véritable lecture orale. À la fin du primaire, les élèves lisent plus vite en silence qu'à voix haute : mentionnons que la vitesse de la lecture à voix haute plafonnera autour de 150 mots par minute, ce qui correspond au débit dans la conversation. Quant à la vitesse en lecture silencieuse, elle continuera à évoluer et atteindra, chez l'adulte, de deux à trois fois la vitesse de la lecture à voix haute.

LA PLACE RESPECTIVE DE LA LECTURE À VOIX HAUTE ET DE LA LECTURE SILENCIEUSE

Faut-il faire lire les élèves à voix haute ou en silence au primaire ? Faut-il privilégier un mode de lecture par rapport à l'autre ? Disons tout de suite que les deux modes de lecture seront utilisés à l'école, mais que l'objectif à long terme sera de développer la lecture silencieuse. Plusieurs raisons militent en faveur de cette dernière :

1. La lecture silencieuse est plus efficace, car elle permet de lire plus rapidement.

2. Tous les élèves peuvent lire en même temps au lieu d'un seul comme dans la lecture à voix haute.

3. Les élèves ont tendance à se concentrer sur la précision plutôt que sur la compréhension lorsqu'ils lisent à voix haute.

4. L'enseignement de la lecture vise à faire acquérir aux élèves des stratégies qu'ils appliqueront de façon autonome ; dans la vie courante, le mode de lecture le plus fréquent est la lecture silencieuse.

La lecture à voix haute ne sera pas pour autant absente de la classe. Précisons que l'intérêt pour la lecture à voix haute s'est modifié avec les époques. Au XIXᵉ siècle, la lecture à voix haute parfaite était un objectif primordial de l'enseignement de la lecture ; on visait une performance d'orateur. Par la suite, les pédagogues ont mis à l'honneur la lecture silencieuse au détriment de la lecture à voix haute, en réaction contre les pratiques pédagogiques axées sur la précision plutôt que sur la compréhension. Nous arrivons aujourd'hui à un troisième temps, qui n'est pas un simple retour aux anciennes pratiques, mais une intégration des expériences passées. La lecture silencieuse continue à être le mode privilégié, puisqu'elle est au plus près de ce que le lecteur adulte vit dans son quotidien. Cependant, la lecture à voix haute n'est plus décriée ; elle est considérée non plus comme une fin en soi, mais comme un outil pour développer la compréhension. Bref, on reconnaît aujourd'hui que les deux modes de lecture peuvent coexister au primaire, mais qu'ils se rattachent à des objectifs différents.

Il existe toutefois une forme de lecture à voix haute qui est à déconseiller : il s'agit de la lecture traditionnelle qui consiste à faire lire les élèves à voix haute à tour de rôle, toute la classe suivant le texte pendant qu'un élève lit à voix haute. Cette pratique, qu'on pourrait appeler «chacun son tour de faire face à la musique», laisse habituellement de mauvais souvenirs aux élèves. Essayez de vous rappeler vos propres expériences de lecture à tour de rôle du primaire. Il y a fort à parier que vous en ayez conservé une image plutôt négative.

La lecture à tour de rôle est une activité dans laquelle on vise la perfection : il n'est pas permis de se tromper. Pour éviter de buter sur les mots, les élèves essaient de deviner la phrase qu'ils auront à lire et s'exercent à l'avance. Une fois leur tour passé, ils n'ont plus aucune raison de suivre la lecture de leurs compagnons. Il s'agit d'une approche de nature corrective qui centre l'attention des élèves sur des éléments isolés. L'intervention qui est faite durant la lecture à tour de rôle consiste presque exclusivement à reprendre un élève qui a commis une méprise. Ce genre d'intervention n'encourage pas le développement de stratégies de compréhension, il encourage plutôt les élèves à concentrer leurs efforts sur le déchiffrage exact au détriment de la recherche de sens.

De plus, dans cette activité, les élèves n'ont pas de modèle d'une bonne lecture à voix haute : le seul modèle adéquat est le bon lecteur du groupe. En général, à l'école, on observe que plus les enfants sont jeunes et plus ils sont en difficulté, plus l'enseignant a tendance à les faire lire à tour de rôle. Ainsi, les jeunes enfants et les enfants en difficulté passent beaucoup de temps à écouter la lecture d'un autre enfant qui n'est pas forcément un bon modèle de lecteur.

Enfin, la lecture à tour de rôle peut rendre plusieurs enfants anxieux et contribuer à l'apparition chez eux d'attitudes négatives face à la lecture. C'est pourquoi il faut observer les élèves et décider pour quel élève et à quel moment la lecture à voix haute devant le groupe sera appropriée, voire bénéfique, et à quel moment elle sera problématique.

LES MÉPRISES EN LECTURE

Durant la période de développement de la fluidité en lecture, même si les élèves tirent profit de l'auto-apprentissage, vous avez un rôle actif à jouer pour aider les élèves à intégrer leurs habiletés. Afin d'évaluer l'évolution de l'enfant dans la maîtrise de ses habiletés de lecture, vous pouvez noter le type de méprises qu'il commet en lisant. Dans cette section, nous verrons de façon détaillée quels sont les types de méprises, ce qu'elles révèlent des stratégies de l'élève et comment intervenir à la suite d'une méprise.

LE CONCEPT DE MÉPRISE

On dira qu'il y a méprise lorsque le lecteur lit autre chose que ce qui est dans le texte. La découverte la plus importante qu'on ait faite au sujet des méprises a été que tous les lecteurs commettent des méprises (Goodman et Goodman, 1980). On pensait auparavant que, par définition, un bon lecteur lisait toujours exactement ce qui était écrit sur la page. Puis, on s'est rendu compte que les bons lecteurs commettent des méprises, mais ils ne commettent pas le même type de méprises que les lecteurs moins habiles. Le bon lecteur commet très peu de méprises qui changent le sens de la phrase et il les corrige s'il en commet; par contre, il ne corrige pas les méprises qui ne changent pas le sens de la phrase.

Il y a donc des méprises acceptables et d'autres qui le sont moins. Une méprise acceptable est une méprise qui respecte la syntaxe de la langue et qui n'altère pas le sens du texte (par exemple, lire « Il était une fois » au lieu de « Il y avait une fois »). Une méprise inacceptable est souvent un mot qui ressemble graphiquement au mot du texte, mais qui ne respecte pas la syntaxe ou le sens du texte (par exemple, lire « Il y a des gants qui pensent » au lieu de « Il y a des gens qui pensent »).

Le terme « méprise » traduit l'idée que les erreurs ne sont pas dues au hasard ; on peut déterminer pour chacune d'elles les indices que l'élève a utilisés et ceux qu'il a laissés de côté. On a souvent tendance à imputer les méprises au manque d'attention ou à la vitesse. Si tel était le cas, la seule intervention nécessaire serait de dire aux élèves d'être plus attentifs et de lire moins vite. Ce n'est pas par paresse ou par laisser-aller qu'un lecteur lira un mot à la place d'un autre. La question à se poser est : Pourquoi ce mot plutôt qu'un autre ? Le concept de « méprise » nous incite à cesser de dire que l'enfant n'a pas fait attention pour nous demander plutôt : Sur quel indice s'appuie l'enfant pour énoncer un mot différent de ce qui se trouve dans le texte ? Ou encore : Quel indice n'a-t-il pas utilisé ?

COMMENT ANALYSE-T-ON LES MÉPRISES ?

Pour évaluer une méprise, il s'agit de se poser les questions suivantes :

1.   La méprise est-elle acceptable sur le plan syntaxique ?

2.   La méprise est-elle acceptable sur le plan sémantique ?

3.   Le lecteur a-t-il corrigé la méprise ou a-t-il tenté de le faire ?

Comment déterminer si une méprise est acceptable sur le plan syntaxique

Pour savoir si une méprise est acceptable sur le plan syntaxique, il suffit d'écouter la phrase en incluant la méprise et de se demander si cette phrase respecte l'esprit de la langue française. On n'a pas alors besoin de faire une analyse linguistique, mais de s'attacher à la compréhension de l'enfant. Posez-vous la question : Est-ce que cette phrase « sonne français » ?

Exemples de méprises acceptables sur le plan syntaxique

vieux
Il était une fois trois **vilains** brigands

des
avec de grands manteaux noirs

deux
et de hauts chapeaux noirs.

> **Exemples de méprises inacceptables sur le plan syntaxique**
>
> *au éclair*
> La nuit, **au clair** de lune, ils se tenaient cachés au bord de la route.
>
> *courage*
> Et les hommes les plus **courageux**
>
> *prend*
> **prenaient** eux-mêmes la fuite.

Comment déterminer si une méprise est acceptable sur le plan sémantique

Pour savoir si une méprise est acceptable sur le plan sémantique, il suffit d'écouter la phrase en incluant la méprise et de se demander si la phrase telle qu'elle est lue change le sens de l'histoire. La méprise peut donner lieu à une phrase qui a du sens en elle-même, mais qui modifie partiellement ou considérablement l'histoire.

> **Exemples de méprises acceptables sur le plan sémantique**
>
> *passent*
> Si des voitures **passaient,**
>
> *soufflent*
> ils **soufflaient** du poivre.

> **Exemples de méprises qui changent le sens de l'histoire**
>
> *brigadiers*
> Il était une fois trois vilains **brigands** avec de grands manteaux noirs
>
> *deux*
> et **de** hauts chapeaux noirs.

LES INTERVENTIONS À LA SUITE D'UNE MÉPRISE

Durant la période d'apprentissage, les enfants commettent des centaines de méprises sur les mots qu'ils lisent. C'est normal. Cependant, le pourcentage de méprises dans un texte est un facteur de succès ou d'échec quant à la compréhension de ce texte. Le jeune lecteur ne devrait pas commettre plus de 5 méprises sur 100 mots. Un pourcentage plus élevé l'empêche de coordonner ses stratégies.

Vous aurez à intervenir à la suite des méprises de l'élève. Les principes exposés ci-dessous vous seront utiles pour guider votre intervention.

Premier principe. Laissez la chance à l'élève de se corriger lui-même. Lorsque vous corrigez un enfant qui peut le faire seul, vous intervenez dans le développement de ses processus d'autorégulation. Incidemment, on a constaté que les enseignants interrompaient proportionnellement plus souvent les élèves en difficulté que les lecteurs habiles à la suite d'une méprise en lecture ; de plus, dans le cas des bons lecteurs, l'interruption se produit à la fin d'une unité, tandis qu'elle est faite au moment de l'erreur dans le cas des lecteurs en difficulté (Allington et Walmsley, 1995). Lorsque ce type d'intervention se produit de façon répétée, il a pour effet d'amener les élèves à compter sur une supervision extérieure plutôt que de les inciter à effectuer eux-mêmes la supervision de leur compréhension. Ils deviennent plus passifs et plus dépendants de l'adulte.

Deuxième principe. N'intervenez pas si le sens est respecté. L'enseignant peut être fortement tenté de réagir à toutes les méprises. On sait que le bon lecteur ne corrige pas les méprises qu'il commet lorsqu'elles n'altèrent pas le sens du texte. Si vous insistez pour que l'enfant corrige toutes les méprises sans distinction, vous risquez de le pousser à adopter un comportement de surcorrection typique des lecteurs peu habiles. Une solution pour s'habituer à ne pas intervenir sur des détails du texte consiste à ne pas suivre dans le livre lorsque l'enfant lit : de cette façon, vos interventions ne porteront que sur les méprises qui ne respectent pas la syntaxe ou le sens. Précisons qu'il ne s'agit pas d'accepter toutes les méprises, mais de ne pas surcorriger l'enfant.

Troisième principe. Un enfant ne doit pas sentir qu'il a échoué parce qu'il a commis des méprises sur quelques mots, mais il ne doit pas pour autant se sentir satisfait s'il n'a pas compris le sens du texte. Autrement dit, ne tenez pas compte du nombre de méprises, mais soyez intransigeant en ce qui a trait à la compréhension du texte.

Quatrième principe. Les interventions doivent habituer l'enfant à faire confiance à sa connaissance du langage. Les interventions suivantes sont indiquées après qu'on a laissé la chance à l'enfant de corriger lui-même sa méprise :

- ☐ Si l'élève commet une méprise qui modifie le sens du texte, demandez-lui : « Est-ce que cela a du sens ? »

- ☐ S'il lit sans tenir compte de la syntaxe (par exemple, s'il dit *le* pomme au lieu de *la* pomme), demandez-lui : « Est-ce que les gens parlent comme ça ? » ou « Est-ce que ça se dit bien ? »

- ☐ S'il décode le mot sans se préoccuper du sens et produit un mot sans signification (par exemple, « mon-si-eur » au lieu de « monsieur »), vous pouvez lui dire : « Est-ce un mot réel ? Trouves-tu que c'est un mot curieux ou bizarre ? »

- ☐ S'il lit en n'utilisant pas suffisamment les indices graphiques et sans vérifier ses hypothèses, amenez-le à constater visuellement la différence entre le mot écrit et le mot tel qu'il l'a lu. Il doit vérifier si les sons que contient le mot qu'il a dit se trouvent dans le mot lu. À cette fin, vous pouvez inscrire le mot tel qu'il l'a lu au-dessus du mot du texte et lui demander de comparer ces mots.

LES INTERVENTIONS FACE À UN BLOCAGE

On parle de blocage lorsque l'élève s'arrête devant un mot sans le lire. Souvent, le comportement du jeune lecteur sera alors de lever les yeux vers l'adulte et d'attendre de l'aide. Que faire quand un élève vous demande d'identifier un mot à sa place ? Souvent, les lecteurs moins habiles attendent passivement que quelqu'un lise les mots pour eux. Si vous répondez toujours à l'élève : « Tu devrais être capable de lire ce mot toi-même », vous pouvez miner à la longue sa confiance en lui-même ; par contre, si vous lui donnez le mot, vous encouragez son comportement de dépendance.

La meilleure solution est d'encourager l'enfant à faire un essai et d'examiner ensuite son essai de façon critique. Par exemple, vous pouvez lui présenter l'illustration ou lui poser une question d'ouverture comme celle-ci : « Qu'est-ce que tu penses que le personnage veut faire avec...? » L'enfant fera une prédiction et vous l'amènerez à la vérifier. Vous aurez ainsi la chance de voir comment l'élève procède pour résoudre le problème.

Voici quelques suggestions d'interventions face à un blocage :

- ☐ demander à l'enfant de relire le début de la phrase ;

- ☐ lui demander de continuer à lire, puis de revenir au mot ;

- ☐ lui demander d'identifier le mot d'après le contexte ;

- [ ] le renvoyer au même mot ou à un mot semblable dans le texte ;

- [ ] lui demander de relever des indices graphiques, puis de revenir au contexte.

Ces interventions orientent l'enfant vers des stratégies qui peuvent lui être utiles dans d'autres lectures. Cependant, ne donnez pas à l'enfant un indice en dehors du texte. Par exemple, si l'enfant bute sur le mot « hamster », la stratégie consistant à lui dire qu'il connaît cet animal puisqu'il y en a un dans la classe ne lui sera d'aucun secours lorsqu'il lira un autre texte.

Signalons ici que, pour identifier un mot qui pose problème, les jeunes lecteurs ont tendance à relire le début de la phrase plutôt que de continuer à lire. Le fait de revenir au début de la phrase libère la mémoire des méprises précédentes et aide l'enfant à se rappeler des indices du début de la phrase. Même si les lecteurs plus avancés peuvent poursuivre leur lecture pour régler une difficulté, la relecture du début de la phrase est un processus plus naturel pour les très jeunes lecteurs (Clay, 1991). Il sera donc important de ne pas considérer ces stratégies (retour en arrière et poursuite de la lecture) comme étant interchangeables chez les jeunes lecteurs.

CONCLUSION

*l*orsque le jeune lecteur est autonome devant un texte, il lui reste à automatiser ses stratégies afin de lire avec aisance. Il reconnaîtra de plus en plus de mots instantanément et lira non pas mot à mot, mais par groupes de mots. Ces stratégies ne se développeront pas de façon isolée, mais en relation avec la compréhension. Puisque la meilleure façon d'acquérir de l'aisance en lecture est de lire régulièrement, l'enseignement en deuxième année comportera une partie importante d'encouragement à la lecture personnelle.

CHAPITRE 8

L'APPRENTI STRATÈGE

INTRODUCTION

*n*ous avons vu dans le chapitre précédent qu'il était important que les élèves parviennent à une lecture fluide. Cependant, si la fluidité facilite la compréhension, elle n'est pas suffisante pour l'assurer. En effet, vous aurez souvent des élèves qui lisent à voix haute de façon tout à fait adéquate, mais qui ne comprennent pas ce qu'ils lisent. Il est donc important que les élèves de 8 à 10 ans (de troisième et quatrième année) acquièrent des stratégies de compréhension efficaces et variées. Les élèves ont certes déjà commencé à acquérir des stratégies de compréhension au premier cycle, mais ils devront perfectionner ces dernières au deuxième cycle, en partie parce que les textes à lire sont de plus en plus complexes et difficiles, tant en ce qui concerne leur structure qu'en ce qui concerne les sujets traités. Les élèves apprendront des stratégies grâce auxquelles ils parviendront à donner un sens à des mots peu familiers, à comprendre les phrases plus complexes de même que les connecteurs et les mots de substitution. Cependant, il est certain que le lecteur du deuxième cycle ne se limitera pas aux stratégies de compréhension ; il développera également sa capacité à réagir aux textes littéraires et à exploiter l'information contenue dans les textes informatifs (voir les chapitres 10 et 11).

GÉRER SA COMPRÉHENSION : UNE QUESTION DE MÉTACOGNITION

La gestion de la compréhension repose sur des processus complexes et touche à toutes les dimensions de l'acte de lecture ; elle entre en jeu depuis la préparation à la lecture jusqu'au retour sur cette dernière. Les processus de gestion de la compréhension sont essentiellement des processus métacognitifs. La métacognition se définit comme la capacité de réfléchir sur son propre processus de pensée. En lecture, la métacognition se traduira par des comportements comme être conscient de ce que l'on fait lorsqu'on lit, savoir quoi faire lorsqu'on est face à des difficultés, savoir quelles stratégies choisir pour atteindre ses objectifs (Pressley, 2002).

Si toutes les composantes de la gestion de la compréhension sont importantes, l'une d'elles mérite une attention particulière, soit celle qui consiste, pour le lecteur, à vérifier s'il comprend le texte et à utiliser des stratégies de dépannage au besoin. Dans cette section sur la gestion de la compréhension, nous aborderons d'abord l'ensemble du processus de gestion, puis nous nous pencherons sur le processus de gestion de la perte de compréhension.

LA GESTION DU DÉROULEMENT DE LA LECTURE

Gérer sa compréhension en lecture consiste à planifier sa lecture, à en vérifier le bon déroulement et à effectuer un retour sur ce qu'on a lu. Avant de commencer à lire, le lecteur efficace se fixe une intention de lecture, planifie sa manière d'aborder le texte, fait des prédictions quant à ce qu'il lira, formule des questions et des hypothèses. Au cours de la lecture, il vérifie ses hypothèses et en émet de nouvelles. Il se demande s'il comprend ; dans la négative, il a recours à des stratégies de récupération du sens. Après la lecture, il se demande ce qu'il a compris du texte, il vérifie s'il a atteint son objectif, il réagit au texte ou exploite l'information qu'il y a trouvée. Comme vous pouvez le constater, il s'agit en fait d'une démarche de résolution de problèmes.

Pour amener les élèves à saisir la démarche, vous pouvez leur proposer un ensemble de questions qu'ils se poseront tout au long de la lecture (voir la figure 8.1). Soulignons qu'il ne s'agit pas d'une démarche complètement nouvelle pour les élèves puisqu'ils auront déjà été initiés, dans les grandes lignes, à la gestion de la compréhension en lecture en première et en deuxième année.

LA GESTION DE LA PERTE DE COMPRÉHENSION

Nous avons vu dans les chapitres précédents que, même chez les tout jeunes lecteurs, il est essentiel de favoriser l'installation d'un mécanisme d'autocorrection. Avec le lecteur plus avancé, il s'agira de perfectionner ce mécanisme en amenant l'élève à mieux détecter les pertes de compréhension et à employer des moyens plus variés pour y remédier.

Pour développer la capacité des élèves à gérer leur compréhension du texte, vous devez avoir en tête les composantes d'un comportement de gestion de la compréhension, à savoir :

- [ ] détecter la perte de compréhension et déterminer la nature du problème ;
- [ ] évaluer l'importance du problème ;
- [ ] choisir une stratégie susceptible de régler le problème et vérifier l'efficacité de cette stratégie.

Détecter la perte de compréhension

Il faut d'abord que le lecteur apprenne à déterminer s'il comprend ou non. En effet, il est indispensable que le lecteur constate que quelque chose ne va pas avant de décider de recourir à une stratégie de dépannage.

figure 8.1 Questions pour la gestion de la compréhension

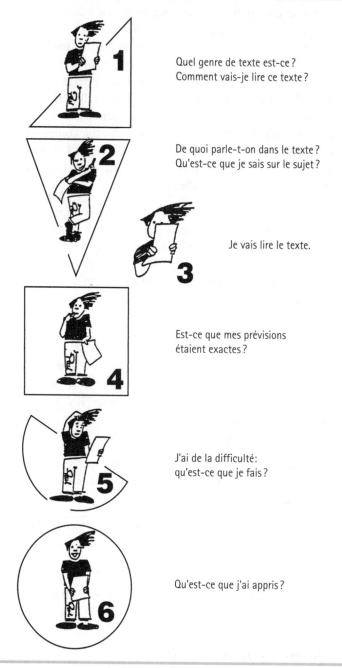

1. Quel genre de texte est-ce ?
Comment vais-je lire ce texte ?

2. De quoi parle-t-on dans le texte ?
Qu'est-ce que je sais sur le sujet ?

3. Je vais lire le texte.

4. Est-ce que mes prévisions étaient exactes ?

5. J'ai de la difficulté :
qu'est-ce que je fais ?

6. Qu'est-ce que j'ai appris ?

Source : Adapté de S.E. Sliepen et P. Reitsma, « Instruction in reading comprehension strategies : Effects of a training of teachers », communication présentée au congrès annuel de la National Reading Conference, Charleston (S.C.), décembre 1993.

Comment savons-nous si nous comprenons ou non ? Nous appliquons plus ou moins consciemment des critères d'évaluation. On peut répartir ces critères en quatre catégories : 1) le lexique (le vocabulaire) ; 2) la cohérence interne du texte (la logique des idées dans le texte) ; 3) la cohérence externe du texte (le lien entre le texte et la réalité) ; 4) la complétude de l'information.

Ces critères ont été transformés en questions à présenter aux élèves afin de leur apprendre à détecter une perte de compréhension (Baker, 1991) :

1. Y a-t-il des mots que je ne comprends pas ?

2. Y a-t-il des idées qui ne vont pas bien ensemble, vu que :

   a) je ne comprends pas de qui ou de quoi on parle ?

   b) je ne vois pas le rapport entre les idées ?

   c) je pense que les idées se contredisent ?

3. Y a-t-il des informations qui ne concordent pas avec ce que je sais déjà ?

4. Y a-t-il des informations qui manquent ou qui ne sont pas expliquées clairement ?

Dans un premier temps, on peut clarifier le travail pour les élèves en regroupant les critères dans deux grandes catégories : les mots (« J'ai de la difficulté à comprendre un mot ») et les idées (« J'ai de la difficulté à comprendre l'idée »). Certains élèves ne considèrent que le critère des mots pour évaluer leur compréhension : ils pensent qu'ils ont compris le paragraphe parce qu'ils en ont compris tous les mots. Il est important d'amener les élèves à se rendre compte que les problèmes peuvent concerner également la compréhension des idées du texte, c'est-à-dire ce que l'auteur veut dire.

Lorsque cette première distinction est nette pour les élèves, vous pouvez présenter l'ensemble des critères. Pour ce faire, vous pourrez profiter des difficultés auxquelles se sont heurtés les élèves dans les textes ou encore, à l'occasion, vous pourrez, sous forme de jeu, modifier des phrases d'un texte et demander aux élèves s'ils ont compris le sens de ces phrases. Ces modifications toucheront les quatre critères mentionnés plus haut : le lexique (la phrase contenant un mot inventé) ; la cohérence interne (la phrase contenant une affirmation illogique par rapport au texte) ; la cohérence externe (la phrase contenant une affirmation fausse) ; la complétude de l'information (un texte où certaines informations essentielles sont manquantes).

Vous amènerez les élèves à vérifier s'ils comprennent ou non les phrases et à dire pourquoi.

Évaluer l'importance de la perte de compréhension

Un lecteur habile peut être conscient d'une certaine perte de compréhension et décider qu'il ne vaut pas la peine de s'engager dans la recherche d'une solution. Cela se produit souvent lorsque nous rencontrons dans un texte un mot inconnu qui ne nous empêche pas de comprendre le sens du texte. En revanche, le sens précis d'un mot peut être indispensable dans un autre texte et nous ferons alors la démarche nécessaire pour le trouver. Il faut donc que les élèves apprennent à évaluer la gravité de la perte de compréhension en fonction du but poursuivi au moment de la lecture. À cette fin, la meilleure façon de faire est de leur expliquer comment vous procédez vous-même pour déterminer l'importance d'une perte de compréhension ; vous discuterez ensuite avec les élèves de leur propre évaluation face à un problème particulier.

Choisir la stratégie qui convient pour récupérer le sens

Les élèves de 8 à 10 ans maîtrisent en général les stratégies de dépannage familières aux lecteurs débutants. Ils doivent maintenant apprendre à résoudre d'autres types de problèmes et enrichir leur répertoire de stratégies de récupération de sens. N'oublions pas, cependant, que l'apprentissage de la gestion de la perte de compréhension est un processus qui doit faire l'objet d'une attention constante jusqu'à la fin du primaire.

Pour amener les élèves à déterminer les stratégies de dépannage possibles, vous pouvez lire un texte à voix haute et expliquer à mesure ce qui se passe dans votre tête pendant que vous gérez votre compréhension (Oster, 2001). Par exemple, vous pouvez dire : « Je ne connais pas ce mot, mais, d'après le reste de la phrase, je pense qu'il veut dire… », « Je ne suis pas certain de la séquence des événements dans l'histoire, je devrais peut-être essayer de me les représenter mentalement », « C'est une histoire compliquée, j'ai besoin de résumer ce qui s'est passé jusqu'à présent dans l'histoire avant de continuer ».

Vous demanderez ensuite aux élèves de nommer les stratégies que vous avez utilisées. Acceptez les formulations qui viennent des élèves et écrivez-les au tableau. Vous pouvez, avec les élèves, classer les stratégies dans deux catégories : d'un côté, celles qui sont utiles lorsque la perte de sens tient aux mots et, de l'autre, celles qui concernent la compréhension d'une idée. Par exemple, pour un mot, on trouvera des stratégies comme lire ce qui entoure le mot qui pose problème, utiliser les indices morphologiques, se servir du dictionnaire et demander de l'aide à quelqu'un. Pour les problèmes sur le plan de l'idée, on trouvera des stratégies telles que continuer à lire, revenir sur sa lecture, revenir au titre, regarder les illustrations, prendre la ponctuation en considération, se poser des questions, redire le texte dans ses propres mots, se faire une image mentale et, enfin, demander de l'aide à quelqu'un lorsqu'on en a besoin.

On révisera cette liste au fur et à mesure que des stratégies seront précisées ou ajoutées, jusqu'à ce que la classe soit satisfaite de sa banque de stratégies de base.

PRÉPARER LA LECTURE

Avant de lire un texte, le lecteur efficace se prépare de différentes façons : il active ses connaissances, il se pose des questions, il fait des prédictions, il se fixe une intention de lecture. Pour ce faire, il utilise trois sources d'information : 1) sa connaissance des types de textes (avant même d'ouvrir un dictionnaire, il sait quel genre de texte il y trouvera ; avant de commencer la lecture d'un roman policier, il sait à quel type d'intrigue s'attendre) ; 2) ses propres connaissances sur le thème traité ; 3) les indices fournis par le texte lui-même, tels le titre, les intertitres ou les graphiques.

Les élèves de 8 à 10 ans sont déjà sensibilisés à l'importance de se fixer une intention de lecture, d'activer ses connaissances et d'utiliser comme indices le titre et les illustrations. Les objectifs de l'enseignement, à ce stade-ci, seront d'enrichir leur connaissance des indices à considérer et de favoriser chez eux une plus grande autonomie dans les stratégies de préparation à la lecture.

LE SURVOL DU TEXTE OU LA RECHERCHE D'INDICES

Avant d'entamer sa lecture d'un texte, le lecteur efficace s'intéresse à plusieurs éléments du texte en question : le titre, les intertitres, l'introduction, les illustrations, les graphiques, les tableaux, les mots en caractères gras, etc. Autrement dit, il fait ce qu'on appelle un « survol » du texte afin d'y repérer les indices sur lesquels il se fondera pour prédire le contenu et l'organisation du texte.

Le choix des indices privilégiés durant le survol dépendra du type de texte à lire. En général, dans les textes narratifs, les principaux indices sont le titre et les illustrations, alors que, dans les textes informatifs, ce sont les intertitres et les graphiques. Avec les élèves de 8 à 10 ans, on insistera en particulier sur l'utilisation des intertitres. Il faut les sensibiliser au fait que les intertitres peuvent leur être utiles pour plusieurs raisons (Grant, 1993) :

- [ ] ils organisent l'information d'un texte ;
- [ ] ils motivent le lecteur à lire le texte, surtout lorsque celui-ci est long et difficile ;

□ ils fournissent des indices pour se souvenir de l'information ;

□ ils aident à localiser l'information pour répondre aux questions.

Vous pouvez donner une démonstration de la façon dont il est possible de tirer parti des intertitres en prenant un texte que les élèves ont à lire. Lisez les intertitres à voix haute et écrivez-les au tableau, évoquez vos connaissances à propos de chacun d'eux, puis expliquez comment ces intertitres sont reliés et comment ils peuvent nous donner une idée de l'organisation du texte.

L'ACTIVATION DES CONNAISSANCES ET LA PRÉDICTION

Depuis la maternelle, l'élève a vécu des situations dans lesquelles il a été amené à activer ses connaissances avant la lecture d'un texte. Il aura également eu l'occasion de faire, à l'aide du titre et des illustrations, des hypothèses et des prédictions sur le contenu du texte. L'élève apprendra maintenant à devenir plus autonome dans l'utilisation de cette stratégie. On insistera sur le fait que le cycle complet de la prédiction comprend quatre phases : choisir des indices, prédire, lire, vérifier.

Pour illustrer le cycle de prédiction-vérification, prenez une grande feuille que vous diviserez en deux : d'un côté, écrivez vos prédictions et, de l'autre, écrivez la raison pour laquelle vous faites telle ou telle prédiction. Demandez ensuite aux élèves de formuler leurs propres prédictions. Au cours de la lecture, vous direz quelles prédictions se confirment et, avec la participation des élèves, vous en formulerez d'autres ou en éliminerez.

Vous pouvez faire accomplir l'activité de façon individuelle aux élèves en leur demandant de remplir une feuille selon le modèle présenté à la figure 8.2. Il ne faut pas oublier que cette activité n'est qu'une façon de faciliter le passage à la prédiction autonome et qu'elle ne doit pas devenir un exercice stérile utilisé de façon répétitive.

DONNER UN SENS AUX MOTS PEU FAMILIERS

Les textes pour les lecteurs débutants contiennent habituellement un vocabulaire familier aux élèves ; c'est pourquoi, durant leurs premières années du primaire, les élèves connaissent le sens de la plupart des mots qu'ils rencontrent. En troisième et quatrième année, ils doivent maintenant apprendre à trouver le sens de mots qu'ils arrivent à lire sans difficulté, mais dont ils ignorent la signification. Il est primordial que les

figure 8.2

Exemple de formule de prédiction

Mes idées avant la lecture	
Nom _____	
Date _____	
Livre _____	

Mes prédictions	Pourquoi j'ai fait ces prédictions
Je pense que le livre parlera d'une fille pauvre.	Parce que, sur l'image, elle porte une robe usée.
Je prédis qu'elle deviendra riche.	Parce que, plus loin dans le livre, elle porte une belle robe.
Je prédis qu'elle est une princesse.	Parce qu'il y a une princesse dans le livre.
Je prédis que je vais aimer l'histoire.	Je ne sais pas pourquoi !

Source : Adapté de S.M. Glazer, *Reading Comprehension*, New York, Scolastic, 1992.

élèves acquièrent des stratégies pour faire face à ce problème puisqu'ils rencontreront toute leur vie des mots dont ils ne connaîtront pas le sens ou des mots possédant plusieurs sens. Très souvent, les élèves s'imaginent que la seule façon de trouver le sens d'un mot nouveau consiste à le chercher dans le dictionnaire ou à demander de l'aide à quelqu'un. Ils ne sont pas conscients que d'autres éléments peuvent leur donner des indications pertinentes sur le sens de mots moins familiers. Les élèves devront apprendre à faire appel à des stratégies plus variées qui leur permettront de trouver le sens de mots nouveaux (Baumann et autres, 2002).

Afin d'analyser votre propre façon de procéder pour découvrir le sens d'un mot nouveau, faites l'exercice qui suit.

exercice

Lisez la phrase et définissez le mot « calendaire ».

> Les Celtes comptaient leurs « jours » d'un soleil à l'autre. Leur système calendaire se fondait sur le cycle des saisons.

Quels indices avez-vous utilisés pour donner un sens au mot « calendaire »?

Le mot « calendaire » qui apparaît dans l'exercice ci-dessus n'est pas fréquent à l'oral et il est même absent de certains dictionnaires. Cependant, vous avez probablement réussi à attribuer un sens à ce mot. Pour ce faire, vous vous êtes servi de la morphologie du mot, c'est-à-dire du radical « calend- » qui vous est déjà familier à cause du mot « calendrier »; vous avez également tiré profit du sens général de la phrase.

On peut donc distinguer deux grandes catégories d'indices pour trouver le sens de mots peu familiers : la morphologie du mot (le radical, les affixes) et le contexte. Nous examinerons ces deux types d'indices séparément, puis nous présenterons une façon de les combiner.

LE MOT ET SA MORPHOLOGIE

Pour attribuer un sens à des mots nouveaux, il est très utile parfois de recourir à la morphologie, c'est-à-dire de se servir des renseignements qui proviennent du radical du mot, des préfixes et des suffixes.

Il n'est pas nécessaire, avec les jeunes élèves, d'aborder tous les préfixes et suffixes ; on insistera sur les plus courants (par exemple, « re », « dé », « inter », « trans », « contr »). Cependant, il y aura inévitablement des moments où les élèves vous demanderont la signification de certains préfixes ou suffixes qu'ils auront rencontrés dans leurs lectures personnelles. C'est pourquoi vous vous devez d'élargir votre propre connaissance des suffixes et des préfixes.

Pour vérifier vos connaissances, prenez le temps de faire l'exercice qui suit.

exercice

Quel sens donnez-vous aux préfixes et suffixes présentés ci-dessous ?

Préfixes	*Signification*	Suffixes	*Signification*
ortho		pédie	
péda		nomie	
morpho		logie	
macro		graphie	
méta		thérapie	

Avez-vous réussi à donner le sens de tous les préfixes et suffixes de l'exercice précédent ? Si ce n'est pas le cas, complétez vos connaissances à l'aide du dictionnaire et portez attention à ces affixes au cours de la lecture de ce livre : ces suffixes et préfixes apparaissent tous dans un chapitre ou un autre.

Vous pouvez favoriser de façon concrète, chez vos élèves, l'acquisition de connaissances sur le sens de certains radicaux et affixes d'origine grecque ou latine. Il ne faudra toutefois pas oublier de rappeler aux élèves que ces connaissances ne sont utiles que si on s'en sert pour trouver le sens d'un mot nouveau dans un texte. L'activité décrite ci-dessous présente l'avantage de faire participer activement les élèves à l'acquisition de ces connaissances (Peterson et Phelps, 1991).

L'activité demande une préparation préalable :

☐   déterminer le radical à apprendre (par exemple, « audi ») ;

☐   associer une illustration au radical (par exemple, un lapin) ;

☐   créer un slogan évocateur (par exemple, Audi les grandes oreilles) ;

☐   imprimer le dessin et le slogan sur un transparent (voir la figure 8.3) ; faire des copies du dessin seulement sur des feuilles de petit format à remettre aux élèves.

figure **8.3**   Slogan pour le radical « audi »

Audi les grandes oreilles

Présentez le transparent aux élèves et animez une discussion sur le lien entre le slogan et l'image. Encouragez les élèves à faire appel à leurs connaissances pour prédire le sens du radical, comme dans l'exemple suivant : « Voici Audi. Comme vous voyez, Audi a de grandes oreilles. Pouvez-vous deviner ce que "Audi" veut dire ? » Écrivez ensuite au tableau des mots contenant le radical « audi »: audible, auditoire, auditorium. Une fois que les élèves ont compris le lien entre le sens du radical du mot et les mots de la même famille, vous les inciterez à se servir de cette nouvelle connaissance : « Quand vous voyez "audi" dans un mot, pensez à "Audi les grandes oreilles". »

Les élèves écrivent alors le slogan sous leur dessin. Vous pouvez répéter l'activité avec d'autres slogans, comme « Scriptus l'écrivain » (le dessin d'une personne qui écrit peut être associé à *script*, le radical du mot latin signifiant « écrire »). Vous pouvez aussi demander aux élèves d'inventer des slogans qu'ils présenteront à la classe.

LE CONTEXTE

Pour inciter les élèves à se servir du contexte, on a souvent tendance à leur dire simplement : « Utilisez les autres mots du texte. » Mais bien des élèves ne savent pas ce que l'on entend par « utiliser les autres mots du texte » et ils ont besoin d'un enseignement plus explicite à ce sujet. La meilleure façon de procéder consiste à profiter de la lecture d'un texte pour mettre en évidence les indices du contexte qui peuvent être utiles. Ces indices sont très variés et peuvent demander plus ou moins d'habileté de la part du lecteur. Nous présentons ici quelques indices accessibles aux lecteurs du primaire (pour une description plus détaillée des différents indices tirés du contexte, voir Giasson et Thériault, 1983).

☐ Les indices syntaxiques. Ils sont fort utiles dans le cas de mots qui possèdent plusieurs sens ou dans le cas d'homonymes. Ils permettent de distinguer, par exemple, le mot « tremble » dans les deux phrases suivantes : « Il tremble comme une feuille », « Les feuilles du tremble frissonnent au moindre souffle ».

☐ Les indices sémantiques. Le sens général de la phrase donne une indication sur le sens du mot (par exemple, pour le mot « martinet » : « Le martinet vole très haut dans les airs »).

☐ Les définitions données dans le texte. Elles peuvent être annoncées par des expressions comme « qui est », « ou », « c'est-à-dire », « on dit que » (par exemple : « Ses griffes rentrent dans ses pattes. On dit qu'elles sont rétractiles »). Elles peuvent aussi être mises en évidence par des virgules ou des parenthèses (par exemple : « Le dromadaire, ce chameau à une bosse, vit dans le désert »).

☐ Les exemples (par exemple : « Jean était un garçon très égoïste. Ainsi, il ne voulait jamais que ses camarades jouent avec ses jouets ou regardent ses livres »).

Même si l'examen du contexte est reconnu pour favoriser l'acquisition de mots nouveaux, il faut cependant admettre que son utilité varie sensiblement d'un mot à l'autre. On peut, en fait, distinguer quatre types de contextes : 1) le contexte explicite, qui indique clairement le sens du mot nouveau ; 2) le contexte général, qui permet d'attribuer un sens global au mot ; 3) le contexte vague, qui ne donne aucune indication sur la signification du mot ; 4) le contexte trompeur, qui oriente le lecteur vers une fausse conception du mot. Il faut donc sensibiliser les élèves au fait que, si le contexte constitue un outil utile pour trouver le sens d'un mot, ce n'est pas pour autant un outil miracle ; c'est pourquoi il est important de le combiner avec d'autres moyens.

LA COMBINAISON DES INDICES

Pour que les élèves développent l'habileté à donner un sens à des mots peu familiers, il est essentiel que vous fassiez la démonstration de votre propre façon de combiner les différents indices pour trouver le sens de mots nouveaux. Outre les deux grandes catégories d'indices que nous avons vues (la morphologie et le contexte), le lecteur utilise les connaissances antérieures qu'il possède sur le sens du mot et la connaissance implicite qu'il a du fonctionnement de la langue (par exemple, le fait de savoir que tel mot est un nom, un verbe, un adverbe).

Concrètement, vous amènerez les élèves à comprendre que, pour trouver le sens d'un mot nouveau, ils doivent, comme l'illustre la figure 8.4 :

1. Regarder « à l'intérieur » :

   a) du mot, c'est-à-dire regarder la forme du mot (préfixe, radical, suffixe) ;

   b) de leur tête, c'est-à-dire activer leur propre connaissance du mot s'il y a lieu (ce qu'ils savent déjà du mot).

2. Regarder « autour du mot » :

   a) examiner la phrase ou l'expression dans laquelle apparaît le mot nouveau ;

   b) tenir compte de l'atmosphère générale de la partie du texte où le mot apparaît.

Expliquez aux élèves le but de la stratégie. Démontrez-leur ensuite comment ils feront pour combiner les informations tirées des deux étapes précédentes pour arriver à formuler une hypothèse. Pour ce faire, vous choisirez un texte contenant un mot dont les élèves ne connaissent pas le sens et vous leur expliquerez comment vous procédez vous-même pour découvrir le sens de ce mot nouveau. Au début, il convient de choisir un contexte raisonnablement informatif de façon que les élèves réussissent assez bien à imaginer le sens du mot nouveau. Puis, vous passerez graduellement à des contextes moins riches, puisque c'est le type de contexte qu'on trouve le plus fréquemment dans les lectures personnelles. Il est important que les élèves comprennent qu'il s'agit d'une démarche stratégique et non d'une recette : les étapes peuvent être suivies dans un ordre différent. L'essentiel est d'essayer activement de trouver un sens au mot nouveau.

figure 8.4 Donner un sens à des mots peu familiers

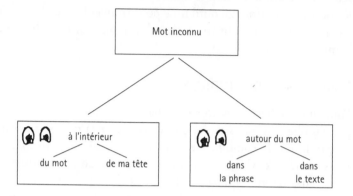

Incitez les élèves à utiliser la stratégie de façon autonome dans différents contextes (dans les manuels des autres matières scolaires, dans leurs lectures personnelles, etc.). Périodiquement, vous demanderez à un élève de lire à haute voix, dans son livre de bibliothèque, un paragraphe dans lequel il a rencontré un mot nouveau, et de démontrer aux autres élèves comment il a combiné les indices pour en trouver le sens.

COMPRENDRE LES PHRASES PLUS COMPLEXES

Dès leur entrée à l'école, les enfants connaissent la plupart des structures syntaxiques utilisées à l'oral. Cependant, il arrive que les textes contiennent des structures plus difficiles : ce sont habituellement des structures utilisées plus fréquemment à l'écrit qu'à l'oral ; ce sont également des structures qui constituent des exceptions par rapport à l'ordre habituel des mots dans la phrase. Par exemple, les phrases à la forme passive et les phrases contenant des propositions relatives enchâssées entre le sujet et le verbe sont plus difficiles à comprendre parce qu'elles violent un principe de base qui pourrait se formuler comme suit : le nom placé avant le verbe est habituellement le sujet de la phrase. Prenons la phrase suivante : « La sorcière qui courait après le garçon s'empara de la boîte. » Bien des enfants au début du primaire répondront « le garçon » si on leur demande qui s'est emparé de la boîte. C'est non seulement l'ordre des mots qui cause un problème ici, mais aussi leur nature. Une phrase comme « Le garçon qui cassa la vitre s'enfuit » ne crée pas de problème, car le mot qui précède le verbe « s'enfuit » ne peut faire cette action (Maria, 1990).

Votre première réaction sera peut-être de penser qu'il faut choisir des textes qui ne contiennent pas de structures inhabituelles. Il faut, bien sûr, éviter les textes qui contiennent un trop grand nombre de structures peu familières ; cependant, si les élèves ne sont jamais placés devant des structures plus complexes, ils ne les apprendront pas. Par exemple, si, sous prétexte que la voix passive est plus difficile, vous ne présentez aux jeunes lecteurs que des textes à la voix active, vous ne leur permettrez pas d'acquérir les compétences nécessaires pour lire des textes plus avancés.

Vous devez connaître les structures qui peuvent causer des problèmes aux élèves, afin de les identifier et d'en faciliter la compréhension au cours des lectures de groupe. Il ne s'agira pas de faire des exercices systématiques sur des phrases isolées, mais plutôt de profiter de la présence de ces phrases dans des textes vus en classe pour aider les élèves à devenir autonomes face à ce type de phrases lors de lectures personnelles. Par exemple, lorsque les élèves trouvent une phrase longue et complexe dans un texte, vous pouvez les aider à repérer l'information principale (le groupe sujet et le groupe verbal), puis à déplacer ou à mettre entre parenthèses un mot ou un groupe de mots pour mieux cerner l'information principale.

Au deuxième cycle, les élèves doivent également prendre conscience des conventions du style direct et du style indirect dans les textes. Le style direct se révèle par les guillemets, le point d'interrogation, le changement de ligne à chaque réplique. Quant au style indirect, il comprend le passage du présent au passé, du pronom à la première et à la deuxième personne au pronom à la troisième personne.

Profitant du fait que les élèves ont à lire un texte où on trouve à la fois le style direct et le style indirect, vous pouvez attirer leur attention sur les différences entre les deux styles, mais toujours dans le but de leur faire comprendre l'histoire qu'ils liront. Vous écrirez quelques phrases au tableau en faisant ressortir visuellement les différences (voir la figure 8.5).

Une autre façon de faire comprendre aux élèves les différences entre le style direct et le style indirect consiste à leur présenter un dialogue et à leur demander de transformer ce dialogue en un texte suivi. Puis, vous demanderez aux élèves ce qu'ils ont dû faire pour effectuer ces transformations et vous écrirez au tableau la liste des modifications. Ces activités prépareront également les élèves à utiliser ces variantes dans les textes qu'ils rédigeront eux-mêmes.

figure
8.5

Passage du style direct au style indirect

Style direct	Style indirect
Annie dit à Guillaume : « Nous arrivons. » →	Annie dit à Guillaume qu'ils arrivaient.
« Viens avec moi », demanda Gabriel à Marie-Ève. →	Gabriel demanda à Marie-Ève de venir avec lui.
« Tu peux te perdre », dit Claude à son fils. →	Claude dit à son fils qu'il pourrait se perdre.

COMPRENDRE LES INDICES DE COHÉRENCE

Les auteurs ont habituellement recours à des procédés comme la répétition, à des pronoms, à des connecteurs pour créer des liens entre les phrases. Ce sont ces liens qui assurent, en partie du moins, la cohérence du texte. Il est donc important d'aider les élèves à reconnaître et à comprendre les indices de cohérence.

> *Au-delà du cadre de la phrase, il convient, aussi tôt que possible, que l'apprenti lecteur prenne conscience qu'un texte, aussi court soit-il, n'est pas une simple juxtaposition de phrases. On doit lui montrer, preuves à l'appui, qu'il y a des « avant » et des « après », qu'entre deux événements il existe des relations de cause à effet, ou de finalité, que le même personnage va s'appeler d'abord Catherine, puis « elle », puis « la jolie petite fille ». Il découvrira qu'un texte possède une réelle cohérence et identifiera les indices qui la manifestent.* (Observatoire national de la lecture, 1998, p. 25.)

Dans cette section, nous présentons deux catégories d'indices de cohérence : les connecteurs, ou mots de liaison, et les mots de substitution.

LES CONNECTEURS

Les connecteurs, ou mots de liaison, servent à relier des propositions ou des phrases. Certains connecteurs sont fréquents, comme « et », « mais », « cependant », « alors », tandis que d'autres, comme « néanmoins » ou « par ailleurs », se rencontrent moins souvent dans les textes pour les enfants. Si certains connecteurs sont facilement compris par les élèves, plusieurs situations, par contre, peuvent leur causer des problèmes. Prenons une phrase comme : « Jean est revenu de l'école après Marie. » Plusieurs jeunes lecteurs penseront que Jean est revenu le premier, car il est mentionné avant Marie dans la phrase. Bref, étant donné que ces mots de liaison sont importants pour le sens de la phrase, l'élève doit en apprendre graduellement le sens.

La classification des connecteurs

Les connecteurs peuvent être classés selon le type de relation qu'ils établissent. Parmi les principaux, mentionnons ceux qui expriment :

☐ la disjonction (« ou », « soit que », etc.) ;

☐ l'exclusion (« sauf », « excepté que », etc.) ;

☐ le temps (« avant », « lorsque », etc.) ;

☐ le lieu (« devant », « au-dessus de », etc.) ;

☐ la cause (« parce que », « en raison de », etc.) ;

☐ la comparaison (« comme », « ainsi que », etc.) ;

☐ le contraste (« contrairement à », etc.) ;

☐ l'opposition (« malgré », « bien que », etc.) ;

☐ la concession (« bien que », etc.) ;

☐ la conséquence (« de manière à », « à tel point que », etc.) ;

☐ le but (« pour », « afin que », etc.) ;

☐ la condition (« si », « à moins que », etc.) ;

☐ la manière (« comme », etc.).

La relation entre les idées exprimées peut être explicite ou implicite. En règle générale, la présence d'un connecteur rend la relation explicite. Par exemple, dans la formulation « Jean a mal au ventre parce qu'il a mangé trop de pommes vertes », la relation entre l'effet et la cause est explicite en raison de la présence du connecteur « parce que », alors que la relation est implicite dans la formulation « Jean a mal au ventre. Il a mangé trop de pommes vertes ».

Les relations implicites sont plus difficiles à comprendre par les élèves que les relations explicites. Pour inférer une relation, le lecteur doit mobiliser une partie de son énergie cognitive. Les enseignants sont souvent portés, lorsqu'ils préparent des textes de lecture pour les élèves plus jeunes, à raccourcir les phrases. Il est vrai que, de façon générale, les phrases courtes sont plus faciles à lire que les phrases plus longues. Cependant, si on raccourcit la phrase au détriment des connecteurs, tout l'avantage des phrases courtes disparaît. En effet, il est plus difficile pour le jeune lecteur de comprendre deux phrases courtes sans connecteur qu'une phrase plus longue contenant un connecteur.

L'enseignement des connecteurs

Comme il existe de nombreux mots de liaison dans la langue, il est préférable de se concentrer sur ceux qui posent problème plutôt que de songer à les enseigner systématiquement. On peut employer des procédés de *closure* pour savoir quels connecteurs les élèves ne maîtrisent pas : il s'agit de présenter un texte dans lequel on a remplacé les connecteurs par des espaces blancs ; la tâche consiste, pour les élèves, à trouver les mots qui manquent. Vous pourrez ainsi voir quels sont les connecteurs qui sont connus des élèves et ceux qui leur posent des difficultés.

Cependant, l'enseignement le plus réaliste est celui qui consiste à enseigner les mots de liaison à mesure qu'on les rencontre dans les textes. Il s'agit alors d'attirer l'attention des élèves sur ces mots, de poser des questions sur les éléments qui sont reliés par le connecteur et d'expliquer à voix haute la façon dont les connecteurs donnent du sens à la phrase ou au texte. Assurez-vous au départ que les élèves comprennent bien l'importance des mots de liaison. Certains élèves ont besoin qu'on les convainque que ces petits mots qui ont l'air de rien (« et », « ou », « ne », « si », etc.) jouent un rôle dans la compréhension. Vous aurez donc à amener les élèves à prendre conscience que certains problèmes de compréhension du texte peuvent découler des connecteurs mal compris.

Ajoutons que la compréhension des connecteurs repose sur des facteurs comme le vocabulaire et le contexte autant que sur la connaissance des connecteurs eux-mêmes. Un élève peut comprendre un mot de liaison, mais ne pas comprendre une phrase qui contient ce mot. Si vous voulez illustrer un mot de liaison particulier que les élèves ne maîtrisent pas, assurez-vous de choisir un texte qui ne présente que des contenus familiers.

LES MOTS DE SUBSTITUTION

Dans un texte, l'auteur ne répète pas un mot à l'infini ; pour désigner la même personne, le même objet ou le même événement, il aura plutôt recours à un mot de remplacement, que nous appelons « mot de substitution ». On nomme « antécédent » ou « référent » le terme ou la proposition que remplace le mot de substitution. Le processus de remplacement permet à la fois d'éviter les répétitions et de faire des liens entre les parties du texte.

La classification des mots de substitution

Les mots de substitution peuvent appartenir à différentes catégories, dont les suivantes :

☐ les pronoms personnels (« Marie/elle » ; « Alice et Catherine/elles ») ;

☐ les pronoms relatifs (« Pierre/qui ») ;

☐ les pronoms démonstratifs (« Jean/celui-ci ») ;

☐ les adverbes de temps (« Elle a fait/avant ») ;

☐ les adverbes de lieu (« En Russie/là-bas ») ;

☐ les synonymes (« petite fille/fillette ») ;

☐ les périphrases (« Jean/celui qu'elle aime ») ;

☐ les termes génériques (« un chien/l'animal ») ;

☐ l'indéfini et le défini (« Un lion/le lion »).

On ajoutera à cette liste les ellipses, qui ne sont pas des remplacements à proprement parler, mais qui jouent le même rôle (par exemple : « Tu aimes les framboises. Moi aussi [j'aime les framboises] »).

Dans certains cas, l'antécédent et le mot de substitution se trouvent dans des phrases qui se suivent. D'autres fois, au moins une phrase sépare l'antécédent du mot de substitution ; dans ce dernier cas, les jeunes lecteurs ont plus de difficulté à comprendre la relation. Un problème se pose aussi lorsque le référent fait partie du titre et que le texte commence par un mot de substitution. Prenons l'exemple d'un texte dont le titre est *Le ruisseau* et qui commence par : « Il court dans la prairie, il gambade. » Dans cet exemple, la plupart des jeunes élèves ne trouveront pas spontanément à quoi renvoie le pronom « il » au début du texte.

L'antécédent apparaît habituellement avant le mot qui le remplace, mais, dans certains cas, l'antécédent ne vient qu'après ce dernier. L'exemple suivant illustre une relation dans laquelle l'antécédent vient après le mot de substitution : « Il est arrivé dans le village à la brunante, un soir d'automne. C'était la première fois que Théodore, le vieux mendiant, se rendait aussi loin dans sa tournée. » Ce type de relation peut causer des problèmes de compréhension aux élèves inexpérimentés.

Les mots de substitution et l'habileté en lecture

Des recherches ont montré l'existence d'une relation entre la connaissance des indices de cohérence à l'écrit et la compréhension de texte, mais il faut préciser que les relations anaphoriques interagissent avec d'autres variables pour influer sur la compréhension (Speaker, Barnitz et Gipe, 1990 ; Berkemeyer, 1991). De façon générale, les élèves habiles en lecture comprennent mieux les mots de substitution que les lecteurs faibles.

> *Lorsqu'ils traitent les pronoms, les mauvais compreneurs utilisent de manière défectueuse les indices syntaxiques de genre et de nombre. En outre, ils assimilent le sens d'un mot à celui de son usage dominant. Chez ces enfants, deux stratégies apparaissent fréquemment : une stratégie de distance minimale qui consiste à considérer comme antécédent le nom situé dans le syntagme nominal le plus proche de la reprise et la stratégie de dominance du personnage principal : le personnage principal est identifié comme étant l'antécédent de la reprise de la grande majorité des pronoms.* (Rémond, 1993, p. 144.)

L'enseignement des mots de substitution

Comme nous l'avons mentionné précédemment au sujet de l'enseignement des connecteurs, l'enseignement des mots de substitution ne se fera pas par des exercices isolés, mais par l'exploitation de ces mots dans des textes que les élèves ont à lire. Voici quelques suggestions d'interventions pédagogiques :

☐ Posez des questions qui demandent aux élèves de relier le mot de substitution à l'antécédent. Si les élèves ne peuvent répondre, précisez comment vous procédez vous-même.

☐ Demandez aux élèves de changer le sexe du personnage principal d'une histoire (si c'est un garçon, en faire une fille, et vice versa ; ils seront ainsi amenés à changer les pronoms).

☐ Demandez à l'occasion aux élèves de représenter graphiquement leur texte sous forme de « sentier » en utilisant des flèches ou d'autres signes pour indiquer les liens entre les idées (Pagé et autres, 1991). Commencez par donner une démonstration, puis faites travailler les élèves en équipe pour que chacun voie comment les autres font leur « sentier ». La figure 8.6 présente un exemple.

Par ailleurs, dans l'enseignement des mots de substitution, vous devez être attentif aux situations dans lesquelles : 1) plusieurs mots de substitution se trouvent dans la même phrase ; 2) une distance importante sépare le référent du mot de substitution ; 3) le mot de substitution renvoie à une portion substantielle du texte. Il ne faut pas oublier, cependant, que plusieurs facteurs peuvent intervenir dans la compréhension des mots de substitution, entre autres le type de texte et les connaissances préalables.

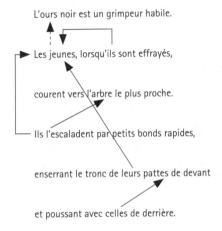

L'ours noir

L'ours noir est un grimpeur habile.

Les jeunes, lorsqu'ils sont effrayés,

courent vers l'arbre le plus proche.

Ils l'escaladent par petits bonds rapides,

enserrant le tronc de leurs pattes de devant

et poussant avec celles de derrière.

Source : Ministère des Terres et Forêts, Centre d'interprétation de la nature de Duchesnay, 1976.

RÉPONDRE À DES QUESTIONS SUR LE TEXTE

L'élève du primaire doit apprendre à se servir de l'information contenue dans un texte pour effectuer différentes tâches. Chez les enfants de 8 à 10 ans, on insistera particulièrement sur l'habileté à comprendre le sens d'une question et sur la démarche à adopter pour répondre à cette question.

La première intervention consistera, par le biais d'une discussion de groupe, à faire prendre conscience aux élèves que répondre à une question comporte trois étapes. Une affiche illustrant celles-ci peut être placée au mur de la classe lors de cette discussion :

1. Comprendre la question ;

2. Trouver la bonne source d'information ;

3. Formuler la réponse adéquatement.

COMPRENDRE LA QUESTION

Afin d'amener les élèves à analyser adéquatement une question, vous aurez avantage à travailler avec eux divers éléments, comme les différents types de questions, les termes interrogatifs et les mots clés.

Amener les élèves à comprendre qu'il existe différents types de questions

Les questions se présentent sous différentes formes à l'école. Il peut s'agir, par exemple, de cases à cocher, d'espaces à remplir, de mots ou de phrases à relier, de phrases à compléter. Les élèves doivent apprendre quel est le genre de réponse attendu compte tenu du type de question posé.

Amener les élèves à identifier les mots clés

En premier lieu, il convient de faire prendre conscience aux élèves qu'il existe des indices importants pour la compréhension d'une question, comme les mots interrogatifs («qui», «quand», «comment», «pour-quoi») et les mots qui indiquent le pluriel («nommez deux animaux», «identifiez les légumes qui...»). On peut suggérer aux élèves de mettre ces mots en relief en les entourant au crayon ou en les surlignant (plutôt qu'en les soulignant).

En deuxième lieu, il s'agit d'amener les élèves à «dégager les éléments clés de la question en procédant à un découpage logique. En effet, contraire-ment à d'autres énoncés, on ne peut évacuer d'une question que peu ou pas de mots. Il s'agit plutôt de sérier de façon pertinente des groupes de mots» (Bentolila, Chevalier et Falcoz-Vigne, 1991, p. 137). Vous pouvez également inviter les élèves à reformuler les questions dans leurs mots.

Voici une variante: présentez aux élèves des questions dans lesquelles les termes interrogatifs sont manquants. Faites travailler les élèves en équipe pour trouver ces mots.

TROUVER LA BONNE SOURCE D'INFORMATION

Les élèves doivent également apprendre à trouver une réponse adéquate à la question posée. Globalement, il s'agit d'amener les élèves à se rendre compte que l'information cherchée n'est pas toujours écrite telle quelle dans une phrase du texte (Thériault, 1993).

La figure 8.7 illustre une classification des sources d'information que vous pouvez proposer aux élèves. Selon cette classification, soit la réponse se trouve dans le texte, soit elle se trouve dans la tête du lecteur. Chacune de ces sources compte, comme nous le verrons plus en détail plus loin, deux subdivisions: «dans une phrase» et «dans plusieurs phrases» pour la première, «à l'aide d'indices» et «dans la tête du lecteur seulement» pour la seconde. Cette classification est connue sous le nom de RQR, parce que l'accent y est mis sur la relation entre la question et la réponse (Raphael, 1986).

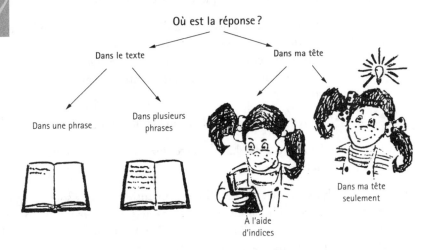

Vous pouvez faire comprendre cette classification aux élèves en leur posant des questions qui appellent une réponse qui se trouve dans le texte et une réponse qui provient de leur tête. Pour amener les élèves à établir plus facilement cette distinction, écrivez au tableau un court texte, par exemple :

> Pierre a déposé un pot de jus d'orange sur la table de la salle à manger. Il est retourné à la cuisine. Il est revenu ensuite avec de la confiture de fraises et du beurre. Puis, il a apporté des rôties.

Lisez le texte avec toute la classe, puis demandez aux élèves : « Qui a déposé un pot de jus d'orange sur la table ? » Les élèves devraient trouver facilement la réponse. Invitez alors un élève à venir au tableau indiquer du doigt l'endroit où la réponse est écrite dans le texte.

Demandez ensuite aux élèves : « De quel repas s'agit-il dans le texte ? » La réponse à cette deuxième question ne devrait pas non plus poser des difficultés aux élèves. Ces derniers répondront probablement « le petit-déjeuner ». Demandez de nouveau à un élève de venir indiquer à quel endroit dans le texte il a trouvé la réponse. Les élèves comprendront alors que la réponse n'est pas écrite dans le texte.

Profitez de cette occasion pour faire réfléchir les élèves sur la démarche ou le raisonnement qui les a conduits à leur réponse en leur demandant comment ils savent qu'il s'agit du petit-déjeuner. Ils diront probablement que le jus d'orange, la confiture et les rôties sont des aliments qu'ils ont l'habitude de manger au petit-déjeuner. Expliquez-leur alors : « Vous avez utilisé une bonne source d'information pour trouver la réponse, c'est-à-dire votre expérience. Parfois, quand vous cherchez à répondre à une question, il est utile de penser à l'information que vous avez dans la tête. »

Une fois cette première distinction établie entre les réponses qui se trouvent dans le texte et celles qui proviennent de la tête du lecteur, il faut préciser davantage chacune de ces catégories. La catégorie «réponse dans le texte» se divise, comme nous l'avons mentionné plus haut, en deux sous-catégories:

1. La réponse se trouve dans une seule phrase du texte;

2. La réponse est dans le texte, mais il faut la chercher dans plusieurs phrases.

Pour sensibiliser les élèves à la distinction entre ces deux sous-catégories, vous pouvez reprendre le texte proposé ci-dessus et demander aux élèves de nommer tout ce que Pierre a apporté sur la table pour le repas. Les élèves répondront qu'il a apporté du jus d'orange, du beurre, de la confiture de fraises, des rôties. Le dialogue entre vous et les élèves pourra ensuite ressembler à celui-ci:

VOUS: Avez-vous trouvé toute l'information dans la même phrase?

LES ÉLÈVES: Non.

VOUS: Où l'avez-vous trouvée?

L'ÉLÈVE 1: Au début du texte.

L'ÉLÈVE 2: À la fin du texte.

L'ÉLÈVE 3: Dans tout le texte.

VOUS: C'est exact. L'information se trouve à plusieurs endroits dans le texte. Pour donner une réponse complète, vous avez dû rassembler plusieurs éléments. Parfois, on peut trouver la réponse à la question dans une seule phrase, mais souvent on a besoin de chercher les éléments dans plusieurs phrases et de rassembler ainsi l'information pour obtenir une réponse complète.

Une fois la distinction établie entre les sous-catégories «dans une phrase» et «dans plusieurs phrases», il reste à préciser la catégorie «réponse dans la tête», qui peut également être divisée en deux sous-catégories:

1. À l'aide d'indices (le lecteur doit combiner ses connaissances et ce que l'auteur dit);

2. Dans la tête seulement (le lecteur doit faire appel à ses propres connaissances seulement).

Pour distinguer ces deux sous-catégories, il s'agit de se demander : « A-t-on besoin de lire le texte pour répondre à la question ? » Par exemple, pour répondre à la question : « De quel repas s'agit-il ? », il faut comprendre le texte et faire appel à ses propres connaissances. Par contre, pour répondre à une question comme : « Quel repas prend-on le matin ? », seules nos connaissances sont nécessaires.

Il ne faudra pas s'attendre à ce que les élèves acquièrent ces stratégies en une seule leçon. Il faudra revenir souvent sur la façon de procéder et surtout les inciter à adopter la démarche dans toutes les situations de lecture (en maths, en sciences, etc.).

FORMULER LA RÉPONSE ADÉQUATEMENT

La plupart des problèmes de formulation d'une réponse à une question sur un texte proviennent de la difficulté qu'ont les élèves à décider de ce qui constitue une information nécessaire et suffisante pour l'obtention de la réponse. Parfois, la réponse sera incomplète, parfois, au contraire, elle contiendra plusieurs informations non pertinentes (McCormick, 1992).

Pour formuler adéquatement une réponse, l'élève doit apprendre à comparer la réponse aux éléments clés de la question afin de s'assurer de son exactitude. Il doit vérifier si l'information est pertinente et complète, compte tenu de la tâche à effectuer. Incitez les élèves à vérifier la formulation de leur réponse durant le travail d'équipe : un membre de l'équipe lit à voix haute la question et la réponse donnée pendant que l'autre membre écoute et évalue la pertinence de la réponse par rapport à la question posée.

CONCLUSION

l'élève de 8 à 10 ans s'initie à plusieurs stratégies de lecture indispensables à la compréhension des textes. Il apprend à mieux gérer sa compréhension, à donner un sens aux mots inconnus, à utiliser les connecteurs et les mots de substitution, à employer un ensemble de stratégies pour accomplir des activités de lecture. Ces stratégies continueront évidemment à se développer chez le lecteur plus avancé, comme nous le verrons dans le prochain chapitre.

CHAPITRE 9

LE LECTEUR CONFIRMÉ

INTRODUCTION

l'élève de 10 à 12 ans continue à progresser en tant que lecteur ; il maîtrise de mieux en mieux certaines stratégies et il est prêt à en découvrir de nouvelles qui l'amèneront à une compréhension *fine* du texte. Il existe un mythe selon lequel un élève qui a appris à lire au terme des trois premières années du primaire peut maintenant lire et comprendre n'importe quel texte. C'est faux. Les élèves du troisième cycle ont eux aussi besoin d'un enseignement de la lecture. Les enseignants du troisième cycle croient souvent à tort que les élèves ont déjà reçu un enseignement concernant toutes les stratégies de lecture importantes. Pensez à votre propre apprentissage au primaire et posez-vous les questions suivantes : Vous a-t-on enseigné explicitement comment trouver les idées importantes d'un texte ? Vous a-t-on enseigné explicitement comment résumer un texte ? Vous a-t-on enseigné explicitement à interpréter différents graphiques ou diagrammes ? Le mot clé dans ces questions est « explicitement ». En effet, si plusieurs stratégies sont abordées brièvement en classe, elles ne font toutefois pas l'objet d'un enseignement en profondeur. Dans ce chapitre, nous traiterons de l'enseignement de stratégies de lecture plus complexes qui méritent une attention particulière à la fin du primaire : dégager les idées importantes, faire un résumé, utiliser la structure des textes, inférer les informations implicites et comprendre les graphiques.

DÉGAGER LES INFORMATIONS IMPORTANTES D'UN TEXTE

Le lecteur efficace sait reconnaître les informations centrales ou importantes d'un texte ; cette habileté se développe petit à petit, mais on pourrait dire qu'elle n'est jamais maîtrisée complètement, car il arrive que même le lecteur adulte éprouve des difficultés à cerner les idées importantes. Vous n'attendrez pas la fin du primaire pour commencer à attirer l'attention des élèves sur les idées importantes d'un texte. Cette habileté évolue au cours du primaire, mais, en cinquième et en sixième année, vous devez faire acquérir aux élèves des habiletés plus complexes.

L'INFORMATION EST-ELLE IMPORTANTE POUR LE LECTEUR OU POUR L'AUTEUR ?

Si vous avez déjà fait l'expérience de demander à des élèves du primaire ce qu'ils avaient trouvé de plus important dans le texte qu'ils venaient de lire, vous avez probablement eu la surprise de constater que, bien souvent, les réponses des élèves ne concordent pas du tout avec ce à quoi vous vous attendiez. Une enseignante raconte qu'après avoir fait lire la biographie de

Lincoln à ses élèves, elle leur a demandé quelles étaient les informations les plus importantes qu'ils avaient retenues. Elle s'attendait à ce que les élèves disent que Lincoln avait été président des États-Unis, mais ils ont répondu : « Lincoln était très grand. » (Wade et Adams, 1990.)

Plusieurs études indiquent que les jeunes lecteurs et les lecteurs moins habiles éprouvent de la difficulté à reconnaître l'information que l'auteur considère comme importante dans un texte. En fait, ce n'est pas que les lecteurs faibles ou plus jeunes manquent de sensibilité par rapport à l'importance des informations, c'est plutôt qu'ils ont une conception différente de ce qu'est l'information importante. Ils estiment importante une idée qui les intéresse personnellement et non pas ce que l'auteur a lui-même marqué comme étant central ou essentiel.

Les élèves doivent apprendre que l'auteur signale les informations importantes en utilisant des marqueurs de surface. Le lecteur peut ainsi s'appuyer sur plusieurs indices du texte dont les principaux types sont :

☐ les indices graphiques (la grosseur des lettres, les caractères gras ou italiques, le soulignement, la marge, l'encadrement, etc.) ;

☐ les indices lexicaux, soit les mots ou expressions qui servent :

- à indiquer l'importance de l'information (« Il est important de comprendre que... »),

- à annoncer le thème (« Le sujet, le thème est... »),

- à résumer (« bref », « en résumé », « en d'autres termes », etc.),

- à conclure (« Nous concluons que... », « La conclusion est... »),

- à relier les idées (« ainsi », « donc », « alors », etc.),

- à signaler une macrostructure (« Notre hypothèse est... », « Le résultat fut que... ») ;

☐ les indices sémantiques (l'introduction, les paraphrases, les répétitions, etc.).

On ne s'attendra pas à ce que les élèves maîtrisent tous ces indices au primaire, mais on les sensibilisera graduellement à leur importance.

LA NOTION D'IDÉE PRINCIPALE

La notion d'« idée principale » apparaît dans la plupart des guides pédagogiques portant sur l'enseignement de la lecture, mais elle n'est pas toujours définie de la même manière. Vous-même, comment définissez-vous l'idée principale? Avez-vous l'impression que votre définition concorde avec celle de vos collègues? Faites le petit exercice suivant avant de poursuivre la lecture du chapitre.

Lisez le paragraphe ci-dessous et dites quelle est, d'après vous, l'idée principale de ce texte.

Les dents de lait tombent pour laisser la place à des dents plus grandes et plus fortes. Chacun de nous a deux séries de dents. À l'âge de six mois, environ, les premières dents commencent à pointer à travers les gencives. Ce sont les dents de lait ; on en a 20 et elles sont toutes petites. Ces dents de lait ne grandissent pas beaucoup après avoir percé, mais le reste du corps grandit. Au bout de quelques années, les dents de lait sont devenues trop petites par rapport à la mâchoire, mais à l'intérieur de celle-ci des dents plus grosses ont commencé à se développer. Une à une, ces grosses dents poussent les dents de lait qui tombent pour leur faire place. Cette seconde série de dents constitue la dentition définitive.

Idée principale : _____

_____

Invités à dégager l'idée principale du texte reproduit ci-dessus, de futurs enseignants et des enseignants en exercice ont donné des réponses très variées, soit :

- ☐ les dents ;

- ☐ l'évolution de la dentition humaine ;

- ☐ le passage des dents de lait aux dents permanentes ;

- ☐ les dents de lait tombent pour laisser la place à des dents plus grandes et plus fortes ;

- ☐ les dents de lait tombent, car, l'enfant grandissant, elles deviennent trop petites par rapport à la mâchoire, et c'est le moment où les dents permanentes commencent à apparaître ;

- ☐ poussée des dents de lait → tombée des dents de lait → poussée des dents permanentes ;

- ☐ le développement des dents, comme d'autres processus d'ailleurs, est un processus graduel chez l'individu.

Vous êtes peut-être étonné de la diversité des réponses données par un échantillon de personnes relativement homogène. Plusieurs recherches ont confirmé ce genre de résultats. Ainsi, dans une étude québécoise, on a demandé à des élèves de sixième année, à des élèves du secondaire, à de futurs enseignants et à des enseignants en exercice de dégager l'idée principale de courts textes. Les résultats ont montré que les réponses pouvaient se classer dans huit catégories différentes, autant les réponses des enseignants que celles des élèves (Bastard, 1991).

L'idée principale n'est donc pas perçue de façon homogène. Vous vous demandez peut-être : «Quelle est la bonne réponse à l'exercice que nous venons de faire ? Quelle est la vraie idée principale ?» La réponse à cette question est qu'il existe, pour un même texte, plusieurs formes valables d'idée principale. Tout dépend de la directive donnée ou de l'usage auquel on destine l'information. L'important est que la réponse de l'élève se rapporte réellement à l'essentiel et non à des détails.

LES FORMES D'IDÉE PRINCIPALE

Lorsque vous demandez aux élèves : «Quelle est l'idée principale du texte ?», vous pouvez vous attendre à obtenir l'une ou l'autre des formes suivantes : mot clé, sujet, idée principale explicite, idée principale implicite et généralisation (voir la figure 9.1). Précisons cependant que certaines formes d'idée principale sont plus complexes que d'autres et ce n'est que plus tard que les élèves parviendront à la dégager. Nous présentons ci-dessous cinq formes d'idée principale dans un ordre croissant de difficulté.

figure **9.1** Différentes formes d'idée principale

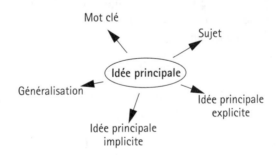

Le mot clé. Il s'agit du mot le plus important du texte.

Le sujet. Habituellement, le sujet peut être résumé par une expression. Il répond à la question : «De quoi parle ce paragraphe ou de quoi traite ce texte ?»

L'idée principale explicite. L'idée principale explicite est écrite par l'auteur et résume l'essentiel du paragraphe ou du texte. Elle est généralement exprimée dans une seule phrase, mais elle peut parfois se trouver dans deux phrases juxtaposées.

L'idée principale implicite. Lorsque l'auteur n'a pas exprimé une idée principale explicite, le lecteur doit en produire une. Celle-ci répondra à la question : « Quelle est la chose la plus importante que l'auteur veut nous dire dans son texte ? »

La généralisation. Cette dernière catégorie est constituée d'idées importantes, mais qui correspondent à un deuxième niveau d'analyse : le lecteur identifie l'idée principale, mais la présente sous la forme d'une idée générale.

L'ENSEIGNEMENT DE L'IDÉE PRINCIPALE

Précisons d'abord que plusieurs auteurs suggèrent de limiter l'utilisation de la notion d'idée principale aux textes informatifs. En effet, dans le récit, on nomme souvent injustement « idée principale » ce qui est en fait le thème ou la morale du récit. Par contre, dans un texte informatif, la notion d'idée principale renvoie à un concept, à un principe, à une généralisation.

La séquence d'enseignement

Nous avons dit précédemment que certaines formes d'idée principale étaient plus complexes et plus longues à maîtriser ; on peut par conséquent penser à une séquence dans l'enseignement de cette notion. On suggère habituellement la progression suivante :

1. Enseigner à identifier le sujet du texte ;

2. Enseigner à identifier les idées principales explicites (au début, puis à la fin des paragraphes) ;

3. Enseigner à construire une idée principale implicite (à partir de l'analyse de courts paragraphes d'abord, puis de sections plus longues).

L'enseignement du sujet

Le sujet est la forme d'idée principale la plus simple (après le mot clé), et les élèves du début du primaire sont capables de le reconnaître. Les trois principes suivants peuvent vous guider dans l'enseignement du sujet :

1. Les élèves doivent apprendre que le sujet est différent de l'idée principale, parce que, les deux termes étant employés de façon interchangeable, ils risquent de les confondre.

2. Les élèves doivent apprendre ce qu'est un sujet avant d'apprendre ce qu'est une idée principale, parce qu'ils acquièrent la compétence cognitive nécessaire pour identifier un sujet avant celle qui est requise pour identifier une idée principale.

3. Les élèves doivent apprendre à identifier le sujet avant d'apprendre à identifier l'idée principale dans un texte, parce que, ordinairement, le sujet est introduit dans le texte avant l'idée principale.

L'enseignement de l'idée principale explicite

Pour apprendre aux élèves à dégager l'idée principale d'un paragraphe, il s'agit de leur expliquer d'abord que, s'il y a une idée principale explicite dans un paragraphe, elle est habituellement exprimée au début du texte. De nombreuses recherches ont montré que, lorsque l'idée principale est exprimée au début du texte, les élèves réussissent plus facilement à la reconnaître (Hare, Rabinowitz et Schieble, 1989). Il faut aussi expliquer aux élèves que la phrase contenant l'idée principale explicite est parfois placée à la fin du paragraphe (ou ailleurs).

Pour illustrer la façon de dégager l'idée principale, prenez un texte qui contient une idée principale explicite. Pour chaque phrase qui ne renferme pas l'idée principale du paragraphe, expliquez aux élèves pourquoi le contenu de cette phrase n'est pas l'idée principale du paragraphe. Par exemple, avec un texte sur les différents services que nous rendent les animaux, vous pouvez dire aux élèves : « La phrase 2 ne peut résumer l'idée principale du paragraphe parce qu'elle ne mentionne qu'un des services que nous rendent les animaux. Seule la phrase 4 nous parle du paragraphe en entier, à savoir que les animaux nous rendent différents services. »

L'enseignement de l'idée principale implicite

Comme l'idée principale n'est pas toujours exprimée de façon explicite, les élèves doivent apprendre à construire une idée principale implicite. Il s'agit d'un apprentissage difficile ; les recherches ont clairement montré que l'habileté à construire une idée principale est plus longue à acquérir que l'habileté à dégager l'idée principale explicite (Afflerback et Walker, 1992).

La démarche n'est pas linéaire. Au contraire, le lecteur procède par hypothèses et vérifications d'hypothèses. Il n'y aura donc pas une seule bonne réponse possible (voir la figure 9.2). Il faut rappeler à l'élève son rôle actif dans l'élaboration d'une idée principale implicite.

Il est important, ici, de dialoguer avec les élèves pour les aider à justifier leurs affirmations et à détecter les erreurs liées à un raisonnement fautif ou à des connaissances limitées ou erronées. Vous devrez être ouvert à une variété de réponses de la part des élèves et, surtout, vous devrez être à l'écoute des raisonnements qui sous-tendent leurs interprétations.

figure 9.2 Élaboration de l'idée principale implicite

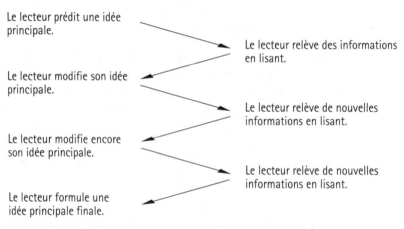

Source : Adapté de D.G. Hennings, « Students' perceptions of dialogue journals used in college methods courses in language arts and reading », *Reading Research and Instruction*, vol. 31, n° 3, 1992, p. 15-31.

RÉSUMER UN TEXTE

L'habileté à résumer l'information est une habileté essentielle chez le lecteur adulte ; elle se développe au cours du primaire, mais elle continuera à faire l'objet d'un enseignement au secondaire et même au-delà. Les enseignants de tous les niveaux se plaignent que les élèves ne savent pas résumer un texte. Ils relèvent en particulier la prépondérance de la stratégie « copier-éliminer » : pour résumer, les élèves copient de larges extraits, puis éliminent certaines parties. Curieusement, on s'attend à ce que les élèves puissent résumer un texte tiré d'une encyclopédie pour rédiger un travail de recherche, mais on consacre très peu de temps à enseigner la manière de résumer. À la fin du primaire, la plupart des élèves n'ont pas reçu un enseignement particulier concernant le résumé. Au secondaire et au postsecondaire, les programmes semblent considérer que l'habileté à résumer est déjà acquise.

LE RÉSUMÉ DU RÉCIT ET LE RÉSUMÉ DU TEXTE INFORMATIF

Il faut sensibiliser les élèves au fait qu'ils ne liront pas les textes narratifs et les textes informatifs de la même façon lorsqu'ils devront en faire un résumé. Par exemple, dans un texte narratif, le lecteur attendra d'avoir une bonne idée du caractère des personnages, de leur motivation et de la situation dans laquelle ils se trouvent avant de tirer une conclusion, alors que, dans un texte informatif, le lecteur utilisera, dès le début de sa lecture, les mots clés et les phrases qui viennent de l'auteur lui-même et qui servent à exprimer sa pensée. En d'autres termes, la signification d'une histoire prend souvent forme vers la fin du texte, tandis que la signification d'un texte informatif se construit tout au long de la lecture du texte.

LES PRINCIPES DE L'ENSEIGNEMENT DU RÉSUMÉ

L'habileté à résumer ne s'acquiert pas spontanément, elle doit être enseignée. Voici quelques principes à prendre en considération dans cet enseignement (Rinehart et Thomas, 1993) :

☐ L'enseignant doit montrer comment il procède pour faire un résumé.

☐ Le résumé doit être intégré dans toutes les matières scolaires.

☐ Il faut insister sur le fait qu'une seule lecture n'est pas suffisante pour faire un bon résumé. Les élèves habiles à résumer passent plus de temps à lire qu'à écrire, alors que c'est l'inverse pour ceux qui sont moins habiles à cette tâche.

☐ Il est pertinent d'initier les élèves à la façon de prendre des notes et de marquer le texte dans le but de le résumer. D'ailleurs, presque tous les lecteurs habiles procèdent ainsi. Ces notes concernant le texte permettent de se souvenir de ce qui a été lu, de distinguer ce qui est important de ce qui est secondaire et de situer les idées sur lesquelles il faut revenir plus tard.

Résumer nécessite un enseignement graduel. Vous trouverez, au tableau 9.1, un ensemble de recommandations de nature à simplifier les premiers essais que feront les élèves pour résumer un texte.

tableau 9.1	Gradation dans l'enseignement du résumé		
Variables	Comportements des élèves	Gradation	
Longueur du texte	Même les jeunes élèves réussiront à faire un certain résumé si le texte est court.	Augmenter graduellement la longueur du texte à résumer.	
Types de textes	Les jeunes élèves résument plus facilement les textes narratifs.	Passer ensuite à d'autres types de textes.	
Complexité du texte	Les jeunes élèves trouvent plus facile de résumer des textes qui contiennent des concepts familiers et des idées principales explicites.	Plus tard, présenter aux élèves des textes plus complexes contenant des idées principales implicites.	
Présence du texte	Il est plus facile pour les jeunes élèves de résumer un texte qu'ils ont sous les yeux que de résumer un texte de mémoire. Cependant, la présence du texte peut inciter les élèves à utiliser la stratégie « copier-éliminer ». Il faut les amener à écrire le résumé dans leurs propres mots.	Après avoir accepté les résumés réalisés avec le texte sous les yeux, passer à la composition de résumés sans le recours au texte.	
Auditoire	Au début, les élèves peuvent rédiger des résumés pour eux-mêmes. Ils n'ont pas à tenir compte d'un auditoire. Cependant, le fait d'écrire un résumé pour soi ne veut pas dire que ce résumé sera bâclé. Au contraire, les élèves doivent comprendre qu'ils auront besoin de leur résumé plus tard et qu'il est important qu'il soit complet et compréhensible.	Plus tard, les élèves pourront apprendre à rédiger des résumés pour quelqu'un d'autre.	
Longueur du résumé	Dans les premiers essais, les élèves auront tendance à produire des résumés relativement longs et à reprendre le texte en délaissant seulement quelques informations.	Au début, permettre les longs résumés. Exiger ensuite qu'ils soient de plus en plus courts.	

DES ACTIVITÉS PARTICULIÈRES

Les activités suivantes visent à permettre aux élèves de résumer des textes dans une situation qui leur fournit un certain encadrement. Nous aborderons l'enseignement des règles du résumé, le résumé guidé, le cadre de texte, le résumé en 15 mots et le résumé à partir d'une constellation.

Des règles simplifiées

La production d'un résumé comprend deux étapes fondamentales : sélectionner l'information importante et réduire l'information en substituant des idées générales aux idées détaillées. Les premières recherches sur le résumé se sont intéressées aux règles que le bon lecteur applique (souvent inconsciemment) pour extraire l'information importante d'un texte (Brown et Day, 1983). Ces règles sont celles qu'on trouve chez les adultes ; elles évoluent constamment du primaire jusqu'au niveau universitaire :

1. L'élimination :

    a) l'élimination de l'information secondaire,

    b) l'élimination de l'information redondante ;

2. La substitution :

    a) le remplacement d'une liste d'éléments par un terme les englobant (par exemple, le mot « fleur » remplacera la liste « des marguerites, des pivoines et des tulipes »),

    b) le remplacement d'une liste d'actions par un terme les englobant ;

3. La macrosélection et l'invention :

    a) le choix de la phrase qui contient l'idée principale,

    b) la production d'une phrase contenant l'idée principale, s'il n'y en a pas déjà une.

Lorsque vous enseignerez les règles du résumé, il faudra vous adapter au niveau de développement des élèves. Faire un résumé est une tâche complexe qui doit être introduite avec des textes simples qui permettent de voir comment des informations doivent être regroupées, pourquoi certaines doivent être éliminées et d'autres, conservées.

Les conseils qui apparaissent dans l'encadré qui suit peuvent être présentés aux élèves en guise de synthèse pour l'application des règles du résumé (Maria, 1990).

> **Des conseils pour le résumé**
>
> 1. Résumez le texte dans vos propres mots.
>
> 2. N'incluez pas de détails inutiles.
>
> 3. Condensez les énumérations.
>
> 4. Utilisez la phrase qui donne l'idée principale, mais dites-la dans vos mots ou créez votre propre phrase.
>
> 5. Ne répétez pas des idées inutilement.

Le résumé guidé

Comme il a été mentionné précédemment, les élèves ont souvent tendance à copier l'information plutôt qu'à la résumer dans leurs travaux de recherche. La méthode décrite ci-dessous aidera les élèves à acquérir d'autres façons de procéder (O'Mallan, Foley et Lewis, 1993) :

1. Demandez aux élèves de lire une partie du texte, puis de fermer leur livre ;

2. Invitez-les à dire ce qu'ils se rappellent du texte. Séparez d'abord le tableau en deux parties et écrivez, dans la partie de gauche, les informations sous une forme abrégée (si un élève dit qu'il n'est pas certain d'avoir bien retenu l'information, c'est une porte ouverte pour l'étape suivante) ;

3. Invitez les élèves à retourner au texte pour clarifier les informations ou en ajouter de nouvelles. L'objectif poursuivi ici est d'habituer les élèves à ne pas se satisfaire d'une information vague ou incomplète ;

4. Écrivez, dans la partie droite du tableau, les nouvelles informations, c'est-à-dire les ajouts et les modifications ;

5. Expliquez aux élèves la façon dont vous vous y prenez pour organiser l'information de manière logique (cette étape est la plus exigeante). Concrètement, il s'agit de regrouper les éléments qui vont ensemble et d'attribuer un nom à chacune des catégories ;

6. Rédigez un résumé à partir des regroupements inscrits au tableau, après avoir ajouté les liens nécessaires et éliminé les informations secondaires ;

7. Répartissez les élèves en équipes et donnez-leur un texte à résumer en appliquant la stratégie. Ensuite, faites-les travailler individuellement.

Le cadre de texte

Le cadre de texte est fort utile aux élèves qui résument les informations qu'ils recueillent dans leurs travaux de recherche. Il sera introduit comme suit : une fois que les élèves ont réuni de l'information concernant leur sujet de recherche, demandez-leur de parler d'un élément nouveau qu'ils ont appris dans leurs lectures ou encore d'une information qui leur a fait changer d'idée sur le sujet. Après la discussion, présentez-leur un cadre du type « connaissances antérieures + réaction » et un cadre du type « connaissances antérieures + révision » (voir les figures 9.3 et 9.4).

Vous utiliserez des formes agrandies de ces cadres pour les expliquer aux élèves. Par la suite, ceux-ci choisiront individuellement le cadre qui leur convient pour organiser les informations qu'ils ont retirées de leurs lectures. Soulignons que, lorsqu'ils seront à l'aise avec la formule, les élèves pourront modifier le cadre proposé. Ces cadres seront ensuite simplement laissés à leur disposition à titre de rappel.

Le résumé en 15 mots

La technique du résumé en 15 mots consiste globalement à limiter le résumé à 15 mots. Même si les règles ne sont pas données explicitement, les élèves en viennent à les appliquer intuitivement, car, pour réussir cette tâche, ils doivent éliminer l'information secondaire et ne conserver que l'information importante. Pour enseigner cette technique :

1. Choisissez un paragraphe qui contient de trois à cinq phrases. La première phrase doit contenir plus de 15 mots ;

2. Tracez horizontalement 15 tirets au tableau et présentez la première phrase aux élèves à l'aide d'un rétroprojecteur ;

3. Demandez au groupe de redire cette première phrase en 15 mots ou moins. Au-dessus de chaque tiret, écrivez les mots du résumé proposé par la classe ;

4. Effacez le tableau et tracez 15 nouveaux tirets. Présentez, toujours à l'aide du rétroprojecteur, deux phrases (la phrase précédente et une nouvelle phrase) et demandez au groupe de résumer celles-ci en 15 mots ou moins. Écrivez le résumé au tableau, toujours à raison d'un mot par tiret ;

5. Effacez de nouveau le tableau et tracez encore 15 tirets. Présentez trois phrases au rétroprojecteur : les deux premières et une troisième. Faites-les résumer par les élèves en 15 mots. Continuez de la sorte jusqu'à ce que tout le texte soit résumé en 15 mots.

figure
9.3

Cadre de texte du type « connaissances antérieures + réaction »

Même si je savais déjà que _____

_____ ,

j'ai appris des choses nouvelles. J'ai appris que _____

_____ .

J'ai aussi appris que _____

_____ .

Une autre chose que j'ai apprise, c'est _____

_____ .

La chose la plus intéressante que j'ai apprise est _____

_____ .

Source : Adapté de M. Lewis, D. Wray et P. Rospigliosi, «... And I want it in your own words»,
The Reading Teacher, vol. 47, n° 7, 1994, p. 528-536.

figure
9.4

Cadre de texte du type « connaissances antérieures + révision »

Avant de lire sur ce thème, je pensais que _____

_____ .

Mais en lisant, j'ai appris que _____

_____ .

J'ai aussi appris que _____

_____ .

Enfin, j'ai appris que _____

_____ .

Avant de lire sur ce thème, je pensais que c'était le lapin mâle qui creusait le terrier. Mais en lisant, j'ai appris que c'était la femelle qui faisait tout le travail. J'ai aussi appris que les couloirs des terriers pouvaient atteindre trois mètres de long. J'ai aussi appris que les terriers pouvaient durer 30 ans. Enfin, j'ai appris que les terriers possédaient plusieurs sorties : si une sortie est bloquée, le lapin peut en emprunter une autre.

Source : Adapté de M. Lewis, D. Wray et P. Rospigliosi, «... And I want it in your own words»,
The Reading Teacher, vol. 47, n° 7, 1994, p. 528-536.

Une fois que le groupe se montre capable de résumer en une phrase un paragraphe entier, faites travailler les élèves en équipe, puis de façon individuelle.

Le résumé à partir d'une constellation

Pour faciliter le résumé, on peut également utiliser comme point de départ une constellation d'informations importantes du texte. Les élèves peuvent construire en équipe une constellation graphique après la lecture d'un texte informatif et rédiger ensuite un résumé à l'aide de celle-ci.

UTILISER LA STRUCTURE DES TEXTES INFORMATIFS

De même que le lecteur habile utilise le schéma du récit pour comprendre les histoires, de même il se sert de la structure des textes informatifs pour mieux comprendre et retenir l'information qui y est présentée.

Le lecteur efficace aborde les textes informatifs avec une certaine connaissance de leur organisation. Il choisit dans son répertoire de structures celle qui correspond le mieux à la structure du texte à lire. Certains aspects du texte, certains indices de surface lui indiquent le type de structure adopté par l'auteur. Par exemple, si un lecteur discerne une structure de comparaison dans le texte, il recherchera les deux points de vue, les confrontera et essaiera de voir lequel est favorisé par l'auteur. Ce procédé est plus efficace que celui qui consiste à tenter de se rappeler une série de descriptions isolées. L'avantage, pour un lecteur, de tenir compte de la structure du texte est qu'il a à sa disposition un cadre pour regrouper les informations du texte, pour les comprendre et les retenir.

Contrairement aux experts, les élèves du primaire ne sont pas très habiles dans l'utilisation de la structure du texte. Cependant, les élèves à qui l'on a enseigné à utiliser la structure du texte comprennent mieux leurs lectures que ceux qui n'ont pas reçu cette formation (Taylor, 1992).

L'objectif des interventions présentées ci-après est de sensibiliser les élèves à différentes structures textuelles par le biais de questions portant sur la structure du texte, d'arrangements visuels, de schémas et de cadres de texte. Rappelons qu'il est important de faire prendre conscience aux élèves que le recours à la structure du texte n'est pas une fin en soi, mais un outil qui peut leur permettre de mieux comprendre un texte informatif.

LA SÉQUENCE D'ENSEIGNEMENT

Nous avons vu au chapitre 4 que les principales structures de textes informatifs sont : la description, l'énumération, la séquence, la comparaison, la relation entre la cause et l'effet et la relation entre le problème et la solution. Cependant, on ne rencontre pas toujours ces six structures à l'état pur dans les textes. Les auteurs combinent souvent les structures pour créer une certaine diversité ou pour approfondir un élément. Que faire alors pour que les élèves arrivent à reconnaître ces structures ? Nous vous suggérons de présenter aux élèves d'abord des textes ayant une structure claire afin qu'ils comprennent de quoi vous parlez. Ensuite, vous les amènerez à appliquer leurs connaissances dans des textes documentaires, en commençant par des textes à structure unique pour aller vers des textes à structure mixte. Enfin, vous enseignerez à vos élèves à produire des textes qui exploitent ces structures : l'écriture favorise un engagement plus personnel qui est souvent plus efficace que les explications et les démonstrations.

UTILISER LES QUESTIONS POUR FAIRE DÉCOUVRIR LA STRUCTURE DU TEXTE

Vous pouvez sensibiliser les élèves à la structure du texte en leur présentant un enchaînement de questions visant à les aider à cerner les concepts clés du texte et à établir des relations entre ces concepts. Par exemple, dans un texte de type cause et effet, les questions porteront sur l'identification de la cause et de l'effet ainsi que sur la relation existant entre les deux. Dans un texte centré sur la comparaison, vous pouvez demander : « Quels éléments l'auteur compare-t-il dans ce texte ? », « Pourquoi fait-il cette comparaison ? »

Même si certaines questions sont factuelles, elles sont posées dans un tout autre but que l'évaluation des connaissances : elles visent plutôt l'identification de la structure du texte.

COMPARER LE MÊME THÈME DANS DIFFÉRENTES STRUCTURES

Afin d'amener les élèves à comprendre qu'il existe plusieurs structures textuelles, présentez-leur les mêmes informations, mais rédigées selon trois structures différentes (par exemple, l'énumération, la comparaison, le problème et la solution). Encouragez les élèves à relever les différences entre les textes, écrivez au tableau celles qu'ils mentionnent et demandez-leur de trouver des noms de catégories pour désigner ces différences. Il n'est pas nécessaire que les élèves apprennent les noms que les spécialistes ont donnés aux catégories : ils peuvent utiliser les noms qu'ils ont choisis eux-mêmes. Vous pouvez aussi présenter des textes portant sur des thèmes différents, mais dont la structure est la même.

PRÉSENTER LES STRUCTURES TEXTUELLES À L'AIDE D'ARRANGEMENTS VISUELS

Pour sensibiliser les élèves à l'utilisation de la structure textuelle, on peut également présenter des arrangements visuels qui illustrent les différentes structures. Pour créer ces arrangements visuels, vous pouvez vous servir d'images découpées dans des magazines ou des livres ; ces images seront collées sur une grande feuille et accompagnées du nom de la structure représentée. Voici des suggestions d'arrangements visuels pour les différents types de textes informatifs :

La description. Présenter l'illustration d'un objet dont les principales parties sont désignées (par exemple, un château fort).

L'énumération. Présenter la photographie d'un groupe complet (par exemple, une famille, une classe, une équipe de soccer).

La séquence. Placer les images selon un ordre séquentiel pour illustrer les phases ou les étapes d'un processus (par exemple, les étapes de la fabrication d'un gâteau).

La comparaison. Créer un arrangement qui fait ressortir les ressemblances et les différences entre les gens, les événements ou les environnements ; les styles de vêtements et les habitudes alimentaires sont faciles à représenter.

La cause et l'effet. Présenter des images qui montrent qu'un événement s'est produit conséquemment à un autre événement (par exemple, une image de nuages qui annoncent une tempête et une image des dommages causés par cette tempête).

Le problème et la solution. Montrer une image d'une situation problématique et une image illustrant la solution (par exemple, un personnage qui se fait surprendre par la pluie et qui ouvre son parapluie).

REPRÉSENTER SCHÉMATIQUEMENT LES STRUCTURES DES TEXTES

On peut aussi présenter les structures des textes non pas à l'aide d'illustrations comme dans la stratégie précédente, mais à l'aide de schémas. Il est possible de représenter schématiquement chaque structure ; en pratique, il s'agit de choisir le schéma qui convient le mieux au texte lu ou d'en construire un nouveau qui met en évidence la structure du texte. Il faut ensuite remplir les espaces vides du schéma avec des mots ou des expressions tirés du texte. La figure 9.5 donne des exemples de schémas pour chacune des structures de texte.

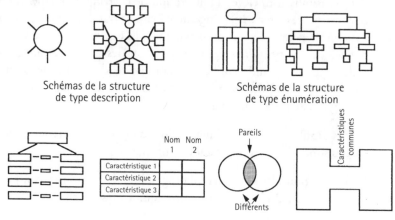

Schémas de la structure de type description

Schémas de la structure de type énumération

Schémas de la structure de type comparaison

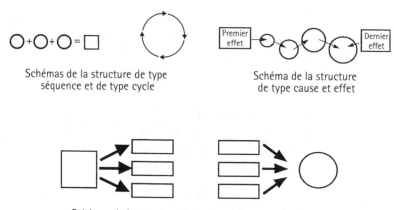

Schémas de la structure de type séquence et de type cycle

Schéma de la structure de type cause et effet

Schémas de la structure de type problème et solution

Si les schémas ne vous sont pas encore familiers et que vous vouliez en présenter aux élèves, voici quelques pistes à suivre (Armstrong, Armbruster et Anderson, 1991) :

☐ À mesure que vous lisez le texte que les élèves auront à lire, pensez à sa structure et à la forme possible du schéma.

☐ Adoptez ou concevez une forme de schéma qui vous servira pour plusieurs textes. On pourrait penser que les élèves trouvent ennuyeuse la répétition du même schéma, mais il semble au contraire qu'ils travaillent mieux quand ils savent à quoi s'attendre.

☐ Travaillez avec une autre personne pour construire vos schémas.

☐ Construisez des schémas simples ; n'y placez pas trop d'informations. L'objectif du schéma est de faire comprendre aux élèves les relations entre les éléments importants du texte et de les amener à dégager la structure du texte.

☐ Si vous donnez des schémas entièrement remplis aux élèves, ceux-ci auront moins tendance à les utiliser : laissez plutôt une partie des schémas à compléter par les élèves. À la fin, les élèves créeront leur propre schéma.

CRÉER DES CADRES DE TEXTE

De même qu'on utilise des cadres de récit pour faciliter la compréhension et la rédaction d'histoires, de même on peut recourir à des cadres de texte pour initier les élèves à la structure des textes informatifs. Les cadres de texte sont également un excellent tremplin pour l'écriture de textes informatifs (Carrier, 1993).

Pour préparer un cadre de texte, il s'agit de rédiger un résumé du texte, de le recopier en éliminant des informations qui seront remplacées par des espaces blancs. L'élève se servira de ce cadre pour organiser les informations qu'il tirera du texte. La figure 9.6 donne un exemple pour un texte de type énumération.

figure 9.6 **Cadre de texte du type énumération**

Les chauves-souris sont des êtres particuliers pour plusieurs raisons :

Premièrement, _____.

Deuxièmement, _____.

Troisièmement, _____.

Comme vous le voyez, les chauves-souris sont uniques au monde.

Source : Adapté de E. Cudd et L. Roberts, « Using writing to enhance content area learning in the primary grades », *The Reading Teacher*, vol. 42, n° 6, 1989, p. 392-406.

Concrètement, après la lecture d'un texte, on remettra le cadre de texte à l'élève ; celui-ci recopiera ce qui y apparaît et remplira les blancs avec ses réponses. Il aura, à la fin, un texte complet, qu'il pourra enrichir par un dessin.

INFÉRER LES INFORMATIONS IMPLICITES

Une bonne partie de l'information que le lecteur retire du texte est obtenue grâce à un processus d'inférence. Les inférences peuvent servir à relier des phrases, à compléter des informations manquantes ou implicites, à faire des rapprochements entre des informations éparses dans le texte. «Les inférences sont des interprétations qui ne sont pas littéralement accessibles, des mises en relation qui ne sont pas explicites. » (Fayol, 2000, p. 20.) Nous avons déjà abordé sommairement la notion d'inférence. Nous nous pencherons ici sur le développement de la capacité à inférer, sur les types d'inférences et sur leur enseignement.

LE DÉVELOPPEMENT DE LA CAPACITÉ À INFÉRER

La capacité à opérer des inférences augmente avec l'âge, mais elle apparaît très tôt ; en fait, la plupart des connaissances acquises par les enfants sont le fruit d'inférences qu'ils ont faites par rapport au monde qui les entoure. Quand un enfant voit de la fumée, il en infère qu'il y a du feu. L'inférence est fondée sur ses expériences antérieures. Les jeunes enfants sont capables d'opérer des inférences lorsque les éléments sur lesquels portent l'inférence sont situés les uns près des autres. Prenons l'exemple suivant :

> La mère de Mireille écouta le bulletin de la météo à la radio. Elle décida de sortir les bottes et le parapluie de Mireille.

Si vous demandez à des élèves du premier cycle du primaire : «Que pensez-vous que la mère de Mireille a entendu au bulletin de la météo ? », la plupart des élèves sauront répondre à la question. Mais si les deux phrases sont séparées par d'autres informations, peu d'élèves pourront faire le lien. Ils auront besoin que l'enseignant les oriente vers l'inférence. En fait, les jeunes lecteurs sont capables de faire des inférences, mais ils ne sont pas organisés dans leur démarche.

Un facteur déterminant qui intervient dans la production d'inférences est la disponibilité des connaissances sur le contenu du texte. Très souvent, un élève qui ne comprend pas l'information implicite d'un texte éprouve de la difficulté non pas avec le processus même d'inférence, mais avec la disponibilité des informations nécessaires à l'élaboration d'une inférence.

LES TYPES D'INFÉRENCES

Avant de distinguer les types d'inférences, commençons par dire ce qui ne relève pas de l'inférence, soit ce que l'on considère comme de la compréhension littérale. Une réponse est considérée comme littérale si elle est sémantiquement équivalente à une partie du texte ou si elle est synonyme d'une partie du texte, ce qui peut être démontré à l'aide de la grammaire, de la syntaxe et de la connaissance des synonymes. Pour illustrer, prenons l'exemple d'un texte où il est écrit : « Les Indiens se dirigeaient vers le soleil couchant. » Si, en faisant référence au texte, le lecteur dit : « Les Indiens *voyageaient* vers le soleil couchant » (exemple A du tableau 9.2), il s'agit d'un cas de compréhension littérale, car les verbes « se dirigeaient » et « voyageaient » peuvent être considérés comme synonymes.

tableau 9.2 Types d'inférences

Texte : Les Indiens se dirigeaient vers le soleil couchant.

Énoncés du lecteur	Classification
A. Les Indiens voyageaient vers le soleil couchant.	Pas d'inférence
B. Les Indiens se dirigeaient vers l'ouest.	Inférence logique
C. Les Indiens se dirigeaient à cheval vers le soleil couchant.	Inférence optionnelle

Pour qu'il y ait inférence, il faut que le lecteur dépasse la compréhension littérale, c'est-à-dire qu'il aille plus loin que ce qui est écrit. Il y a inférence lorsque le lecteur établit un lien entre deux éléments pour créer une information nouvelle. Les inférences peuvent se répartir dans deux catégories : les inférences logiques et les inférences optionnelles (ou pragmatiques).

Ce qui caractérise l'inférence logique, c'est qu'elle découle nécessairement du texte. L'exemple B du tableau 9.2 (« Les Indiens se dirigeaient vers *l'ouest* ») constitue une inférence logique parce que l'affirmation est nécessairement contenue de façon implicite dans la phrase « Les Indiens se dirigeaient vers le soleil couchant ». Le lecteur s'est appuyé sur le texte pour dire que les Indiens se dirigeaient vers l'ouest.

L'inférence optionnelle (pragmatique) se rapporte à une information qui est probablement sous-entendue dans la phrase, mais qui n'est pas nécessairement vraie. L'exemple C du tableau 9.2 (« Les Indiens se dirigeaient *à cheval* vers le soleil couchant ») correspond à une inférence optionnelle, car même s'il est possible que les Indiens aient voyagé à cheval, cette hypothèse n'est pas nécessairement vraie. Le lecteur ici s'est appuyé sur ses connaissances.

Une règle pour distinguer les types d'inférences

Vous trouvez peut-être qu'il est difficile de faire la distinction entre les inférences logiques et les inférences optionnelles. Nous vous suggérons une règle pour résoudre ce problème :

> Règle : Si une phrase en sous-entend une autre de façon logique et si on joint les deux à l'aide de la conjonction MAIS tout en niant la

seconde, la phrase produite sera inacceptable dans le cas d'une inférence logique ; elle sera acceptable dans le cas d'une inférence optionnelle.

Appliquons la règle au deuxième exemple du tableau 9.2 :

Les Indiens se dirigeaient vers le soleil couchant, MAIS ils *ne se dirigeaient pas* vers l'ouest.

Cette phrase est inacceptable, l'inférence est donc logique. Si nous appliquons cette règle au troisième exemple, nous obtenons :

Les Indiens se dirigeaient vers le soleil couchant, MAIS ils *ne se dirigeaient pas à cheval* vers le soleil couchant.

La phrase produite est acceptable, nous avons donc une inférence optionnelle.

Cette règle n'est certes pas à utiliser avec les élèves ; elle doit plutôt vous servir de guide lorsque vous voulez vérifier le type de réponse que vous attendez à la suite de questions sur le texte.

La variété des inférences optionnelles

Toute lecture donne lieu à des inférences optionnelles. C'est que les auteurs ne décrivent pas les situations dans les moindres détails : ils laissent aux lecteurs le soin de combler les vides. Faute de cette capacité d'inférer du lecteur, les messages seraient saturés de détails mineurs. Il existe différentes catégories d'inférences pragmatiques. Le tableau 9.3 présente les principales.

L'ENSEIGNEMENT DE L'INFÉRENCE

Les enseignants du troisième cycle se plaignent souvent que les élèves éprouvent de la difficulté à opérer des inférences. Paradoxalement, dans les deux premiers cycles, on demande très peu aux élèves de faire des inférences parce que la tâche est jugée trop difficile.

Même si la capacité à inférer se développe graduellement avec l'âge, on a montré qu'elle pouvait être améliorée par l'enseignement (Bianco et autres, 2002). Certaines stratégies pédagogiques sont donc utiles pour améliorer l'habileté à opérer des inférences chez les élèves. Voici quelques pistes pour guider votre enseignement de l'inférence :

☐ Une première stratégie est de servir de modèle en expliquant à voix haute comment vous procédez pour opérer une inférence en lisant un texte. Mettez en évidence les indices qui vous ont

tableau
9.3

Principales catégories d'inférences optionnelles

Objet de l'inférence	Exemples	Question menant à l'inférence
Lieu	Après l'inscription, le garçon nous aida à transporter nos bagages dans notre chambre.	Où sommes-nous ?
Agent	Le peigne dans une main et les ciseaux dans l'autre, Christian s'approcha de la chaise.	Qui est Christian ?
Temps	Lorsque la lumière du portique s'éteignit, la noirceur fut complète.	À quel moment se passe la scène ?
Action	Bernard arqua son corps et fendit l'eau d'une façon absolument impeccable	Que fit Bernard ?
Instrument	D'une main sûre, le Dr Grenon mit l'instrument bruyant dans ma bouche.	Quel instrument le Dr Grenon utilisa-t-il ?
Objet	Le géant rutilant, avec ses 18 roues, surplombait les véhicules plus petits sur l'autoroute.	Quel est ce géant rutilant ?
Cause-effet	Le matin, nous avons constaté que plusieurs arbres étaient déracinés et que d'autres avaient perdu des branches.	Qu'est-ce qui a causé cette situation ?
Problème-solution	Pierre a le côté de la figure tout enflé et sa dent le fait terriblement souffrir.	Comment Pierre pourrait-il régler son problème ?
Sentiment, attitude	Pendant que je montais sur l'estrade pour recevoir mon diplôme, mon père applaudit, les larmes aux yeux.	Quel sentiment éprouvait mon père ?

permis de formuler l'inférence. Pour que la démonstration soit efficace, il est nécessaire de lire soigneusement le texte au préalable afin de repérer de bons exemples d'inférence (Dewitz et Dewitz, 2003).

☐ Une autre stratégie est de poser souvent des questions requérant une inférence. Si on veut que les élèves développent l'habileté à opérer des inférences, il faut leur donner l'occasion de le faire régulièrement. Les questions qui appellent une inférence demandant plus de temps ; au lieu de poser 10 questions factuelles, il est préférable de poser 2 ou 3 questions inférentielles. Mentionnons qu'en classe, il se pose cinq fois plus de questions factuelles que de questions inférentielles. Qu'en serait-il de l'habileté des élèves à inférer si on inversait cette proportion ?

☐ Une façon de faire comprendre aux élèves comment répondre à des questions appelant une inférence consiste à leur faire rédiger leurs propres questions sur un texte et à leur faire classer ces questions selon la classification RQR présentée au chapitre précédent. Cela amène les élèves à se pencher sur le raisonnement nécessaire pour répondre à une question qui requiert une inférence.

COMPRENDRE LES INFORMATIONS GRAPHIQUES

La compréhension de texte ne concerne pas uniquement les mots et les phrases, mais également les illustrations, tableaux, schémas, figures et graphiques de toutes sortes qui accompagnent et précisent les informations contenues dans le texte. Il est important d'attirer l'attention des élèves sur le rôle de ces éléments, particulièrement dans les textes documentaires.

> Les « images », quel que soit le livre dans lequel elles se trouvent, sont, aux yeux des élèves, accessoires : elles sont destinées à « faire joli », à décorer. Cette représentation sur la fonction de l'iconographie conduit les lecteurs, dans un ouvrage de type documentaire, à passer à côté d'une source d'information qui, non seulement complète le texte, mais de plus aide fréquemment à le comprendre. (Bentolila, Chevalier et Falcoz-Vigne, 1991, p. 131.)

L'ENSEIGNEMENT DE LA LECTURE DES TABLEAUX ET DES GRAPHIQUES

Les enseignants constatent souvent que les élèves éprouvent de la difficulté à extraire l'information pertinente des graphiques qui complètent les textes. En particulier, ils n'exploitent pas leur capacité d'inférence pour traiter ce type d'information. Nous proposons ici une démarche d'enseignement de la lecture des tableaux et des graphiques pour les élèves du troisième cycle (Mesmer et Hutchins, 2002).

Première étape : la présentation du tableau et des graphiques

Préparez des exemples d'un tableau et des graphiques les plus courants au primaire : le diagramme à ligne brisée, le diagramme à barres, le diagramme en arbre et l'illustration (voir la figure 9.7). Exposez ces modèles en classe et demandez aux élèves ce qui différencie le tableau des autres modèles. Les élèves vont rapidement s'apercevoir que l'information que contient le tableau est disposée en lignes et en colonnes, que le contenu de chaque ligne et de chaque colonne est désigné par un titre, que le tableau est divisé en cellules (les cellules ne sont toutefois pas toujours délimitées par des lignes). Poursuivez de la même façon avec les autres modèles.

Deuxième étape : l'élaboration d'une grille

Vous êtes maintenant prêt à construire une grille avec vos élèves afin de regrouper les caractéristiques du tableau et des graphiques. À cette étape, la grille ne contiendra que les deux premières colonnes, soit « type de représentation » et « caractéristiques » (voir le tableau 9.4).

Troisième étape : des exemples supplémentaires

Afin d'asseoir la distinction entre les types de représentations, présentez de nouveaux exemples aux élèves et demandez-leur à quelle catégorie ils appartiennent.

Quatrième étape : la chasse aux tableaux et aux graphiques

Invitez ensuite vos élèves à chercher le plus possible de tableaux et de graphiques dans les manuels et dans les livres documentaires de leur choix ; encouragez-les à poursuivre leur recherche à la maison. Après quelques jours, organisez une rencontre de partage des trouvailles. La plupart du temps, les élèves auront découvert de nouveaux types de graphiques (par exemple, le diagramme circulaire, les nuages de points) et ils auront constaté que certains graphiques sont mixtes.

Cinquième étape : l'analyse approfondie du tableau et des graphiques

Reprenez séparément le tableau et les quatre graphiques par ordre de difficulté (l'illustration, le tableau, le diagramme à barres, le diagramme en arbre, le diagramme à ligne brisée) et planifiez des activités autour de chacun d'eux. Regroupez les élèves en équipes de deux (un élève plus fort avec un moins fort) et demandez-leur de répondre ensemble à des questions qui exploitent le graphique. Après le travail d'équipe, revenez avec le groupe pour une discussion sur les relations entre les différents éléments dans un tableau ou un graphique.

Tableau

Animal	Poids en kg	Nombre de petits	Cri
Loup arctique	27 à 70	1 à 6	Hurle
Ours noir	90 à 270	1 à 4	Grogne
Caribou	100 à 250	1	Renâcle

Diagramme à barres

Diagramme à ligne brisée

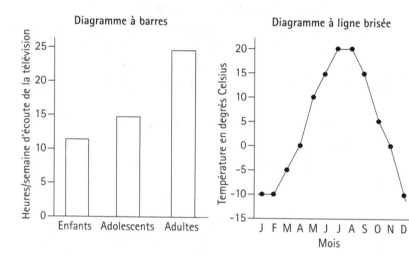

Diagramme en arbre

Illustration

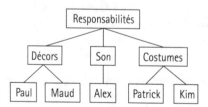

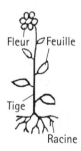

tableau
9.4

Exemple de grille des caractéristiques du tableau et des principaux graphiques

Type de représentation	Caractéristiques	Utilité
Tableau	Arrangement de données et de renseignements disposés en lignes et en colonnes	Facilite la consultation par une disposition méthodique
	Titre pour chaque ligne et chaque colonne	Facilite les comparaisons
Illustration	Image ou photographie	Donne une représentation réaliste d'un objet de façon que ses éléments soient reconnus
	Certaines parties de la chose illustrée sont nommées	
		Attire l'attention sur les parties importantes
Diagramme à barres	Axe horizontal et axe vertical	Facilite la comparaison entre les catégories
	Unités numériques sur chaque axe	
	Catégorie sur l'autre axe	
Diagramme en arbre	Boîtes reliées les unes aux autres par des lignes ou des flèches	Montre les relations entre les parties d'un tout
		Montre une séquence ou un processus
Diagramme à ligne brisée	Axe horizontal et axe vertical	Montre la relation entre des éléments
	Ligne reliant des points	Permet de voir une tendance

Vous pouvez orienter les élèves vers des questions comme : Que vous dit ce graphique ? Quel genre de données contient-il ? Des nombres ? Des mots ? Comment les données sont-elles regroupées ? Quel est l'avantage et l'inconvénient de ce type de graphique ? La discussion vous amènera à aborder avec les élèves les raisons qui font qu'on utilise tel type de graphique plutôt qu'un autre. Ce sera le moment de compléter avec eux la grille en ajoutant la colonne « utilité » (voir le tableau 9.4).

Sixième étape : la classification RQR

Pour sensibiliser les élèves au fait que l'information cherchée dans un graphique demande parfois d'opérer des inférences, présentez-leur un graphique avec des questions sur celui-ci ainsi que les réponses à ces questions. Demandez-leur de classer les réponses dans une des catégories de la classification RQR (voir le chapitre 8 pour la classification). Procédez d'abord en grand groupe, puis en petits groupes.

CONCLUSION

*a*u cours des dernières années du primaire, l'élève perfectionne ses stratégies de compréhension. Il dégage les éléments d'information tant explicites qu'implicites contenus dans les textes. Il focalise davantage son attention sur l'information essentielle d'un texte. Il est plus sensible à la structure des textes et tire mieux parti des tableaux et des graphiques de toutes sortes pour approfondir sa compréhension. Bref, il accroît sa compétence à lire des textes variés.

PARTIE 4

LES INTERVENTIONS
PÉDAGOGIQUES

CHAPITRE 10

LES ACTIVITÉS AUTOUR DES TEXTES LITTÉRAIRES

INTRODUCTION

aire découvrir aux élèves le plaisir des livres est un objectif important de tout programme de lecture. Ce sont les textes littéraires, et non les textes courants, qui permettent de vivre cette expérience si précieuse d'être complètement captivé par un texte et de goûter le plaisir de lire. La pédagogie des textes littéraires exige de la part de l'enseignant des interventions diversifiées. Ce dernier s'impliquera d'abord comme lecteur qui fait des choix, qui a des préférences et des avis à communiquer dans les débats en classe ; il jouera également un rôle de médiateur entre les œuvres littéraires et les élèves. Dans ce chapitre, nous présenterons un éventail d'activités à exploiter en classe autour des textes littéraires. Mais avant, voyons le rôle que peuvent jouer les textes littéraires dans la vie des élèves.

LE RÔLE DES TEXTES LITTÉRAIRES

Pourquoi des écrivains consacrent-ils leur vie à écrire des romans ? Pourquoi passons-nous des heures à lire ces romans ? Votre réaction spontanée sera peut-être de répondre : « Nous lisons pour nous détendre, pour nous évader. » Nous faire vivre une expérience agréable est certes un côté non négligeable de la lecture. Mais si nous nous arrêtons sur la question, nous arrivons immanquablement à la constatation qu'au-delà du plaisir, nous lisons pour donner un sens à notre univers, pour comprendre la vie et le monde qui nous entoure, pour nous comprendre nous-mêmes.

Pourquoi les textes littéraires ont-ils ce pouvoir ? La littérature est un art qui fait appel à l'intégrité de l'expérience humaine ; elle transcende les divisions artificielles de la connaissance, elle montre la vie dans sa totalité, dans sa complexité. Cette ouverture invite à voir les choses au-delà de ce qu'elles sont. Dans un essai intitulé *Les Testaments trahis*, l'écrivain Milan Kundera va dans ce sens lorsqu'il dit : « [...] le romancier ne se déguise pas en savant, en médecin, en historiographe, il analyse des situations humaines qui ne font partie d'aucune discipline scientifique, qui font tout simplement partie de la vie. » (Kundera, 1993, p. 195.) Dans l'esprit de Kundera, ni la philosophie, ni la psychologie, ni les sciences humaines ne peuvent fournir cette connaissance particulière sur l'existence qu'apporte le roman. La littérature permet au lecteur de s'engager, par personnages interposés, dans des expériences qu'il n'aurait autrement pas vécues, de voir le monde sous un angle qui lui aurait autrement échappé. La lecture est donc un moyen de comprendre l'expérience humaine, de définir ce que nous sommes et ce que nous pourrions être, de considérer des possibilités nouvelles et d'envisager des voies inédites. La littérature sert non seulement à informer sur la vie, mais aussi à transformer la vie.

La littérature ouvre également l'esprit au multiculturel en montrant que nous éprouvons des sentiments et des émotions semblables, peu importe notre origine, et en mettant en relief ce que chaque groupe apporte de particulier ; le récit littéraire est en ce sens plus puissant que le texte documentaire, car, en plus de donner accès aux faits, il amène le lecteur à s'identifier aux personnages et à partager intimement leur vie et leurs sentiments. Ces expériences littéraires avec des cultures différentes peuvent aider les élèves à comprendre d'autres façons de vivre et influer ainsi sur leurs perceptions des différences.

De plus, la littérature est susceptible d'aider les enfants à mieux comprendre les situations qu'ils vivent au quotidien. Plusieurs thèmes explorés en classe peuvent être enrichis par la lecture de livres pour enfants ; pensons à la famille, aux parents, aux relations avec les frères et sœurs, à la place dans la famille, aux relations avec les amis, à l'acquisition de l'autonomie, à la liberté, aux responsabilités. La littérature peut en outre aider les jeunes lecteurs à traverser les moments difficiles de la vie. On peut conseiller à un élève un livre que l'on juge pertinent pour lui non seulement parce qu'il présente un niveau de difficulté approprié, mais encore parce qu'il arrive au moment opportun dans sa vie. On appelle « bibliothérapie » le recours à des textes de fiction en vue d'aider une personne à résoudre certains problèmes personnels. La bibliothérapie est fondée sur une des caractéristiques du lecteur, à savoir sa tendance à s'identifier au héros d'un roman. Dans cette perspective, le livre apparaît comme un moyen privilégié de soutenir un enfant dans la quête d'une solution face à un problème personnel, que ce soit un déménagement, la séparation des parents ou la perte d'un ami. On distingue trois étapes dans le fonctionnement de la bibliothérapie. À la première étape, l'enfant s'identifie au personnage qui a le même problème que lui. À la deuxième étape, il se permet d'éprouver les émotions et les sentiments du personnage, ce qu'il se refuse souvent à faire dans sa propre vie ; en effet, plusieurs enfants ont tendance à étouffer des émotions ou des sentiments comme la crainte, le sentiment de rejet ou le découragement. À la troisième étape, l'enfant prend connaissance des solutions envisagées par le personnage, solutions qu'il pourra éventuellement faire siennes pour résoudre ses propres problèmes.

Tout ce qui précède s'applique aux lecteurs de tous les âges, même aux très jeunes enfants qui écoutent, sur les genoux de leur père ou de leur mère, des histoires qui les éveillent au monde infini des sentiments humains.

L'IMPORTANCE DE LA DIVERSITÉ ET DE LA QUALITÉ DES TEXTES

Les élèves ont besoin d'être en contact avec des textes variés pour apprendre à apprécier la littérature. Chaque type de texte apporte une contribution qui lui est propre. Par exemple, les contes sont intéressants en ce qu'ils favorisent la compréhension de ce qu'est une intrigue, les histoires réalistes permettent aux élèves de s'identifier aux personnages, les histoires fantastiques contribuent à garder l'imagination en éveil et les histoires amusantes développent le sens de l'humour. En plus de la diversité des textes à présenter aux élèves, il faut s'assurer de la qualité de ces derniers. Il faut proposer aux élèves des livres dont le thème est pertinent et qui présentent des personnages qui ont une certaine épaisseur et des intrigues captivantes. On peut difficilement faire aimer la lecture aux élèves si on ne leur propose pas de bons livres.

LES COMPOSANTES DE LA PÉDAGOGIE DES TEXTES LITTÉRAIRES : COMPRENDRE, RÉAGIR ET APPRÉCIER

La lecture de textes littéraires comporte de nombreuses facettes que nous regrouperons dans ce chapitre sous trois dimensions interreliées : la compréhension, la réaction et l'appréciation. La *compréhension* consiste, pour le lecteur, à construire le sens du texte à partir à la fois de l'information explicite et implicite donnée par l'auteur et de ses propres connaissances. La *réaction* au texte englobe les attitudes du lecteur face au texte, comme s'identifier à un personnage, préférer une partie à une autre, éprouver des émotions. Enfin, on parle d'*appréciation* du texte lorsque le lecteur sort du texte pour juger et apprécier l'œuvre de l'auteur, par exemple en relevant une description particulièrement réussie d'un personnage, en notant l'originalité de l'intrigue ou la poésie du texte.

Ces trois composantes de la lecture de textes littéraires sont intégrées dans le modèle proposé par Langer (1995, 2000). Selon ce modèle, la lecture commence aussitôt que le lecteur pose ses yeux sur les premiers mots du texte. Dès les premières lignes, le lecteur se fait une certaine idée du texte ; puis, au fur et à mesure de sa lecture, ses impressions sont confirmées ou révisées, les personnages et les événements sont reconsidérés en fonction des nouveaux éléments lus. Langer (1990) a mis en lumière quatre positions du lecteur au fil de son voyage dans le texte :

1. Le lecteur entre dans le texte ; il se fait une première idée du contenu à partir de ses connaissances et de quelques indices tirés du texte.

2. Le lecteur est plongé dans le texte ; il se pose des questions sur la motivation des personnages, sur les rapports de causalité, etc.

3. Le lecteur sort du texte pour réfléchir sur sa propre vie ; il s'identifie aux personnages, il établit des liens avec ses propres expériences, il réagit émotivement au texte.

4. Le lecteur sort du texte pour objectiver son expérience ; il se distancie du texte, il réfléchit sur le contenu et sur la structure du texte.

Globalement, on pourrait dire que les deux premières positions correspondent à la compréhension du texte, que la troisième correspond à la réaction et la quatrième, à l'appréciation. Il est important de souligner que ces positions n'interviennent pas de façon linéaire ; elles peuvent se manifester et se répéter à différents moments de la lecture et même après la lecture, durant des discussions ou au cours de réflexions ultérieures sur le texte.

À ces trois composantes que sont la compréhension, la réaction et l'appréciation correspondent des interventions pédagogiques particulières qui peuvent, bien sûr, être abordées au cours d'une même activité en classe ; cependant, dans ce chapitre, nous les présenterons séparément afin de les mettre en évidence.

COMPRENDRE LES TEXTES LITTÉRAIRES

Pour comprendre un texte littéraire, le lecteur fait appel à des stratégies de compréhension générales (donner un sens aux mots, saisir les relations entre les phrases, vérifier sa compréhension, etc.). Il doit aussi mettre en œuvre des stratégies de compréhension particulières, principalement celles qui lui permettront de cerner la structure narrative, de caractériser les personnages et de comprendre leurs motivations.

Les interventions touchant la compréhension des textes littéraires se feront tout d'abord dans la lecture interactive, qui commencera à la maternelle et se poursuivra jusqu'à la fin du primaire. Dans la lecture interactive, l'enseignant fait la lecture aux élèves et discute avec eux de l'histoire afin de les sensibiliser aux relations à établir entre les différents éléments du texte. Même les élèves qui savent lire ont besoin qu'on leur lise des livres qu'ils auraient de la difficulté à aborder seuls. En plus de participer à la lecture interactive, les élèves liront eux-mêmes de courts récits dès qu'ils seront relativement autonomes en lecture. Au fil des cycles, les textes proposés aux élèves seront plus subtils, plus complexes et demanderont des habiletés supérieures d'inférence.

Vos interventions sur le plan de la compréhension seront variées ; afin d'illustrer des interventions possibles, nous présentons dans les pages suivantes des activités centrées sur le schéma du récit, puis des activités qui mettent le personnage en évidence, et enfin des activités qui visent la compréhension du récit dans son ensemble.

DES ACTIVITÉS CENTRÉES SUR LE SCHÉMA DU RÉCIT

Le lecteur efficace fait appel à sa connaissance de la structure du récit pour prédire ce qui se passera dans l'histoire, pour en déterminer les éléments importants. Cette connaissance du récit est intuitive chez la plupart des lecteurs ; elle apparaît dès le préscolaire, puis elle évolue vers des formes plus complexes. On observe incidemment un développement marqué de celle-ci entre l'âge de 9 et 12 ans.

Étant donné que les chercheurs ont démontré l'existence d'une relation entre la connaissance du schéma du récit et la compréhension du texte, on s'est demandé s'il était possible d'enseigner le schéma du récit aux élèves pour améliorer leur compréhension. L'ensemble des recherches indique que l'enseignement peut effectivement améliorer la connaissance du schéma du récit, ce qui, en retour, améliore la compréhension et le rappel du récit chez les élèves du primaire (Alvermann, 2000).

Vous pouvez favoriser l'utilisation du schéma du récit par les élèves en les sensibilisant aux éléments du récit, qui ont été présentés en détail au chapitre 4. En gardant en tête les composantes du schéma narratif, vous expliquerez aux élèves que la plupart des histoires tournent autour d'un personnage qui essaie de résoudre un problème ou d'atteindre un but. Vous pourrez ensuite encourager les élèves à analyser eux-mêmes les histoires de cette façon.

Une activité d'initiation au schéma du récit

L'activité que nous présentons ici peut être réalisée avec des lecteurs de différents niveaux (Baumann et Bergeron, 1993). Pour cette activité, vous aurez besoin d'un récit classique et d'une carte de récit qui comprend une brève définition de chacun des éléments du schéma du récit (voir la figure 10.1). Vous remarquerez que, sur cette carte, les trois premiers éléments, à savoir QUI ? OÙ ? QUAND ? correspondent à la situation initiale d'un récit ;

figure
10.1
Carte de récit

QUI ?
Les personnes ou les animaux les plus importants de l'histoire.

OÙ ?
L'endroit où l'histoire se passe.

QUAND ?
Le moment où l'histoire se passe.

QUEL EST LE PROBLÈME ?
Le problème rencontré par le personnage.

QU'ARRIVE-T-IL ?
Ce que fait le personnage pour essayer de régler le problème.

QUELLE EST LA SOLUTION ?
Comment le problème a été réglé.

Source : Adapté de J.F. Baumann et B.S. Bergeron, « Story map instruction using children's literature : Effects on first graders' comprehension of central narrative elements », *Journal of Reading Behavior,* vol. 25, n° 4, 1993, p. 407-437.

QUEL EST LE PROBLÈME ? renvoie à l'élément déclencheur ; QU'ARRIVE-T-IL ? se rattache aux péripéties et QUELLE EST LA SOLUTION ? correspond au dénouement. Cette formulation plus concrète des composantes du récit permettra aux jeunes lecteurs et aux lecteurs moins habiles de s'initier plus facilement au schéma narratif.

La démarche proposée est simple :

1. Présentez la carte de récit. Pour ce faire, vous pouvez recourir à une analogie et comparer la carte de récit à une carte routière : cette dernière guide un voyageur d'un endroit à l'autre de la même façon qu'une carte de récit guide un lecteur du début à la fin d'une histoire. Expliquez bien aux élèves que la carte de récit les aidera à mieux comprendre les histoires qu'ils lisent, à les retenir et à les apprécier.

2. Remplissez avec les élèves la carte de récit en mettant en lumière ce qui caractérise les composantes du récit. Pendant que vous lisez l'histoire, expliquez comment trouver le « qui », le « où » et le « quand » du récit. Une fois ces éléments dégagés,

invitez les élèves à cerner les autres composantes du récit (le problème, la solution, etc.). Il est à noter que, pour les utilisations ultérieures, la carte de récit ne comprendra que les mots clés ; autrement dit, la définition des composantes ne sera plus donnée.

Il est important de faire comprendre aux élèves qu'on se sert de la carte de récit pour des histoires et non pour des textes informatifs. Vous les inciterez à y recourir lorsqu'ils lisent eux-mêmes une histoire, et particulièrement quand ils ont de la difficulté à la comprendre.

Les questions sur le récit

Les questions posées après la lecture d'une histoire peuvent également sensibiliser les élèves au schéma du récit. À cette fin, il faut que les questions forment un tout, qu'elles récapitulent la progression logique de l'histoire. Le fait d'utiliser le schéma du récit comme grille pour élaborer des questions sur le récit est propre à inciter les élèves à porter attention aux éléments importants de l'histoire et à favoriser le rappel.

Concrètement, on commence par poser des questions sur le lieu et le moment de l'histoire ; si ces éléments ne sont pas importants dans l'histoire que les élèves ont lue, on passera outre. On poursuivra en posant des questions sur le personnage principal, puis sur le problème qui est au cœur du récit et sur sa résolution.

1. Où et quand les événements ont-ils eu lieu et qui était en cause ?

2. Quel événement a fait démarrer l'histoire ?

3. Quelle a été la réaction du personnage principal à cet événement ?

4. Qu'a fait le personnage principal en réaction à... ?

5. Quel a été le résultat de l'action du personnage principal ?

Le cadre de récit

Le cadre de récit est un autre outil intéressant pour familiariser les élèves avec le schéma du récit. Le cadre de récit fournit aux élèves une structure leur permettant de se concentrer sur les éléments importants du récit et sur leur enchaînement. Ainsi, après la lecture d'un récit par les élèves, on leur proposera un cadre qui, une fois rempli, reflétera l'essentiel du récit. Ce cadre est constitué d'un ensemble de mots clés séparés par des espaces à remplir. Ce type de cadre de récit pourrait être qualifié de *macro-closure*.

L'élève doit combler les espaces blancs non pas par un seul mot comme dans la technique de *closure* classique, mais par une idée. La figure 10.2 présente un cadre de base qui devrait idéalement s'appliquer à l'ensemble des récits. Ce cadre peut être modifié au besoin.

figure 10.2 Cadre de récit avec mots clés

Titre _____

L'histoire se passe _____

est un personnage qui _____.

_____. Un problème survient

lorsque _____. Après cela,

_____. Ensuite,

_____. Le problème est réglé lorsque

_____

_____

_____.

À la fin, _____.

Signalons que, pour certains enfants, la configuration du cadre peut être contraignante, car les espaces blancs sont trop courts par rapport à ce qu'ils ont à dire. Vous pouvez alors suggérer aux élèves de recopier le cadre à mesure qu'ils y ajouteront leurs informations. Vous pouvez également les encourager à modifier des mots du cadre au besoin.

Les histoires trouées

L'activité qui consiste à demander aux élèves comment ils entrevoient la fin d'une histoire est connue de tous les enseignants, mais cette activité prend une allure nouvelle si vous demandez aux élèves de prédire tour à tour chacune des parties du récit.

Pour l'activité, divisez la classe en cinq groupes et remettez à chaque groupe une copie de la même histoire où vous aurez supprimé une partie du récit pour la remplacer par un trait : la partie supprimée est différente pour chaque groupe. Dans le texte du premier groupe, il manque la situation initiale, dans celui du deuxième, il manque l'élément déclencheur, dans celui du troisième, les péripéties, dans celui du quatrième, le dénouement, et, dans celui du dernier, la situation finale. Les équipes doivent combler la partie manquante dans leur texte. Puis, chacune des équipes lit sa partie à voix haute. Enregistrez le tout et écoutez l'enregistrement : cela donnera une toute nouvelle histoire. Lisez ensuite l'histoire originale et animez une discussion sur les ressemblances et les différences existant entre l'histoire produite par le groupe et l'histoire originale.

La figure de l'histoire

Une activité amusante pour familiariser les élèves avec le schéma du récit est la figure de l'histoire (voir la figure 10.3). Cette activité est concrète pour les jeunes élèves et leur permet de ce fait de mémoriser plus facilement les composantes du schéma du récit. Dans la figure de l'histoire, les yeux, qui sont représentés par deux cercles, correspondent l'un au temps et au lieu, l'autre au personnage principal ; des cils les surmontent, pour ajouter des détails et des personnages secondaires. Le nez correspond au problème, tandis que la bouche, formée par une série de cercles reliés, représente la chaîne des événements conduisant au dénouement et à la situation finale (Staal, 2000).

figure 10.3 La figure de l'histoire

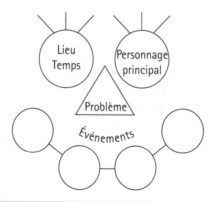

Source : Adapté de L.A. Staal, « The story face : An adaptation of story mapping that incorporates visualization and discovery learning to enhance reading and writing », *The Reading Teacher*, vol. 54, n° 1, 2000, p. 26-36.

Des versions différentes de la même histoire

Une autre activité consiste à demander aux élèves de composer une histoire à partir d'une liste de mots tirés d'un texte. Les élèves comparent ensuite leur histoire avec le texte original. Cette activité les amène à faire des prédictions sur le déroulement de l'histoire et à établir des liens entre ces prédictions. L'activité comporte cinq étapes :

1. Expliquez l'activité aux élèves en leur disant qu'avant de commencer à lire vous allez essayer ensemble de deviner ce que raconte l'histoire. Vous leur préciserez que l'activité se fera à partir d'une liste de mots clés tirés du texte, que la tâche consistera à écrire une histoire en se servant de ces indices et que, par la suite, ils pourront comparer leur histoire avec celle de l'auteur.

2. Écrivez les mots clés au tableau ou présentez-les au moyen d'un rétroprojecteur. Amenez les élèves à relier les mots logiquement de façon à former une histoire. Les mots clés doivent représenter la structure du récit : ils seront choisis de façon que la liste qu'ils composent contienne chacun des éléments importants du récit (les personnages, l'élément déclencheur, les péripéties, etc.). Il est préférable d'employer les termes mêmes du texte et de ne pas dépasser deux ou trois mots par indice (par exemple, « Noël », « l'oiseau », « la fin de l'année »). La liste sera constituée de 10 à 15 indices (voir la figure 10.4).

3. Écrivez au tableau l'histoire que le groupe aura composée à partir des mots clés.

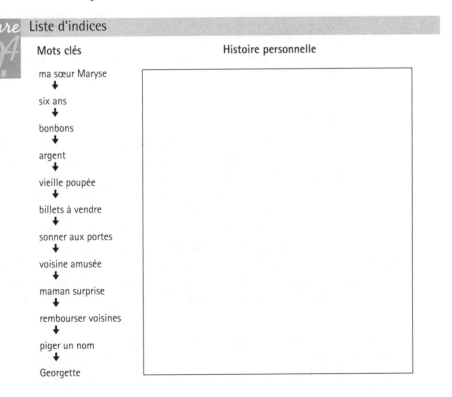

figure 10.4 Liste d'indices

Mots clés | Histoire personnelle

ma sœur Maryse
↓
six ans
↓
bonbons
↓
argent
↓
vieille poupée
↓
billets à vendre
↓
sonner aux portes
↓
voisine amusée
↓
maman surprise
↓
rembourser voisines
↓
piger un nom
↓
Georgette

4. Faites lire l'histoire originale aux élèves et demandez-leur de la comparer avec le texte composé par la classe.

5. Reprenez la même démarche, mais, cette fois-ci, faites travailler les élèves en équipe ou individuellement.

Il s'est avéré que cette activité améliorait la compréhension du texte chez des élèves de différents niveaux du primaire. Le fait d'avoir composé une histoire semblable à celle de l'auteur n'est pas un facteur de réussite quant à l'emploi de cette méthode ; c'est plutôt la démarche elle-même, consistant à émettre des hypothèses et à les vérifier dans le texte original, qui semble entraîner une meilleure compréhension chez les élèves (Bligh, 1995). Précisons que la formule décrite ci-dessus convient à des lecteurs autonomes, mais elle peut être adaptée pour des élèves de première année :

1. L'enseignant présente un livre nouveau et engage avec les élèves une discussion fondée sur le titre, l'auteur et la couverture.

2. Les élèves font des prédictions à partir de la présentation.

3. La classe compose oralement une histoire en s'appuyant sur les prédictions qui se sont dégagées précédemment. L'enseignant écrit cette histoire au tableau.

4. L'enseignant lit ensuite le livre avec les élèves sous forme de lecture guidée.

5. L'histoire composée par les élèves est comparée à l'histoire originale.

Le rappel du récit

Le rappel consiste à demander à un élève qui a lu un texte de le redire en ses mots. Même si cette formule porte le nom de « rappel » du récit, il faut préciser que le rappel du contenu n'est qu'une partie du processus en cause dans cette activité. En effet, quand les élèves redisent une histoire dans leurs mots, ils s'appuient, certes, sur des éléments du texte, mais ils créent, jusqu'à un certain point, une nouvelle histoire, car ils organisent leur rappel autour de ce qu'ils considèrent comme étant des aspects importants du texte. Le fait d'avoir à redire l'histoire demande aux élèves d'organiser les faits, les événements pour les rapporter de façon personnelle. La sélection qu'ils font de ces éléments révèle leur manière de comprendre l'histoire.

De plus, étant donné que l'activité de rappel concentre l'attention sur la restructuration du texte, elle est de nature à rendre le lecteur plus actif. Cette activité est également plus globale que celle qui consiste à poser des questions sur le texte : dans ce dernier cas, les questions incitent souvent le lecteur à rapporter des parties de l'histoire, ce qui ne nous renseigne pas sur son habileté à se rappeler l'histoire d'une façon structurée.

Le rappel du texte a permis d'améliorer, chez les enfants du préscolaire, leur compréhension de l'histoire, leur sensibilité à la structure du récit et l'articulation de leur langage oral. Au primaire, le rappel favorise le rendement dans la compréhension de texte, même chez les élèves en difficulté. Il augmente les capacités d'écoute, la sensibilité à la structure du texte et l'utilisation de cette dernière dans la création de récits (Morrow, 2001).

La démarche générale

Si le rappel du récit est une formule relativement peu employée à l'école, c'est en partie parce que les enseignants trouvent que les élèves ont de la difficulté à accomplir cette tâche. En effet, il s'agit d'une tâche complexe. Les enseignants qui ont fait l'expérience de demander aux élèves de raconter leurs vacances ou leur fin de semaine ont souvent obtenu comme productions des rappels confus ou interminables. Les élèves doivent donc être guidés au cours des premières tâches de rappel du texte. On aura alors avantage à leur donner des indices lorsque cela s'avère nécessaire. Voici des exemples d'indices qu'on peut employer :

- ☐ De qui parle-t-on dans l'histoire ?
- ☐ À quel moment se passe l'histoire (le matin, le soir, l'été, l'hiver) ?
- ☐ Où se passe l'histoire ?
- ☐ Quel était le problème du personnage principal ?
- ☐ Qu'a-t-il fait en premier ?
- ☐ Comment le problème a-t-il été réglé ?
- ☐ Comment l'histoire se termine-t-elle ?

Le rappel avec le groupe-classe

Le rappel en groupe peut être perçu par les élèves comme une situation d'évaluation. Pour changer cette conception, vous pouvez prendre le rappel d'un élève comme point de départ pour une discussion sur le texte, comme dans l'activité décrite ci-dessous :

1. Un élève fait le rappel et tout le monde écoute (l'enseignant peut utiliser ce rappel comme évaluation).

2. Chaque élève prépare une question à l'intention de celui qui a fait le rappel. Ces questions peuvent toucher des précisions sur des points mentionnés brièvement, solliciter l'opinion de l'élève sur certains comportements ou attitudes, lui demander d'établir un lien avec d'autres textes lus en classe, etc.

3. L'élève répond aux questions ; il peut même, à l'occasion, retourner la question à celui qui l'a posée (par exemple : « J'ai dit ce que je pensais de... Et toi, qu'en penses-tu ? »).

Le rappel en sous-groupe

Comme nous venons de le voir, le rappel peut se faire avec toute la classe, mais on peut également faire travailler les élèves en petits groupes. On divise alors la classe en six groupes qui enregistreront leur rappel au magnétophone. Chaque groupe écoutera ensuite les rappels des autres groupes, ce qui est susceptible de suggérer aux élèves des façons d'améliorer leur propre rappel (Slaughter, 1993).

Le rappel en équipe de deux

Le rappel en équipe de deux peut être profitable pour les élèves tout en nécessitant peu de temps. Les élèves sont groupés par équipes de deux et lisent silencieusement un texte ; un premier élève redit l'histoire dans ses propres mots et l'autre l'écoute. Il est important de donner à celui qui écoute un rôle actif ; son objectif sera d'identifier un aspect qu'il a aimé dans le rappel de l'histoire que son compagnon a effectué. Pour faciliter la tâche des élèves, l'enseignant peut leur remettre une grille contenant des éléments dont il faut tenir compte lors du rappel d'une histoire. Les éléments de cette grille peuvent, de plus, aider celui qui écoute à structurer son propre rappel lorsque viendra son tour de redire l'histoire.

Au début, choisissez des textes courts et bien structurés pour lesquels la durée de l'activité varie de 10 à 15 minutes, y compris la lecture et le rappel.

Les limites du schéma du récit

Le schéma du récit convient bien aux histoires simples, mais il est plus difficile à exploiter lorsque l'histoire devient complexe. De plus, si utile que soit le schéma du récit, il ne permet pas de faire la différence entre une fable, une nouvelle ou un conte fantastique. Il ne faut pas oublier non plus que le schéma du récit ne constitue qu'un aspect de l'enseignement relié au récit. Il sera pertinent de compléter l'enseignement relatif au récit par des questions qui clarifient les relations entre les personnages ainsi que leur état intime : les raisons de leurs sentiments et de leurs actions. Bref, il faut prendre garde à ne pas recourir au schéma du récit comme à une fin en soi, c'est-à-dire à ne pas se limiter à demander aux élèves de classer les parties du récit ; il faut plutôt rendre ceux-ci conscients du fait que ces connaissances permettent de comprendre et d'écrire des récits.

DES ACTIVITÉS CENTRÉES SUR LES PERSONNAGES

Pour comprendre un récit, le lecteur doit découvrir les motivations et les intentions qui animent les personnages. « Un récit est l'évolution d'un personnage regardée à travers la succession d'états différents vécus par ce dernier. Il est heureux, malheureux, riche, pauvre, amoureux, déconfit, etc. » (De Koninck, 1993, p. 89.) Pour comprendre les motivations d'un personnage, le lecteur se sert des connaissances sociales qu'il a acquises au cours de sa propre vie ; ces connaissances sont, évidemment, beaucoup plus limitées chez les enfants. Une étude a montré que l'habileté à découvrir les motivations des personnages évolue au cours du primaire : les élèves de sixième y sont plus habiles que ceux de quatrième, qui sont eux-mêmes plus habiles que ceux de deuxième année, mais, dans l'ensemble, la performance est faible dans tous les groupes. Même en sixième année, les élèves ne découvrent les motivations des personnages que dans la moitié des cas (Shannon, Kameenui et Baumann, 1988). Cependant, on peut aider les élèves du primaire à avoir une meilleure compréhension des personnages. Les activités présentées ci-après ont pour objectif de sensibiliser les élèves aux caractéristiques et aux motivations des personnages.

Les informations sur les personnages

Dans les récits, les caractéristiques des personnages et les relations qu'ils entretiennent entre eux ne sont pas toujours explicites : le lecteur doit inférer ces caractéristiques à l'aide d'indices du texte. Il sera donc nécessaire d'enseigner aux élèves à se servir des éléments du texte pour mieux cerner les caractéristiques des personnages dans un récit. À cette fin, vous expliquerez d'abord la façon dont vous utilisez certains indices pour vous faire une idée plus complète d'un personnage, comme :

☐ les faits mentionnés par l'auteur au sujet du personnage ;

☐ les comportements du personnage ;

☐ les conversations du personnage (les dialogues) ;

☐ ses pensées (son journal intime, des lettres, des descriptions faites par l'auteur, les commentaires du personnage).

Vous inviterez ensuite les élèves à choisir un personnage et à établir une fiche résumant les caractéristiques de ce personnage (voir la figure 10.5). Vous profiterez de l'occasion pour rappeler aux élèves qu'ils peuvent recourir à ce genre d'esquisse décrivant à grands traits un personnage pour planifier la façon dont ils présenteront les personnages d'un récit qu'ils composeront.

figure 10.5 — Résumé des informations reliées au personnage

Je connais mon personnage

Histoire _____   Mon personnage _____

Faits se rapportant à mon personnage	Ce que je sais des actions de mon personnage

Ce que je sais des conversations de mon personnage	Ce que je sais des pensées de mon personnage

Source : Adapté de J.C. Richards et J.P. Gipe, « Getting to know story for young at-risk readers », *The Reading Teacher,* vol. 47, n° 1, 1993, p. 78-79.

Les liens entre les personnages

L'activité qui suit vise à sensibiliser les élèves aux relations que les personnages entretiennent entre eux (Galda, 1987). Il s'agit de choisir un texte dans lequel les personnages sont bien typés et de procéder selon ces étapes :

1. Après avoir lu le texte une première fois aux élèves (peut-être plus tôt dans la journée), relisez le début du texte.

2. Demandez aux élèves quels sont les personnages principaux de cette histoire et écrivez les noms au tableau.

3. Pour chaque personnage, demandez aux élèves : « Quel genre de personne est-ce ? », et écrivez les caractéristiques sous chacun des noms des personnages ; encadrez le tout.

4. Demandez aux élèves: «Comment s'entendent-ils l'un avec l'autre?» Tracez des flèches qui relient les personnages entre eux et écrivez les réponses des élèves sur ces flèches (voir la figure 10.6).

5. Continuez à lire l'histoire et recommencez la même démarche en vous concentrant, cette fois, sur la fin de l'histoire. Comparez les graphiques pour voir les changements entre le début et la fin de l'histoire ainsi que les raisons de ces changements.

figure 10.6 Analyse de la relation entre deux personnages

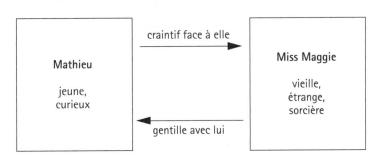

Cette démarche peut servir d'initiation à l'analyse des relations entre les personnages; on peut y recourir avec des élèves plus jeunes. Avec les élèves déjà initiés, il est possible de complexifier l'analyse en tenant compte des relations entre plusieurs personnages (voir la figure 10.7). On procédera alors de la façon suivante:

☐ écrire le nom du personnage principal au tableau et demander aux élèves de nommer les caractéristiques de ce personnage, que vous inscrirez au tableau;

☐ demander ensuite aux élèves quels sont les autres personnages et inscrire leurs noms autour du personnage principal en laissant suffisamment d'espace pour écrire des informations;

☐ leur demander quels sont les sentiments du personnage principal envers les personnages secondaires et écrire ces sentiments sur des flèches qui partent du centre et vont vers chacun des personnages;

☐ leur demander quels sentiments éprouvent les personnages secondaires envers le personnage principal et inscrire ces sentiments sur des flèches qui partent des personnages et vont vers le centre.

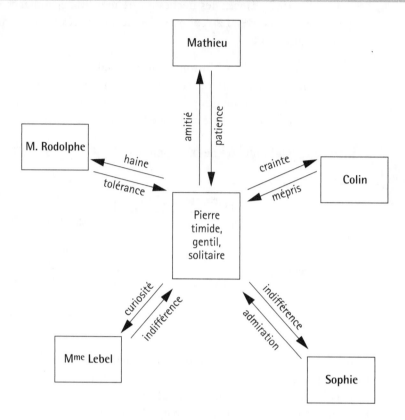

Un projet de biographie

L'objectif de cette activité est de sensibiliser les élèves aux différents indices qui révèlent les caractéristiques des personnages. Chaque élève choisit une biographie à lire, mais il garde secret le nom du personnage. Il est préférable que l'élève recouvre de papier la couverture de son livre de façon que les autres ne voient pas sur qui porte la biographie.

La démarche liée à l'activité est la suivante : les élèves dressent une liste de 10 indices caractéristiques de leur personnage, qui leur serviront à amener la classe à deviner son identité. Pour faciliter la tâche aux élèves, vous ferez une démonstration en lisant une biographie et en choisissant des indices. Vous montrerez ensuite comment on peut ranger les indices des plus difficiles aux plus faciles, les plus faciles étant ceux qui révèlent presque l'identité du personnage.

Par la suite, chaque élève présente à la classe les indices qu'il a préparés jusqu'à ce que quelqu'un devine le nom du personnage.

À la fin du projet, les élèves peuvent écrire la biographie d'un élève de la classe.

DES ACTIVITÉS QUI COMBINENT LE SCHÉMA DU RÉCIT ET LE PERSONNAGE

Jusqu'ici, nous avons présenté des activités qui visent un but précis, soit familiariser les élèves avec le schéma du récit et avec les personnages. Dans cette section, nous proposons des activités qui concernent la compréhension de l'ensemble du récit en combinant de façon informelle les préoccupations qui touchent tant le schéma du récit que le personnage. Nous avons choisi deux activités qui permettent aux élèves de s'engager pleinement dans le récit et d'approfondir leur compréhension : la première consiste à mimer une histoire et la seconde, à l'interpréter dans le cadre d'un théâtre de lecteurs.

Mimer ou jouer les histoires

De tout temps, les enseignants de la maternelle ont invité les enfants à « jouer » ou à « mimer » des histoires lues au groupe. On peut penser que cette activité est réservée à la maternelle, mais elle est au contraire valable tout au long du primaire. Plusieurs études ont montré que les enfants qui jouent une histoire en ont une meilleure compréhension et en proposent un meilleur rappel que ceux qui ont discuté ou dessiné après la lecture de l'histoire. Non seulement la dramatisation facilite-t-elle la compréhension des histoires, mais elle semble favoriser les habiletés générales de compréhension (Martinez, 1993). Fait important à signaler, ces résultats sont obtenus sans que la supervision de l'enseignant soit nécessaire. En effet, on a découvert que des enfants qui dramatisent une histoire en sous-groupe, sans supervision de l'adulte, se souviennent mieux de l'histoire que ceux qui l'ont seulement écoutée.

Ces résultats s'expliquent par le fait que, pour jouer une histoire qui a été lue ou entendue, l'élève doit porter attention non seulement aux événements, mais également à la séquence de ces événements et aux relations entre eux. En ce sens, la dramatisation amène les élèves à affiner et à approfondir leur compréhension. Elle les amène aussi à maîtriser le schéma du récit, c'est-à-dire à parfaire leurs connaissances sur la structure générale des histoires (Rose et autres, 2000).

Une façon classique de procéder consiste à lire une histoire et à demander à des volontaires de la jouer. Soulignons qu'il est important de choisir des textes qui se prêtent bien à la dramatisation, soit des textes courts qui comportent beaucoup d'actions; les textes qui donnent de longues descriptions ne sont pas indiqués. On peut relire l'histoire en faisant des pauses pour laisser aux enfants le temps de mimer les actions contenues dans le texte. Avec les petits, on peut penser à des déguisements pour stimuler la créativité (Slaughter, 1993). Ou encore, un élève peut lire le texte pendant que les autres le jouent. On atteindra ainsi deux objectifs : le lecteur aura exercé sa lecture dans un but fonctionnel et les autres auront travaillé à la compréhension du texte en le dramatisant.

Avec les élèves plus avancés, la dramatisation d'une histoire est aussi pertinente, mais elle doit être présentée de façon appropriée. Une enseignante raconte qu'un jour, après avoir lu un extrait d'un livre, elle a demandé à ses élèves de sixième année si quelqu'un voulait venir mimer la scène. Silence complet dans la classe. Elle a alors demandé à des volontaires de déplacer une table afin de dégager un espace suffisant pour mimer le texte. Des élèves se sont portés volontaires immédiatement et, la tâche terminée, elle leur a demandé: «Avant de retourner vous asseoir, voudriez-vous m'aider à balayer le plancher pour que nous ayons une scène bien propre?» Elle leur a alors remis un balai imaginaire et, sans un mot, elle a commencé elle-même à faire semblant de balayer. Les élèves se sont laissé prendre au jeu, dans cette situation non menaçante. Quand, par la suite, elle a redemandé à des volontaires de mimer une histoire, ils ont été nombreux à se présenter (Sebesta, 1987)!

Le théâtre de lecteurs

Un théâtre de lecteurs est composé de deux lecteurs ou plus qui lisent, devant un auditoire, un texte de façon expressive et dramatique. Le théâtre de lecteurs ressemble aux feuilletons radiodiffusés d'autrefois dans lesquels les dialogues étaient si bien lus qu'ils permettaient à l'auditeur de voir mentalement la scène et de se faire une idée du caractère des personnages. Le théâtre de lecteurs repose donc sur la capacité du lecteur de capter l'attention de l'auditoire par sa voix (Davis, 1997).

Les composantes du théâtre de lecteurs

Le théâtre de lecteurs s'organise selon les étapes suivantes (Wolf, 1993) :

1. Les élèves lisent une histoire.

2. Ils refont l'histoire sous forme de scénario (la narration et les dialogues) ; pour ce faire, ils doivent sélectionner des éléments du texte en opérant des choix.

3. Ils répètent le texte et affinent leur interprétation.

4. Ils lisent leur scénario devant un auditoire.

Lorsqu'il s'agit de jeunes lecteurs, les étapes seront différentes. Ainsi, l'enseignant créera le scénario pour eux, alors que les élèves plus avancés apprendront à créer leurs scénarios eux-mêmes.

Les interventions pédagogiques à chacune des étapes

Nous présentons ci-dessous une série de suggestions susceptibles de vous aider à mettre en place un théâtre de lecteurs dans votre classe (Morado, Koenig et Wilson, 1999).

Le choix du texte. Il est important de choisir un texte complet. Si le texte choisi est un extrait, il faut vérifier qu'il soit compréhensible en soi ; autrement, il s'agira d'ajouter un prologue pour présenter l'histoire. Les meilleurs livres pour cette activité sont ceux dans lesquels le personnage fait face à un dilemme qui l'amène à réfléchir et à discuter. Les livres centrés principalement sur l'action seront plutôt destinés aux activités de mime.

La création du scénario. Avant de passer au scénario entièrement créé par les élèves, vous pouvez graduer la tâche en assignant à des équipes de deux élèves une partie du texte à transformer en scénario. Lorsque les élèves seront capables de créer leurs scénarios eux-mêmes, ils travailleront en sous-groupe et négocieront, entre eux, les éléments à conserver et à éliminer.

Voici comment se prépare un scénario :

- ☐ choisir une histoire intéressante qui comprend beaucoup de dialogues ;

- ☐ éliminer les « dit-il », les « s'exclama-t-il », etc., ainsi que les passages qui ne sont pas indispensables à l'intrigue ;

- ☐ transformer les passages importants en dialogues ;

- ☐ créer le rôle du narrateur : le texte du narrateur peut décrire une partie essentielle de l'intrigue, qui n'est pas contenue dans les dialogues (le temps, le lieu, etc.). Cependant, la narration doit être réduite au minimum, elle ne doit pas dominer dans le scénario.

La répétition du scénario. Les élèves, réunis en sous-groupes, lisent d'abord le texte silencieusement, puis essaient d'interpréter différents personnages. On peut suggérer aux élèves de souligner les mots sur lesquels ils veulent mettre l'accent dans leur lecture. Il est important de faire comprendre aux élèves qu'il s'agit non pas de mémoriser le texte, mais de le lire de façon expressive. Insistez sur l'importance de la voix par rapport aux gestes (quelques effets spéciaux sont suffisants). Durant cette étape, votre rôle sera de servir de modèle à la lecture expressive, d'aider les élèves à expérimenter différentes intonations et d'apporter votre soutien à ceux qui en auront besoin ; par exemple, vous pouvez relire un extrait, demander à un tuteur de le faire ou faire écouter un enregistrement.

La représentation. Pour que la représentation soit plus intéressante, on peut enseigner aux élèves comment « placer » leur regard lorsqu'ils lèvent les yeux du texte pendant la lecture. Lorsqu'il s'agit d'une réflexion que le personnage s'adresse à lui-même ou d'une transition entre les scènes, le lecteur regarde l'auditoire ou un point sur le mur au-dessus des têtes. Par contre, lorsqu'un personnage s'adresse à un autre personnage, il doit regarder ce dernier.

Même si le recours à des costumes n'est pas prévu dans le théâtre de lecteurs, on peut ajouter des accessoires simples, comme des macarons ou des chapeaux, pour marquer l'identité des personnages. Vous pouvez même filmer la représentation pour que les élèves se voient en pleine action. L'important, avant tout, est que les élèves aient du plaisir au cours de l'activité.

L'adaptation pour les jeunes lecteurs

Pour les jeunes lecteurs, c'est l'enseignant qui écrira les scénarios. Voici une démarche complète, qui commence avec la remise des scénarios aux élèves le lundi et se termine par une représentation du théâtre de lecteurs le vendredi. Cette démarche convient à une classe de deuxième année et demande des périodes de 30 minutes par jour (Martinez, Roser et Strecker, 1999).

Avant de présenter l'activité, l'enseignant choisit trois histoires qu'il transformera en scénarios. Il est préférable de choisir des textes de niveaux de difficulté différents afin de rejoindre tous les élèves de la classe. L'enseignant prépare ensuite, pour chaque élève, deux copies des scénarios : une copie que l'élève apportera à la maison pour s'exercer et une copie surlignée qui demeurera à l'école.

☐ Jour 1 :

- L'enseignant sert de modèle de lecture courante en lisant à voix haute les trois histoires qui ont servi de base à l'écriture des scénarios.

- Après la lecture, il engage avec les élèves une discussion sur chacune des trois histoires.

- Il donne ensuite une mini-leçon sur quelques aspects de la lecture expressive (par exemple, à quel moment il faut ralentir ou accélérer la lecture pour traduire les sentiments du personnage).

- Il remet alors à chaque élève le scénario qui correspond à son niveau de lecture ; chacun lit l'ensemble des rôles de son scénario, seul ou avec un ami.
- À la fin de la période, l'enseignant encourage les élèves à apporter leur scénario à la maison pour le relire.

☐ Jour 2 :

- Les élèves qui ont le même scénario se réunissent pour former un sous-groupe. L'enseignant remet au sous-groupe des copies du scénario ; un rôle différent est surligné sur chaque copie.
- Les élèves procèdent à leur première lecture sous forme de théâtre de lecteurs en lisant chacun, au moment approprié, le rôle qui est surligné sur sa feuille. Lorsque la première lecture est terminée, les élèves passent leur feuille à leur voisin : chacun a ainsi un nouveau rôle à lire. La lecture continue de cette façon.
- L'enseignant circule parmi les groupes et donne du soutien et des rétroactions aux élèves sur leur façon de lire.
- À la fin de la période, l'enseignant recueille les scénarios surlignés.

☐ Jour 3 :

- Les élèves suivent la même procédure que la veille.
- Pendant les cinq dernières minutes de l'activité, les élèves procèdent au choix définitif des rôles pour la représentation du vendredi.
- L'enseignant encourage les élèves à porter une attention particulière au rôle qui leur a été assigné lorsqu'ils s'exerceront à la maison.

☐ Jour 4 :

- Les élèves, avec leur groupe, s'exercent à lire le rôle qui leur a été attribué.
- Durant les 10 dernières minutes, les élèves fabriquent des macarons portant le nom de leur personnage et discutent de la façon dont ils se placeront sur la scène pendant la représentation.

☐ Jour 5 :

Les trois groupes donnent la représentation de leur théâtre de lecteurs devant un auditoire. L'auditoire peut être composé d'élèves des autres classes, de parents, du directeur, des élèves de la classe eux-mêmes. Soulignons que les élèves aiment faire des suggestions ; comme le choix de l'auditoire est important et motivant pour eux, leurs suggestions méritent d'être prises en considération.

L'utilité du théâtre de lecteurs pour les élèves

Le théâtre de lecteurs est une activité bénéfique à plusieurs titres : il contribue à accroître l'aisance en lecture des élèves et à améliorer leur compréhension du texte et leur image de soi.

L'augmentation de l'aisance en lecture. Les élèves doivent lire leur texte à plusieurs reprises pour parvenir à en donner une interprétation intéressante, ce qui a un effet marqué sur leur aisance en lecture.

L'amélioration de la compréhension. À l'étape de la création du scénario, il y a de constantes discussions sur ce que l'auteur veut dire. Les élèves expriment leur compréhension respective du texte et doivent arriver à un accord sur la manière de rendre le sens dans le scénario. Les élèves considèrent et reconsidèrent le sens du texte ; leur compréhension s'en trouve ainsi améliorée. De plus, pendant qu'ils s'exercent à lire, les élèves s'appliquent à rendre les dialogues plus vivants, afin de bien faire ressortir le sens du texte ; ils travaillent ainsi à en comprendre toutes les nuances.

L'amélioration de l'image de soi. Le théâtre de lecteurs est également bénéfique pour l'image de soi des élèves en difficulté. Lorsque des élèves moins habiles présentent leur scénario à la classe et voient la réponse positive de l'auditoire, ils se sentent valorisés et sont encouragés à lire davantage (Millin et Rinehart, 1999).

RÉAGIR AUX TEXTES LITTÉRAIRES

Dans les sections précédentes, nous nous sommes intéressés aux activités centrées sur la compréhension des textes littéraires. Ces activités constituent une partie importante d'un programme de lecture, mais elles doivent être complétées par d'autres activités indispensables, celles qui demanderont aux élèves de réagir aux textes littéraires. Un aspect essentiel de la lecture de textes littéraires réside sans contredit dans l'expérience esthétique particulière à ce type de textes, dans la réaction personnelle du lecteur. Lorsqu'un lecteur réagit au texte, il s'identifie au héros, il exprime ses sentiments par rapport aux événements, il établit des liens avec ses expériences personnelles. Il ne sert à rien de lire un texte littéraire si on ne se met pas d'entrée de jeu dans une disposition à vivre une expérience « subjective ». Parlant des lecteurs qui ne se laissent pas émouvoir par un texte, Amélie Nothomb écrit : « Il y a tant de gens qui poussent la sophistication jusqu'à lire sans lire. Comme des hommes-grenouilles, ils traversent les livres sans prendre une goutte d'eau. Ce sont les lecteurs-grenouilles. » (Nothomb, 1992, p. 141.)

Même les très jeunes enfants peuvent s'engager dans un texte et y réagir. Dans une étude récente (Sipe, 2002), on a observé des enfants de maternelle pendant la lecture et on a relevé plusieurs comportements d'engagement à la lecture du *Petit Chaperon rouge,* tels que : les enfants miment spontanément les comportements des personnages, par exemple, ils vont courber les doigts et montrer les dents pour symboliser le loup ; ils parlent au personnage, par exemple, ils vont dire « Fais attention, Petit Chaperon rouge, le loup te guette » ; ils critiquent les comportements des personnages, par exemple, lorsque le Petit Chaperon rouge répond que son panier contient du pain et du beurre pour sa grand-mère, des enfants s'exclament : « Je n'aurais pas dit ça, j'aurais dit que je n'ai rien. » L'engagement personnel dans une histoire commence donc très tôt ; le rôle de l'enseignant sera de guider les enfants pour qu'ils élargissent et affinent leurs réactions aux textes littéraires.

Pour planifier vos interventions, pensez à vos propres comportements en tant que lecteur. Que faites-vous après avoir lu un roman ? Prenez quelques secondes pour penser à votre comportement le plus fréquent. Il y a de fortes chances pour que votre réponse se rapproche des suivantes : en parler, le prêter, le recommander à un ami, lire un autre livre du même auteur, le relire, réfléchir, lire d'autres livres du même genre. Les réponses peuvent être variées, mais aucune n'est : « Répondre à 10 questions de compréhension. » Pourtant, n'avons-nous pas tendance à poser des questions aux enfants pour vérifier s'ils ont vraiment lu le livre ? Quand un enfant nous dit qu'il a vu un film, la première question que nous lui posons est : « As-tu aimé le film ? » Pourquoi ne pas faire la même chose dans le cas d'un livre ?

Nous présentons ci-dessous un ensemble d'activités qui visent à inciter les élèves à réagir à un texte, particulièrement en s'identifiant à un personnage du récit. Les élèves peuvent exprimer leurs réactions à un texte de diverses manières : dans des discussions de groupe, par l'écriture, par le dessin, par le mime, etc.

SE METTRE DANS LA PEAU DU PERSONNAGE

Avant la lecture du texte, vous pouvez dire aux élèves : « À mesure que nous allons lire l'histoire, aujourd'hui, je voudrais que vous pensiez à la façon dont vous vous sentiriez si vous étiez à la place du personnage. Qu'est-ce que vous feriez dans la même situation ? »

Après la lecture, vous pouvez poser des questions comme celles-ci :

1. Comment le personnage se sent-il durant (nommer un événement) ?

2. Comment vous seriez-vous senti à la place du personnage ?

3. Qu'auriez-vous fait si vous aviez été à la place du personnage ?

4. Connaissez-vous une personne ressemblant au personnage de l'histoire ou avez-vous déjà lu un livre dans lequel le personnage ressemble à celui de l'histoire ? Si oui, en quoi se ressemblent-ils ? Avez-vous vécu vous-mêmes (ou connu quelqu'un qui a vécu) des expériences semblables à celles des personnages de l'histoire ? Lesquelles ? En quoi sont-elles semblables ?

5. De quelle partie de l'histoire allez-vous vous souvenir le plus longtemps ? Qu'est-ce qui va réellement rester dans votre esprit ?

LA RENCONTRE DES PERSONNAGES

Demandez aux élèves de dessiner un personnage de leur choix et de rédiger sa fiche d'identité : son nom, son âge, le lieu où il vit, ses caractéristiques, etc. Les élèves forment des équipes de quatre ; chaque élève épingle sur lui le dessin qu'il a fait de son personnage. Les élèves parlent de lui en s'exprimant à la première personne et les autres élèves peuvent poser des questions pour obtenir des précisions sur le personnage et son histoire (Tran, 1992). Une variante de cette activité serait que les personnages répondent à la question suivante : « Pensez-vous que votre problème est pire que celui des autres personnages ? Pourquoi ? »

L'INTERVIEW

Un élève tient le rôle d'un interviewer et quelques élèves incarnent des personnages ; chacun peut s'habiller comme le personnage qu'il représente. L'interviewer pose des questions telles que :

☐ Quelle est votre plus grande qualité ?

☐ Quel est votre plus grave défaut ?

☐ Si vous pouviez réaliser un désir, que serait-il ?

LE PORTRAIT D'UN PERSONNAGE

Pour encourager les élèves à établir un parallèle entre les personnages des histoires et leur propre vie, vous pouvez leur demander de remplir une fiche concernant leur personnage, comme celle qui est présentée à la figure 10.8.

Fiche pour l'activité « Le portrait d'un personnage »

Source : Adapté de B. Eisele, *Managing the Whole Language Classroom*, Cypres (Calif.), Creative Teaching Press, 1991.

« J'AIME… JE N'AIME PAS… »

Les élèves dressent une liste de cinq choses qu'ils aiment faire et de cinq choses qu'ils n'aiment pas faire. Puis, ils se mettent dans la peau d'un personnage pour répondre aux mêmes questions. Demandez ensuite aux élèves s'ils considèrent qu'ils sont différents de leur personnage ou semblables à lui.

LA TECHNIQUE « POINT DE VUE » OU PDV

Tous les enseignants connaissent les questions du type : « Comment penses-tu que la mère cochon se sentait quand elle a laissé ses petits s'en aller dans le monde extérieur ? » Dans la technique « Point de vue » ou PDV, il s'agit de passer des sentiments aux actions. On dira à l'enfant : « Sois madame cochon. Montre-nous ce que tu fais et ce que tu dis quand tes petits cochons partent. » Demandez aux élèves de parler à la première personne pour faciliter leur identification au personnage.

APPRÉCIER LES TEXTES LITTÉRAIRES

Imaginons un lecteur qui a lu une histoire, qui en a bien compris l'intrigue et qui a réagi de façon affective aux personnages et aux événements. Peut-il aller plus loin ? Oui. Il peut apprécier le texte, c'est-à-dire se faire une opinion sur le texte, porter des jugements critiques et esthétiques sur l'œuvre. L'appréciation d'une œuvre littéraire n'est pas fondée sur le seul plaisir de lire ; elle repose également sur la connaissance des procédés littéraires auxquels recourt l'auteur. Il appartient à l'enseignant d'attirer l'attention des élèves sur les éléments littéraires qui fondent l'appréciation d'un texte. Soulignons qu'apprécier un texte n'est pas synonyme d'analyser le texte ; la connaissance des éléments littéraires n'est pas une fin en soi, mais bien un outil grâce auquel il est possible d'apprécier un texte.

LES PRINCIPAUX ÉLÉMENTS LITTÉRAIRES

Le choix des éléments littéraires à explorer en classe dépend du niveau atteint par les élèves en lecture et des occasions fournies par les textes. Avec les élèves du primaire, on peut parler de l'intrigue, de la séquence des événements, du temps et du lieu du récit, des personnages, du thème, des illustrations et de certains procédés littéraires.

L'intrigue

L'intrigue consiste dans l'ensemble ou l'enchaînement des faits, des événements, des actions formant la trame d'une histoire, d'un récit. Une bonne intrigue permet au lecteur de sentir le conflit se développer, d'en reconnaître le moment fort et d'éprouver du plaisir face à un dénouement satisfaisant.

L'intrigue s'articule autour d'un conflit que le héros doit résoudre. Le conflit que vit le personnage principal dans un récit peut être de quatre ordres : un conflit avec lui-même, un conflit avec une autre personne, un conflit avec la société, un conflit avec la nature. Pour que l'intrigue soit crédible, il faut que l'auteur justifie les circonstances du conflit.

On distingue les histoires fermées et les histoires ouvertes. Dans le premier cas, à la fin du récit, le lecteur sait que l'histoire est terminée, qu'une nouvelle situation a été créée, qui se perpétuera. Dans le second, le lecteur doit tirer ses propres conclusions. Notons que, même si les histoires ouvertes peuvent donner lieu à des discussions intéressantes, la plupart des élèves trouvent frustrantes les histoires sans fin.

Concernant l'intrigue, on peut se demander : Comment l'auteur a-t-il créé la tension dans l'histoire ? Comment l'a-t-il dissipée ? Les événements sont-ils crédibles au regard des personnages ? Pourquoi l'auteur a-t-il laissé l'histoire sans fin ?

La séquence des événements

La plupart des événements dans les livres pour enfants suivent un ordre chronologique. C'est lorsque cet ordre est bouleversé qu'il devient intéressant de le faire remarquer aux élèves. Par exemple, certains albums présentent une structure non pas chronologique mais cumulative, dans laquelle les événements s'additionnent (par exemple, le chat s'ajoute à la souris ; le chien s'ajoute au chat et à la souris ; l'ours s'ajoute au chien, au chat et à la souris). Il sera facile d'attirer l'attention sur ce type de séquence même chez les élèves plus jeunes. Dans les romans pour les enfants plus âgés, on peut trouver des retours en arrière ou des récits parallèles.

Concernant la séquence, on peut se poser des questions comme : Les événements de l'histoire sont-ils présentés dans un ordre chronologique ? Y a-t-il des retours en arrière ou des sauts dans l'avenir ? Comment le passage du temps est-il indiqué ?

Le temps et le lieu

La description de l'endroit et de l'époque où se passe l'histoire vient soutenir l'intrigue. Dans certaines histoires, comme les contes, l'époque n'a pas d'importance ; en revanche, dans un roman historique, l'époque doit être décrite avec des détails précis et véridiques. Dans d'autres histoires, comme celles qui sont centrées sur le monologue intérieur, le lieu n'a pas beaucoup d'importance ; par contre, dans un roman de science-fiction, le lieu doit être amplement décrit pour que le lecteur puisse se forger une image satisfaisante d'un endroit qui échappe à ses points de repère habituels.

Concernant le temps et le lieu, on peut se demander : Les personnages sont-ils influencés par le temps et le lieu ? L'atmosphère du récit dépend-elle du lieu ? Y a-t-il des descriptions qui donnent une image particulièrement claire du lieu et de l'époque ?

Les personnages

Le personnage est l'élément clé d'un récit. Les personnages crédibles sont habituellement ceux qui ont de l'épaisseur, c'est-à-dire des personnages qui ont un passé, un avenir, une famille, des espoirs, des craintes. Habituellement, un personnage se transforme au fil de l'histoire, il n'est pas statique. Il faut cependant que les changements soient justifiés. Ce n'est pas le passage du temps qui agit sur le personnage, mais un événement particulier ; le personnage n'est pas nécessairement conscient du changement qui s'opère en lui. Si un événement marque un personnage, l'auteur doit montrer comment le changement se produit. Dans la vie réelle, personne ne change en l'espace d'une nuit ; une histoire où le personnage change de façon radicale et instantanée n'est souvent pas crédible. De plus, l'auteur doit imbriquer le personnage et l'action de façon cohérente : c'est la personnalité du héros qui mène à une action en particulier, l'action ne fait qu'illustrer en quelque sorte cette personnalité.

Concernant les personnages, on peut se demander : Pour quelle raison certains personnages semblent-ils plus vivants que d'autres ? Pour quelle raison tel personnage semble-t-il plus ou moins crédible ? Comment les événements de l'histoire ont-ils permis au personnage d'évoluer ? Les actions découlent-elles logiquement de la personnalité du héros ?

Le thème

Le thème est l'idée centrale qui relie l'intrigue et les personnages dans un tout significatif. Le thème est souvent associé au message de l'auteur : il peut être explicite, comme dans plusieurs albums pour les petits (par exemple, l'amitié), ou implicite, comme dans certains romans pour les enfants plus âgés (par exemple, les conséquences de la guerre).

Concernant le thème, on peut se demander : Quelle morale peut-on tirer de cette histoire ? De quoi parle l'histoire réellement ? Y a-t-il des vérités universelles dans ce récit ?

L'illustration

Les élèves apprécieront que vous leur parliez des illustrations et que vous preniez le temps de leur faire remarquer le style des différents illustrateurs. Vous serez surpris de voir à quel point les enfants peuvent s'attacher à un illustrateur qui leur plaît. Dans les paragraphes qui suivent, nous n'aborderons pas la dimension esthétique des illustrations ; nous examinerons plutôt les principaux rôles que l'illustration peut jouer par rapport au texte. Il est pertinent de montrer aux élèves comment l'illustration peut servir d'appui à la compréhension du texte et à une appréciation plus nuancée de celui-ci.

L'illustration soutient et enrichit le texte. Par exemple, dans *Des invités bien encombrants* (écrit par Annalena McAfee et illustré par Anthony Browne, Kaléidoscope, 2000), le texte seul ne rend pas compte de la solitude de Kathy qui vit avec un père divorcé. Les illustrations de Browne traduisent clairement la vie triste et sans surprise qu'elle connaît. Lorsque le père invite une dame et sa fille à la maison, les illustrations deviennent presque surréalistes et montrent bien les sentiments de Kathy. Le texte seul ici n'aurait pu donner cette profondeur au récit.

L'illustration contraste le texte. Dans *Ne te mouille pas les pieds, Marcelle* (écrit et illustré par John Burningham, Flammarion, 1996), les illustrations jouent du contrepoint : à gauche, on a la réalité telle que la voient les parents de Marcelle, et à droite, la réalité telle que la rêve ou l'imagine Marcelle. L'illustration est ici en opposition avec le texte ; en effet, les images à droite illustrent le contraire de ce qui est écrit.

L'illustration raconte une histoire parallèle. Parfois, l'illustration raconte une tout autre histoire. Par exemple, dans le conte chinois *Un merveilleux petit rien* (écrit et illustré par Phoebe Gilman, Scholastic, 1992*)*, l'illustration en haut de la page est conforme au texte, c'est-à-dire qu'elle dépeint l'histoire d'un grand-père tailleur qui transforme une couverture en veste, puis la veste en cravate, puis la cravate en mouchoir. Au bas de la page, cependant, on voit des souris qui vivent sous le plancher et qui utilisent les retailles laissées par le grand-père pour confectionner leurs propres vêtements.

Les procédés littéraires

Il est important que les élèves apprennent graduellement à reconnaître les moyens mis en œuvre par un auteur pour créer certains effets dans son texte. Nous présentons ci-dessous les procédés littéraires les plus courants dans les textes destinés aux élèves du primaire. Certains de ces procédés font intervenir la sonorité (rime, allitération, assonance, onomatopée), d'autres touchent à la structure de la phrase (répétition, inversion), d'autres encore font appel aux images (comparaison, métaphore).

La rime. La rime est le retour d'un même son à la fin de deux unités rythmiques ou plus. On trouve les rimes principalement dans les poèmes, mais plusieurs albums pour les petits contiennent des textes rimés ou encore des phrases ponctuées par des rimes intérieures. Par exemple, dans l'extrait en prose suivant, toutes les phrases se terminent par le même son, ce que les enfants ne manqueront pas de remarquer :

> *Un cri si fort que les oiseaux cessent de chanter. Un cri si long que le soleil cesse de se lever. Un cri si horrible que monsieur Coq se félicite d'être caché. Un cri si terrible que toute la chapeauté est bouleversée.* (Sylvie Nicola, *On a perdu la tête,* Carrousel, 1995, p. 10.)

L'allitération. L'allitération consiste dans la répétition d'une consonne, ou d'un groupe de consonnes, dans des mots qui se suivent. Par exemple, le livre de Colin West, *Salut, grand gros crapaud !* (Gründ, 1987), ne manquera pas d'attirer l'attention des élèves sur la répétition des consonnes :

> *« Salut, je suis un grand gros crapaud ! »*
> *dit le grand gros crapaud.*
> *« Salut, grand gros crapaud !*
> *Devine qui je suis ! »*
> *« Je suis un grand gros rat »*
> *dit le grand gros rat*
> *au grand gros crapaud.*

L'assonance. L'assonance est la répétition d'une même voyelle ou d'un même son vocalique dans une suite de mots rapprochés. Par exemple, dans le poème « Chaleur » d'Anna de Noailles (*Les plus beaux poèmes de la langue française,* Hachette, 1996), la reprise des sons *u* et *i* donne un effet d'harmonie suggérant l'été et la chaleur :

> *Tout luit, tout bleuit, tout bruit*
> *Le jour est brûlant comme un fruit*
> *Que le soleil fendille et cuit.*

L'onomatopée. L'onomatopée est un mot dont le son imite la chose qu'il désigne. On distingue les onomatopées qui constituent des mots attestés, c'est-à-dire que l'on trouve dans le dictionnaire, comme « tic-tac », « froufrou », « ronron », « glouglou », et les onomatopées créées pour les besoins d'un thème, comme « klop, otiklop, otiklop, otiklop, otiklop » pour imiter le galop du cheval (Jean-Luc Moreau, *Poèmes de la souris verte,* Hachette, 1992).

La répétition. La répétition consiste dans la reprise d'un même mot, d'une même structure, d'une même phrase. Par exemple, dans « Il était une feuille » de Robert Desnos (*Œuvres,* Gallimard, 1999*),* la répétition constitue tout l'intérêt du poème :

Il était une feuille avec ses lignes
Ligne de vie
Ligne de chance
Ligne de cœur
Il était une branche au bout de la feuille
Ligne fourchue signe de vie
Signe de chance
Signe de cœur
…

L'inversion. L'inversion est le déplacement de deux termes pour mettre un élément en relief. Par exemple, lorsqu'un auteur écrit « Là-bas se ferme la fenêtre » au lieu d'écrire « La fenêtre se ferme là-bas », il donne un tout autre accent à la phrase.

La comparaison. La comparaison est une figure de style qui établit de manière explicite, par un outil de comparaison, un rapport entre deux objets. Parmi les outils comparatifs, le plus fréquemment utilisé est l'adverbe « comme ». Mais on peut trouver également des adjectifs (tel, pareil à, semblable à) ou des verbes (sembler, ressembler à, paraître). Par exemple :

La mer brille comme une coquille (Paul Fort).

La terre est bleue comme une orange (Paul Éluard).

La métaphore. La métaphore est une figure d'analogie (relation fondée sur la ressemblance) par laquelle on substitue à un mot un autre mot sous l'effet d'une comparaison qui reste implicite, sous-entendue. Elle rapproche ainsi un comparé et un comparant sans termes de comparaison. Citons comme exemple ce court poème de Lucie Spède (*Les Éléments des poètes,* Le livre de poche, 1990) dans lequel la pluie est implicitement comparée à un pianiste :

Les doigts
innombrables
de la pluie
pianotent
aux fenêtres
du ciel.

L'ENSEIGNANT ET LES ÉLÉMENTS LITTÉRAIRES

Pour travailler l'appréciation littéraire en classe, votre tâche sera d'abord de vous familiariser avec les livres de littérature pour enfants, d'apprendre à choisir les livres en fonction de votre groupe, à organiser des situations dans lesquelles les élèves prendront plaisir à lire et à réagir aux textes. Dans un deuxième temps, vous aurez à enrichir vos connaissances relatives aux éléments littéraires à mettre en relief auprès des élèves pour développer leur compétence à apprécier des textes. Les enseignants se sentent souvent démunis face à cette dernière tâche : ils ne sont pas certains de la valeur de leur jugement esthétique. Pour vous engager dans la voie de l'enseignement de l'appréciation des textes littéraires, faites d'abord confiance au livre de qualité, puis faites-vous confiance à vous-même. Les bons livres offrent d'innombrables occasions de parler de l'art d'écrire. S'il y a quelque chose de vraiment important dans un livre, vous le remarquerez si vous l'abordez dans un esprit d'ouverture ; les élèves le remarqueront aussi — peut-être à l'occasion d'une deuxième lecture —, et vous vous surprendrez de vos connaissances mutuelles.

L'UNITÉ LITTÉRAIRE

Dans cette dernière partie du chapitre, nous présentons l'unité littéraire, qui est une activité d'intégration qui touche à tous les aspects des textes littéraires. On peut définir l'unité littéraire comme un ensemble d'expériences ou d'activités littéraires organisées autour d'un centre d'intérêt comme un thème, un genre littéraire, un auteur ou un illustrateur, etc. (Leblanc, 2000b). Il s'agit en fait de la variante littéraire de l'unité thématique, qui s'attache principalement à des textes informatifs.

LA DÉMARCHE

Pour l'enseignant, il s'agit de mettre à la disposition des élèves des « constellations » de textes ayant un même thème. Chaque unité littéraire contiendra une dizaine de livres reliés conceptuellement. À mesure que l'enseignant trouve des livres qui correspondent à l'unité en cours, il les place dans la bibliothèque de classe. Pour simplifier la tâche, il est préférable de créer avec des collègues des regroupements de livres qui circuleront d'une classe à l'autre. Une unité littéraire dure de deux à trois semaines.

Chaque unité littéraire comprend la plupart des éléments suivants (Moss, 1995 ; Leblanc, 2000a) :

☐ la lecture à voix haute par l'enseignant de certains livres (ou chapitres) ;

☐ la discussion en groupe-classe et en sous-groupe ;

☐ les réactions écrites des élèves ;

☐ la lecture personnelle (tous les élèves ne lisent pas les mêmes livres sur le thème) ;

☐ un projet relié au thème (danse, théâtre, murale, etc.).

Par exemple, l'enseignant lit un des livres (ou une partie) de l'unité littéraire chaque jour, puis il anime une discussion avec les élèves et construit un tableau comparatif. Pendant les périodes de lecture libre, les élèves lisent un livre de leur choix et notent leurs réactions sur un carnet ; ils discuteront ensuite avec d'autres élèves qui ont lu le même livre. Enfin, les élèves termineront l'unité en réalisant un projet individuellement ou en équipe.

L'ÉLÉMENT CENTRAL : LA COMPARAISON

La comparaison est au cœur de la lecture thématique. Les élèves font toujours des découvertes lorsqu'ils comparent différents livres. Même les plus jeunes élèves peuvent comparer des éléments appartenant à une même unité littéraire : par exemple, des élèves de deuxième année sont capables de comparer le thème de la rivalité entre frères et sœurs présenté dans un récit réaliste et dans une histoire fantaisiste.

Afin de faciliter la comparaison entre les livres de l'unité ou entre les livres et d'autres œuvres artistiques, il est important de regrouper les éléments dégagés par les élèves. Une méthode simple consiste à confectionner, à l'aide d'une grande feuille de papier d'emballage, un tableau qu'on divisera en cases. À gauche, on inscrira les éléments à comparer (par exemple, les livres de Tibo, les versions de l'histoire de Cendrillon ou les personnages de Ginette Anfousse) et en haut, les points précis sur lesquels porte la comparaison ; ces points peuvent être formulés sous forme de questions ou de pistes de réflexion, qui visent à amener les élèves à faire un lien entre les textes de l'unité, par exemple : « Comment le personnage montre-t-il son courage ? » Les cases sont remplies pendant la discussion du groupe. Le tableau 10.1 donne un exemple de tableau comparatif sur le thème de la différence.

Le tableau ne remplace pas les autres éléments de l'activité, mais les complète. Ce tableau est un témoignage de l'importance de la littérature dans la classe. Comme il prend beaucoup d'espace, il attire l'attention de tous les visiteurs et suscite des discussions et des explications. De plus, si le tableau reste en place après chaque activité, les élèves pourront établir des liens entre les différentes unités littéraires (Roser et autres, 1995).

Titre	Auteur	Qui est différent ?	En quoi est-il différent ?	Qu'est-ce qui rend le personnage spécial ?
Freddy Sans-Soucy	WAGNER, Karen			
Le petit garçon qui était une petite fille	HERLEM, Didier			
Minable le pingouin	LESTER, Helen			
Friska la brebis qui était trop petite	LEWIS, Rob			

CONCLUSION

*l'*univers particulier des textes littéraires appelle, tant chez l'élève que chez l'enseignant, un investissement personnel. L'élève doit être actif dans sa lecture et être motivé à dépasser sa première réaction pour s'engager lui-même et réfléchir sur le texte. Pour l'enseignant aussi, la tâche est exigeante. Il lui faut délaisser la sécurité du cahier d'exercices et des discussions orientées vers la bonne réponse pour engager les élèves dans des discussions ouvertes et des explorations nouvelles.

CHAPITRE 11

LES ACTIVITÉS AUTOUR DES TEXTES INFORMATIFS

INTRODUCTION

*l*es textes informatifs ou documentaires font partie des textes courants. Nous avons défini, au chapitre 4, les textes courants comme des textes visant un objectif d'ordre fonctionnel rédigés pour informer le lecteur (textes informatifs), lui donner des marches à suivre (textes directifs) ou l'inciter à faire quelque chose (textes incitatifs). Parmi ces différents textes courants, il va sans dire que les textes « informatifs » occupent une place privilégiée étant donné leur rôle dans l'acquisition de connaissances nouvelles. Un programme de lecture se doit donc d'inclure l'enseignement des attitudes, des habiletés et des compétences qui permettront aux élèves de devenir des apprenants autonomes capables de se servir de la lecture à des fins utilitaires.

Dans ce chapitre, nous explorerons d'abord des pistes pour initier les élèves à la lecture de livres documentaires. Nous présenterons ensuite des activités à exploiter avant, pendant et après la lecture de textes informatifs. Enfin, nous traiterons des facettes d'un enseignement efficace du vocabulaire en classe.

INITIER LES ÉLÈVES AUX DOCUMENTAIRES

Plusieurs élèves ne choisissent pas spontanément des livres documentaires soit parce qu'ils ne savent pas comment les aborder, soit parce que leur densité et leur niveau d'abstraction les rebutent. Les paragraphes suivants vous proposent des pistes pour initier les élèves aux livres documentaires.

ÉVEILLER LA CURIOSITÉ ET L'INTÉRÊT

Une condition fondamentale pour motiver les élèves à lire des documentaires est que la classe devienne un environnement qui stimule et encourage la curiosité des élèves. Soyez un modèle pour vos élèves. De la même façon que vous êtes un modèle pour la lecture de textes littéraires, soyez aussi un modèle de personne intéressée à rechercher de l'information dans des textes variés pour répondre à des questions personnelles. N'hésitez pas à parler des lectures que vous faites pour poursuivre vos projets personnels en dehors de l'école.

LIRE DES DOCUMENTAIRES AUX ÉLÈVES

Vous rappelez-vous qu'un enseignant vous ait lu des livres documentaires en classe et qu'il vous ait montré comment le faire ? Il est fort probable que vous n'avez pas un tel souvenir, car la lecture de documentaires par les enseignants n'est pas très répandue au primaire.

La première chose que les élèves doivent comprendre, c'est qu'on ne lit pas les documentaires de la même manière qu'une histoire. Alors qu'on ne peut comprendre la totalité d'un roman si on n'en lit qu'un chapitre, le documentaire, par contre, se prête à une lecture sélective guidée par notre objectif de lecture. Les élèves doivent apprendre quels sont les différents objectifs de ces textes et en quoi ils diffèrent des textes narratifs. Il est pertinent de présenter aux élèves plusieurs façons d'aborder les documentaires. Par exemple, le lecteur peut chercher une information précise afin de répondre à une question, il peut feuilleter le documentaire pour satisfaire sa curiosité générale sur un sujet, il peut s'attarder aux légendes des figures, etc. Pendant que vous ferez la lecture aux élèves, attirez leur attention sur la structure et l'organisation des idées dans le documentaire. On peut commencer dès la maternelle à lire des documentaires aux élèves : ces derniers feront alors rapidement la distinction entre les histoires et les textes informatifs.

ENSEIGNER À CHOISIR LES DOCUMENTAIRES PERTINENTS

Les élèves doivent apprendre à choisir un documentaire qui répondra à leurs questions. La démarche suivante a pour objectif de les sensibiliser au choix des sources d'information (Cassagnes, Debanc et Garcia-Debanc, 1993).

☐ L'enseignant réunit les élèves à la bibliothèque et distribue à chacun deux bandes de papier portant chacune le titre d'un livre documentaire.

☐ L'élève trouve les livres documentaires et en examine les couvertures, mais sans ouvrir les livres.

☐ Il émet des hypothèses sur le contenu des livres et choisit celui qui lui plaît le plus.

☐ Il rédige deux questions auxquelles il pense trouver la réponse dans le livre.

☐ Il cherche les réponses à ses questions dans le livre.

☐ L'enseignant fait ensuite une mise en commun avec le groupe au moyen de quelques questions. Il traite surtout de l'écart entre la question et le contenu du livre pour cerner les limites de celui-ci.

L'activité peut se poursuivre par une recherche systématique. Par exemple, les élèves cherchent les réponses à des questions précises ; l'enseignant leur demandera comment ils s'y prennent pour trouver l'information. Les élèves proposeront des façons de faire comme regarder les intertitres, les illustrations ou les mots en caractères gras.

Pour rendre les élèves plus sensibles aux caractéristiques d'un bon documentaire et pour améliorer leur capacité de choisir un livre approprié, vous pouvez leur suggérer de remplir une grille d'évaluation ; ils pourront remplir cette grille en équipe étant donné que le même livre est souvent utilisé par plus d'un élève pour des travaux en classe (voir la figure 11.1). Expliquez-leur d'abord comment remplir la grille en prenant comme exemple un livre connu de la plupart des élèves. Puis, laissez les équipes évaluer des documentaires et présenter leurs évaluations au groupe. Cette activité suscite habituellement beaucoup d'intérêt et de discussions chez les élèves, car ils sont heureux de voir que leur avis peut être pris en considération dans la sélection des livres.

figure **11.1** Grille d'évaluation des textes informatifs

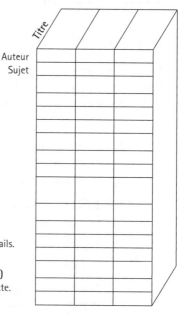

+ Bon ✓ Acceptable – Faible

Format (l'aspect du livre)
1. Les caractères sont faciles à lire.
2. La reliure et le papier sont de bonne qualité.
3. La table des matières et l'index sont faciles à consulter.

Qualité du contenu (ce qu'il y a à l'intérieur)
4. L'information est à jour.
5. Les affirmations sont appuyées par des faits.
6. Les informations ressemblent à ce que je pensais trouver dans le livre.

Style de l'auteur (comment le livre est écrit)
7. L'auteur écrit dans un style clair.
8. L'auteur explique les choses avec assez de détails.
9. L'information est bien organisée.

Illustrations (dessins, photographies, graphiques)
10. Les illustrations m'aident à comprendre le texte.
11. Elles me donnent le goût de lire le livre.

Source : Adapté de B. Bosma, « The voice of learning : Teacher, child, and text », dans E.B. Freeman et D.G. Person (dir.), *Using Nonfiction Trade Books in the Elementary Classroom*, Newark (Del.), International Reading Association, 1992, p. 46-54.

DES ACTIVITÉS DE PRÉPARATION À LA LECTURE D'UN TEXTE INFORMATIF

Nous avons vu, au chapitre 3, qu'il est bénéfique de préparer la lecture d'un texte avec les élèves pour en faciliter la compréhension, ce qui est d'autant plus vrai avec les textes informatifs. On sait qu'un des facteurs les plus importants dans la compréhension est le niveau de connaissances que possède un lecteur relativement aux concepts que contient le texte ; c'est pourquoi il est si important d'activer les connaissances des élèves avant la lecture d'un texte informatif. Cette activation aidera l'élève à relier ce qu'il lit à ses connaissances personnelles.

Dans cette section du chapitre, nous verrons les stratégies d'enseignement qui visent plus particulièrement tout ce qui concerne les connaissances que les élèves possèdent sur les concepts abordés dans le texte. Nous présenterons différentes activités d'association dont l'objectif est de ramener dans la mémoire immédiate des élèves les connaissances qu'ils possèdent déjà sur le sujet du texte, ainsi que des activités d'élaboration de constellations qui permettent d'organiser ces connaissances avant la lecture. Nous nous intéresserons également aux guides de prédiction, à la technique SVA et à la technique des mots clés, qui servent à amener les élèves à établir un lien entre la préparation et la lecture du texte.

LES ASSOCIATIONS D'IDÉES EN GROUPE

Les activités d'associations d'idées, familières à la plupart des enseignants, permettent d'activer les connaissances. Elles consistent essentiellement à demander aux élèves de dire ce qui leur vient à l'esprit lorsqu'on mentionne tel ou tel concept tiré du texte à lire. L'association d'idées fournit aux élèves une occasion de préciser les connaissances qu'ils possèdent déjà sur un sujet. Concrètement, vous choisissez d'abord trois ou quatre concepts clés dans le texte à lire et vous procédez selon la démarche suivante :

1. *Les premières associations inspirées par le concept.* Invitez les élèves à faire des associations d'idées à partir d'un concept donné : « Dites-moi ce à quoi vous fait penser… » Vous pouvez présenter une illustration du concept au besoin. Au fur et à mesure que les élèves émettent des idées, écrivez-les au tableau.

2. *La réflexion sur les associations.* Demandez aux élèves de revenir sur leurs associations : « Qu'est-ce qui vous a fait penser à… ? » Cela encourage les élèves à s'interroger sur l'origine de leurs propres associations et à juger de la pertinence de leurs idées. Cette étape permet souvent aux élèves d'affiner leurs associations.

3. *La reformulation.* Encouragez les élèves à faire part au groupe des nouvelles informations ou des nouvelles idées issues de leur réflexion : « Voulez-vous ajouter quelque chose ? Avez-vous de nouvelles idées ? » Ici, les élèves complètent l'activation de leurs connaissances.

LES ASSOCIATIONS D'IDÉES EN ÉQUIPE

L'activité décrite ci-après mise sur l'écriture pour activer les connaissances des élèves avant la lecture d'un texte. Cette activité sera plus profitable avec des élèves de la fin du primaire.

Divisez le groupe en équipes de quatre ou cinq élèves. Proposez deux mots clés tirés du texte à lire. Par exemple, pour un texte portant sur la relation entre les humains et les ordinateurs, les mots clés pourraient être « ordinateur » et « liberté ». Chaque équipe dispose de 90 secondes pour associer le plus de mots possible au premier mot clé. Un secrétaire note les associations des autres membres de l'équipe. Lorsque le temps est écoulé, le secrétaire lit la liste de mots. Puis, on alloue encore 90 secondes pour les associations concernant le deuxième mot clé ; le secrétaire prend une autre feuille et procède comme à l'étape précédente. L'équipe choisit ensuite cinq mots de la première liste qu'elle associe à cinq mots de la deuxième liste, en donnant les raisons qui l'amènent à effectuer ces associations. Lorsque toutes les équipes ont terminé leur travail, les secrétaires viennent au tableau, à tour de rôle, écrire la liste des associations formulées par leur équipe. Les élèves des autres équipes peuvent leur demander des explications lorsqu'une association ne leur semble pas claire.

Les élèves sont ensuite prêts à lire le texte portant sur l'ordinateur et la liberté. Ils auront la surprise d'y trouver plusieurs des mots apparaissant dans leurs listes d'associations.

L'ACTIVITÉ « TOUT CE QUE JE PEUX ÉCRIRE EN UNE MINUTE »

L'écriture rapide est une façon de rendre les élèves actifs dans l'activation des connaissances. Demandez aux élèves d'écrire pendant une minute tout ce qu'ils savent du sujet que vous leur soumettez. Si un élève ne connaît rien du sujet, il peut écrire ce qu'il aimerait apprendre. Le fait d'imposer un temps limité motive les élèves, mais surtout les incite à écrire spontanément (Luse, 2002). Lorsque la minute d'écriture est terminée, les élèves se communiquent leurs réponses en petit groupe, puis en grand groupe. Ils lisent ensuite le texte et discutent de l'exactitude des connaissances activées pendant la minute d'écriture.

LE CERCLE DES QUESTIONS

Après avoir réparti les élèves en sous-groupes, annoncez le thème du texte à lire et demandez aux élèves d'écrire des questions sur ce thème pendant un laps de temps déterminé. Dessinez ensuite un cercle au tableau et écrivez les questions des élèves autour du cercle (voir la figure 11.2). Deman-

figure
11.2 Un cercle de questions

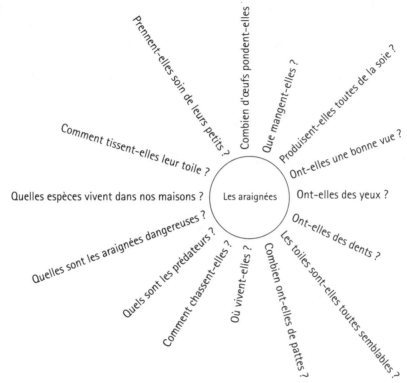

dez aux élèves de vous aider à regrouper les questions en catégories. Pour ce faire, soulignez les questions avec des craies de couleur différente (Buss et Karnowski, 2002).

LES CONSTELLATIONS SÉMANTIQUES

Une fois les connaissances activées, il faut les organiser. Cette tâche est facilitée par les constellations sémantiques, connues aussi sous le nom de « réseaux sémantiques » ou de « cartes sémantiques », qui servent à représenter graphiquement les connaissances que possèdent les élèves sur un thème avant la lecture d'un texte. Cette technique offre l'avantage d'associer les élèves à l'organisation de leurs idées en les amenant à déterminer et à expliquer les relations entre les différents concepts. Les constellations sémantiques peuvent revêtir des formes graphiques comme : 1) le schéma de définition ; 2) la constellation de type association ; 3) la constellation de type regroupement.

Le schéma de définition

Le schéma de définition est en fait une représentation graphique des éléments de la définition d'une chose. Une définition comprend habituellement la catégorie à laquelle appartient la chose en question, ses caractéristiques et, parfois, des exemples. Ce type de constellation convient bien aux textes qui portent sur des concepts simples (voir la figure 11.3).

 figure 11.3 Un schéma de définition

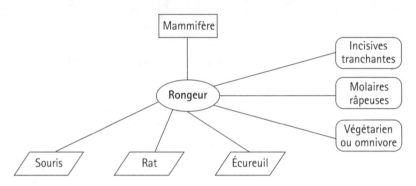

La constellation de type association

La constellation peut également prendre la forme de mots reliés au concept central et entre eux à l'aide de flèches. Cette façon de procéder, intéressante en soi, peut cependant déboucher sur un assemblage visuel qui risque d'être confus (voir la figure 11.4). Il faudra donc être vigilant au moment de l'élaboration de ce type de constellation.

Habituellement, la constellation est réalisée au tableau par l'enseignant, mais il peut être intéressant d'amener chaque élève à construire sa propre constellation en manipulant les mots clés. Il s'agira de faire écrire aux élèves les mots clés sur de petits cartons ou de leur remettre une feuille contenant les mots clés sous forme d'étiquettes à découper. Les élèves organiseront les mots clés sur leur pupitre. Ils pourront éventuellement les coller et compléter leur graphique à l'aide de flèches. Signalons qu'il existe sur le marché de petits disques de plastique de forme ovale (de différentes grandeurs et couleurs) sur lesquels les élèves peuvent écrire (et effacer) les mots qui leur serviront à organiser concrètement leur constellation sémantique.

figure 11.4 Une constellation de type association

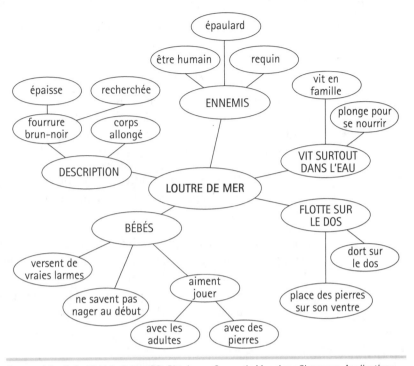

Source : Adapté de J.E. Heimlich et S.D. Pittelman, *Semantic Mapping : Classroom Applications*, Newark (Del.), International Reading Association, 1986.

La constellation de type regroupement

Enfin, le troisième genre de constellation est un graphique qui présente des associations regroupées en catégories ; les catégories sont elles-mêmes reliées au concept central. Ce type de constellation est probablement plus facile à comprendre pour les élèves (voir la figure 11.5).

figure 11.5 Une constellation de type regroupement

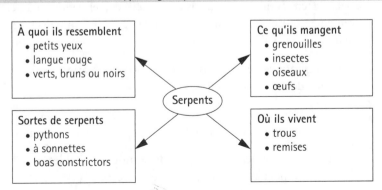

Voici une démarche qui permet de créer une constellation par le regroupement des mots en catégories :

1. Choisir un concept central du texte à lire.

2. Écrire le mot au tableau.

3. Faire un remue-méninges (*brainstorming*) en groupe sur le concept et noter les mots énoncés au tableau. On pourrait regrouper les mots en catégories dès cette étape, mais, dans la pratique, il s'avère difficile d'écouter les élèves, d'écrire les mots et de les regrouper en même temps.

4. Laisser les élèves travailler individuellement ou en équipe quelques minutes pour trouver d'autres mots et les ajouter à la liste.

5. Pour classer les mots par catégories, il s'agit de récrire les mots recueillis sur une autre partie du tableau en demandant aux élèves des suggestions de noms de catégories. Lorsque les élèves connaissent bien la technique, on peut leur demander de déterminer eux-mêmes les éléments à regrouper.

LE GUIDE DE PRÉDICTION

Un guide de prédiction consiste en une série de questions préparées par l'enseignant auxquelles les élèves répondent avant de lire le texte ; les réponses attendues sont habituellement du type « d'accord » ou « pas d'accord ». Les élèves lisent ensuite le texte pour vérifier si les réponses qu'ils ont données aux questions correspondent aux informations contenues dans le texte. Le guide de prédiction vise donc à amener les élèves à percevoir les différences entre leurs connaissances et celles qui sont présentées dans le texte et, du même coup, à les amener à modifier leurs connaissances erronées (Merkley, 1997). Le guide fournit également un but à la lecture en éveillant la curiosité des élèves ; en effet, ceux-ci seront vivement intéressés à vérifier dans le texte si leurs connaissances étaient exactes ou non (voir la figure 11.6).

Nous suggérons les étapes suivantes pour l'élaboration et l'exploitation d'un guide de prédiction :

1. Déterminez soigneusement les principaux concepts ou faits que vous désirez que les élèves apprennent en lisant le texte.

2. Déterminez ensuite les conceptions probables des élèves par rapport à ces concepts ou ces faits.

3. Rédigez de trois à cinq énoncés qui sont susceptibles de correspondre aux conceptions actuelles des élèves et qui sont incompatibles avec l'information contenue dans le texte. Assurez-vous que les élèves puissent utiliser leurs connaissances lorsqu'ils répondent et évitez les questions qui portent sur une information très précise (par exemple, « Jacques Cartier a découvert le Canada en 1534 »).

4. Présentez le guide de prédiction à la classe et demandez aux élèves de le remplir individuellement.

5. La tâche terminée, animez une brève discussion sur chaque affirmation en demandant aux élèves de dire s'ils sont d'accord ou non avec l'affirmation. Invitez un élève qui est d'accord avec l'affirmation à justifier son point de vue, puis demandez la même chose à un élève qui n'est pas d'accord avec celle-ci.

6. Demandez ensuite aux élèves de lire le texte individuellement et de remplir un deuxième questionnaire. Ce questionnaire invite chacun à comparer ses connaissances initiales avec les informations contenues dans le texte. Si l'élève possédait des connaissances erronées, il reformule dans ses propres mots la connaissance acquise sur ce sujet afin de mieux l'intégrer.

7. Enfin, animez une nouvelle discussion de groupe qui servira à identifier chez les élèves les conceptions qui ont été modifiées par la lecture du texte.

figure 11.6 Guide de prédiction

Directives : Lis chaque énoncé. Si tu crois que l'énoncé est vrai, place un crochet (✓) dans la colonne **D'accord**. Si tu crois que l'énoncé est faux, place un crochet (✓) dans la colonne **Pas d'accord**. Prépare-toi à expliquer tes choix.

	D'accord	Pas d'accord
1. Une pomme par jour éloigne le médecin.	_____	_____
2. Si tu veux vivre longtemps, sois végétarien.	_____	_____
3. Trois repas équilibrés par jour satisferont tous tes besoins nutritionnels.	_____	_____
4. Les calories font engraisser.	_____	_____

Source : Adapté de R. Tierney, J. Readance et E. Dishner, *Reading Strategies and Practices. A Compendium*, 3e éd., Boston, Allyn and Bacon, 1990.

Le guide de prédiction permet donc d'agir à la fois sur les connaissances à acquérir et sur les connaissances erronées. Cette technique habitue l'élève à s'interroger sur ses propres connaissances et à les mettre en relation avec les informations que contient le texte. Cependant, il faut prendre en considération le fait que cette formule demandera plusieurs applications avant que les élèves arrivent à la maîtriser (Leblanc, 1995).

LA TECHNIQUE SVA

Le sigle de cette technique, SVA, connue en anglais sous l'appellation K-W-L, renvoie aux trois étapes de l'activité : déterminer ce que je Sais, déterminer ce que je Veux apprendre et préciser ce j'ai Appris à la suite de la lecture. Pour rendre cette démarche plus concrète, les élèves ont à leur disposition une feuille séparée en trois colonnes : chaque colonne porte l'intitulé d'une des étapes. Les élèves écriront les informations appropriées sur cette feuille au cours de l'activité (voir la figure 11.7). La technique peut comporter des variantes, mais l'activité se déroule habituellement selon le scénario suivant (Englert et autres, 1994 ; Sampson, 2002) :

1. *Ce que je sais.* Il s'agit de faire un remue-méninges avec toute la classe sur le concept central du texte à lire. Vous écrivez au tableau toutes les idées que les élèves expriment. Par exemple, au cours d'un remue-méninges sur le désert, il est probable que les élèves du primaire émettent les idées suivantes : sable, dunes, chameaux, cactus, serpents, tempête de sable, chaleur, absence d'eau, etc. À partir de ces associations, votre rôle est d'amener les élèves, par vos questions, à préciser ce qu'ils savent et ce qu'ils ne savent pas sur le sujet. Par exemple, lorsqu'un élève propose un élément d'information, invitez-le à préciser comment il a acquis cette information ou encore comment il peut prouver son affirmation. Cela pousse les élèves à réfléchir sur leurs connaissances et les laisse libres de proposer des idées qui peuvent contredire une information apportée précédemment par un autre élève. Certains auteurs suggèrent d'intituler la colonne « Ce que je pense savoir », car les informations fournies par les élèves ne peuvent pas toutes être vérifiées durant cette première étape (Sampson, 2002).

   Demandez ensuite aux élèves de trouver une façon de regrouper les informations. Pour reprendre l'exemple précédent, les mots « chameaux » et « serpents » seront associés à la catégorie « Animaux » par le numéro qui leur est attribué. Les élèves inscrivent ensuite le nom de cette catégorie dans l'espace approprié sur leur feuille.

figure
11.7

Fiche pour une activité SVA sur le thème du désert

S	V	A
Ce que je sais	Ce que je veux savoir	Ce que j'ai appris Ce qu'il me reste à apprendre
• sable (5) • chameaux (1) • dunes (5) • serpents (1) • cactus (2) • tempête de sable (3) • sec, peu d'eau (3) • Afrique (4) • Arizona (4)	• Les éléphants vivent-ils dans le désert ? • Quels animaux vivent dans le désert ? • Comment peut-on survivre sans eau ? • Où sont situés les déserts ?	

Catégories

1. Animaux	3. Climat	5. Description
2. Plantes	4. Localisation	6. ...

Source : Adapté de D. Ogle, « The known, want to know, learn strategy », dans D. Muth (dir.), *Children's Comprehension of Text*, Newark (Del.), International Reading Association, 1989, p. 205-224.

Lorsque toutes les informations auront reçu une catégorie, amenez les élèves à prédire le contenu du texte en leur suggérant de se mettre à la place d'un auteur qui écrit un texte sur le désert : « Si vous écriviez un texte sur le désert, quelles informations voudriez-vous y donner ? Que pensez-vous que vos lecteurs aimeraient savoir sur le désert ? » Le groupe est ainsi incité à ajouter à la liste des catégories qui sont susceptibles de se trouver dans le texte à lire.

2. *Ce que je veux apprendre.* Après avoir procédé à la mise en commun des connaissances, vous amènerez les élèves à constater que certaines informations sont contradictoires ou encore qu'ils ne possèdent aucune information sur certaines catégories. Pour reprendre l'exemple du désert, il est possible que les élèves ne s'entendent pas sur les animaux qui y vivent. Vous pourrez suggérer les questions suivantes : « L'éléphant vit-il dans le désert ? », « Quels sont les animaux qui vivent dans le désert ? » Votre rôle d'enseignant est ici crucial, car c'est à cette étape que vous susciterez chez les élèves la motivation à lire le

texte et à chercher activement à acquérir de nouvelles connaissances. Alors que, jusqu'à ce moment, l'activité se déroulait en groupe, vous inviterez les élèves à écrire individuellement ce que chacun désire apprendre en lisant le texte.

3. *Ce que j'ai appris.* Après la lecture, au cours d'une discussion de groupe, les élèves partagent les connaissances qu'ils ont acquises et font part des questions restées sans réponse. Ces questions éveilleront leur désir de consulter d'autres livres sur le sujet.

LA TECHNIQUE DES MOTS CLÉS

La technique des mots clés demande de remettre aux élèves, avant la lecture, une liste de mots clés tirés du texte à lire. Les mots clés sont choisis de façon à représenter les informations importantes du texte. En guise d'illustration, nous prendrons la fabrication du miel, avec les mots clés suivants (Nessel, 1988) :

1/2 kg de miel	100 kg de miel
400 fleurs	5 km
les ouvrières	5 millions de fleurs
recueillir le nectar	rayons de cire
80 000 km	les butineuses
5 semaines	un été

Il s'agit d'expliquer aux élèves que cette liste de mots a été construite à partir d'un texte sur la fabrication du miel par les abeilles et que leur tâche consiste à regrouper les mots d'une façon qui leur semble plausible afin de composer des phrases sur ce thème. Les regroupements comprennent habituellement de trois à cinq mots. Les élèves travaillent en équipe et essaient différents arrangements de mots jusqu'à ce que tous les éléments de la liste aient été employés.

Pour accomplir la tâche, les élèves doivent échanger leurs points de vue et les justifier. Par exemple, un élève dira que les abeilles doivent recueillir le nectar de 400 fleurs pour fabriquer un demi-kilo de miel, et que cela prend cinq semaines. Un autre dira que ce n'est pas un demi-kilo de miel qu'on peut produire en cinq semaines, mais plutôt 100 kilos de miel, toujours avec le nectar de 400 fleurs.

La discussion et les prédictions éveillent chez les élèves le désir de lire le texte pour trouver l'information exacte. Toutefois, rappelons qu'il est indispensable que l'activité encourage l'élève à comparer ses connaissances avec les informations du texte. En effet, les élèves expriment habituellement des connaissances erronées en discutant en équipe et on sait que cela est susceptible de nuire à la lecture si aucune intervention n'est prévue par la suite (Guzzetti et autres, 1993). Cependant, si le lecteur est prévenu que l'information contenue dans le texte ne correspondra pas nécessairement aux connaissances qu'il possède déjà et si on lui explique clairement qu'il doit vérifier les points où il y a un désaccord, l'activité peut alors permettre de modifier les connaissances erronées.

DES ACTIVITÉS À RÉALISER PENDANT LA LECTURE DE TEXTES INFORMATIFS

Dans cette section, nous présentons deux activités classiques à réaliser pendant la lecture du texte : l'enseignement réciproque et l'activité « Questionner l'auteur ». Ce sont des activités qui visent à rendre l'élève actif dans la construction du sens du texte et qui misent sur l'interaction entre les pairs, et entre l'enseignant et les élèves.

L'ENSEIGNEMENT RÉCIPROQUE

L'enseignement réciproque est un modèle d'enseignement particulièrement approprié pendant la lecture même du texte. Contrairement à l'enseignement traditionnel dans lequel c'est l'enseignant qui prend la parole et qui s'adresse à un ou plusieurs élèves, dans l'enseignement réciproque, le dialogue engage tous les membres du groupe, chacun à tour de rôle ayant la responsabilité de guider la discussion sur la portion du texte lue. Ce n'est pas, cependant, une situation de discussion libre, car l'enseignement réciproque vise précisément l'application de quatre stratégies de lecture : poser des questions, résumer des parties du texte, clarifier celles-ci et faire des prédictions (Palincsar et Klenk, 1992). Un nombre considérable de recherches confirment l'avantage de l'enseignement réciproque sur d'autres formules (Armand, 1996 ; Dermody, 1999).

Les quatre stratégies de l'enseignement réciproque

Les quatre stratégies qui font partie de l'enseignement réciproque sont des stratégies qu'utilisent les bons lecteurs et qui sont indispensables en lecture :

☐ *Poser des questions* permet aux élèves de découvrir graduellement ce qui fait l'essentiel d'une bonne question. L'enseignant accepte les questions littérales de l'élève, mais, lorsque vient son tour, il lui fournit un modèle de question de niveau plus élevé.

☐ *Résumer le texte* est, pour l'élève, une bonne façon d'assimiler l'information. Dans l'enseignement réciproque, les élèves résument successivement chacune des parties du texte, ce qui les aide à s'attacher aux informations importantes, à les intégrer et à les traiter plus en profondeur. C'est aussi une bonne façon de vérifier sa compréhension ; en effet, l'élève qui n'arrive pas à résumer une partie du texte se rend compte qu'il n'a pas compris le texte.

☐ *Clarifier le texte* oblige les élèves à porter attention aux éléments qui peuvent le rendre difficile à comprendre. Cette stratégie est particulièrement utile pour les élèves qui ne s'aperçoivent pas qu'ils comprennent ou qu'ils ne comprennent pas un texte.

☐ *Faire des prédictions* consiste à deviner ce qui viendra ensuite dans le texte. Pour ce faire, les élèves doivent activer leurs connaissances antérieures. Ils ont alors un objectif pour poursuivre leur lecture, soit la vérification de leurs prédictions.

L'enseignant joue son rôle de facilitateur en guidant chaque élève vers la maîtrise de ces quatre stratégies ; ses interventions se modifient tout au long des rencontres. La tâche de l'enseignant est de fournir à l'élève juste assez d'aide pour qu'il atteigne un but qu'il n'aurait pas atteint sans cette aide. Toutes les interventions se font en interaction : les membres du groupe utilisent les stratégies à tour de rôle. Lorsque l'enseignant mène le dialogue, il présente un modèle de la stratégie cible. Lorsque vient son tour, l'élève applique la stratégie dans un contexte familier et signifiant.

En plus de favoriser l'apprentissage de ces quatre stratégies cognitives, l'enseignant essaie d'augmenter chez les élèves le sentiment de compétence en encourageant leurs progrès. Il rappelle aux élèves que ces stratégies les aident à mieux comprendre leur texte et à vérifier leur compréhension, et met en avant le fait que leurs résultats s'améliorent considérablement lorsqu'ils utilisent ces stratégies.

L'organisation des groupes

L'enseignement réciproque peut se faire avec des sous-groupes de différentes tailles, mais le sous-groupe comprendra habituellement cinq ou six élèves. Pour une séance d'enseignement réciproque, les élèves ont en main un texte séparé en unités. Pour chacune des unités, un membre du groupe est nommé leader. Le leader tient le rôle d'enseignant et sa tâche est d'utiliser les stratégies et d'amener les autres membres du groupe à y recourir.

Plus précisément, le leader (l'enseignant ou l'élève) pose des questions sur le contenu du texte. Les membres du groupe discutent des questions, en soulèvent d'autres et, en cas de désaccord, relisent le texte. Le leader résume le texte et les autres membres apportent leur contribution en complétant le résumé. Le leader leur demande s'il y a des clarifications à faire dans le texte et celles-ci sont analysées en groupe. Enfin, le leader fait des prédictions sur la suite du texte et invite les membres du groupe à proposer leurs propres prédictions, qui se fonderont sur leurs connaissances ou sur des indices du texte. On change ensuite de leader pour la portion suivante du texte.

La période d'initiation aux quatre stratégies

Lorsque vous initiez les élèves à l'enseignement réciproque, vous devez d'abord leur présenter les quatre stratégies auxquelles ils devront faire appel. Une bonne façon de procéder consiste à tenir une première rencontre au cours de laquelle vous exposerez l'ensemble des stratégies pour que les élèves se fassent une bonne idée de l'enseignement réciproque. Puis, vous reprendrez chacune des stratégies en les expérimentant dans quatre rencontres. Lorsque toutes les stratégies auront été présentées, vous commencerez à les employer simultanément au cours d'une séance.

Les extraits suivants proviennent d'une expérience d'enseignement réciproque réalisée avec de jeunes élèves; le texte porte sur un couple d'oiseaux qui cherche un endroit pour construire son nid (Maria, 1990).

> L'ENSEIGNANT: C'est moi qui joue le rôle de l'enseignant. Aussi, la première chose que je vais faire, c'est de poser une question: «Pourquoi M. Oiseau chante-t-il?»
>
> L'ÉLÈVE 1: Parce qu'il est content.
>
> L'ENSEIGNANT: Parce qu'il est content. Très bien. Pourquoi est-il content?
>
> L'ÉLÈVE 4: Parce qu'il a un joli nid.
>
> L'ENSEIGNANT: Bien. Maintenant je vais résumer ce que nous venons de lire: «M. Oiseau est content de son nid. Il pense que c'est le meilleur des nids.» Ce que je vais faire maintenant, c'est d'essayer de deviner ce qui va se passer à la page suivante. Regardons l'image. Que pensez-vous qu'il y a dans le trou, ici?

L'ÉLÈVE 2 : Mme Oiseau.

L'ENSEIGNANT : Oui, c'est Mme Oiseau. A-t-elle l'air très heureuse ?

L'ÉLÈVE 5 : Non.

L'ENSEIGNANT : Non. Vous savez ce que je pense qu'il va arriver. Je pense...

(*L'élève 3 lève la main.*)

L'ÉLÈVE 3 : Qu'elle va avoir un mal de tête.

L'ENSEIGNANT : Oui, elle ressemble à quelqu'un qui est sur le point d'avoir un gros mal de tête. Je pense qu'elle n'est pas contente de son nid. Qu'en pensez-vous ? Allons voir.

(*L'enseignant demande à un élève de lire le paragraphe suivant.*)

L'ÉLÈVE 5 : (*Il lit :*) « Mme Oiseau sort de sa maison. "Ce n'est pas un très bon nid", dit-elle. »

L'ENSEIGNANT : J'avais bien deviné, n'est-ce pas ?

(*L'enseignant continue à démontrer comment utiliser les stratégies dans les pages suivantes.*)

L'ENSEIGNANT : C'est au tour de (*il désigne l'élève 3*) d'être l'enseignant. Que dois-tu faire comme enseignant pour commencer ?

L'ÉLÈVE : Poser des questions.

L'ENSEIGNANT : Bien. Tu es l'enseignant, alors pose des questions qu'un enseignant poserait.

L'ÉLÈVE 3, *montrant l'image de la boîte à lettres sur laquelle se trouve l'oiseau* : Qu'est-ce que c'est ?

L'ÉLÈVE 5 : C'est une boîte à lettres.

L'ÉLÈVE 3 : Bien.

L'ENSEIGNANT : C'est une question que j'aurais posée, mais j'aurais dit : « Où Mme Oiseau veut-elle construire son nid ? » Maintenant, résume-nous ce que tu viens de lire.

L'ÉLÈVE 3 : Ils vont mettre le courrier dans la boîte à lettres. (*Cette information n'apparaît qu'à la page suivante.*)

L'ENSEIGNANT : Tu es en train de prédire ce qui va se passer. Pour résumer, tu dois parler seulement de ce que nous avons lu. Les oiseaux vont faire un nid...

L'ÉLÈVE 3 : Dedans.

L'ENSEIGNANT : Dans quoi ?

L'ÉLÈVE 3 : Dans la boîte à lettres.

L'ENSEIGNANT : Très bien. Maintenant, mets tout cela ensemble.

L'ÉLÈVE 3 : Les oiseaux sont entrés dans la boîte à lettres pour y faire leur nid.

L'ENSEIGNANT : Bien. La prochaine étape est de deviner ce qui va se passer. Tu l'as déjà fait. Qu'as-tu dit que les gens allaient faire ?

L'ÉLÈVE 3 : Mettre du courrier dans la boîte à lettres.

(*L'enseignant choisit un autre élève qui tiendra le rôle d'enseignant et la séance continue. Un élève lit la partie suivante : «Alors M. Oiseau vit un gros chat bien gras. Il y avait un grand sourire sur sa grosse face de chat. Il y avait quelques jolies plumes brunes près de la bouche du gros chat gras. »*)

L'ÉLÈVE 6 : Qu'est-ce que M. Oiseau pense qu'il est arrivé à Mme Oiseau ?

L'ENSEIGNANT : C'est une très bonne question. C'est exactement la question que j'aurais posée. Tu es un excellent enseignant. Choisis quelqu'un qui répondra à ta question.

(*Un élève donne une mauvaise réponse. L'élève 6 donne la parole à un autre élève.*)

L'ÉLÈVE 5 : Le gros chat a mangé Mme Oiseau.

L'ENSEIGNANT, *s'adressant à l'élève 6* : Est-ce la bonne réponse ?

L'ÉLÈVE 6 : Oui.

L'ENSEIGNANT : Quelle question poserais-tu ensuite ?

(*Indécis, l'élève 6 reste silencieux.*)

L'ENSEIGNANT : Je demanderais : « Pourquoi penses-tu cela ? »

(*L'élève 2 est désigné pour résumer le texte. Il regarde dans le livre et essaie d'énumérer tout ce que les oiseaux ont utilisé pour construire leur nid.*)

L'ENSEIGNANT: Nous n'avons pas besoin de savoir tout ce que les oiseaux ont utilisé. Veux-tu nous dire qu'ils ont utilisé beaucoup de choses ou peu de choses pour bâtir leur nid?

L'ÉLÈVE 2: Beaucoup de choses.

L'ENSEIGNANT: Dis-le dans une phrase.

L'ÉLÈVE 2: Ils ont utilisé beaucoup de choses.

L'ENSEIGNANT: Pour...

L'ÉLÈVE 2: Ils ont utilisé beaucoup de choses pour bâtir leur nid.

L'ENSEIGNANT: Très bien. Tu nous as dit ce qu'il y avait de plus important: les oiseaux ont utilisé beaucoup de choses pour bâtir leur nid. Tu n'avais pas besoin de dire tout ce que les oiseaux avaient utilisé parce que, dans le résumé, on ne dit que les choses les plus importantes.

L'utilisation flexible des stratégies

Au début, vous ferez appliquer systématiquement les quatre stratégies au cours des rencontres. Cependant, par la suite, vous pourrez procéder de façon plus flexible. Par exemple, les stratégies « poser des questions » et « résumer des parties du texte » seront employées régulièrement, alors que les stratégies « faire des prédictions » et « clarifier le texte » seront utilisées au besoin. En effet, il n'est pas toujours possible de séparer le texte à des endroits se prêtant de manière naturelle à la prédiction. La clarification n'est pas non plus toujours nécessaire, car certaines parties du texte peuvent ne comporter aucune difficulté. Cependant, il faut être sensible au fait que plusieurs enfants refusent d'admettre qu'ils n'ont pas compris quelque chose. Lorsque le texte semble poser un problème, demandez aux élèves s'il y a quelque chose qu'ils n'ont pas compris ou encore s'il y a quelque chose que des élèves plus jeunes ne comprendraient pas.

À mesure que les élèves appliqueront avec plus de facilité les stratégies, votre rôle changera: vous deviendrez un entraîneur qui stimule les élèves et leur lance des défis, qui les encourage à pousser les stratégies à un niveau plus élevé (par exemple, poser des questions plus complexes ou résumer un texte de façon plus concise). La structure du dialogue deviendra plus flexible et celui-ci ressemblera davantage à une discussion; il y aura moins d'interventions par l'enseignant et plus d'échanges de points de vue entre les élèves. Au fur et à mesure de l'assimilation des stratégies, vous encouragerez les élèves à se féliciter les uns les autres, à choisir le prochain leader, à demander plus d'informations, à prendre l'initiative de passer à une autre stratégie.

L'adaptation de l'enseignement réciproque

Comme l'enseignement réciproque limite votre participation à un sousgroupe d'élèves à la fois, vous pouvez organiser les autres groupes de telle sorte qu'ils puissent travailler de façon autonome. Par exemple, vous pouvez assigner un rôle à chacun des élèves : un élève sera chargé des prédictions, un autre, des questions, un autre encore, des clarifications, un, des résumés et un dernier jouera le rôle de secrétaire, dont la tâche consistera à prendre en note les prédictions, les questions, les clarifications et le résumé du groupe. Les élèves changeront de rôle après chaque partie du texte (Heymsfeld, 1991).

Une autre méthode est de former un groupe de huit élèves qui sera divisé en quatre équipes de deux élèves (Marks et autres, 1993). À chaque équipe est assignée une des quatre stratégies de l'enseignement réciproque. Avant la discussion en groupe, les élèves se réunissent par équipes, lisent le texte à deux, formulent leurs questions, leur résumé, leurs clarifications et leurs prédictions selon la stratégie qui leur est attribuée. Durant cette période, vous offrez de l'aide au besoin. Pendant la période d'enseignement réciproque, les huit élèves sont réunis autour d'une table ; l'élève agissant à titre de leader pour cette journée ouvre la séance. Il a en main un carton où sont notés le nom des quatre stratégies et les directives nécessaires pour effectuer les transitions entre les stratégies. Après avoir introduit le sujet de la discussion, il demande à un des élèves de l'équipe responsable des questions de poser une question. Les élèves répondent spontanément en se parlant les uns aux autres sans avoir à lever la main. Après un temps d'échanges, le leader demande à l'équipe désignée de poser une autre question. Cette formule est reprise pour les autres stratégies : le résumé, les clarifications et les prédictions.

L'ACTIVITÉ « QUESTIONNER L'AUTEUR »

L'activité consistant à questionner l'auteur vise à rendre les élèves actifs en leur donnant pour tâches de relever les ambiguïtés dans un texte et de proposer des solutions pour rendre celui-ci plus clair. En d'autres mots, on demande aux élèves d'exercer leur « œil de réviseur ». La clé de l'activité réside dans la différence entre les efforts pour comprendre un texte et les efforts pour rendre un texte compréhensible. Ici, les élèves cherchent à rendre le texte compréhensible (McKeown, Beck et Sandora, 1996).

La difficulté à comprendre les textes informatifs est en partie attribuable au fait que certains textes destinés aux enfants manquent de cohérence ou ne donnent pas assez d'explications et tiennent pour acquis que les élèves possèdent déjà un niveau de connaissances plus élevé. L'autorité du manuel porte les élèves à mettre leur incompréhension sur le compte de leur propre incompétence ; mais le problème provient parfois du texte lui-même.

Il faudra d'abord amener les élèves à comprendre que le texte a été écrit par une personne qui n'est pas infaillible. Cela étant, un effort est nécessaire pour découvrir ce que l'auteur veut dire. Il s'agit ainsi de transformer cette faillibilité de l'auteur en objectif de lecture ; autrement dit, vous inciterez les élèves à lire le texte pour voir ce que l'auteur veut dire et déterminer s'il a réussi à le dire clairement.

La démarche comprend une démonstration préalable dans laquelle vous lirez un texte, relèverez les problèmes et suggérerez des façons de récrire le texte plus clairement. Les élèves sont ensuite amenés à appliquer eux-mêmes la technique. Au cours de la lecture, vous pouvez orienter la démarche des élèves par des questions telles que :

☐ Qu'est-ce que l'auteur essaie de nous dire ?

☐ Pourquoi l'auteur veut-il nous dire cela ?

☐ Est-ce qu'il le dit clairement ?

Lorsque les élèves rencontrent des problèmes et des ambiguïtés, vous pouvez leur demander :

☐ Comment l'auteur aurait-il pu dire les choses plus clairement ?

☐ Que diriez-vous à la place de l'auteur ?

Dans une classe de quatrième année, on a réalisé l'activité consistant à questionner l'auteur. Pour cela, on a pris un texte portant sur la relation entre un oiseau et un blaireau. Le texte présente un oiseau « détecteur de miel » qui aime manger de la cire d'abeille. Cet oiseau est capable de localiser les ruches, mais il est incapable de les ouvrir. Il décide de faire équipe avec un blaireau « mangeur de miel ». L'oiseau conduit le blaireau à une ruche que celui-ci ouvre. Dans le texte, on dit simplement que le blaireau mange tout le miel.

Au cours de la période de discussion suivant la lecture, un élève constate qu'il ne comprend pas comment l'oiseau peut manger si c'est le blaireau qui mange tout le miel. Un autre élève résume ainsi les modifications qui pourraient être apportées au texte : « Dans le texte, on dit seulement que l'oiseau détecteur de miel est un oiseau africain qui aime manger la cire d'abeille. Il aurait fallu dire que l'oiseau s'est associé au blaireau parce que le blaireau est capable d'ouvrir les ruches et que, de cette façon, l'oiseau a accès à la cire d'abeille. »

Bref, le but de la démarche est d'amener les élèves à rendre le texte compréhensible pour eux-mêmes. Ce genre d'intervention les oriente vers des stratégies de bon lecteur; en effet, lorsque les lecteurs habiles butent sur un obstacle, ils le reconnaissent d'abord, puis ils adoptent une démarche pour le surmonter. De plus, cette activité est très motivante pour les élèves, car ils sont séduits par cette idée qu'il peut exister un écart entre ce que l'auteur a écrit et ce qu'il voulait dire.

DES ACTIVITÉS À RÉALISER APRÈS LA LECTURE DE TEXTES INFORMATIFS

Après la lecture d'un texte informatif, les activités viseront à permettre aux élèves d'assimiler les informations retirées du texte et d'établir des liens entre les différents concepts rencontrés pour mieux se représenter ce qu'ils viennent de lire. Nous proposons ici quelques activités de ce type.

LES ARTS GRAPHIQUES

Les activités de dessin ou d'arts graphiques à la suite de la lecture d'un texte ont toujours été populaires en classe : les élèves aiment ce genre d'activités. Cependant, il ne faut pas en rester au stade de l'exposition des réalisations ; il faut que chaque élève explique pourquoi il a choisi d'illustrer telle partie du texte.

On fait souvent appel au dessin après la lecture d'une histoire, mais celui-ci peut également suivre la lecture d'un texte informatif. Une façon concrète d'employer le dessin après la lecture de textes informatifs est la réalisation de graphiques créatifs (voir la figure 11.8). Ces graphiques recourent à l'image pour transmettre et organiser les idées du texte. Ainsi, les élèves « dessinent » le texte. Souvent, les élèves ont de la difficulté à percevoir les relations entre les idées du texte et à se souvenir des informations ; le graphique créatif joue sur ces deux plans : d'une part, il aide les élèves à organiser leurs idées et à faire des liens entre elles et, d'autre part, il les aide à retenir l'information du texte (Naughton, 1994). De plus, le graphique créatif offre à l'enseignant un bon moyen de voir ce que l'élève a compris (les parties omises, les fausses conceptions, etc.).

figure **11.8** Un graphique créatif

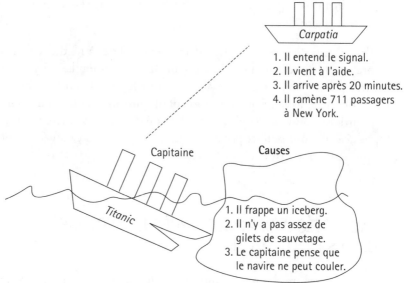

Source : Adapté de V.M. Naugton, « Creative mapping for content reading », *Journal of Reading*, vol. 37, n° 4, 1994, p. 324-326.

Un autre effet du graphique créatif est d'inciter les élèves à relire le texte : les élèves ont le goût de compléter leurs graphiques, c'est pourquoi ils reliront le texte pour trouver des informations pertinentes. Ce type d'activité stimule également la discussion, car les élèves sont désireux de voir comment les autres ont créé leurs graphiques à l'aide du même texte. Ainsi, ils deviendront habiles à reconnaître les graphiques qui reflètent bien l'idée générale du texte.

LE SQUELETTE DE POISSON

Pour l'activité dite le squelette de poisson, après la lecture d'un texte informatif, les élèves sont invités à compléter un graphique avec un partenaire pour résumer ce qu'ils viennent de lire. Ce graphique comprend les questions factuelles habituelles : qui, quoi, quand, où, comment, pourquoi. Ces questions sont disposées sous forme de chevrons, ce qui donne au graphique l'allure d'un squelette de poisson, d'où le nom de l'activité. Après avoir répondu aux questions, les élèves combinent leurs réponses pour formuler une idée principale qui résume l'ensemble du texte (voir la figure 11.9).

figure Le squelette de poisson

11.9

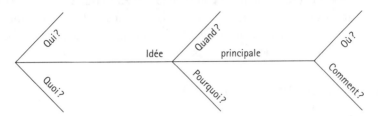

LES SIGNETS

L'objectif de la méthode des signets est d'amener les élèves à porter des jugements sur certains aspects d'un texte informatif. Vous devez d'abord expliquer l'activité et démontrer la technique, puis les élèves suivront ces trois étapes (McLaughlin et Allen, 2002) :

1. Les élèves se fabriquent quatre signets en pliant et en coupant en quatre parties égales une feuille de papier ordinaire.

2. Les élèves notent des informations particulières sur chacun des signets :

   - premier signet : écrire ou dessiner quelque chose concernant la partie du texte qu'ils ont trouvée la plus intéressante ;

   - deuxième signet : écrire ou dessiner quelque chose concernant un élément du texte qu'ils ont trouvé difficile à comprendre ;

   - troisième signet : écrire un mot qui, selon eux, devrait être discuté avec toute la classe ;

   - quatrième signet : choisir un élément personnel (par exemple, une illustration préférée, un graphique, un mot, etc.).

3. Les élèves se servent de leurs signets pour discuter en équipe du texte qu'ils viennent de lire.

LE VOCABULAIRE

Certes, le vocabulaire concerne tous les types de textes, mais nous avons choisi de consacrer à ce thème la dernière partie de ce chapitre portant sur les textes informatifs, car le vocabulaire de tels textes pose des difficultés d'une nature particulière. Bon nombre d'études ont montré que la connaissance du vocabulaire contenu dans un texte est reliée à la compréhension de ce texte (Blachowicz et Fisher, 2000 ; Nagy et Scott, 2000). La relation entre la lecture et le vocabulaire n'est cependant pas univoque : d'une part, le vocabulaire influe sur la compréhension en lecture et, d'autre part, la lecture peut aider à enrichir le vocabulaire. Dans cette section, nous présentons des données concernant l'évolution du vocabulaire chez les enfants ainsi que des principes et des propositions d'intervention.

L'ACQUISITION DU VOCABULAIRE

Vous avez probablement prononcé votre premier mot vers l'âge d'un an ; dans les quelques mois qui ont suivi, vous avez sans doute appris une cinquantaine de mots nouveaux. À partir de là, votre vocabulaire s'est étendu de façon impressionnante, de telle sorte que vous êtes entré à l'école avec un vocabulaire de plusieurs milliers de mots (peut-être 5 000 mots). À l'école primaire, grâce surtout à la lecture, vous avez continué à augmenter votre vocabulaire à raison de 2 000 à 3 000 mots nouveaux par année (8 mots par jour). À la fin du primaire, vous possédiez un vocabulaire de près de 20 000 mots.

Vous vous demandez peut-être comment un enfant peut apprendre autant de mots nouveaux par jour, et ce, apparemment sans effort. Il faut préciser tout d'abord que la connaissance d'un mot n'est pas une affaire de tout ou rien ; il serait plus juste de dire que l'enfant est mis en contact avec huit mots nouveaux par jour, mais qu'il devra rencontrer ces mots à plusieurs reprises avant de bien les comprendre. Il faut aussi souligner que ces données correspondent à des moyennes et qu'il existe de grandes différences individuelles dans l'acquisition du vocabulaire. Si la moyenne d'acquisition tourne autour de 3 000 mots par année, l'écart entre les élèves peut varier de 300 à 5 000 mots. Vous avez certainement rencontré dans une même classe des élèves qui possédaient un vocabulaire très riche alors que d'autres butaient sur des termes relativement simples.

Comment les enfants ont-ils appris ces mots nouveaux avant leur entrée à l'école ? En vivant des expériences et en parlant de ces expériences avec d'autres personnes. Toutes les expériences peuvent donc servir de base à l'enseignement du vocabulaire. Parce que l'acquisition de vocabulaire est intrinsèque à la nature humaine, la stratégie la plus efficace consiste à fournir un environnement qui favorise ce développement. L'école apparaît comme le lieu privilégié pour un enseignement plus planifié et plus en profondeur du vocabulaire. Or il semble que l'enseignement du vocabulaire ait connu un déclin dans les classes au cours des dernières années. Une des raisons est probablement que les enseignants ont abandonné les pratiques inefficaces centrées sur des listes de mots à chercher dans le dictionnaire, mais qu'ils ne savent pas trop par quelles activités les remplacer (Brabham et Villaume, 2002).

LES TYPES DE MOTS

On peut classer dans deux catégories les mots inconnus des élèves : 1) les mots qui désignent une chose ou qui évoquent un concept que les élèves connaissent ; 2) les mots qui désignent une chose ou qui évoquent un concept que les élèves ne connaissent pas. On pourrait illustrer la distinction entre ces deux types de mots du vocabulaire en disant qu'il existe des mots du type « lunule » et des mots du type « lupuline ». Les termes « lunule » et « lupuline » sont probablement inconnus de la plupart des élèves. Si vous dites aux élèves que la « lunule » est la partie blanchâtre en forme de demi-lune située à la base de l'ongle, ils diront : « Ah ! C'est comme cela que ça s'appelle ! » Si vous leur dites que la « lupuline » est l'alcaloïde extrait du lupulin, vous obtiendrez au plus un « Hein ? » comme réaction (Cunningham, 1987). Il faut donc vérifier de quel type de mot il s'agit avant d'enseigner un nouveau mot : vous n'enseignerez pas les mots du type « lupuline » de la même façon que les mots du type « lunule ». Si un élève connaît les mots « batailleur » et « querelleur », et s'il possède une expérience concrète des concepts auxquels ils renvoient, enseigner le mot « belliqueux » ne sera qu'une affaire d'association et de nuance. Mais enseigner le terme « démocratie » à des élèves qui ont peu de connaissances sur les types de gouvernement est un tout autre défi.

LES FACETTES DE L'ENSEIGNEMENT DU VOCABULAIRE

Comme enseignant, vous jouez un rôle très important dans le développement du vocabulaire de vos élèves. Dans cette section, nous examinerons cinq facettes de l'enseignement du vocabulaire en classe : 1) donner le goût du vocabulaire aux élèves ; 2) favoriser la lecture personnelle ; 3) rendre les élèves autonomes dans l'utilisation du contexte ; 4) enseigner aux élèves à se servir du dictionnaire de façon stratégique ; 5) enseigner certains mots particuliers (voir la figure 11.10).

Donner le goût du vocabulaire aux élèves

L'intérêt que vous porterez vous-même au vocabulaire sera une variable déterminante dans la motivation des élèves à s'approprier le sens des mots. Les élèves se souviennent des enseignants qui leur ont donné le goût des mots en leur proposant des activités de nature à stimuler leur créativité langagière. Votre intérêt aura pour effet d'amener les élèves à être plus attentifs aux mots nouveaux et à essayer d'en trouver le sens de façon autonome. Bref, votre enthousiasme pour les mots nouveaux jouera un rôle catalyseur.

figure
11.10
Les facettes de l'enseignement du vocabulaire

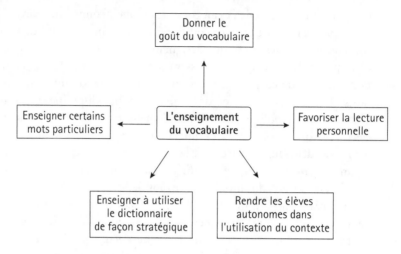

Les activités autour du vocabulaire n'ont pas besoin d'être arides et ennuyeuses:

> *Les activités ludiques se justifient pleinement dans le domaine du lexique. Les élèves aiment découvrir l'humour et le sens caché des mots, jouer avec les proverbes et les slogans. L'histoire des mots permet quant à elle d'aborder non seulement les questions d'étymologie, mais aussi de mesurer les emprunts aux langues étrangères, les glissements de sens c'est-à-dire la polysémie, et les néologismes qui expriment la créativité de la langue en exploitant les règles de dérivation (notions de radical, préfixe, suffixe, famille de mots).*
> (Revaz, Pietro et Martinet, 2002, p. 58.)

Nous présentons ci-dessous quelques pistes concrètes de nature à éveiller chez les élèves une «conscience des mots», c'est-à-dire une disposition cognitive et affective envers la langue, disposition qui les accompagnera toute leur vie.

Parler de l'origine des mots

Saviez-vous que les notes de la gamme ont reçu leur nom au Xe siècle des premières syllabes de chacun des vers d'une chanson latine dédiée à saint Jean-Baptiste? Saviez-vous que la nicotine doit son nom à Jean Nicot, diplomate et érudit français, qui envoya des pieds de tabac à Catherine de Médicis pour guérir ses migraines? Saviez-vous que le mot calepin vient de Calepino, un moine italien qui passa sa vie à écrire un dictionnaire? Connaissez-vous l'origine des mots «vaccin», «bégonia», «silhouette»?

Une des activités les plus profitables pour susciter l'intérêt des élèves à l'endroit des mots est de leur parler de l'origine de certains mots et de certaines expressions. Les élèves seront contents de savoir d'où viennent des mots de leur quotidien comme Barbie, sandwich, poubelle. On peut afficher en classe des mots-vedettes avec l'explication de leur origine. On profitera également d'un thème abordé en classe pour parler de l'origine des mots clés.

Il existe plusieurs livres récents qui portent sur l'origine des mots et qui sont destinés aux élèves du primaire. Voici quelques ouvrages à découvrir avec vos élèves :

☐ *J'ai un mot sur la langue,* de F. Gremaud et S. Pinchon (Paris, Gallimard Jeunesse, 2001).

☐ *Messieurs Poubelle, Sandwich & Cie,* de D. Prache et N. Claveloux (Paris, Albin Michel Jeunesse, 2002).

☐ *Penser avec les mots,* de A. Bussière et J. Lebeuf (Québec, MNH, 2000).

☐ *Le Pot aux roses,* de A. Bussière et J. Lebeuf (Québec, MNH, 2000).

☐ *Le Théâtre des expressions,* de M. Viallefont-Haas, avec des illustrations de R. Babel (Paris, Mango, 2000).

Faire découvrir de nouvelles expressions

En plus de faire connaître l'origine des expressions courantes, il sera pertinent d'agrandir l'éventail des expressions figurées moins connues des élèves. Par le fait même, vous serez amené à enrichir vos propres connaissances sur les expressions afin de servir de modèle aux élèves. Savez-vous ce que signifient les expressions suivantes, qui proviennent de la mythologie grecque : « pomme de discorde », « boîte de Pandore », « talon d'Achille » ? Si vous ne le savez pas, cherchez-en la signification dans un répertoire, ce qui vous permettra de vous familiariser avec ce type d'ouvrage.

Les élèves adorent les activités qui demandent d'interpréter au pied de la lettre des expressions figurées, comme : monter sur ses grands chevaux, se noyer dans un verre d'eau, tomber dans les pommes, chercher une aiguille dans une botte de foin, passer l'éponge, mettre les pieds dans le plat. On peut laisser chaque élève choisir une expression et lui demander de l'illustrer dans son sens littéral. On regroupera les dessins sous forme de murale et chacun expliquera au groupe le sens figuré de son expression.

Plusieurs livres pour enfants tirent profit de ce procédé et seront appréciés des élèves :

☐ *Être une poule mouillée,* de M. Boucher (Arles, Actes Sud Junior, coll. « Les bonheurs d'expression », 2000).

☐ *Manger comme un ogre,* de M. Boucher, avec des illustrations de O. Latyk (Arles, Actes Sud Junior, coll. « Les bonheurs d'expression », 2000).

☐ *Myope comme une taupe,* de R. Paradis (Saint-Hubert [Québec], Éditions du Raton laveur, 1995).

☐ *La Saint-Valentin des animaux,* de R. Paradis (Saint-Hubert [Québec], Éditions du Raton laveur, 1995).

Un concours amusant

Voici une autre activité susceptible de développer le goût du vocabulaire chez les élèves des deuxième et troisième cycles. En gros, l'activité consiste à demander aux élèves d'apporter en classe des mots nouveaux qu'ils ont rencontrés durant la semaine. Débute ensuite un concours entre les élèves et l'enseignant portant sur la définition de ces mots. Plus précisément, la démarche est la suivante :

1. Chaque élève est chargé d'apporter un mot pour le « Jour du vocabulaire ». Le mot doit provenir d'un texte que l'élève a lu en dehors de la classe (revues, livres, journaux, etc.). Les noms propres ne sont pas acceptés. L'élève doit donner la source de son mot et dire dans quel contexte le mot était employé.

2. Le « Jour du vocabulaire », les élèves se regroupent en équipes composées de quatre à six membres. Pendant les 10 premières minutes, chaque élève présente son mot aux autres membres de l'équipe. Les élèves vérifient les mots dans le dictionnaire et discutent du contexte. Les mots qui ne remplissent pas les conditions (par exemple, un mot inventé par un auteur et qui ne se trouve pas dans le dictionnaire) doivent être rejetés. L'équipe décide du mot qui sera présenté à la classe.

3. Chaque équipe présente à tour de rôle son mot à la classe. Le concours se déroule ainsi :

   a) l'équipe écrit son mot au tableau ;

   b) l'enseignant dit s'il connaît le mot ;

   c) les élèves des autres équipes proposent des définitions ;

   d) l'enseignant donne sa définition (en analysant le mot à haute voix) ;

    e) les élèves lisent la définition tirée du dictionnaire ;

    f) l'enseignant peut donner des mots reliés au mot cible, discuter du contexte du mot, donner des synonymes et des antonymes.

4.   Pour que l'activité soit stimulante, on l'accompagnera d'un système de points : si l'enseignant connaît le mot, il gagne 5 points ; s'il ne le connaît pas, la classe gagne 5 points ; si les autres élèves connaissent le mot, la classe gagne 5 points ; si un élève n'a pas apporté de mot, la classe perd 5 points. Avec ce système de points, les élèves ont toutes les chances de battre l'enseignant, ce qui augmentera leur plaisir dans l'activité.

Favoriser la lecture personnelle

À partir du deuxième cycle du primaire, la majorité des mots nouveaux acquis par les élèves proviennent de la lecture. Certaines expériences ont montré que 25 minutes de lecture personnelle par jour contribuaient à l'acquisition de 1 000 mots nouveaux par année. Il est important que les élèves lisent des textes variés et en assez grand nombre, de sorte qu'ils puissent être mis en présence d'un mot nouveau dans des contextes différents. Le lecteur ne comprend pas nécessairement toute la signification d'un mot qu'il voit pour la première fois. Cependant, s'il rencontre ce même mot dans plusieurs contextes, il arrivera à se construire un portrait plus complexe de la signification de ce mot. L'enseignant qui motive ses élèves à augmenter leur temps de lecture personnelle agit donc sur l'enrichissement du vocabulaire de ces derniers.

Rendre les élèves autonomes dans l'utilisation du contexte

Comme nous l'avons vu au chapitre 8, il faut développer chez les élèves l'habileté à donner un sens à des mots nouveaux pendant leur lecture personnelle. Les enseignants ont toujours reconnu la pertinence de l'utilisation du contexte de la phrase comme source d'acquisition du vocabulaire. Cependant, il se fait relativement peu d'enseignement explicite des stratégies pour tirer le maximum d'informations du contexte afin de donner un sens à des mots inconnus ou vaguement connus (voir le chapitre 8 pour des interventions concrètes).

Enseigner aux élèves à se servir du dictionnaire de façon stratégique

Comme le contexte n'est pas toujours suffisant pour trouver le sens d'un mot, le recours au dictionnaire peut parfois être indiqué. Les enseignants ont cependant tendance à renvoyer les élèves au dictionnaire dès qu'apparaît un mot nouveau dans un texte. Le dictionnaire demeure, certes, une source externe utile pour compléter l'apport du contexte dans les lectures personnelles. Toutefois, il est important que les élèves apprennent à l'utiliser de façon stratégique, c'est-à-dire qu'ils apprennent à reconnaître à quel moment son utilisation est pertinente et à quel moment il est préférable de recourir à d'autres sources. Par exemple, il ne serait pas économique d'interrompre la lecture d'un roman pour chercher dans le dictionnaire le sens d'un adjectif qui apporte peu à l'intrigue.

Enseigner certains mots particuliers

Si les lectures personnelles sont indispensables pour assurer l'*étendue* du vocabulaire, l'enseignement de mots choisis aura toujours sa place pour une connaissance *en profondeur* de la signification de ces mots. Au cours d'une année scolaire, un certain nombre de mots feront l'objet d'un enseignement plus particulier. On considère qu'on peut enseigner de 200 à 300 mots de vocabulaire en profondeur durant une année scolaire. Pour l'enseignant, la tâche consistera à sélectionner les mots à enseigner, à établir à quelle catégorie appartiennent ces mots et à choisir la technique d'enseignement appropriée.

Choisir les mots à enseigner

Étant donné que le temps de classe disponible pour l'enseignement approfondi du vocabulaire est relativement restreint, il est important de bien choisir les mots à enseigner. Les principes suivants pourraient vous guider en ce sens :

1. Déterminer si les élèves connaissent les mots. La meilleure source d'information pour choisir les mots est l'élève lui-même. Habituellement, les élèves sont assez justes dans leur évaluation. Sélectionnez des mots qui, selon vous, seront difficiles pour les élèves dans les prochains textes qu'ils auront à lire. Vérifiez vos hypothèses auprès des élèves. Une façon simple de procéder consiste à écrire les mots au tableau, puis à les pointer un à un en demandant aux élèves de lever la main s'ils ne connaissent pas le mot. Cette activité n'est pas menaçante pour les élèves et, de plus, elle leur fait prendre conscience de leur rôle dans l'apprentissage de ces mots.

2. Déterminer à quel point le mot sera important pour les élèves. Si le mot n'a pas d'importance dans le texte que les élèves ont à lire immédiatement, ni dans d'autres textes d'ailleurs, il ne vaut pas la peine d'être enseigné.

3. Déterminer si le mot apparaît dans un contexte assez riche pour permettre à l'élève d'en découvrir le sens par lui-même. Si le contexte est assez explicite, le mot n'a pas besoin d'être enseigné en classe.

4. Une fois les mots sélectionnés, déterminer à quel niveau de profondeur ils doivent être enseignés. Il vous appartient de juger jusqu'à quel niveau de profondeur doit aller votre enseignement.

Les stratégies incomplètes

Les trois stratégies d'enseignement du vocabulaire les plus populaires en classe sont celles qui consistent à donner un synonyme du mot nouveau, à le définir et à le placer dans une phrase. Malheureusement, ces stratégies sont souvent insuffisantes. En effet, donner un synonyme du mot inconnu ne fonctionne que dans quelques cas (par exemple, superflu = inutile), et, comme la langue française ne contient que très peu de synonymes réels, il faut rapidement abandonner cette méthode pour en venir à la définition. Définir un mot peut sembler une stratégie irréprochable d'enseignement du vocabulaire. Cependant, la définition n'est utile que pour l'enseignement des concepts simples. Dès qu'il s'agit de concepts un peu plus complexes, la définition du dictionnaire ne suffit pas à elle seule à faire saisir aux élèves le sens du mot nouveau. En fait, « les dictionnaires n'expliquent bien que les mots qu'on connaît déjà » (Schmitt, 2001, p. 37). Pour vous en convaincre, faites l'expérience qui suit.

exercice

Imaginez que quelqu'un vous donne les définitions suivantes avant la lecture d'un texte :

Noème : objet intentionnel de la pensée, pour la phénoménologie.

Phonon : quantum d'oscillation d'une particule dans un réseau cristallin.

Sélénite : sel de l'acide sélénieux.

Pensez-vous que ces définitions vous aideront à comprendre un texte qui contient ces mots ?

Quant à la méthode qui consiste à employer le mot nouveau dans une phrase, elle ne sera efficace que si le mot apparaît dans plusieurs phrases et dans un contexte très riche.

Les stratégies minimales

Nous avons dit que la définition seule ainsi que l'emploi du mot nouveau dans une phrase ne représentaient pas les meilleurs moyens d'enseigner le sens d'un mot nouveau. Cependant, il semblerait que la combinaison de la définition et de la mise en contexte soit une solution valable. Par exemple, la combinaison de la définition de «se dilater» (augmenter de volume) et de la mise en contexte, comme «Le ballon se dilatait à mesure que l'air entrait à l'intérieur», pourrait être efficace. La définition seule ou l'exemple seul ne seraient pas suffisants ici pour permettre aux élèves de comprendre le sens du mot nouveau. Définir des mots et les placer dans un contexte naturel constituent des méthodes minimales, et elles sont loin d'épuiser toutes les possibilités d'enseignement du vocabulaire.

Les stratégies suggérées

Pour un enseignement efficace du vocabulaire, il est pertinent de recourir à des méthodes qui permettent un traitement en profondeur des mots nouveaux. Les stratégies d'enseignement du vocabulaire considérées comme efficaces ont en commun deux caractéristiques essentielles : elles misent sur l'intégration du vocabulaire nouveau dans les connaissances antérieures de l'élève et elles visent à rendre celui-ci actif dans l'appropriation du mot nouveau. Voici quelques formules qui satisfont à ces critères.

Les matrices sémantiques

La technique des matrices sémantiques consiste à comparer plusieurs mots entre eux par rapport à une même caractéristique et à entrer ensuite les résultats de ces comparaisons dans une matrice (voir la figure 11.11). Cette technique offre la particularité d'attirer l'attention des élèves sur les relations existant entre les différents concepts.

figure **11.11** Une matrice sémantique

Polygones	Figure plane	Côtés	Tous les côtés égaux	Angles droits	Angles aigus	Angles obtus
Carré	+	4	+	4	0	0
Rectangle	+	4	±	4	0	0
Parallélogramme	+	4	±	0	2	2
Triangle équilatéral	+	3	+	0	3	0
Triangle rectangle	+	3	−	1	2	0
Triangle isocèle	+	3	−	0	3	0

La méthode fonctionne mieux avec les mots qui désignent des objets appartenant à une catégorie bien circonscrite comme les habitations (maison, château, cabane, tente, bungalow, hutte, presbytère, igloo, hôtel, gratte-ciel, etc.), les formes géométriques (carré, triangle, rectangle, parallélogramme), les planètes (Mars, Terre, Mercure, Jupiter, Saturne, Uranus, Neptune, Pluton), les instruments à cordes (alto, violon, violoncelle, contrebasse).

Une fois la matrice complétée, il est important d'animer une discussion avec les élèves afin de les amener à comprendre les liens entre les éléments de la matrice. Par exemple, si la matrice porte sur des outils, les élèves vont découvrir la spécificité de chaque outil, les liens entre eux, les attributs de la catégorie outils. Il peut être utile de préparer des grilles vides que les élèves utiliseront en groupe et qui leur serviront d'exemples pour créer d'autres matrices.

Les échelles linéaires

Pour enseigner des concepts qui diffèrent les uns des autres essentiellement par le degré d'intensité, une présentation sous forme linéaire peut être appropriée (voir la figure 11.12). Pensons à des listes de mots qui se rapportent à la température, tels que : congelé, froid, tiède, chaud, bouillant ; au ton de la voix, tels que : chuchoter, murmurer, parler, crier, hurler ; au temps, tels que : seconde, minute, heure, jour, semaine, mois, année, décennie, siècle, millénaire (Gifford, 2000). Comme stratégie, l'enseignant peut fournir aux élèves les deux mots extrêmes de la liste et leur demander de compléter cette liste ; il peut ensuite leur présenter des mots nouveaux (par exemple, dans l'échelle du ton de voix : « susurrer », « vociférer ») et discuter avec eux du meilleur endroit de l'échelle où situer ces mots.

Une échelle linéaire

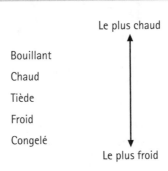

Bouillant
Chaud
Tiède
Froid
Congelé

Le plus chaud

Le plus froid

Une variante de cette stratégie consiste à demander aux élèves de tracer une ligne horizontale sur une feuille de papier et de placer un X au milieu de cette ligne. Le segment à gauche du X est réservé aux mots qui expriment le moins la qualité dont il est question, alors que le segment à droite est attribué aux mots qui expriment mieux cette qualité. Le X représente un territoire neutre. Il s'agit ensuite de remettre aux élèves une liste de mots en relation avec la qualité en question et de leur demander d'ordonner ces mots. L'enseignant poursuivra l'activité en demandant aux élèves de présenter leurs échelles et en discutant avec eux de la façon dont ils perçoivent les nuances entre les différents termes.

L'ancrage de nouveaux mots

L'ancrage de nouveaux mots est une technique graphique qui vise à favoriser l'établissement d'un lien entre un concept nouveau et des concepts déjà acquis par l'élève (Winters, 2001). Pour initier les élèves à cette stratégie, commencez par leur présenter l'image d'un bateau qui mouille dans un port et discutez avec eux du fait que les bateaux risquent de partir à la dérive et de disparaître s'ils ne sont pas ancrés. Cela amènera de façon naturelle l'explication d'un aspect important de la compréhension, à savoir que les nouvelles connaissances risquent de dériver comme le fait le bateau sans ancre si elles ne sont pas reliées à des concepts connus. Vous exécuterez ensuite au tableau un dessin très simple de bateau (voir la figure 11.13) qui servira de point de départ pour la démonstration de la stratégie.

figure 11.13 Une application de la technique d'ancrage de nouveaux mots

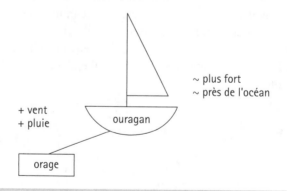

Source : Adapté de R. Winters, « Vocabulary anchors: Building conceptual connections with young readers », *The Reading Teacher*, vol. 54, n° 7, 2001, p. 659-662.

Commencez par un concept simple, comme ouragan, et inscrivez ce mot au centre du bateau. Choisissez un terme que les élèves sont susceptibles de connaître, comme orage, et inscrivez-le dans une ancre rectangulaire sous le bateau. Parlez des caractéristiques de l'orage et de l'ouragan. Inscrivez à gauche, près de l'ancre, les caractéristiques communes aux deux concepts en les faisant précéder du signe + (par exemple, + pluie, + vent). Parlez ensuite des caractéristiques qui sont propres à l'ouragan et qui le distinguent de l'orage. Inscrivez ces caractéristiques à droite du graphique en les faisant précéder du signe ~ (par exemple, ~ plus fort, ~ près de l'océan). Terminez en parlant d'une expérience que vous avez vécue (ou dont vous avez entendu parler) concernant un orage et un ouragan et expliquez pourquoi il ne faut pas employer les deux termes indifféremment. Les élèves sont alors invités à personnaliser le graphique afin de mieux retenir l'information. Cette technique fonctionne bien avec des termes qui sont nouveaux pour les élèves, mais pour lesquels il est possible d'établir des liens avec leurs expériences. Elle ne serait pas appropriée pour des termes abstraits, tels que photosynthèse ou mondialisation. Les élèves peuvent par la suite appliquer la technique en équipe ou en faire un usage personnel.

CONCLUSION

*l*es activités autour des textes informatifs sont importantes à plusieurs points de vue : notamment, elles permettent aux élèves d'approfondir la compréhension d'un texte et d'établir des liens entre les différents textes lus en classe ou en dehors de l'école. Quant au vocabulaire, on a vu le rôle central joué par l'enseignant qui sert de modèle aux élèves, qui encourage ces derniers à devenir autonomes dans l'enrichissement de leur vocabulaire et qui choisit des stratégies efficaces pour faire acquérir le vocabulaire qu'il juge indispensable.

CHAPITRE 12

L'ÉVALUATION EN LECTURE

INTRODUCTION

L'évaluation est une composante essentielle d'un programme de lecture. L'objectif premier de l'évaluation sera toujours de fournir à l'enseignant des informations susceptibles de l'aider à prendre des décisions pédagogiques qui permettront à ses élèves de progresser. L'évaluation sera faite dans une perspective formative tout au long de l'année et dans une perspective sommative pour le bilan des apprentissages à la fin de chacun des trois cycles (Belzil, 2002). L'évaluation relève principalement de l'enseignant, mais ce dernier ne sera pas le seul agent d'évaluation dans la classe. L'élève lui-même devra s'autoévaluer afin de prendre conscience de son cheminement. Les pairs et les parents seront également mis à contribution. Dans ce chapitre, nous verrons d'abord les différents angles sous lesquels on peut aborder une évaluation en lecture, puis nous nous intéresserons à certains outils d'évaluation.

LES DIFFÉRENTS ANGLES SOUS LESQUELS ON PEUT CONSIDÉRER L'ÉVALUATION EN LECTURE

L'évaluation de la lecture est une démarche complexe que l'on peut envisager selon des points de vue différents. On peut parler de l'objectif de l'évaluation, de la structure, du mode, de la responsabilité et du degré d'intervention de l'évaluateur. La figure 12.1 présente l'ensemble de ces aspects ; chacun peut se conceptualiser sous forme d'échelle linéaire (Valencia, McGinley et Pearson, 1990).

L'OBJECTIF

Déterminer l'objectif de l'évaluation consiste à se demander ce qu'on veut évaluer, c'est-à-dire ce qu'on veut apprendre de tel enfant ou de tel groupe d'enfants. L'objectif peut se situer sur une échelle qui va des objectifs généraux aux objectifs spécifiques. La première catégorie d'objectifs concerne l'utilisation de la lecture dans ses diverses finalités, la deuxième, la compétence à lire des textes variés et la troisième, les connaissances et stratégies spécifiques.

Finalités de la lecture	Compétence à lire	Stratégies spécifiques

Les objectifs les plus généraux, ceux qui se rapportent aux finalités de la lecture, correspondent aux objectifs à long terme d'un programme de lecture. L'évaluation répond ici à des questions telles que :

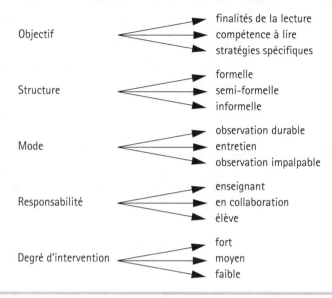

Objectif → finalités de la lecture / compétence à lire / stratégies spécifiques

Structure → formelle / semi-formelle / informelle

Mode → observation durable / entretien / observation impalpable

Responsabilité → enseignant / en collaboration / élève

Degré d'intervention → fort / moyen / faible

Source : Adapté de S. Valencia, W. Mcginley et P.D. Pearson, *Assessing Reading and Writing : Building a More Complete Picture for Middle School Assessment,* Champaign (Ill.), Center for the Study of Reading, n° 500, 1990.

☐ Jusqu'à quel point l'élève utilise-t-il la lecture :

- pour avoir du plaisir ?

- pour apprendre de nouvelles informations ?

- pour participer à la culture de la société ?

- pour penser de façon critique ?

La deuxième catégorie d'objectifs concerne plus particulièrement la compétence à lire, c'est-à-dire l'intégration et l'application concertée de plusieurs stratégies. L'accent est mis ici sur le processus plutôt que sur l'acquisition de stratégies spécifiques. Les questions ressembleront aux suivantes :

☐ Jusqu'à quel point l'élève réussit-il à vérifier sa compréhension ?

☐ Jusqu'à quel point l'élève comprend-il l'information importante d'un texte ?

La dernière catégorie d'objectifs a trait aux stratégies spécifiques qui sous-tendent la lecture. Ces stratégies doivent cependant être évaluées dans des tâches signifiantes. Par exemple, on pourra se demander :

☐ Jusqu'à quel point l'élève est-il capable d'utiliser le déchiffrage pour se dépanner devant un mot ?

☐ Jusqu'à quel point est-il capable d'utiliser la morphologie du mot pour en trouver le sens ?

LA STRUCTURE

On peut également considérer l'évaluation en fonction de la structure. À une extrémité de l'échelle, nous trouvons l'évaluation formelle, à l'autre extrémité, l'évaluation informelle ou spontanée de l'enseignant et, au centre, l'évaluation semi-formelle préparée par l'enseignant.

Évaluation formelle	Évaluation semi-formelle	Évaluation informelle

L'évaluation la plus formelle spécifie tous les éléments : les réponses atten-dues, la façon de recueillir les données, les directives et les limites de temps. Ce qui la caractérise, c'est le peu d'engagement et de jugement qu'on demande à l'enseignant ; tout adulte raisonnablement formé pourrait faire passer des tests formels de lecture, les corriger et en donner les résultats. Ces tests servent habituellement d'évaluation sommative à la fin d'une étape ou à la fin de l'année. Cependant, il faut se rappeler qu'un test formel de lec-ture n'est pas autre chose qu'un échantillon du comportement de l'élève : il donne un portrait partiel du lecteur et non un portrait complet. D'ailleurs, aucun instrument ne peut, à lui seul, mesurer adéquatement la compétence de l'élève en lecture puisque la lecture implique des interactions complexes entre le lecteur, le texte et le contexte.

En ce qui concerne l'évaluation semi-formelle, elle demande plus d'enga-gement de la part de l'enseignant et laisse plus de possibilités aux élèves quant à leur façon de répondre. Par exemple, une évaluation sous forme de rappel du texte laisse plus de latitude à l'élève qu'un questionnaire à choix multiple pour ce qui est de ses réponses et plus de flexibilité à l'enseignant pour ce qui est de la correction.

Enfin, l'évaluation informelle consiste en une observation qui se fait tout au long de l'apprentissage ; elle n'a pas été planifiée par l'enseignant, mais elle fournit des indications précieuses sur l'évolution de l'élève. Sou-lignons que l'emploi du terme « évaluation informelle » pour désigner l'évaluation que l'enseignant fait quotidiennement en classe peut laisser entendre que cette évaluation est subjective et plus ou moins fiable, tandis que l'évaluation formelle (test de lecture) serait objective, fiable et scientifique. Il s'agit là d'une conception erronée : l'évaluation informelle de l'enseignant a autant de valeur, sinon plus, que l'évaluation formelle.

LE MODE

Le mode d'évaluation renvoie à la méthode adoptée pour recueillir les informations sur le progrès de l'élève. Il varie de l'observation la plus durable du travail de l'élève à l'observation la moins palpable.

Observation durable	Entretien	Observation impalpable

Les tâches sur papier (ou encore les enregistrements de lecture) sont typiques des observations durables. Celles-ci peuvent être partagées avec d'autres personnes (les parents, l'orthopédagogue, la direction d'école, etc.). Leur avantage vient de leur durabilité et non de leur objectivité. Ces observations sont des produits et, de ce fait, elles ne rendent généralement pas compte du processus qui en est à l'origine.

À l'autre bout de l'échelle, on trouve les observations qui ne laissent pas de traces ; elles ont cependant l'avantage de donner accès au processus d'apprentissage lui-même plutôt qu'au seul produit.

Quant à l'entretien entre l'élève et l'enseignant, qui se situe à mi-chemin entre les deux formes précédentes, il permet à l'enseignant et à l'élève d'interagir dans une situation de collaboration, de partager la responsabilité de l'évaluation. Malheureusement négligé en classe, l'entretien est une source très riche d'information.

LA RESPONSABILITÉ

L'évaluation repose habituellement sur l'enseignant, mais l'élève peut aussi apprendre à évaluer ses progrès. Cette facette de l'évaluation va de la situation traditionnelle, où la responsabilité incombe uniquement à l'enseignant, à l'autoévaluation par l'élève lui-même, en passant par l'évaluation faite par l'enseignant en collaboration avec l'élève.

Responsabilité de l'enseignant	Collaboration	Responsabilité de l'élève

LE DEGRÉ D'INTERVENTION DE L'ÉVALUATEUR

Bien que le degré d'intervention de l'évaluateur ne soit pas indépendant des aspects précédents, il possède ses caractéristiques propres. À une extrémité, on trouve le degré maximal d'intervention caractérisé par les examens officiels présentés durant des périodes consacrées uniquement à l'évaluation : l'élève sait qu'il est évalué et cela peut susciter chez lui de l'anxiété et perturber son comportement habituel. À l'autre extrémité, on trouve les observations effectuées par l'enseignant pendant une tâche de lecture. Ces dernières sont faites dans un contexte naturel d'apprentissage et n'entravent pas le déroulement de la démarche d'apprentissage.

Intervention maximale   Absence d'intervention

L'OBSERVATION

Une des meilleures façons de savoir où en est l'élève dans sa compétence à lire consiste à l'observer pendant une tâche de lecture. Des questions précises guideront cette observation, mais il est préférable de ne pas essayer de répondre à trop de questions à la fois. Il vaut mieux se concentrer sur une ou deux questions. Voici quelques exemples de questions qui peuvent vous aider à délimiter votre observation des comportements de lecture de vos élèves (Opitz et Ford, 2001) :

1. Questions à se poser pour des élèves du premier cycle :

    ☐ Comment l'enfant manipule-t-il les livres ?

    ☐ Porte-t-il attention à l'écrit ou aux images ?

    ☐ A-t-il une bonne idée de ce qu'est une histoire ?

    ☐ Se concentre-t-il sur la compréhension lorsqu'il lit ou lorsqu'il écoute quelqu'un lire une histoire ?

    ☐ Peut-il redire ce qu'il a lu ou entendu ?

    ☐ Peut-il discuter d'un texte de façon cohérente avec les autres ?

    ☐ Semble-t-il intéressé par la lecture ?

    ☐ Semble-t-il avoir une bonne attitude face à la lecture ?

2. Questions à se poser pour les élèves du deuxième et du troisième cycle :

    ☐ L'élève lit-il pour comprendre ?

☐ S'il ne comprend pas, que fait-il ?

☐ Comment aborde-t-il un texte non familier ?

☐ Ajuste-t-il son rythme de lecture selon son objectif ?

☐ Jusqu'à quel point peut-il redire le texte ?

☐ Peut-il discuter d'un texte de façon cohérente avec les autres ?

☐ Semble-t-il intéressé par la lecture ?

☐ Semble-t-il avoir une bonne attitude envers la lecture ?

LA TÂCHE INTÉGRATRICE

La tâche intégratrice peut servir autant à l'évaluation en cours d'apprentissage qu'à l'évaluation de fin de cycle. « La tâche intégratrice est une situation complexe, contextualisée, englobante et signifiante » (Blais, 1999, p. 3) qui permet d'activer la compétence à lire. Dans ce type d'évaluation, l'enseignant peut intervenir et autoriser le travail en équipe, sans aller toutefois jusqu'à faire le travail pour les élèves. Un exemple de ce genre de tâche serait l'écriture d'un conte accompagné d'illustrations et d'un enregistrement audio en vue d'une présentation multimédia.

Jalbert et Munn (2001, p. 48) décrivent ainsi les tâches intégratrices :

> Dans ces situations qualifiées de complexes plusieurs compétences transversales et disciplinaires sont sollicitées. La situation d'évaluation se déroule sur plusieurs jours, voire plusieurs semaines. Les productions sont souvent destinées à un public : élèves de la classe, élèves des autres classes, parents, etc. [...] Pour saisir les multiples facettes d'une compétence, différents moyens d'évaluation sont nécessaires : observation, interrogation orale, entrevue, analyse du résultat final. La coévaluation, l'évaluation par les pairs et l'autoévaluation sont fréquemment utilisées.

L'évaluation à l'aide d'une tâche intégratrice est une solution de rechange intéressante par rapport à l'évaluation traditionnelle, qui consiste simplement à poser des questions sur un texte. Elle permet d'évaluer des objectifs complexes d'une façon plus signifiante et motivante.

LES ENTRETIENS ENTRE L'ENSEIGNANT ET L'ÉLÈVE

Les entretiens individuels sont des rencontres entre l'enseignant et l'élève qui durent de 4 à 6 minutes, environ tous les 10 jours. Les entretiens sont importants pour l'élève qui apprécie que l'enseignant, la personne la plus influente dans son monde scolaire, lui consacre du temps individuellement et partage son enthousiasme pour le livre qu'il a lu. Ces rencontres permettent à l'enseignant d'observer les stratégies que l'élève utilise, de se tenir au courant des livres qu'il lit et de voir comment il conçoit la lecture. L'entrevue permet de donner de l'attention et de l'encouragement à chaque élève. Il est surprenant de constater que les enfants ont en général assez peu l'occasion de rencontrer leur enseignant de façon individuelle et positive. Ces entretiens sont tout à fait différents des rencontres qui consistent à écouter la lecture de l'élève pour voir s'il a bien étudié sa leçon la veille.

Pendant cette rencontre, il s'agit non pas de faire de l'enseignement individualisé (on peut cependant faire une brève intervention ou suggérer un livre à lire), mais plutôt de déterminer les besoins de l'élève pour pouvoir lui fournir par la suite les situations d'apprentissage appropriées.

LA DÉMARCHE GÉNÉRALE

Ordinairement, la rencontre porte sur un livre que l'enfant a lu et aimé. Accueillez l'élève par une question ou un commentaire qui le mettra à l'aise. Écoutez ensuite ce que l'élève a à vous dire au sujet de son livre. Posez quelques questions sur le livre (concernant le thème, les personnages, etc.). Ensuite, écoutez l'élève vous lire un passage du livre qu'il a choisi de partager avec vous. Encouragez et guidez l'élève pour ses prochaines lectures. Une rencontre est réussie si l'élève repart avec un sentiment positif de lui-même et le désir de lire d'autres livres. Le tableau 12.1 donne un exemple de plan d'entretien.

tableau 12.1 Exemple de plan d'entretien entre l'enseignant et l'élève

- À la dernière rencontre, tu lisais _____ (consultez les notes de la dernière rencontre).
- Que lis-tu maintenant ?
- Pourquoi as-tu choisi ce livre ?
- Est-ce un livre intéressant ?
- De quoi parle ton livre ?
- Peux-tu me lire un extrait de ton livre, s'il te plaît ?
- Que penses-tu qu'il va arriver ensuite ?
- Comment ça va en lecture ?
- Y a-t-il quelque chose que je puisse faire pour t'aider en lecture ?

Nous formulons ci-dessous une série de questions que vous pouvez poser pendant les entretiens. Il n'est pas nécessaire de poser toujours les mêmes questions ; au contraire, les questions retenues dépendront du livre que l'élève a choisi et de l'évolution de celui-ci. Il faut éviter de poser trop de questions ; trois ou quatre questions suffiront pour une rencontre (Slaughter, 1993).

- ☐ Pourquoi as-tu choisi ce livre ?
- ☐ Quelle sorte d'histoire est-ce ?
- ☐ Quelle partie as-tu préférée ? Pourquoi ?
- ☐ Y a-t-il une partie que tu n'as pas aimée ? Pourquoi ?
- ☐ Est-ce que c'était un bon choix de livre pour toi ? Pourquoi ?
- ☐ Est-ce que c'était un livre difficile, facile ou juste comme il faut ? Qu'est-ce qui te permet de dire cela ?
- ☐ Quelles sont les choses les plus importantes que tu as apprises (dans un documentaire) ?
- ☐ Qu'est-ce que le livre veut t'enseigner ?
- ☐ Quel personnage as-tu aimé le mieux ? Pourquoi ?
- ☐ As-tu aimé ce livre plus ou moins que le livre précédent que tu as lu ? Pourquoi ?
- ☐ Qui, d'après toi, aimerait lire ce livre ?
- ☐ Si tu pouvais parler à l'auteur, qu'est-ce que tu aimerais lui demander à propos de l'histoire ?

Nous vous suggérons d'utiliser un cahier pour dresser la liste des livres qu'ont lus les élèves et pour prendre des notes pendant et après la rencontre (voir la figure 12.2). N'hésitez pas à prendre des notes pendant l'entretien ; les élèves interprètent ces notes comme un indice du sérieux de l'activité.

LA PLANIFICATION DES ENTRETIENS

La façon classique de procéder consiste à rencontrer quelques élèves en entretien individuel pendant que la classe est occupée à des tâches de lecture. Le matin, à l'arrivée, on écrit au tableau les noms des élèves qui vont venir en entrevue. On peut laisser quelques espaces libres au tableau : si un enfant veut avoir une rencontre pour répondre à un besoin particulier, il peut ajouter son nom au bas de la liste. Les rencontres individuelles se font au bureau de l'enseignant, qui est légèrement à l'écart des pupitres des élèves. L'élève apporte un ou plusieurs livres et la liste des livres qu'il a lus depuis la dernière rencontre.

figure
12.2

Grille pour la prise de notes par l'enseignant durant et après l'entretien avec l'élève

Nom de l'élève _____

Date _____

Titres des livres apportés : _____

_____

Commentaires sur la lecture à voix haute et la discussion : _____

_____

Progrès ou problèmes notés : _____

_____

Livre recommandé : _____

_____

Enseignement donné : _____

_____

Comme le suggère Nadon (2002), les entretiens entre l'enseignant et l'élève peuvent remplacer les examens collectifs de lecture qui servent habituellement à préparer le bulletin d'étape. L'enseignant rencontre deux ou trois enfants chaque semaine, ce qui lui donne le temps d'évaluer individuellement tous les élèves au cours de l'étape.

Cependant, si les entretiens sont très utiles, leur déroulement entraîne souvent des difficultés pour les enseignants, la principale étant de s'en tenir à cinq ou six minutes par élève. Les premières causes de ce problème sont que l'enseignant essaie de faire des interventions individualisées approfondies et que l'enseignant et l'élève se laissent emporter dans des digressions.

Si vous avez l'impression de manquer de temps pour rencontrer tous les élèves, les indications suivantes peuvent vous faciliter l'organisation des entretiens :

☐ Les élèves qui évoluent de façon satisfaisante dans leurs activités individuelles et qui participent bien aux activités de groupe n'ont pas besoin d'entretiens aussi longs.

☐ Si plusieurs élèves ont lu le même livre, il est possible de faire un entretien de groupe.

- [ ] Les élèves peuvent se servir du plan d'entretien de l'enseignant et mener des entretiens entre eux (ils peuvent noter les livres qu'ils ont lus et en remettre la liste à l'enseignant pour ses fichiers).

- [ ] Le directeur (pour ceux qui ont moins besoin d'aide) et l'orthopédagogue (pour ceux qui éprouvent plus de difficulté) peuvent désirer s'entretenir avec quelques élèves.

- [ ] Les parents peuvent être invités à tenir des entretiens avec leur enfant ; vous leur transmettrez alors par écrit une description simple de la démarche.

LE PORTFOLIO

Dans son acception populaire, le mot « portfolio » (emprunté à l'anglais) désigne le dossier que se constitue une personne (artiste, artisan, modèle, etc.), dossier qui contient des échantillons de ses travaux ou réalisations, en vue de le présenter à un éventuel employeur ou client. Au cours des dernières années, on a proposé l'idée d'un portfolio scolaire comme mode d'évaluation dans les classes du primaire. On suggère donc de recueillir et de conserver des échantillons des travaux des élèves, qui serviront de base à l'évaluation de ces derniers (Farr et Tone, 1998 ; Jalbert, 1998).

LE CONTENU DU PORTFOLIO

Qu'est-ce qu'un portfolio en lecture pour l'élève du primaire ? C'est un dossier (une chemise, un classeur, etc.) qui contient des échantillons de ce que l'élève a fait en lecture au cours d'une période donnée. Ces échantillons sont choisis par l'élève ou par l'enseignant. On peut même encourager les élèves à apporter des échantillons de ce qu'ils ont réalisé à la maison ; c'est une bonne occasion de leur montrer qu'on considère comme étant importante leur vie en dehors de l'école.

Le portfolio peut contenir :

- [ ] des réactions écrites à la suite d'une lecture ;

- [ ] une illustration d'un texte ;

- [ ] un carnet de lecture ;

- [ ] un travail fait quotidiennement ;

- □ différentes versions d'un texte ;

- □ des cassettes (par exemple, une lecture enregistrée durant un théâtre de lecteurs) ;

- □ une liste de livres lus (les auteurs et les titres) ;

- □ des observations de l'enseignant ;

- □ l'autoévaluation de l'élève ;

- □ des notes élaborées conjointement avec l'enseignant.

Soulignons qu'il ne faudrait pas que le portfolio se résume à l'ensemble des travaux notés durant la semaine. Cependant, pour que les portfolios présentent une certaine uniformité, on peut s'assurer de la présence de certains éléments dans tous les dossiers (par exemple, un rappel oral ou écrit, un carnet de lecture, un relevé de lecture). Par contre, chaque portfolio comprendra des éléments personnels qui ne se retrouveront pas dans les autres.

LA FAÇON D'UTILISER LE PORTFOLIO

Le portfolio appartient à l'élève ; ce dernier doit être encouragé à le décorer et à le personnaliser. Le portfolio doit être accessible en tout temps à l'élève et à l'enseignant. Lorsque l'élève choisit un échantillon pour son portfolio, il l'accompagne d'une note expliquant pourquoi il l'a choisi. Par exemple, un élève pourra placer dans son portfolio une cassette contenant une lecture faite lors d'un théâtre de lecteurs ainsi qu'une courte explication écrite concernant les progrès qu'il considère avoir réalisés au cours de l'activité. Périodiquement, l'élève revoit son portfolio : il ajoute des échantillons et en enlève d'autres au cours de ces réaménagements ; il en profite alors pour examiner le contenu de son portfolio et réfléchir, par écrit, sur son évolution en lecture. Une des caractéristiques des classes qui utilisent le portfolio est justement la présence de la réflexion des élèves (Snider, Lima et Devito, 1994). La figure 12.3 illustre une fiche d'autoévaluation pour des élèves de la fin du primaire.

Le succès du portfolio repose sur l'autoanalyse fréquente de l'élève et sur les échanges réguliers entre l'élève et l'enseignant : il est en effet inutile d'amasser des documents dans une grosse chemise si c'est pour les laisser s'empoussiérer. En conséquence, l'enseignant doit prévoir plusieurs rencontres avec l'élève durant l'année au sujet du portfolio. Ces rencontres visent non seulement à évaluer l'élève, mais aussi à discuter avec lui ; il faut l'amener à parler de lui et de son travail de façon à pouvoir l'aider. Au cours de ces rencontres, c'est l'élève qui présente son portfolio à l'enseignant. Signalons que, pour initier les élèves à cette présentation, on

figure
12.3
Fiche d'autoévaluation

| Nom _____ | Date _____ |

Autoévaluation

As-tu changé en tant que lecteur ? Quelles sont tes forces et tes faiblesses ?

_____

_____

Après avoir regardé ton travail, quel objectif te choisirais-tu en tant que lecteur ?

_____

_____

peut demander à un élève volontaire de servir d'exemple et de présenter son portfolio à l'enseignant devant toute la classe.

L'élève peut également montrer son portfolio à d'autres personnes que l'enseignant. Il peut l'apporter à la maison et le présenter à un membre de la famille qui signera une feuille intitulée « Que penses-tu de mon portfolio ? » Cette feuille contiendra déjà les commentaires de camarades à qui l'élève aura présenté son portfolio en classe.

LES PARENTS ET LE PORTFOLIO

Les parents semblent aimer le portfolio comme moyen d'évaluer leur enfant. À la question : « Pensez-vous que le portfolio donne une image juste de l'habileté à lire de votre enfant ? », 93 % des parents interrogés dans une enquête ont répondu par l'affirmative (Dewitz et autres, 1993). Les parents peuvent également participer à la constitution du portfolio de leur enfant ; ils deviennent ainsi des collaborateurs de l'enseignant. La participation des parents peut, dans certains cas, confirmer la perception de l'élève qu'a l'enseignant et, dans d'autres cas, permettre à ce dernier de la préciser et de la rectifier.

QUELQUES OUTILS D'ÉVALUATION

Dans cette section du chapitre, nous avons regroupé différents outils d'évaluation en lecture, soit l'analyse des méprises et du rappel du texte et l'évaluation des attitudes envers la lecture, des champs d'intérêt et des habitudes de lecture des élèves.

L'ANALYSE DES MÉPRISES

Nous avons vu au chapitre 7 comment intervenir à la suite d'une méprise en lecture. Nous abordons ici l'analyse des méprises en tant que technique d'évaluation. L'analyse des méprises permet de voir comment le lecteur utilise dans ses lectures les indices sémantiques, syntaxiques et graphiques. Les méprises révèlent quel poids le lecteur accorde à chacun de ces indices. Par exemple, un élève qui lit « Il était une fois » au lieu de « Il y avait une fois » montre qu'il a compris le sens de la phrase. Par contre, un élève qui lit « Il a une belle montrer » au lieu de « Il a une belle montre » manifeste une préoccupation plus grande pour les indices graphiques que pour le sens de la phrase. L'analyse des méprises permet aussi de constater quelles sont les capacités d'autocorrection du lecteur. Il existe plusieurs façons d'analyser les méprises ; nous présentons ici deux méthodes applicables en classe : l'analyse des méprises classique et l'analyse des méprises en route. Soulignons que l'analyse des méprises est plus indiquée dans le cas de lecteurs débutants ou de lecteurs plus avancés qui sont en difficulté. Vous pouvez déterminer le niveau de vos élèves à l'aide de livres jalons dont vous vous servirez uniquement pour l'évaluation ; vous ne laisserez pas ces livres dans la bibliothèque de classe (Fawson et Reutzel, 2000 ; Clay, 2003).

L'analyse des méprises classique

Le choix du texte. Choisissez un texte du type narratif (ce doit être une histoire complète) correspondant au niveau de lecture de l'élève ou d'un niveau un peu plus élevé. Le texte doit être assez long pour qu'il soit possible de relever une certaine quantité de méprises. Si l'élève commet plus d'une méprise modifiant le sens par 10 mots, changez de texte, car il s'agit d'un texte trop difficile pour lui.

La collecte des méprises. Faites lire le texte à voix haute par l'élève en lui demandant d'essayer de comprendre le texte et non de faire la plus belle lecture possible ; dites-lui qu'il aura à raconter l'histoire après sa lecture. Informez-le que vous ne pourrez l'aider pendant la lecture.

À mesure que l'élève lit, évaluez chaque phrase après l'autocorrection : indiquez, sur la grille prévue à cet effet, le nombre de phrases acceptables sur le plan sémantique (voir la figure 12.4).

Le rappel du texte. Après la lecture, demandez à l'élève de vous raconter l'histoire qu'il vient de lire. À la fin de son compte rendu, s'il n'a pas mentionné spontanément les éléments importants du récit, utilisez-les pour lui poser des questions sur l'histoire. Essayez de poser des questions indirectes fondées sur les informations qu'il a déjà données. Par exemple : « Qu'est-il arrivé après... (un événement mentionné par l'élève) ? »

figure
12.4

Grille d'analyse des méprises

Nom de l'élève _____ Date _____

Niveau scolaire _____ Enseignant _____

Texte lu _____

1. Quel est le pourcentage des phrases qui ont du sens telles qu'elles sont lues ?

   Nombre total de phrases lues _____

   Nombre de phrases acceptables sur le plan sémantique _____

   Calcul : $\dfrac{\text{nombre de phrases acceptables sur le plan sémantique}}{\text{nombre total de phrases lues}} \times 100 = $ _____

	Jamais	Parfois	Souvent	Très souvent	Toujours
2. De quelle façon le lecteur construit-il la signification du texte ?					
A) Il s'aperçoit qu'une méprise a changé le sens de la phrase.	1	2	3	4	5
B) Il fait des substitutions logiques.	1	2	3	4	5
C) Il corrige spontanément les méprises qui changent le sens.	1	2	3	4	5
D) Il utilise les illustrations et les autres indices visuels.	1	2	3	4	5
3. De quelle façon le lecteur modifie-t-il le sens ?					
A) Il fait des substitutions qui n'ont pas de sens.	1	2	3	4	5
B) Il fait des omissions qui modifient le sens de la phrase.	1	2	3	4	5
C) Il se fie trop aux indices graphiques.	1	2	3	4	5

	Non	En partie	Oui
4. Dans le rappel de textes narratifs, le lecteur mentionne les éléments suivants :			
A) Personnages	1	2	3
B) Lieu ou temps	1	2	3
C) Élément déclencheur	1	2	3
D) Péripéties	1	2	3
E) Dénouement	1	2	3
F) Ensemble de l'histoire	1	2	3
5. Dans le rappel de textes informatifs, le lecteur mentionne les éléments suivants :			
A) Concepts importants	1	2	3
B) Généralisations	1	2	3
C) Informations particulières	1	2	3
D) Structure logique	1	2	3
E) Ensemble du texte	1	2	3

Source : Adapté de L.K. Rhodes, « Assessment. Miscue analysis in the classroom », *The Reading Teacher,* vol. 44, n⁰ 3, 1990, p. 252-256.

La compilation et l'analyse des méprises. Divisez le nombre de phrases acceptables sur le plan sémantique par le nombre total de phrases et multipliez le résultat de la division par 100. Un résultat supérieur à 80 % indique que le lecteur a probablement bien compris le texte, un résultat de 60 % à 80 % révèle une compréhension moyenne, et un résultat inférieur à 60 % montre que le texte a posé de sérieuses difficultés au lecteur. Procédez ensuite à l'analyse du rappel selon la grille présentée à la figure 12.4.

L'analyse des méprises en route

La méthode que nous décrivons ci-dessous est connue sous le nom de *running record* dans les écrits anglais. Contrairement à la méthode précédente, qui ne s'attache qu'à la compréhension de la phrase, cette méthode tient compte de la façon de lire chacun des mots.

Il existe deux manières de procéder : vous pouvez photocopier le texte choisi et indiquer les méprises sur la photocopie (voir la figure 12.5) ou vous pouvez utiliser une grille sur laquelle vous indiquez si le mot a été lu correctement ou s'il y a eu méprise (voir la figure 12.6). Dans les deux cas, on emploie un crochet pour signaler que le mot a été lu tel qu'il apparaît dans le texte ; si l'enfant a changé un mot pour un autre ou s'il a ajouté ou oublié un mot, la mention en est faite à l'endroit approprié. Vous pouvez ensuite compiler les résultats ainsi que l'indique la figure 12.6.

L'ANALYSE DU RAPPEL DU TEXTE

Le meilleur moyen de savoir quel sens l'élève a attribué à un texte est probablement de lui demander de raconter l'histoire qu'il a lue. L'analyse du rappel du texte peut être utilisée comme technique d'évaluation de la compréhension en lecture ; elle a l'avantage, par rapport aux techniques de questionnement, de montrer comment l'élève organise l'information qu'il a comprise. Le rappel du texte est un bon indice de l'assimilation du texte par l'élève et il renseigne sur la reconstruction de l'information qu'a effectuée ce dernier. Le rappel peut convenir à plusieurs types de textes, mais on l'emploie plus fréquemment avec le récit.

Globalement, il existe deux façons complémentaires d'évaluer le rappel d'un récit : l'analyse quantitative, qui compare le rappel de l'histoire avec le texte lu afin de déterminer la quantité de texte rapportée par le lecteur, et l'analyse qualitative, qui tient compte des éléments ajoutés dans le rappel ainsi que de la compréhension générale de l'histoire.

figure 12.5 Notation des méprises au moyen d'une copie du texte

Sois poli !

✓ ✓ ✓   ✓   ✓ ✓   ✓ ✓   ✓
Il tire la langue ! Il n'est pas très poli !

Éeur© ✓ ✓ ✓ ✓   ✓ ✓   ✓   ✓
Erreur ! Il est très poli. C'est un Maori. Les

  ✓   ✓ ✓   ✓   ✓ (*) ✓   ✓
Maoris tirent la langue pour se dire bonjour.

Il   ✓   son   ✓   ✓   ✓
Elle enlève ses souliers au restaurant !

  ✓ ✓ ✓ ✓ ✓
Elle n'est pas très polie !

  ✓   ✓   ✓   ✓   ✓   ✓   ✓
Erreur ! Elle est très polie. C'est une

    ✓   A© ✓   ✓ élève©
Japonaise. Au Japon, on enlève

  ✓   ✓   ✓   ✓   ✓ le   ✓
ses souliers en entrant dans un restaurant

✓ ✓ sa   ✓
ou dans une maison.

✓   ✓   ✓   ✓   ✓
Il mange avec ses mains !

✓ ✓ ✓ ✓ ✓
Il n'est pas très poli.

  ✓ ✓ ✓ ✓ ✓   ✓   ✓ marin
Mais oui, il est poli. C'est un Malais.

Et© ✓   ✓ ✓   ✓   ✓
En Malaisie, on mange surtout avec

✓ ✓
ses doigts.

---

* Omission.

Source : Texte tiré de S. Bureau, *Sois poli !*, Boucherville (Québec), Graficor, coll. « Menu-Mémo 2 », 1992.

figure 12.6 — Notation et analyse des méprises

Ligne	Notation des méprises	Analyse des méprises		
1	✓ ✓ ✓ ✓ ✓ ✓ ✓ ✓ ✓			
2	Éeur© ✓ ✓ ✓ ✓ ✓ ✓ ✓ ✓	A	B	Ⓒ
3	✓ ✓ ✓ ✓ ✓ (*) ✓ ✓	Ⓐ	Ⓑ	C
4	Il ✓ son ✓ ✓ ✓	Ⓐ	B	C
		Ⓐ	Ⓑ	C
5	✓ ✓ ✓ ✓ ✓			
6	✓ ✓ ✓ ✓ ✓ ✓ ✓			
7	✓ A© ✓ ✓ élève©	A	Ⓑ	Ⓒ
		Ⓐ	B	Ⓒ
8	✓ ✓ ✓ ✓ ✓ le ✓	Ⓐ	Ⓑ	C
9	✓ ✓ sa ✓	Ⓐ	Ⓑ	C
10	✓ ✓ ✓ ✓ ✓			
11	✓ ✓ ✓ ✓			
12	✓ ✓ ✓ ✓ ✓ ✓ ✓ marin	Ⓐ	B	C
13	Et© ✓ ✓ ✓ ✓ ✓	A	B	Ⓒ
14	✓ ✓			
…				

Analyse

Entourez la lettre A si la méprise est acceptable sur le plan syntaxique.

Entourez la lettre B si la méprise est acceptable sur le plan sémantique.

Entourez la lettre C si la méprise a été corrigée.

L'analyse quantitative

Pour obtenir un rappel de la part de l'élève, demandez-lui de vous raconter l'histoire comme s'il la racontait à un ami qui ne l'a pas lue. Lorsque l'élève a terminé, posez-lui cette question : « As-tu autre chose à dire sur l'histoire ? » S'il n'a pas mentionné spontanément certains éléments du récit, posez-lui des questions sur ces éléments afin de voir s'il s'agit d'un problème de compréhension du récit ou simplement d'un problème de rappel de l'information.

Pour effectuer l'analyse quantitative du rappel de texte, vérifiez si les composantes du schéma du récit sont incluses dans le rappel de l'élève. La figure 12.7 présente une façon de noter le rappel.

figure 12.7

Grille d'analyse quantitative du rappel du récit

Nom de l'élève _____

Titre de l'histoire _____

Directives : Placez un crochet dans une des quatre colonnes pour chaque élément.

	Mentionné de façon détaillée	Mentionné	Non mentionné	Ne s'applique pas
Situation de départ				
• Personnage	_____	_____	_____	_____
• Temps	_____	_____	_____	_____
• Lieu	_____	_____	_____	_____
Élément déclencheur	_____	_____	_____	_____
Réactions du personnage	_____	_____	_____	_____
Péripéties	_____	_____	_____	_____
Dénouement	_____	_____	_____	_____
Situation finale	_____	_____	_____	_____
Total (nombre de ✓)	_____ ×2	_____ ×1	_____ ×0	_____ ×2
Résultat	_____ +	_____ +	_____ +	_____ = _____ 16

Source : Adapté de R.E. Leaman, « Effects of direct instruction of story grammar on story writing and reading comprehension of elementary school learning disabled students », dans T.V. Rasinski et N.D. Padak (dir.), *Inquieries in Literacy Learning and Instruction*, Pittsburg (Kan.), College Reading Association, 1993, p. 15-24.

L'analyse qualitative

Si l'analyse quantitative du rappel est importante, l'analyse qualitative ne l'est pas moins. Une des limites de l'analyse quantitative est qu'elle ne tient pas compte des inférences faites par le lecteur ; en effet, tout ce qui ne correspond pas à un élément du texte n'est pas noté. L'analyse qualitative a justement pour objet de considérer les interprétations de l'élève, son habileté à résumer, ses inférences correctes et erronées. Certains auteurs proposent des grilles détaillées d'analyse qualitative comme celle qui est présentée à la figure 12.8.

figure
12.8

Grille d'analyse qualitative du rappel du récit

	1	2	3	4
1. Le rappel contient des informations formulées explicitement dans le texte.				
2. Le rappel contient des informations inférées à l'aide du texte.				
3. Le rappel inclut les idées importantes du texte.				
4. Le rappel révèle que le lecteur a tenté de relier ses connaissances antérieures au contenu du texte.				
5. Le rappel révèle que le lecteur a tenté de résumer des parties du texte ou qu'il a tenté d'effectuer des généralisations qui vont plus loin que le texte.				
6. Le rappel révèle des réactions très personnelles et créatives face au texte.				
7. Le rappel souligne l'engagement émotif du lecteur face au texte.				
8. Le rappel dénote une utilisation adéquate de la langue (le vocabulaire, la structure des phrases, etc.).				
9. Le rappel indique l'habileté du lecteur à organiser les idées.				
10. Le rappel révèle le «sens de l'auditoire» du lecteur.				
11. Le rappel montre que le lecteur maîtrise la mécanique de l'expression orale ou écrite.				

Légende : 1. Absence   2. Niveau faible   3. Niveau moyen   4. Niveau élevé

Source : Adapté de S. Valencia, W. McGinley et P.D. Pearson, *Assessing Reading and Writing : Building a More Complete Picture for Middle School Assessment*, Champaign (Ill.), Center for the Study of Reading, n° 500, 1990.

L'ÉVALUATION DES ATTITUDES ENVERS LA LECTURE

Les attitudes sont liées au rendement en lecture, c'est pourquoi il est important de pouvoir se faire une idée claire des attitudes des élèves envers la lecture. Le fait de déceler une attitude négative devrait vous inciter à intervenir auprès de l'élève avant que les effets de celle-ci ne soient trop marqués. L'évaluation des attitudes se fait en général par l'observation de l'enseignant (spontanée ou compilée dans une grille) et par des questionnaires que l'élève remplit.

L'observation

La façon la plus simple de se faire une idée de l'attitude de l'élève face à la lecture consiste certainement à l'observer dans des situations quotidiennes. La grille présentée au tableau 12.2 propose des éléments à observer à titre d'indices des attitudes des élèves envers la lecture.

tableau 12.2	Grille d'observation des attitudes envers la lecture chez le lecteur débutant			
		Oui	Plus ou moins	Non
L'élève aime-t-il lire?		___	___	___
Lit-il à la maison?		___	___	___
Choisit-il le coin-lecture comme activité libre?		___	___	___
Est-il intéressé à parler de ce qu'il a lu et à échanger avec les autres?		___	___	___
Se porte-t-il volontaire pour lire à voix haute pour la classe?		___	___	___
Choisit-il des livres qui correspondent à ses habiletés?		___	___	___
Est-il capable de redire une histoire dans ses mots?		___	___	___
Participe-t-il activement aux activités de lecture?		___	___	___
Est-il capable d'accomplir seul ses tâches de lecture?		___	___	___

Source: Adapté de J.P. Slaughter, *Beyong Storybooks: Young Children and the Shared Book Experience*, Newark (Del.), International Reading Association, 1993.

Les questionnaires

Il peut être utile, parfois, d'utiliser des questionnaires plutôt que des grilles d'observation. Comme le questionnaire est administré à toute la classe simultanément, il permet de recueillir rapidement des informations sur les attitudes de tous les élèves. Le questionnaire présenté à la figure 12.9 vise cet objectif.

figure 12.9

Questionnaire d'évaluation des attitudes envers la lecture

Nom _____

	Pas du tout d'accord				Tout à fait d'accord
1. Lire est important pour moi.	1	2	3	4	5
2. Je lis souvent dans mes temps libres.	1	2	3	4	5
3. La lecture est ma matière préférée à l'école.	1	2	3	4	5
4. J'aime mieux lire un livre que dessiner.	1	2	3	4	5
5. J'aime acheter des livres et avoir une place où les ranger à la maison.	1	2	3	4	5
6. Lorsque je trouve un livre à mon goût, lire peut être amusant.	1	2	3	4	5
7. J'aime les périodes de lecture libre à l'école.	1	2	3	4	5
8. J'aime lire des livres de bibliothèque.	1	2	3	4	5
9. Lire les livres d'école est une perte de temps.	1	2	3	4	5
10. J'aimerais faire partie d'un club du livre.	1	2	3	4	5
11. Je me sens bien quand je lis.	1	2	3	4	5
12. Je déteste lire parce que, la plupart du temps, je suis obligé de lire.	1	2	3	4	5
13. Lire est une façon amusante d'apprendre.	1	2	3	4	5
14. J'aime lire avant d'aller au lit.	1	2	3	4	5
15. Je trouve souvent des livres sur des sujets qui m'intéressent.	1	2	3	4	5
16. J'aime regarder les livres à la bibliothèque.	1	2	3	4	5
17. Lire est ennuyeux.	1	2	3	4	5
18. Je lis souvent plusieurs livres durant les vacances.	1	2	3	4	5

Source : Adapté de M.O. Tunnell, J.E. Calder et E.S. Phaup, « Attitudes of young readers », *Reading Improvement*, vol. 28, n° 4, 1991, p. 237-243.

L'ÉVALUATION DES CHAMPS D'INTÉRÊT

Les champs d'intérêt des élèves peuvent être une source d'information importante lorsqu'il s'agira de choisir des livres pour les élèves de votre classe. L'examen de la liste des livres lus par l'élève de même que ses conversations avec des adultes ou avec ses pairs peuvent vous renseigner sur les centres d'intérêt de ce dernier. On peut également demander à l'élève de remplir un questionnaire portant sur ses champs d'intérêt, comme celui qui est présenté à la figure 12.10. Notons qu'il peut être pertinent de faire remplir ce questionnaire par tous les élèves au début de l'année et de conserver les copies dans votre dossier de classe.

figure 12.10 Inventaire des champs d'intérêt

Nom _____

Ma famille _____

Nom et âge de mes frères et sœurs _____

Animal domestique _____

Mes loisirs _____

Mon sport préféré _____

Mes expériences _____

Les endroits où j'ai vécu _____

Les endroits que j'ai visités _____

Les choses importantes qui me sont arrivées _____

Mes désirs _____

Des choses que j'aimerais faire _____

Ce que j'aimerais faire plus tard _____

Mon livre préféré _____

Les livres que j'ai aimés _____

Des sujets sur lesquels j'aimerais lire _____

L'ÉVALUATION DES HABITUDES DE LECTURE

L'élève doit être encouragé à tenir un relevé de ses lectures afin qu'il puisse examiner les progrès qu'il fait (voir les figures 12.11 et 12.12). Il doit avoir le temps de feuilleter des livres pour faire son choix; une fois qu'il en a choisi un, il est important qu'il en écrive le titre sur son relevé, même si, par la suite, il dit qu'il ne l'a pas terminé parce qu'il était trop difficile. Soulignons que le relevé ne sert pas à vérifier si l'élève a lu le livre, mais à permettre à l'enseignant de se tenir au courant de ses lectures.

En général, le relevé de lecture comprend les éléments suivants :

☐ le titre ;

☐ la date de la lecture (du début et de la fin) ;

☐ une opinion brève sur le livre ou une évaluation du niveau de difficulté.

figure
12.1
Exemple de relevé de lecture sous forme de signet

Nom	*Émilie Leblanc*
Titre du livre	*Marcus la puce à l'école*
Date	*15 octobre*

figure
12.2
Exemple de relevé des lectures

Mes lectures

Nom _____

Titre	Date	Commentaires

On peut varier le format de ces relevés, mais on doit s'assurer qu'ils peuvent être remplis facilement et rapidement. Les relevés n'ont pas la même fonction que les carnets de lecture qui sont utilisés dans les cercles de lecture. Ici, l'objectif est de constituer simplement un relevé des lectures, tandis que les carnets servent à recueillir les réactions de l'élève. Il ne faut pas demander à l'élève de réagir par écrit à toutes ses lectures ; par contre, on peut l'inciter à noter régulièrement le titre des livres qu'il a lus. Vous prendrez connaissance de ces relevés lors de chaque entretien avec l'élève.

LES PARENTS ET L'ÉVALUATION

Les parents peuvent apporter une contribution positive à l'évaluation en lecture de leur enfant. Lorsque les parents participent à l'évaluation, ils comprennent mieux les exigences de l'apprentissage de la lecture et perçoivent mieux les progrès réalisés par leur enfant (Rasinski, 2001).

Nous présentons ci-dessous des questionnaires qui s'adressent aux parents et qui portent sur la motivation de leur enfant en lecture. Le premier questionnaire (voir la figure 12.13) s'adresse aux parents des enfants de première année, alors que le second (voir la figure 12.14) peut être utilisé à d'autres niveaux du primaire. Ce dernier questionnaire est présenté aux parents à quelques reprises durant l'année ; les cotes que les parents ont attribuées la dernière fois qu'ils ont rempli le questionnaire seront indiquées sur le nouveau de façon qu'ils puissent voir rapidement s'il y a eu ou non changement dans le comportement de leur enfant.

Questionnaire à remplir par les parents d'élèves de première année

Nom de l'enfant _____

Signature du parent _____

Date _____

Information	Oui ou non	Commentaires du parent
Mon enfant aime m'écouter lire.	_____	_____
Mon enfant lit dans des situations quotidiennes.	_____	_____
Mon enfant aime me lire un livre.	_____	_____
Mon enfant pose des questions.	_____	_____
Mon enfant et moi discutons souvent ensemble.	_____	_____
Mon enfant aime aller à la bibliothèque municipale.	_____	_____
Mon enfant est un lecteur heureux qui a confiance en lui.	_____	_____

Réponse de l'enseignant

_____

_____

_____

_____

Source : Adapté de B. Eisele, *Managing the Whole Language Classroom*, Cypress (Calif.), Creative Teaching Press, 1991.

figure
12.14

Questionnaire à remplir par les parents d'élèves des niveaux du primaire autres que la première année

Nom de l'enfant _____ Date _____

Votre évaluation précédente quant aux habiletés et attitudes de votre enfant a été rapportée dans la première colonne. Mettez, dans la deuxième colonne, un crochet vis-à-vis des comportements que vous avez observés chez votre enfant depuis la dernière évaluation.

Mon enfant :

1) lit divers types d'écrits, comme des livres, des magazines et des journaux _____ _____

2) prend le temps chaque jour de lire dans un endroit tranquille _____ _____

3) parle avec les membres de la famille de ce qu'il a lu _____ _____

4) trouve que la lecture est une façon excitante d'apprendre sur le monde _____ _____

5) rapporte à la maison des livres de l'école ou de la bibliothèque municipale _____ _____

6) semble comprendre la plus grande partie de ce qu'il lit à la maison _____ _____

7) essaie d'apprendre de nouveaux mots et les utilise dans la conversation _____ _____

8) semble avoir développé des habiletés de pensée de haut niveau _____ _____

9) utilise des stratégies d'étude (prendre des notes, organiser son temps, etc.) _____ _____

10) s'est amélioré en lecture depuis la dernière évaluation _____ _____

Mon enfant serait un meilleur lecteur si : _____

_____

_____

La principale force de mon enfant est : _____

_____

_____

À la prochaine évaluation, mon enfant devrait : _____

_____

_____

Mes préoccupations ou les questions que je me pose : _____

_____

CONCLUSION

L'évaluation de la lecture est une démarche qui peut être considérée sous différents angles : l'objectif, la structure, le mode, la responsabilité et le degré d'intervention. Tous ces aspects entrent en jeu dans une situation d'évaluation, que ce soit à l'occasion d'un test officiel de lecture ou à l'occasion d'une observation informelle par l'enseignant. Quelle que soit la situation d'évaluation, celle-ci visera toujours à informer l'enseignant de manière qu'il puisse aider l'élève à progresser en lecture.

BIBLIOGRAPHIE

Adams, M.J. (1991). *Beginning to Read,* Cambridge, MIT Press.

Adams, M.J., et autres (2000). *Conscience phonologique,* Montréal, Chenelière/McGraw-Hill.

Afflerbach, P., et Walker, B. (1992). « Main idea instruction : An analysis of three basal reader series », *Reading Research and Instruction,* vol. 32, n° 1, p. 11-28.

Allington, R.L. (2002). « What I've learned about effective reading instruction from a decade of studying exemplary elementary classrooms teachers », *Phi Delta Kappan,* vol. 83, n° 10, p. 740-747.

Allington, R.L., et Walmsley, S.A. (1995). *No Quick Fix : Rethinking Literacy Programs in America's Elementary Schools,* Newark (Del.), International Reading Association.

Alvermann, D.E. (2000). « Narrative approaches », dans M.L. Kamil et autres (dir.), *Handbook of Reading Research,* vol. 3, Mahwah (N.J.), Lawrence Erlbaum, p. 123-140.

Anderson, R., et autres (1985). *Becoming a Nation of Readers : The Report of the Commission on Reading,* Washington (D.C.), The National Institute of Education.

Armand, F. (1996). « Enseigner les stratégies cognitives de lecture au moyen de l'enseignement réciproque auprès d'élèves allophones », *AQEFLS,* vol. 18, n° 12, p. 36-43.

Armstrong, J.O., Armbruster, B.B., et Anderson, T.H. (1991). *Teacher-Constructed Frames for Instruction With Content Area Text,* Champaign (Ill.), Center for the Study of Reading, n° 537.

Arpin, L., et Capra, L. (2000). *L'apprentissage par projets,* Montréal, Chenelière/McGraw-Hill.

Baker, L. (1991). « Metacognition, reading and science education », dans C.M. Santa et D.E. Alvermann (dir.), *Science Learning : Processes and Applications,* Newark (Del.), International Reading Association, p. 2-14.

Barillas, M.R. (2000). « Literacy at home : Honoring parents voices through writing », *The Reading Teacher,* vol. 54, n° 3, p. 302-308.

Barksdale-Ladd, M.A., et Thomas, K.F. (1993). « Eight teachers' reported pedagogical dependency on basal readers », *The Elementary School Journal,* vol. 94, n° 1, p. 49-72.

Barnhart, J.E. (1991). « Criterion-related validity of interpretations of children's performance on emergent literacy tasks », *Journal of Reading Behavior,* vol. 23, n° 4, p. 425-444.

Barr, R., et Johnson, B. (1991). *Teaching Reading in Elementary Classrooms,* New York, Longman.

Bastard, A. (1991). *Contribution à l'étude de la compréhension de l'idée principale chez des élèves de primaire et de secondaire, des étudiants de B.E.P. et des enseignants,* mémoire présenté pour l'obtention de la maîtrise ès arts, École des gradués, Université Laval.

Baumann, J.F., et autres (2002). « Teaching morphemic and contextual analysis to fifth-grade students », *Reading Research Quarterly,* vol. 37, n° 2, p. 150-176.

Baumann, J.F., et Bergeron, B.S. (1993). « Story map instruction using children's literature : Effects on first graders' comprehension of central narrative elements », *Journal of Reading Behavior,* vol. 25, n° 4, p. 407-437.

Beauchesne, Y. (1985). *Animer la lecture,* Montréal, Asted.

Beaudoin, I. (1997). *Les interactions enseignante-élèves lors de la lecture d'histoires en première année,* mémoire de maîtrise présenté à la faculté des études supérieures de l'Université Laval.

Béchard, H. (2000). « La portée pédagogique des référents culturels », *Vie pédagogique,* n° 118, p. 44-47.

Beck, Y.L., et McKeown, M.G. (2001). « Text talk : Capturing the benefits of read-aloud experiences for young children », *The Reading Teacher,* vol. 55, n° 1, p. 10-19.

Bélanger, D., et Labrecque, A.-F. (1984). *Élaboration et validation d'un instrument de mesure de la conscience de l'écrit pour les enfants de maternelle,* mémoire présenté pour l'obtention de la maîtrise ès arts, École des gradués, Université Laval.

Belzil, S. (2002). « L'évaluation des apprentissages dans le cadre de la réforme scolaire », *Québec français,* n° 127, p. 56-58.

Benichou, J.-P. (1983). *Lire, c'est vraiment simple !,* Paris, O.C.D.L.

Bentolila, A., Chevalier, B., et Falcoz-Vigne, D. (1991). *La lecture. Apprentissage, évaluation, perfectionnement,* Paris, Nathan.

Berkemeyer, V.C. (1991). « The effect of anaphora on the reading of German », dans J. Zutell et S. McCormick (dir.), *Learner Factors / Teacher Factors : Issues in Literacy Research and Instruction,* Fortieth Yearbook of The National Reading Conference, Chicago, National Reading Conference, p. 325-333.

Besse, J.-M. (1993). « De l'écriture productive à la psychogenèse de la langue écrite », dans G. Chauveau, M. Rémond et É. Rogovas-Chauveau (dir.), *L'enfant apprenti-lecteur. L'entrée dans le système écrit,* Paris, INRP et L'Harmattan, p. 43-72.

Bianco, M., et autres (2002). *Apprentissage précoce des stratégies inférentielles – incidence de la compréhension à l'oral sur l'acquisition de l'écrit : conception d'outils didactiques,* travaux de l'équipe DEACT, Université Pierre Mendès France (consulté le 15 mars 2003). Dans Internet : <http://www.upmf-grenoble.fr/sciedu/ DEACT.html>.

Blachman, B.A. (2000). « Phonological awareness », dans M.L. Kamil et autres (dir.), *Handbook of Reading Research,* vol. 3, Mahwah (N.J.), Lawrence Erlbaum, p. 483-502.

Blachowicz, C.L., et Fisher, P. (2000). « Vocabulary instruction », dans M.L. Kamil et autres (dir.), *Handbook of Reading Research,* vol. 3, Mahwah (N.J.), Lawrence Erlbaum, p. 503-524.

Blair-Larsen, S.M., et Williams, K.A. (dir.) (1999). *The Balanced Reading Program,* Newark (Del.), International Reading Association.

Blais, E. (1999). « L'évaluation des apprentissages », *Virage express,* vol. 2, n° 15, p. 1-6.

Bligh, T. (1995). « Using story impressions to improve comprehension », *Reading Horizons,* vol. 35, n° 4, p. 287-298.

Block, C.C., et Mangieri, J.N. (2002). « Recreational reading : 20 years later », *The Reading Teacher,* vol. 55, n° 6, p. 572-586.

Bonds, C.W., et Sida, D. (1993). « A reading paradigm to meet the needs of all students », *Reading Improvement,* vol. 30, n° 1, p. 2-8.

Bosma, B. (1992). « The voice of learning : Teacher, child, and text », dans E.B. Freeman et D.G. Person (dir.), *Using Nonfiction Trade Books in the Elementary Classroom,* Newark (Del.), International Reading Association, p. 46-54.

Boutin, J.-F. (1996). « Atelier sur le roman, la bande dessinée et l'album », *Québec français,* n° 103, p. 91-97.

Boyer, C. (1993). *L'enseignement explicite de la compréhension en lecture,* Boucherville (Québec), Graficor.

Brabham, E.G., et Villaume, S.K. (2001). « Building walls of words », *The Reading Teacher,* vol. 54, n° 7, p. 700-702.

——— (2002). « Vocabulary instruction : Concerns and visions », *The Reading Teacher,* vol. 56, n° 3, p. 264-268.

Brassel, D. (1999). « Creating a culturally sensitive classroom library », *The Reading Teacher,* vol. 52, n° 6, p. 650-652.

Brown, A.L., et Day, J.D. (1983). « Macrorules for summarizing texts : The development of expertise », *Journal of Verbal Learning and Verbal Behavior,* vol. 22, n° 1, p. 1-14.

Buss, K., et Karnowski, L. (2002). *Reading and Writing Nonfiction Genres,* Newark (Del.), International Reading Association.

Campbell, R. (2001). *Read-alouds with young children,* Newark (Del.), International Reading Association.

Canter, L., et Petersen, K. (2003). *Bien s'entendre pour apprendre : réduire les conflits* et accroître la coopération, du préscolaire au 3e cycle, Montréal, Chenelière/McGraw-Hill.

Cardarelli, A.F. (1992). « Teachers under cover : Promoting the personal reading of teachers », *The Reading Teacher*, vol. 45, n° 9, p. 664-668.

Caron, J. (2003). *Apprivoiser les différences : guide sur la différenciation des apprentissages et la gestion des cycles*, Montréal, Chenelière/McGraw-Hill.

Carrier, M.J. (1993). *L'effet d'une intervention axée sur la structure textuelle dans le rappel des informations importantes*, mémoire présenté pour l'obtention de la maîtrise ès arts, École des gradués, Université Laval.

Cassagnes, P., Debanc, J., et Garcia-Debanc, C. (1993). « Pratiquer les livres : quelles compétences de lecture développer en BCD ? », *Pratiques : théorie, pratique, pédagogie*, n° 80, p. 95-115.

Cazden, C.B. (1992). *Whole Language Plus*, New York, Teacher College Press.

Chamberland, P. (1994). « Des défis raisonnables en lecture », *Vivre le primaire*, vol. 8, n° 1, p. 41-45.

Chartrand, S., et autres (1999). *Grammaire pédagogique du français d'aujourd'hui*, Boucherville (Québec), Graficor.

Chauveau, G. (2001). *Comprendre l'enfant apprenti-lecteur : état des savoirs*, Paris, Forum Retz, 7 mars (consulté le 10 mars 2003). Dans Internet : <http://www.editions-retz.com/enseignants/pedagogie/forum_retz_Gchauveau.html>.

Chauveau, G., Rémond, M., et Rogovas-Chauveau, É. (dir.) (1993). *L'enfant apprenti-lecteur. L'entrée dans le système écrit*, Paris, INRP et L'Harmattan.

Chauveau, G., et Rogovas-Chauveau, É. (1993). « Les trois visages de l'apprenti-lecteur », dans G. Boudreau (dir.), *Réussir dès l'entrée dans l'écrit*, Sherbrooke, Éditions du CRP, p. 87-102.

Cipielewski, J., et Stanovich, K.E. (1992). « Predicting growth in reading ability from children's exposure to print », *Journal of Experimental Child Psychology*, vol. 54, n° 1, p. 74-89.

Clary, L.M. (1991). « Getting adolescents to read », *Journal of Reading*, vol. 34, n° 5, p. 340-346.

Clay, M. (1991). *Becoming Literate*, Portsmouth (N.H), Heineman Education.

——— (2001). *Change Over Time in Children Literacy Development*, Portsmouth (N.H.), Heineman.

——— (2003). *Le sondage d'observation en lecture-écriture*, Montréal, Chenelière/McGraw-Hill.

Cline, D.M. (1993). « A year with reading workshop », dans L. Patterson et autres (dir.), *Teachers Are Researchers : Reflection and Action*, Newark (Del.), International Reading Association, p. 115-121.

Cloutier, A. (1993). *L'effet d'un enseignement stratégique visant la préparation à la lecture chez des élèves réguliers et en difficulté de 3e année*, mémoire présenté pour l'obtention de la maîtrise ès arts, École des gradués, Université Laval.

Commeyras, M., et Sumner, G. (1998). « Literature questions children want to discuss : What teachers and students learned in a second-grade classroom », *The Elementary School Journal*, vol. 99, n° 2, p. 129-152.

Courchesne, D. (1996). « Les albums, ce n'est pas seulement pour les petits », *Lurelu*, vol. 19, n° 2, p. 49-50.

Cudd, E., et Roberts, L. (1989). « Using writing to enhance content area learning in the primary grades », *The Reading Teacher*, vol. 42, n° 6, p. 392-406.

Cullinan, B.E. (1992). « Learning with literature », dans B.E. Cullinan (dir.), *Invitation to Read*, Newark (Del.), International Reading Association, p. 10-22.

Cullinan, B.E. (dir.) (1993). *Children's Voices : Talk in the Classroom*, Newark (Del.), International Reading Association.

Cunningham, P.M. (1987). « Are your vocabulary words lunules or lupulins ? », *Journal of Reading*, vol. 30, n° 4, p. 344-350.

——— (1991). « Research directions : Multimethod, multilevel literacy instruction in first grade », *Language Arts*, vol. 68, n° 7, p. 578-584.

Cunningham, P.M., et Allington, R.L. (1999). *Classrooms That Work : They Can all Read and Write*, New York, Longman.

Cunningham, P.M., et Cunningham, J.W. (1991). « Ten best ideas for elementary reading teachers », dans E. Fry (dir.), *Ten Best Ideas for Reading Teachers*, New York, Addison-Wesley, p. 42-50.

Curren, M.T., et Harich, K.R. (1993). « Performance attributions : Effects of mood and involvement », *Journal of Educational Psychology*, vol. 85, n° 4, p. 605-609.

Dahl, K.L., et Scharer, P.L. (2000). « Phonics teaching and learning in whole language classrooms : New evidence from research », *The Reading Teacher*, vol. 53, n° 7, p. 584-594.

Davis, E.J. (1997). « Bringing literature to life through reader's theatre », dans N.J. Karolides (dir.), *Reader Response in Elementary Classrooms*, Mahwah (N.J.), Lawrence Erlbaum, p. 113-124.

De Koninck, G. (1993). *Le plaisir de questionner en classe de français*, Montréal, Éditions Logiques.

———— (1998). « Le texte courant et le texte littéraire. Y a-t-il une différence ? ou si Pagnol devenait explorateur... », *Québec français*, n° 111, p. 57-65.

Demers, C., et Landry, N. (1994). *Didactique des projets de lecture*, Rimouski, Éditions de l'Artichaut.

Derita, C., et Weaver, S. (1991). « Cross-age literacy program », *Reading Improvement*, vol. 28, n° 4, p. 244-248.

Dermody, M.M. (1999). « Reciprocal strategy training in prediction, clarification, question generating and summarization to improve reading comprehension », *Reading Improvement*, vol. 36, n° 1, p. 16-23.

Dewitz, P., et autres (1993). « Multiple views of portfolio assessment », communication présentée au congrès annuel de la National Reading Conference, Charleston (S.C.), décembre.

Dewitz, P., et Dewitz, P.K. (2003). « They can read the words, but they can't understand : Refining comprehension assessment », *The Reading Teacher*, vol. 56, n° 5, p. 422-446.

Duffelmeyer, F.A. (2002). « Alphabet activities on the Internet », *The Reading Teacher*, vol. 55, n° 7, p. 631-635.

Duffy, G.G., et Hoffman, J.V. (1999). « In pursuit of an illusion : The flawed search for a perfect method », *The Reading Teacher*, vol. 53, n° 1, p. 10-16.

Ecalle, J., et Magnan, A. (2002). *L'apprentissage de la lecture. Fonctionnement et développement cognitif*, Paris, Armand Colin.

Ehri, L.C., et autres (2001). « Phonemic awareness instruction helps children learn to read : Evidence from the National Reading Panel's meta-analysis », *Reading Research Quarterly*, vol. 36, n° 3, p. 250-287.

Eisele, B. (1991). *Managing the Whole Language Classroom*, Cypress (Calif.), Creative Teaching Press.

Elbaum, B., et autres (2000). « How effectives are one-to-one tutoring programs in reading for elementary students at risk for reading failure ? A meta-analysis of the intervention research », *Journal of Educational Psychology*, vol. 92, n° 4, p. 605-619.

Eldredge, J.L. (1990). « Increasing the performance of poor readers in the third grade with a group-assisted strategy », *Journal of Educational Research*, vol. 84, n° 2, p. 69-77.

Englert, C.S., et autres (1994). « Lesson talk as the work of reading groups : The effectiveness of two interventions », *Journal of Learning Disabilities*, vol. 27, n° 3, p. 165-185.

Evans, K.S. (2002). « Fifth-grade students' perceptions of how they experience literature discussion groups », *Reading Research Quarterly*, vol. 37, n° 1, p. 46-69.

Farr, R., et Tone, B. (1998). *Le portfolio*, Montréal, Chenelière/McGraw-Hill.

Fawson, P.C., et Reutzel, D. (2000). « But I only have a basal : Implementing guided reading in the early grades », *The Reading Teacher*, vol. 54, n° 1, p. 84-97.

Fayol, M. (2000). « La lecture au cycle III : difficultés, prévention et remédiations », dans *Les actes du séminaire L'exploitation de l'évaluation nationale en CE2 : la lecture*, Paris, ministère de l'Éducation nationale, p. 20-31.

Ferdinand, M.-T., et autres (2000). *Vivre la pédagogie du projet collectif*, Montréal, Chenelière/McGraw-Hill.

Ferreiro, E. (1990). *Apprendre le lire-écrire*, Lyon, Voies livres.

Ferreiro, E., et Gomez, P.M. (1988). *Lire-écrire à l'école. Comment s'y prennent-ils ?*, Lyon, CDRP.

Fijalkow, É. (1992). « Une situation de lecture autonome à l'école », *Revue française de pédagogie*, n° 98, p. 41-56.

———— (1993). « Clarté cognitive en grande section maternelle et lecture au cours préparatoire », dans G. Boudreau (dir.). *Réussir dès l'entrée dans l'écrit*, Sherbrooke, Éditions du CRP, p. 69-85.

Fitzgerald, J. (1992). « Reading and writing stories », dans J.W. Irwin et M.A. Doyle (dir.), *Reading/Writing Connections : Learning from Research*, Newark (Del.), International Reading Association, p. 81-95.

Fitzgerald, J., Spiegel, D., et Webb, T. (1985). « Development of children's knowledge of story structure and content », *Journal of Educational Research*, n° 9, p. 101-108.

Foucambert, J. (1994). *L'enfant, le maître et la lecture*, Paris, Nathan.

Fountas, I.C., et Pinnell, G.S. (1996). *Guided Reading : Good First Teaching for all Children*, Portsmouth (N.H.), Heineman.

Fractor, J.S., et autres (1993). « Let's not miss opportunities to promote voluntary reading : Classroom libraries in the elementary school », *The Reading Teacher*, vol. 46, n° 6, p. 476-484.

Fry, E. (2002). « Readability versus leveling », *The Reading Teacher*, vol. 56, n° 3, p. 286-291.

Fuhler, C.J. (2002). « Picture books for older readers : Passports for teaching and learning across the curriculum », dans J.B. Elliott et M.M. Dupuis (dir.), *Young Adult Literature in the Classroom*, Newark (Del.), International Reading Association, p. 170-193.

Gagnon, M.-C. (1998). *Effets des habiletés métalinguistiques et des caractéristiques textuelles sur la compréhension de textes informatifs en 2e année du primaire*, mémoire de maîtrise présenté à la faculté des études supérieures de l'Université Laval.

Galda, L. (1987). « Teaching higher order reading skills with literature : Intermediate grades », dans B.E. Cullinan (dir.), *Children's Literature in the Reading Program*, Newark (Del.), International Reading Association, p. 89-98.

Gambrell, L.B., Mazzoni, S.A., et Almasi, J.F. (2000). « Promoting collaboration, social interaction and engagement with text », dans L. Baker, M.J. Dreher et J.T. Guthrie (dir.), *Engaging Young Readers*, New York, Guilford Press, p. 119-139.

Gentry, J.R. (2000). « A retrospective on invented spelling and a look forward », *The Reading Teacher*, vol. 54, n° 3, p. 318-332.

Gervais, F. (1997). *École et habitudes de lecture*, Montréal, Chenelière/McGraw-Hill.

———— (1998). « Le cercle de lecture autonome au primaire », *Québec français*, n° 109, p. 34-36.

Giasson, J. (1990). *La compréhension en lecture*, Boucherville (Québec), Gaëtan Morin Éditeur.

———— (1994a). « Lire avant tout », dans L. Saint-Laurent et autres, *Programme d'intervention auprès des élèves à risque. Une nouvelle option éducative*, Boucherville (Québec), Gaëtan Morin Éditeur, p. 73-119.

———— (1994b). « Pourquoi faut-il encourager les élèves à lire ? », *Vie pédagogique*, n° 88, p. 27-30.

———— (2000). *Les textes littéraires à l'école*, Boucherville (Québec), Gaëtan Morin Éditeur.

Giasson, J., et autres (1985). « Le lecteur précoce au Québec : caractéristiques individuelles et familiales », *Revue internationale de psychologie appliquée*, vol. 34, n° 4, p. 455-477.

Giasson, J., et Saint-Laurent, L. (1999). « Lire en classe : résultats d'une enquête au primaire », *Revue canadienne de l'éducation*, vol. 24, n° 2, p. 197-211.

Giasson, J., et Thériault, J. (1983). *L'apprentissage et l'enseignement de la lecture*, Montréal, Éditions Ville-Marie.

Gifford, A.P. (2000). « Broadening concepts through vocabulary development », *Reading Improvement*, vol. 37, n° 1, p. 2-12.

Girard, N. (1989). *Lire et écrire au préscolaire*, Laval (Québec), Mondia.

——— (1992). « L'écrit a-t-il une place au préscolaire ? », *Québec français*, n° 84, p. 35-37.

Glazer, S.M. (1992). *Reading Comprehension*, New York, Scolastic.

Goigoux, R. (1992). « Les 5-8 ans et les modèles interactifs », dans A. Bentolila et B. Chevalier (dir.), *La lecture : théories et pratiques*, Paris, Nathan, p. 192-197.

Goldenberg, C. (1993). « Instructional conversations : Promoting comprehension through discussion », *The Reading Teacher*, vol. 46, n° 4, p. 316-326.

Gombert, J.É. (1992). « Activités de lecture et activités associées », dans M. Fayol et autres (dir.), *Psychologie cognitive de la lecture*, Paris, PUF, p. 107-140.

——— (1993). « Formalisation de la langue et manipulation de l'écrit », dans J.-P. Jaffré, L. Sprenger-Charolles et M. Fayol (dir.), *Lecture-écriture : acquisition. Les Actes de la Villette*, Paris, Nathan, p. 241-252.

Goodman, K.S. (1989). *Le pourquoi et le comment du langage intégré*, Richmond Hill (Ont.), Scholastic.

——— (1992a). « I didn't found whole language », *The Reading Teacher*, vol. 46, n° 3, p. 188-199.

——— (1992b). « Whole language research : Foundations and development », dans S.J. Samuels et A.E. Farstrup (dir.), *What Research Has to Say About Reading Instruction*, 2ᵉ éd., Newark (Del.), International Reading Association, p. 46-69.

Goodman, K.S., et Goodman, Y.M. (1980). « Reading is natural », *Apprentissage et socialisation*, vol. 3, n° 2, p. 107-123.

Grant, R. (1993). « Strategic training for using text headings to improve students' processing of content », *Journal of Reading*, vol. 36, n° 6, p. 482-488.

Grégoire, R., et Laferrière, T. (2001). *Apprendre ensemble par projet avec l'ordinateur en réseau : guide à l'intention des enseignants et des enseignantes*, RESCOL (consulté le 12 mars 2003). Dans Internet : <http://www.tact.fse.ulaval.ca/fr/html/sites/guidep.html>.

Griffin, M.L. (2002). « Why don't you see your finger ? Paired reading in first grade », *The Reading Teacher*, vol. 55, n° 8, p. 766-773.

Guay, H.M. (2002). « La pédagogie de projet au Québec : une pratique pédagogique aux multiples visages », *Québec français*, n° 126, p. 60-63.

Guérette, C. (1991). *Peur de qui ? Peur de quoi ? Le conte et la peur chez l'enfant*, LaSalle (Québec), Hurtubise HMH.

——— (1998). *Au cœur de la liberté d'enfance et de jeunesse*, Sainte-Foy (Québec), La Liberté.

Guthrie, J.T., et Wigfield, A. (2000). « Engagement and motivation in reading », dans M. L. Kamil et autres (dir.), *Handbook of Reading Research*, vol. 3, Mahwah (N.J.), Lawrence Erlbaum, p. 403-422.

Guthrie, J.T., Schafer, W.D., et Huang, C.-W. (2001). « Benefits of opportunity to read and balanced instruction on the NAEP », *Journal of Educational Research*, vol. 94, n° 3, p. 145-162.

Guzzetti, B.J., et autres (1993). « Promoting conceptual change in science : A comparative meta-analysis of instructional interventions from reading education and science education », *Reading Research Quarterly*, vol. 28, n° 2, p. 116-162.

Hare, C.H., Rabinowitz, M., et Schieble, K. (1989). « The effects of main idea comprehension », *Reading Research Quarterly*, vol. 24, n° 1, p. 72-89.

Hargrave, A.C., et Sénéchal, M. (2000). « A book reading intervention with preschool children who have limited vocabularies : The benefits of regular reading and dialogic reading », *Early Childhood Research Quarterly*, vol. 15, n° 1, p. 75-90.

Heimlichs, J.E., et Pittelman, S.D. (1986). *Semantic Mapping : Classroom Applications*, Newark (Del.), International Reading Association.

Hennings, D.G. (1992). « Students' perceptions of dialogue journals used in college methods courses in language arts and reading », *Reading Research and Instruction*, vol. 31, n° 3, p. 15-31.

Heymsfeld, C.R. (1991). « Reciprocal teaching goes co-op », *The Reading Teacher*, vol. 45, n° 4, p. 335.

Hoffman, J.V., Roser, N.L., et Battle, J. (1993). « Reading aloud in classrooms : From the modal toward a "model" », *The Reading Teacher*, vol. 46, n° 6, p. 496-503.

Howard, D.E. (1993). « Reading attitudes and preservice teachers », *Reading Improvement*, vol. 30, n° 3, p. 176-179.

Howden, J., et Kopiec, M. (2002). *Cultiver la collaboration*, Montréal, Chenelière/McGraw-Hill.

Irwin, J.W. (1991). *Teaching Reading Comprehension Processes*, 2e éd., Englewood Cliffs (N.J.), Prentice-Hall.

Ivey, G., Baumann, J. F., et Jarrard, D. (2000). « Exploring literacy balance : Iterations in a second-grade and a sixth-grade classroom », *Reading Research and Instruction*, vol. 39, n° 4, p. 291-310.

Jacquier-Roux, M., et Zorman, M. (1998). *Test-évaluation du niveau de développement de la conscience phonologique*, Grenoble, Éditions de la Cigale.

Jalbert, P. (1998). « Le portfolio. De la théorie à la pratique ? », *Québec français*, n° 111, p. 37-40.

Jalbert, P., et Munn, J. (2001). « L'évaluation d'hier et celle de demain », *Vie pédagogique*, n° 120, p. 48-51.

Jolibert, J. (1984). *Former des enfants lecteurs*, t. I, Paris, Hachette.

Jose, P.E., et Brewer, W.F. (1990). « Grade school children's liking of script and suspense story structures », *Journal of Reading Behavior*, vol. 22, n° 4, p. 355-373.

Juel, C., et Minden-Cupp, C. (2000). « Learning to read words : Linguistic units and instructional strategies », *Reading Research Quarterly*, vol. 35, n° 4, p. 458-494.

Kaufman, M. (2002). « Putting it all together : From one first-grade teacher to another », *The Reading Teacher*, vol. 55, n° 8, p. 722-726.

Korkeamäki, R.-L., et Dreher, M.J. (2000). « Finnish kindergartner's literacy development in contextualized literacy episodes : A focus on spelling », *Journal of Literacy Research*, vol. 32, n° 3, p. 349-393.

Kundera, M. (1993). *Les Testaments trahis*, Paris, Gallimard.

Langer, J.A. (1990). « Understanding literature », *Language Arts*, vol. 67, n° 8, p. 812-816.

——— (1994). « A response-based approach to reading literature », *Language Arts*, vol. 71, n° 3, p. 203-211.

——— (1995). *Envisioning Literature. Literary Understanding and Literature Instruction*, Newark (Del.), International Reading Association.

——— (2000). *Teaching Middle and High School Students to Read and Write Well*, University at Albany, National Research Center on English Learning and Achievement.

Lavoie, N. (1989). *Évolution de l'écriture chez des enfants de première année primaire*, mémoire présenté pour l'obtention de la maîtrise ès arts, École des gradués, Université Laval.

Lavoie, N., et Lévesque, J.-Y. (2001). « Les parents et l'éveil à l'écrit chez les enfants d'âge préscolaire », *Québec français*, n° 122, p. 38-40.

Leaman, R.E. (1993). « Effects of direct instruction of story grammar on story writing and reading comprehension of elementary school learning disabled students », dans T.V. Rasinski et N.D. Padak (dir.), *Inquiries in Literacy Learning and Instruction*, Pittsburg (Kan.), College Reading Association, p. 15-24.

Leblanc, G. (1995). *Modification de connaissances par le biais de textes informatifs au primaire*, thèse de doctorat présentée à la faculté des études supérieures de l'Université Laval.

——— (2000a). « Le loup. Un exemple d'unité littéraire », *Québec français*, n° 116, p. 63-69.

——— (2000b). « Les unités littéraires. Une façon d'utiliser la littérature de jeunesse en classe et faire réagir les élèves », *Québec français*, n° 116, p. 34-39.

Lebrun, M., Guérette, V., et Achim, P. (1993). « L'expérience esthétique des textes au primaire », *Québec français*, n° 89, p. 40-42.

Lee-Daniels, S., et Murray, B.C. (2000). « DEAR me : What does it take to get children reading ? », *The Reading Teacher*, vol. 54, n° 2, p. 154-155.

Lemay-Bourassa, G. (1997). « Le cercle de lecture », *Québec français*, n° 107, p. 63-66.

Lessard, C. (2000). « La réforme du curriculum : une adhésion réfléchie à un changement peu banal », *Vie pédagogique*, n° 114, p. 47-52.

Leu, D.J. (2002). « Internet workshop : Making time for literacy », *The Reading Teacher*, vol. 55, n° 5, p. 466-472.

Lewis, M., Wray, D., et Rospigliosi, P. (1994). « ... And I want it in your own words », *The Reading Teacher*, vol. 47, n° 7, p. 528-536.

Li, D., et Nes, S. (2001). « Using paired reading to help ESL students become fluent and accurate readers », *Reading Improvement*, vol. 38, n° 2, p. 50-61.

Lickteig, M.J., et Russell, J.F. (1993). « Elementary teachers' read-aloud practices », *Reading Improvement*, vol. 30, n° 4, p. 202-208.

Lipson, M.Y., et Smith, C. (1990). « Influences on oral reading fluency », communication présentée au congrès annuel de la National Reading Conference, Miami, décembre.

Luse, P.L. (2002). « Speedwriting : A teaching strategy for active student engagement », *The Reading Teacher*, vol. 56, n° 1, p. 20-21.

Mabbett, B. (1990). « The New Zealand story », *Educational Leadership*, vol. 47, n° 6, p. 59-61.

McCormack, R.L. (1993). « What shall we say when the teacher's away ? A look at a second grade peer response group », communication présentée au congrès annuel de la National Reading Conference, Charleston (S.C.), décembre.

McCormick, S. (1992). « Disabled readers' erroneous responses to inferential comprehension questions : Description and analysis », *Reading Research Quarterly*, vol. 27, n° 1, p. 54-77.

McGill-Franzen, A., et Allington, R.L. (1991). « Every child's right : Literacy », *The Reading Teacher*, vol. 45, n° 2, p. 86-92.

McIntyre, E. (1992). « Young children's reading behaviors in various classroom contexts », *Journal of Reading Behavior*, vol. 24, n° 3, p. 339-371.

McKeown, M.G., Beck, I.L., et Sandora, C.A. (1996). « Questioning the author : An approach to developing meaningful classroom discourse », dans M.F. Graves, P. Van Den Broek et B.M. Taylor (dir.), *The First R : Every Child's Right to Read*, Newark (Del.), International Reading Association, p. 97-119.

McLaughlin, M., et Allen, M.B. (2002). *Guided Comprehension*, Newark (Del.), International Reading Association.

Mainguy, É., et Deaudelin, C. (1992). « La lecture et les futurs enseignants du primaire : leurs attitudes et habitudes », dans C. Préfontaine et M. Lebrun (dir.), *La lecture et l'écriture : enseignement et apprentissage*, Montréal, Éditions Logiques, p. 323-340.

Maloch, B. (2002). « Scaffolding student talk : One teacher's role in literature discussion groups », *Reading Research Quarterly*, vol. 37, n° 1, p. 94-111.

Manguel, A. (1998). *Une histoire de la lecture*, Arles, Actes Sud.

Mann, V.A. (1993). « Phoneme awareness and future reading ability », *Journal of Learning Disabilities*, vol. 26, n° 4, p. 259-269.

Maria, K. (1990). *Reading Comprehension Instruction*, Parkton (Md.), York Press.

Marks, M., et autres (1993). « Three teachers' adaptations of reciprocal teaching in comparison to traditional reciprocal teaching », *The Elementary School Journal*, vol. 94, n° 2, p. 267-283.

Marshall, J.C. (2002). *Are They Really Reading ? Expanding SSR in the Middle Grades*, Portland (Me.), Stenhouse Publishers.

Marshall, N. (1984). « Discourse analysis as a guide for informal assessment of comprehension », dans J. Flood (dir.), *Promoting Reading Comprehension*, Newark (Del.), International Reading Association, p. 79-97.

Martinez, M. (1993). « Motivating dramatic story reenactments », *The Reading Teacher*, vol. 46, n° 8, p. 682-688.

Martinez, M., Roser, N.L., et Strecker, S. (1999). « "I never thought I could be a star" : A readers theatre ticket to fluency », *The Reading Teacher*, vol. 52, n° 4, p. 326-337.

Mason, J.M., Peterman, C.L., et Kerr, B.M. (1989). « Reading to kindergarden children », dans D.S. Strickland et L.M. Morrow (dir.), *Emergent Literacy : Your Children Learn to Read and Write,* Newark (Del.), International Reading Association, p. 52-63.

Megyeri, K.A. (1993). « The reading aloud of ninth-grade writing », *Journal of Reading,* vol. 37, n° 3, p. 184-190.

Mélançon, J., et Ziarko, H. (2000). « Manipuler les sons de la langue orale pour apprendre à lire », *Québec français,* n° 116, p. 41-43.

Merkley, D.J. (1997). « Modified anticipation guide », *The Reading Teacher,* vol. 50, n° 4, p. 365-368.

Méron, C., et Maga, J.-J. (1990). *Le défi-lecture,* Lyon, Chronique sociale, coll. « Synthèse ».

Mesmer, H.E., et Hutchins, E.J. (2002). « Using QARs with charts and graphs », *The Reading Teacher,* vol. 56, n° 1, p. 21-27.

Mesnager, J. (2002). « Pour une étude de la difficulté des textes : la lisibilité revisitée », *Le français d'aujourd'hui,* n° 137, p. 29-40.

Meyer, B. (1985). « Prose analysis : Purposes, procedures, and problems », dans B. Britton et J. Black (dir.), *Understanding Expository Text,* Hillsdale (N.J.), Lawrence Erlbaum Associates, p. 11-64.

Miller, S.D., Adkins, T., et Hooper, M.L. (1993). « Why teachers select specific literacy assignments and students' reactions to them », *Journal of Reading Behavior,* vol. 25, n° 1, p. 69-95.

Millin, S.K., et Rinehart, S.D. (1999). « Some of the benefits of readers theater participation for second-grade Title I students », *Reading Research and Instruction,* vol. 39, n° 1, p. 71-88.

Ministère de l'Éducation du Québec (1991). *Prévention de l'abandon scolaire,* mémoire d'étape, Direction générale de la recherche et du développement.

———— (2001). *La formation à l'enseignement,* gouvernement du Québec.

Ministère de l'Éducation nationale et de la Culture (1992). *La maîtrise de la langue à l'école,* Paris, Centre de documentation pédagogique.

Monette, M. (2002). « Le matériel didactique : faut-il en faire une histoire ? », *Vie pédagogique,* n° 124, p. 17-20.

Morado, C., Koenig, R., et Wilson, A. (1999). « Miniperformances, many stars ! Playing with stories », *The Reading Teacher,* vol. 53, n° 2, p. 116-123.

Morin, M.-F. (2002). *Le développement des habiletés orthographiques chez des sujets francophones entre la fin de la maternelle et de la première année du primaire,* thèse de doctorat présentée à la faculté des études supérieures de l'Université Laval.

Morrice, C., et Simmons, M. (1991). « Beyond reading buddies : A whole language cross-age program », *The Reading Teacher,* vol. 44, n° 8, p. 572-580.

Morrow, L.M. (2001). *Literacy Development in the Early Years Helping Children Read and Write,* 4e éd., Needham Heights (Mass.), Allyn and Bacon.

Morrow, L.M., et Gambrell, B.L. (2000). « Literature-based reading instruction », dans M.L. Kamil et autres (dir.), *Handbook of Reading Research,* vol. 3, Mahwah (N.J.), Lawrence Erlbaum, p. 563-587.

Moss, B., et Hendershot, J. (2002). « Exploring sixth graders' selection of non-fiction trade books », *The Reading Teacher,* vol. 56, n° 1, p. 6-34.

Moss, J.F. (1995). « Preparing focus units with literature : Crafty foxes and authors' craft », dans N.L. Roser et M.G. Martinez (dir.), *Book Talk and Beyong : Children and Teachers Respond to Literature,* Newark (Del.), International Reading Association, p. 53-65.

Nadon, Y. (1992). « En bonne voie... vers la lecture », *Québec français,* n° 86, p. 53-55.

———— (2001). « Apprendre à lire. Une réflexion professionnelle et personnelle », dans *Guide d'exploitation pédagogique,* Laval (Québec), Beauchemin, p. 6-13.

———— (2002). *Lire et écrire en première année et pour le reste de sa vie,* Montréal, Chenelière/McGraw-Hill.

Nagy, E.W., et Scott, J.A. (2000). « Vocabulary processes », dans M.L. Kamil et autres (dir.), *Handbook of Reading Research,* vol. 3, Mahwah (N.J.), Lawrence Erlbaum, p. 269-284.

Naughton, V.M. (1994). « Creative mapping for content reading », *Journal of Reading,* vol. 37, n° 4, p. 324-326.

Nelson, O.G., et Linek, W.M. (dir.) (1999). *Pratical Classroom Applications of Language Experience Looking Back, Looking Forward*, Needham Heights (Mass.), Allyn and Bacon.

Nessel, D. (1988). «Channeling knowledge for reading expository text», *Journal of Reading*, vol. 32, n° 3, p. 231-236.

Neuman, S.B., et Roskos, K. (1990). «The influence of literacy-enriched play settings on preschoolers' engagement with written language», dans J. Zutell et autres (dir.), *Literacy Theory and Research : Analysis From Multiple Paradigms*, Chicago, National Reading Conference, p. 179-189.

Neuman, S.B., et Soundy, C. (1991). «The effects of "storybook partnerships" on young children's conceptions of stories», dans J. Zutell et S. McCormick (dir.), *Learner Factors / Teacher Factors : Issues in Literacy Research and Instruction*, Fortieth Yearbook of The National Reading Conference, Chicago, National Reading Conference, p. 141-148.

Nistler, R.J., et Maiers, A. (2000). «Stopping the silence : Hearing parents' voices in an urban first-grade family literacy program», *The Reading Teacher*, vol. 53, n° 8, p. 670-680.

Nothomb, A. (1992). *Hygiène de l'assassin*, Paris, Seuil.

Observatoire national de la lecture (1998). *Apprendre à lire*, Paris, Éditions Odile Jacob.

Ogle, D. (1989). «The known, want to know, learn strategy», dans D. Muth (dir.), *Children's Comprehension of Text*, Newark (Del.), International Reading Association, p. 205-224.

Ollmann, H.E. (1993). «Choosing literature wisely : Students speak out», *Journal of Reading*, vol. 36, n° 8, p. 648-653.

O'Mallan, R.P., Foley, C.L., et Lewis, C.D. (1993). «Effects of the guided reading procedure on fifth graders' summary writing and comprehension of science text», *Reading Improvement*, vol. 30, n° 4, p. 194-201.

O'Masta, G.A., et Wolf, J.M. (1991). «Encouraging independent reading through the reading millionaires project», *The Reading Teacher*, vol. 44, n° 9, p. 656-666.

Opitz, M.F., et Ford, M.P. (2001). *Reaching Readers. Flexible and Innovative Strategies for Guided Reading*, Portsmouth (N.H.), Heineman.

Oster, L. (2001). «Using the think-aloud for reading instruction», *The Reading Teacher*, vol. 55, n° 1, p. 64-69.

Owens, R.F., Hester, J.L., et Teale, W.H. (2002). «Where do you want to go today ? Inquiry-based learning and technology integration», *The Reading Teacher*, vol. 55, n° 7, p. 616-625.

Pagé, M., et autres (1991). *Programme pratique d'apprentissage des habiletés de compréhension*, Montréal, Commission scolaire de l'île de Montréal.

Palincsar, A.S., et Klenk, L. (1992). «Fostering literacy learning in supportive contexts», *Journal of Learning Disabilities*, vol. 25, n° 4, p. 211-225, 229.

Pearson, P.D. (2001). «Life in the radical middle : A personal apology for a balanced view of reading», dans R.F. Flippo (dir.), *Reading Researchers in Search of Common Ground*, Newark (Del.), International Reading Association, p. 78-83.

Pennac, D. (1992). *Comme un roman*, Paris, Gallimard.

Penno, J.F., Wilkinson, I.A., et Moore, D.W. (2002). «Vocabulary acquisition from teacher explanation and repeated listening to stories : Do they overcome the Matthew effect ?», *Journal of Educational Psychology*, vol. 94, n° 1, p. 23-33.

Perrenoud, P. (2000). «Du curriculum aux pratiques : question d'adhésion, d'énergie ou de compétence ?», texte d'une conférence donnée à Québec le 10 octobre 2000 (consulté le 1er mars 2003). Dans Internet : <http://www.unige.ch/fapse/SSE/teachers/perrenoud/>.

——— (2002). «Apprendre à l'école à travers des projets : pourquoi ? comment ?», *Éducateur*, n° 4, p. 6-11.

Peterson, S., et Phelps, P.H. (1991). «Visual-Auditory links : A structural analysis approach to increase word power», *The Reading Teacher*, vol. 44, n° 7, p. 524-526.

Poslaniec, C. (1990). «Préface», dans C. Méron et J.-J. Maga, *Le défi-lecture*, Lyon, Chronique sociale, coll. «Synthèse».

Pressley, M. (2002). « Metacognition and self-regulated comprehension », dans A. Farstrup et S.J. Samuels (dir.), *What Research Has to Say About Reading Instruction,* 3ᵉ éd., Newark (Del.), International Reading Association, p. 291-309.

Pressley, M., et autres (2002). « Balanced literacy instruction », *Focus on Exceptional Children,* vol. 34, nº 5, p. 1-14.

Pressley, M., et Harris, K.R. (1990). « What we really know about strategy instruction », *Educational Leadership,* vol. 48, nº 1, p. 31-34.

Purcell-Gates, V. (1991). « On the outside looking in : A study of remedial readers' meaning-majing while reading literature », *Journal of Reading Behavior,* vol. 23, nº 2, p. 235-255.

Purcell-Gates, V., et Dahl, K.L. (1991). « Low-SES children's success and failure at early literacy learning in skills-based classrooms », *Journal of Reading Behavior,* vol. 23, nº 1, p. 1-35.

Raphael, T.E. (1986). « Teaching question answer relationship, revisited », *The Reading Teacher,* vol. 39, nº 6, p. 516-524.

Raphael, T.E., et McMahon, S.I. (1998). « Book Club : An alternative framework for reading instruction », dans C. Weaver (dir.), *Practicing What We Know, Informed Reading Instruction,* Urbana (Ill.), National Council of Teachers of English, p. 352-374.

Rasinski, T.V. (1989). « The effects of cued phrase boundaries on reading performance : A review », communication présentée au congrès annuel de l'American Education Research Association, San Francisco.

———— (2001). « A focus on communication with parents and families », dans R.F. Flippo (dir.), *Reading Researchers in Search of Common Ground,* Newark (Del.), International Reading Association, p. 159-166.

Rasinski, T.V., et autres (1994). « Effects of fluency development on urban second-grade readers », *Journal of Educational Research,* vol. 87, nº 3, p. 158-165.

Rekrut, M.D. (1994). « Peer and cross-age tutoring : The lessons of research », *Journal of Reading,* vol. 37, nº 5, p. 356-362.

Rémond, M. (1993). « Pourquoi certains enfants ne comprennent-ils pas ce qu'ils lisent ? », dans G. Chauveau, M. Rémond et É. Rogovas-Chauveau (dir.), *L'enfant apprenti-lecteur. L'entrée dans le système écrit,* Paris, INRP et L'Harmattan, p. 133-150.

Reutzel, D.R., et Cooter, R.B. (1991). « Organizing for effective instruction : The reading workshop », *The Reading Teacher,* vol. 44, nº 8, p. 548-556.

Reutzel, D.R., et Hollingsworth, P.M. (1990). « Skill hierarchies in reading comprehension », *Reading Improvement,* vol. 27, nº 1, p. 64-71.

Revaz, N., Pietro, J.-F., et Martinet, P. (2002). *L'enseignement/apprentissage du français à l'école obligatoire,* rapport du Groupe de référence du français, Neuchâtel, Institut de recherche et de documentation pédagogique.

Rhoder, C., et Huerster, P. (2002). « Use dictionaries for word learning with caution », *Journal of Adolescent and Adult Literacy,* vol. 45, nº 8, p. 730-735.

Rhodes, L.K. (1990). « Assessment. Miscue analysis in the classroom », *The Reading Teacher,* vol. 44, nº 3, p. 252-256.

Richards, J.C., et Gipe, J.P. (1993). « Getting to know story for young and at-risk readers », *The Reading Teacher,* vol. 47, nº 1, p. 78-79.

Richards, M. (2000). « Be a good detective : Solve the case of oral fluency », *The Reading Teacher,* vol. 53, nº 7, p. 534-546.

Richgels, D. (1982). « The language experience approach : A transition from oral to written language », *Reading Horizons,* vol. 23, nº 1, p. 47-54.

Rinehart, S.D., et Thomas, K.F. (1993). « Summarization ability and text recall by novice studiers », *Reading Research and Instruction,* vol. 32, nº 4, p. 24-32.

Ritterskamp, P., et Singleton, J. (2001). « Interactive calendar », *The Reading Teacher,* vol. 55, nº 2, p. 114-116.

Rog, L.J., et Burton, W. (2002). « Matching texts and readers : Leveling early reading materials for assessment and instruction », *The Reading Teacher,* vol. 55, nº 4, p. 348-362.

Rogovas-Chauveau, É. (1993). « Le dialogue métacognitif et le savoir-lire », dans G. Chauveau, M. Rémond et É. Rogovas-Chauveau (dir.), *L'enfant apprenti-lecteur. L'entrée dans le système écrit*, Paris, INRP et L'Harmattan, p. 161-173.

Rose, D.S., et autres (2000). « Imagery-based learning : Improving elementary student's reading comprehension with drama techniques », *Journal of Educational Research*, vol. 94, n° 1, p. 55-63.

Rosenblatt, L.M. (1991). « Literature-S.O.S. ! », *Language Arts*, n° 68, p. 444-448.

Roser, N.L., et autres (1995). « Language charts : A record of story time talk », dans N.L. Roser et M.G. Martinez (dir.), *Book Talk and Beyond : Children and Teachers Respond to Literature*, Newark (Del.), International Reading Association, p. 80-89.

Roser, N.L., et Keehn, S. (2002). « Fostering thought, talk, and inquiry : Linking literature and social studies », *The Reading Teacher*, vol. 55, n° 5, p. 416-426.

Roy, P. (1991). « Si on lisait... pour vrai ! », *Des livres et des jeunes*, n° 39, p. 34-35.

Ruddell, R.B., Draheim, M.E., et Barnes, J. (1989). « A comparative study of the teaching effectiveness of influencial and non-influencial teachers and reading comprehension development », communication présentée au congrès annuel de la National Reading Conference, Austin (Texas), novembre.

Rupley, W.H., Logan, J.W., et Nichols, W.D. (1998). « Vocabulary instruction in a balanced reading program », *The Reading Teacher*, vol. 52, n° 4, p. 336-347.

Sabourin, M., et autres (2002). *Coopérer pour réussir. Préscolaire et 1er cycle*, Montréal, Chenelière/McGraw-Hill.

Sampson, M.B. (2002). « Confirming a K-W-L : Considering the source », *The Reading Teacher*, vol. 55, n° 6, p. 528-532.

Samuels, S.J. (2002). « Reading fluency : It's development and assessment », dans A. Farstrup et S.J. Samuels (dir.), *What Research Has to Say About Reading Instruction*, 3e éd., Newark (Del.), International Reading Association, p. 166-183.

Schmidt, P.R., et autres (2002). « Literacy learning and scientific inquiry : Children

respond », *The Reading Teacher*, vol. 55, n° 6, p. 534-548.

Schmitt, E.-E. (2001). *Monsieur Ibrahim et les fleurs du Coran*, Paris, Albin Michel.

Sebesta, S.L. (1987). « Enriching the arts and humanities through children's books », dans B.E. Cullinan (dir.), *Children's Literature in the Reading Program*, Newark (Del.), International Reading Association, p. 77-89.

Shannon, P., Kameenui, E.J., et Baumann, J.F. (1988). « An investigation of children's ability to comprehend character motives », *American Educational Research Journal*, vol. 25, n° 3, p. 441-462.

Sheveland, D.E. (1993). « Can school make a difference in the development of independent readers for pleasure ? », communication présentée au congrès annuel de la National Reading Conference, Charleston (S.C.), décembre.

Simard, C. (1990). « Tendances actuelles en enseignement de l'écrit au Québec », dans G. Gagné et E. Tarrab (dir.), *Didactique des langues maternelles, questions, actions, dans différentes régions du monde*, Bruxelles, De Boeck Université, p. 243-258.

————— (1992). « L'écriture et ses difficultés d'apprentissage », dans R. Ouellet et L. Savard (dir.), *Pour favoriser la réussite scolaire. Réflexions et pratiques*, Montréal, Éditions Saint-Martin, p. 276-294.

————— (1995). « Écriture », dans L. Saint-Laurent et autres (dir.), *Programme d'intervention auprès des élèves à risque. Une nouvelle option éducative*, Boucherville (Québec), Gaëtan Morin Éditeur, p. 123-187.

————— (1997). *Éléments de didactique du français langue première*, Québec, Éditions ERPI.

Simard, D. (2002). « Comment favoriser une approche culturelle de l'enseignement », *Vie pédagogique*, n° 124, p. 5-9.

Sipe, L.R. (2002). « Talking back and taking over : Young children's expressive engagement during storybook read-alouds », *The Reading Teacher*, vol. 55, n° 5, p. 476-483.

Slaughter, J.P. (1993). *Beyond Storybooks : Young Children and the Shared Book Expe-*

rience, Newark (Del.), International Reading Association.

Sliepen, S.E., et Reitsma, P. (1993). « Instruction in reading comprehension strategies : Effects of a training of teachers », communication présentée au congrès annuel de la National Reading Conference, Charleston (S.C.), décembre.

Snider, M.A., Lima, S.S., et Devito, P.J. (1994). « Rhode Island's literacy portfolio assessment project », dans S.W. Valencia, E.H. Hiebert et P.P. Afflerbach (dir.), *Authentic Reading Assessment : Practices and Possibilities*, Newark (Del.), International Reading Association, p. 71-97.

Snow, C.E., Burns, M.S., et Griffin, P. (1998). *Preventing Reading Difficulties in Young Children*, Washington (D.C.), National Academy Press.

Speaker, R.B., Barnitz, J.G., et Gipe, J.P. (1990). « Lexical cohesion in comprehension and composition : A synthesis of research issues », dans J. Zutell et autres (dir.), *Literacy Theory and Research : Analyses From Multiple Paradigms*, Chicago, National Reading Conference, p. 287-295.

Sprenger-Charolles, L., Béchennec, D., et Lacert, P. (1998). « Place et rôle de la médiation phonologique dans l'acquisition de la lecture-écriture en français », *Revue française de pédagogie*, n° 122, p. 51-67.

Staal, L.A. (2000). « The story face : An adaptation of story mapping that incorporates visualization and discovery learning to enhance reading and writing », *The Reading Teacher*, vol. 54, n° 1, p. 26-36.

Stahl, S.A., Richek, M.A., et Vandevier, R.J. (1991). « Learning meaning vocabulary through listening : A sixth-grade replication », dans J. Zutell et S. McCormick (dir.), *Learner Factors / Teacher Factors : Issues in Literacy Research and Instruction*, Fortieth Yearbook of The National Reading Conference, Chicago, National Reading Conference, p. 185-192.

Stanovich, K.E. (1991). « Word recognition : Changing perspectives », dans R. Barr et autres, *Handbook of Reading Research*, vol. 11, New York, Longman, p. 418-452.

Sturtevant, E.G., et autres (1991). « Reading perception of urban second graders », dans T. Rasinski, N. Padak et J. Logan (dir.), *Reading Is Knowledge*, Thirteenth Yearbook of the College Reading Association, Pittsburg, College Reading Association, p. 63-71.

Sulzby, E. (1991). « Assessment of emergent literacy : Storybook reading », *The Reading Teacher*, vol. 44, n° 7, p. 498-502.

Sulzby, E., et Barnhart, J. (1992). « The development of academic competence : All our children emerge as writers and readers », dans J.W. Irwin et M.A. Doyle (dir.), *Reading / Writing Connections : Learning from Research*, Newark (Del.), International Reading Association, p. 120-144.

Sulzby, E., et Teale, W. (1991). « Emergent literacy », dans R. Barr et autres (dir.), *Handbook of Reading Research*, vol. 11, New York, Longman, p. 727-757.

Talacek, B.A. (1992). « Book-Chain : All-School reading incentive program », *The Reading Teacher*, vol. 46, n° 2, p. 168-169.

Tardif, J. (1992). *L'enseignement stratégique*, Montréal, Éditions Logiques.

———— (1993). « Pour un enseignement de plus en plus stratégique », *Québec français*, n° 89, p. 35-39.

Taylor, B.M. (1992). « Text structure, comprehension, and recall », dans S.J. Samuels et A.E. Farstrup (dir.), *What Research Has to Say About Reading Instruction*, 2e éd., Newark (Del.), International Reading Association, p. 220-235.

Taylor, B.M., et autres (2000). « Effective schools and accomplished teachers : Lessons about primary-grade reading instruction in low-income schools », *Elementary School Journal*, vol. 101, n° 2, p. 121-165.

Thériault, J. (1995). *J'apprends à lire... Aide-moi*, Montréal, Éditions Logiques.

Thériault, P. (1993). *L'effet d'un enseignement stratégique sur l'habileté à répondre à des questions de compréhension de textes chez des élèves de 3e année*, mémoire présenté pour l'obtention de la maîtrise ès arts, École des gradués, Université Laval.

Therriault, A. (1994). « La B.D. au secondaire : pourquoi pas ? », *Des livres et des jeunes*, n° 46, p. 14-18.

Thomas, B.B. (1992). « How can we use what we know about questioning skills to develop literate thinkers ? », *Reading Horizons*, vol. 33, n° 1, p. 19-30.

Tierney, R., Readance, J., et Dishner, E. (1990). *Reading Strategies and Practices. A compendium*, 3ᵉ éd., Boston, Allyn and Bacon.

Tompkins, G.E. (2001). *Literacy for the 21st Century. A Balanced Approach*, 2ᵉ éd., Upper Saddle River (N.J.), Merrill Prentice Hall.

Tower, C. (2000). « Questions that matter : Preparing elementary students for the inquiry process », *The Reading Teacher*, vol. 53, n° 7, p. 550-563.

Tran, E. (1992). « Le temps de lire. Cahier pratique 45 », *Québec français*, n° 86, p. 72-78.

———— (1993). « Une structure coopérative : la communauté de lecture. » *Québec français*, n° 88, p. 41-44.

Trelease, J. (2001). *The Read-Aloud Handbook*, 5ᵉ éd., New York, Penguin Books.

Tremblay, R., et Passillé, L. de (1990). *Un parti pris pour la communication*, Commission scolaire Beauport.

Tulley, M.A. (1991). « The effectiveness of one school district's basal reader selection process », *Reading Horizons*, vol. 32, n° 2, p. 96-108.

Tunnell, M.O., Calder, J.E., et Phaup, E.S. (1991). « Attitudes of young readers », *Reading Improvement*, vol. 28, n° 4, p. 237-243.

Turner, J.C. (1993). « IRA outstanding dissertation award for 1992-93 », *Reading Research Quarterly*, vol. 28, n° 4, p. 288-290.

Valencia, S., McGinley, W., et Pearson, P.D. (1990). *Assessing Reading and Writing : Building a More Complete Picture for Middle School Assessment*, Champaign, (Ill.), Center for the Study of Reading, n° 500.

Van Grunderbeeck, N. (1994). *Les difficultés en lecture*, Boucherville (Québec), Gaëtan Morin Éditeur.

———— (1997). « De profils de lecteurs en difficulté aux modes d'intervention », *Éducation et francophonie*, vol. 25, n° 2 (revue en ligne).

Violet, M. (1999). « À propos de l'enseignement de la lecture au CP et au CE1 », *Les actes de lecture*, n° 67, p. 1-3.

Wade, S.E., et Adams, R.B. (1990). « Effects of importance and interest on recall of biographical text », *Journal of Reading Behavior*, vol. 22, n° 4, p. 331-355.

Wagner, R.K., et autres (1993). « Development of young readers' phonological processing abilities », *Journal of Educational Psychology*, vol. 85, n° 1, p. 83-103.

Williamson, J. (1991). « Teachers as readers », *Reading*, vol. 25, n° 2, p. 30-38.

Wilson, P., et Kutiper, K. (1993). « Ribtickling literature : Educational implications for joke and riddle books in the elementary classroom », *Reading Horizons*, vol. 34, n° 1, p. 32-40.

Winters, R. (2001). « Vocabulary anchors : Building conceptual connections with young readers », *The Reading Teacher*, vol. 54, n° 7, p. 659-662.

Wixson, K.K. (1983). « Questions about a text : What you ask about is what children learn », *The Reading Teacher*, vol. 37, n° 3, p. 287-295.

Wolf, K.P. (1993). « From informal to informed assessment : Recognizing the role of the classroom teacher », *Journal of Reading*, vol. 36, n° 7, p. 518-523.

Worthy, J. (2000). « Teachers' and students' suggestions for motivating middle-school students to read », dans T. Shanahan et F.V. Rodriguez-Brown (dir.), *49th Yearbook of the National Reading Conference*, Chicago, National Reading Conference, p. 441-451.

———— (2002). « What makes intermediate-grade students want to read ? », *The Reading Teacher*, vol. 55, n° 6, p. 568-569.

Yaden, B.D., Rowe, W.D., et MacGillivray, L. (2000). « Emergent literacy : A matter (polyphony) of perspectives », dans M.L. Kamil et autres (dir.), *Handbook of Reading Research*, vol. 3, Mahwah (N.J.), Lawrence Erlbaum, p. 425-454.

Yopp, H.K. (1992). « Developing phonemic awareness in young children », *The Reading Teacher*, vol. 45, n° 9, p. 696-703.

INDEX

J

Journaux, 112, 113

L

Langage oral et langage
écrit
  différences, 11-12
  relations, 142-145
Langue française
  aspect sonore de la,
    152-155
  particularités de la,
    176-177
Lecteur
  apprenti, 31, 32
  apprenti stratège, 31,
    33, 222-245
  autonome, 191-192
  comme variable de mo-
    dèle de compréhen-
    sion, 18-20
  confirmé, 31, 33, 248-
    274
  débutant, 31, 32, 166-
    198
  en émergence, 31-32
  en transition, 31, 32-
    33, 202-220
  enseignant comme mo-
    dèle de, 42-43
  évolution du, 30-33
  profils de, en première
    année, 167-169
Lecture
  à deux, 191-192
  à l'unisson, 209
  à voix haute
    et fluidité, 211-215
    place de la, 213-
      215
  animée par l'ensei-
    gnant, 92-96
  assistée en tandem,
    209
  atelier de, 100-101
  blocages en, 219-220
  cercles de, 87-92
  création d'un climat fa-
    vorable à la, 42-71
  déroulement de la, 223

en première année,
  166, 169-185, 188-
  191
esthétique, 15-17
et écriture, relations
  entre, 62
et recherche de sens,
  170-171
évaluation en, 352-377
fonctions de la, 132-
  136
formulation d'une in-
  tention de, 93-94
guidée, 188-190
  au premier cycle,
    98-99
habitudes de, 63
manuels de, 27, 28,
  105-106
  débat sur, 28
matériel de, en pre-
  mière année, 196-197
méprises en, 215-219
modèles d'apprentis-
  sage en, 21-24
motivation des élèves à
  la, 63-64, 67-68
par groupes de mots,
  205-206
partagée, en première
  année, 187-188
personnelle, 49-53
  à la maternelle, 141
  au deuxième cycle,
    343
  en première année,
    191
  et lecteurs débu-
    tants, 52-53
  période de, 49-53,
    191
préparation à la, 227-
  228
relation avec écriture,
  62
relecture, 208-209
silencieuse
  et fluidité, 211-215
  place de la, 213-
    215
stratégies de, 34
  en première année,
    170-185
structures en, 19
supports de, 104-113

travail coopératif en,
  84-85
utilitaire, 15-17
Lettre(s), 169
  concept de, 148-149
  formation des, 159-
    163
  manipulation des, 179
  nom des, 148-149
  observation, 160-161
  principe alphabétique,
    178
  relation lettre-son, 177
Littérature pour la jeu-
  nesse, 64-65, 107-111
Livres
  dans bibliothèques de
    classe, 47-49
  de littérature pour la
    jeunesse, 64-65, 107-
    111
  documentaires, 110,
    314-316
  façons de les choisir,
    122-123
  humoristiques, 111
  niveaux de difficulté des
    dans bibliothèques
    de classe, 47-48
  en première année,
    195
  promotion de, 64-67

M

Macroprocessus, 20
Macrosélection, 257
Manuels
  de lecture, 27-28, 105-
    106
  des matières, 106
Matériel
  de lecture pour lecteurs
    débutants, 196-197
  et environnement phy-
    sique de la classe, 44-
    49
Matrices sémantiques,
  346-347
Mécanique de l'écriture,
  256
Méprises en lecture, 215-
  219, 364-366
  et évaluation, 364-366
Métacognition, 222-227